·谨以此书献给我敬爱的母亲·

·教育家成长丛书·

华应龙
与化错教学

HUAYINGLONG YU HUACUO JIAOXUE

中国教育报刊社·人民教育家研究院 组编

华应龙 著

北京师范大学出版集团
BEIJING NORMAL UNIVERSITY PUBLISHING GROUP
北京师范大学出版社

图书在版编目（CIP）数据

华应龙与化错教学/华应龙著；中国教育报刊社人民教育家研究院组
编. —北京：北京师范大学出版社，2015.10（2025.3 重印）
（教育家成长丛书）
ISBN 978-7-303-19168-0

Ⅰ.①华…　Ⅱ.①华…②中…　Ⅲ.①课堂教学－教学研究－中小学
Ⅳ.①G632.421

中国版本图书馆 CIP 数据核字（2015）第 150342 号

出版发行：北京师范大学出版社 https：//www.bnupg.com
　　　　　北京市西城区新街口外大街 12-3 号
　　　　　邮政编码：100088
印　　刷：北京虎彩文化传播有限公司
经　　销：全国新华书店
开　　本：787 mm×1092 mm　1/16
印　　张：30.75
字　　数：499 千字
版　　次：2015 年 10 月第 1 版
印　　次：2025 年 3 月第 10 次印刷
定　　价：89.00 元

策划编辑：伊师孟　　　　　责任编辑：陶　虹
美术编辑：焦　丽　　　　　装帧设计：焦　丽
责任校对：陈　民　　　　　责任印制：马　洁

教育家成长丛书

编委会名单

总 序

　　教育是国家发展的基石，教师是基石的奠基者。古人云："国将兴，必贵师而重傅。"兴国必先强教，强教必先重师。党中央、国务院高度重视教师队伍建设。2013 年教师节，习近平总书记在给全国广大教师的慰问信中指出："百年大计，教育为本。教师是立教之本、兴教之源，承担着让每个孩子健康成长、办好人民满意教育的重任。"2014 年，在第 30 个教师节前夕，习总书记到北京师范大学视察并发表重要讲话，指出："一个人遇到好老师是人生的幸运，一个学校拥有好老师是学校的光荣，一个民族源源不断涌现出一批又一批好老师则是民族的希望。"《国家中长期教育改革和发展规划纲要（2010—2020 年）》也明确提出，"有好的教师，才有好的教育"，要"努力造就一支师德高尚、业务精湛、结构合理、充满活力的高素质专业化教师队伍"。"倡导教育家办学"，要创造有利条件，鼓励教师和校长在实践中大胆探索，创新教育思想、教育模式和教育方法，形成教学特色和办学风格，造就一批教育家。"两个一百年"奋斗目标的实现、中华民族伟大复兴中国梦的实现，归根结底要靠人才、靠教育，而支撑起教育光荣梦想的，是千百万的教师。

　　时代呼唤好老师。有一流的教师，才有一流的教育；有一流的教育，才有一流的国家。出名师、育英才、成伟业，是时代赋予我们教育战线的神圣使命。"所谓大学者，非谓有大楼之谓也，有大师之谓也。"好学校、好教育的最重要标准，就是要有好老师。一所学校、一个地区，乃至一个国家，如果教师有理想、有爱心、有学识、有高超的教育艺术，那么即使硬件设施有些简陋，家长、学生也会心向往之。教师是中国梦的奠基者。教师的重要使命，就是为每个孩子播种梦想、点燃梦想，并帮助他们实现梦想。每一间平凡的教室，每一节朴实的课，都不仅是知识的传递，而且是人类文明精神的接续、人生梦想的起航。正是有亿万个孩子梦想的放飞、绽放，中国梦才更加光彩夺目。如果说中国梦最坚实的土壤是学校，那么教师就是最伟大的"筑梦师"，他们用默默无闻、孜孜不倦的智慧劳动，让每一颗年轻的心灵都与中国梦激情相拥。

倡导教育家办学，造就一批好老师，首先要尊重、珍惜我们的本土智慧、本土创造。教育家不是凭空产生的，而是扎根于自己的民族文化土壤，同时吸收人类文明成果，从而创造出独特而生动的教育实践、教育智慧和教育文明。五千年源远流长的中华文明，不但形成了有我们民族特色的教育理论体系，而且涌现出了千千万万优秀的教育家，有被推崇为"大成至圣先师""万世师表"的孔子，有"匹夫而为百世师，一言而为天下法"的韩愈，有"捧着一颗心来，不带半根草去"的人民教育家陶行知，等等。改革开放40年来，随着教育改革的不断深入，教育战线涌现出了一大批杰出教师。他们痴情于教育事业，坚守理想信念和教育良知，在三尺讲台上默默耕耘、刻苦钻研，同时以敢为天下先的精神大胆创新，不断进取、不断超越，形成了各具特色的教育思想和教学风格。正是他们的成功探索和实践，创造了具有中国风格的教育经验，丰富了具有中国特色的教育理论宝库。原由教育部师范教育司组织编写，现由中国教育报刊社人民教育家研究院组织编写的"教育家成长丛书"，就是要向这些宝贵的本土创造性的教育经验致敬。

当前，教育领域综合改革正在深入推进，考试招生制度改革的大幕已经拉开，立德树人、培育和践行社会主义核心价值观成为大中小学教育的头等任务。可以预见，中国教育将发生深刻的变革，将从"中国制造"向"中国创造"转变。"没有革命的理论，就没有革命的运动。"没有适合中国土壤、具有中国智慧的教育理论，就不可能为未来的中国教育改革提供有效的指导。我们的教育要向"中国创造"飞跃，必然要首先创造属于我们自己的教育理论，而不是"言必称希腊"或者老是贩卖欧美的教育理论。170 多年前，美国思想家、诗人爱默生发表了著名演说《美国学者》，号召美国知识界："我们依赖旁人的日子，我们师从他国的长期学徒期时代即将结束。在我们周围，有成百上千万的青年正在走向生活，他们不能老是依赖外国学识的残余来获得营养。"由此，美国迈入精神立国阶段。

如今，我们也面临与爱默生同样的情形。随着我国 GDP 已从世界第二向第一迈进，我们要自觉养成强烈的"中国意识"，独立的中国文化品格，并由此去环视世界，去改造本土实践，去创造属于我们自己的精神养料——这在教育界显得尤为紧迫。"教育家成长丛书"，旨在把我们本土教育实践中蕴含的中国智慧提炼出来，从而形成具有时代意义的中国特色的教育话语体系，再以此去观照、引领、改造中国的教育实践，为伟大的教育改革提供经验、理论支持，也为未来的教育家提供丰富、可资借鉴的精神养料。

让我们为中国教育的伟大未来一起努力吧！

2018 年 3 月 9 日

前　言

　　见证着中国基础教育半个世纪的春华秋实，代表着中国基础教育教学成果的最高成就——"首届基础教育国家级教学成果奖"，闪耀着李吉林、窦桂梅、吴正宪、张思明、洪宗礼、唐江澎、邱学华、于永正、孙双金、薄俊生、龚春燕等一大批优秀教师的名字。而上述这些教师杰出代表恰恰都是《人民教育》"名师人生"栏目中最受读者喜爱的名师，都是"教育家成长丛书"的作者。

　　"教育家成长丛书"（以下简称"丛书"），是在第 20 个教师节前夕，为了研究、总结、宣传和推广我国众多优秀中小学教师的先进教育思想和鲜活宝贵的教育教学经验，培养造就一大批德才兼备的优秀教师和杰出的教育家，促进教师队伍整体素质的提高，根据教育部党组安排，由师范教育司组织编写的一套凝聚着一大批教育家成长智慧的大型教育丛书。

　　"丛书"自 2006 年问世以来，不但得到国务院和教育部领导同志的高度重视，而且先后印刷多次尚不能满足广大读者的需求。这其中的奥秘何在？

　　当你翻开"丛书"，每一部著作都讲述着一位教育家成长的故事。这些著作主要从"成长历程""思想概述""课堂实录"和"社会反响"等方面全景式反映其教育思想、教育智慧、专业精神和专业人格的形成过程与教学实践过程。这是教育家成长的基本素质所在。

　　当你沿着教育家成长的足迹走近他们的时候，你会融入这些带有"草根色彩"、扎根中华教育实践大地、充满田野芳香的真实感人的教育故事中。

当你从"丛书"中，从这些当年和自己一样的普通教师，成长为今天受人尊敬的教育家的成长过程中受到启迪，当你触摸着自己的心，把学生的成长和祖国的未来紧紧连在一起的时候，你会真切地感受到教育家离我们并不遥远。

当你用整个身心蘸着自己的生活积累去品味"丛书"中的每一部著作的"成长历程"时，在一位位名师不断学习、不断超越自我、不断超越学科教学的求索足迹中，你会读懂"教育是事业，其意义在于奉献"的丰富内涵。

当你研读"丛书"中的每一部著作的"思想概述"，和每一位名师展开心灵对话的时候，都会深深地感受到，一名教师对教育独立的理解与执着的追求有多么重要。从一名普通的教师成长为受人尊敬的教育家的过程中，你会读懂"教育是科学，其价值在于求真"的深刻含义。透过"丛书"，你会看到一代代教师用爱与智慧塑造民族未来的教育理想。

随着我们从"知识核心时代"走向"核心素养时代"，教师教育教学活动的视野已拓展到人的生存与发展的方方面面。教师要结合自己的教学实践去感悟"教育理念是指导教育行为的思想观念和精神追求"，应该把爱化为自己的教育行为，让爱充盈课堂，触摸到一个个灵动的生命，让爱产生智慧，让爱与智慧在学生心中留下岁月抹不去的美好回忆，让教育者和受教育者都感受到教育的幸福。这是"丛书"给我们的启示，也是每位教师应有的胸怀和视野。

时代呼唤教育家。为了进一步把我们本土教育实践中蕴含的中国智慧提炼出来，从而形成具有时代意义的中国特色的教育话语体系，以此去观照、引领、创新中国的教育实践并在更大范围加以推广，"丛书"将由中国教育报刊社人民教育家研究院继续组织编写，希望能够在更广大教师的心田中播种教育家成长的智慧，从而出更多的名师，育更多的英才，成就中华民族复兴的伟业。这是时代赋予广大教育工作者的神圣使命。如果广大教师能在每位教育家成长、探索教育智慧的过程中受到启迪，形成自己的教育智慧，则实现了我们编辑这套"丛书"的初衷。

"教育家成长丛书"
编委会
2018 年 3 月

目 录

CONTENTS

华应龙与化错教学

我的成长之路

我的教育观

[走进课堂]

[社会反响]

附 录

我的成长之路

一、品味幸福

1981 年，我考进江苏省如皋师范学校。据说这是"文化大革命"后师范学校招收的第一届初中毕业生。当年的我，以高出重点高中的分数跳出了"农门"，真是喜出望外，发自内心地感到——我是幸福的！

蹦进明亮的教室，聆听姚良强、仲伟功、陆玉贤、顾敦沂、陆志平等老师的教诲，如坐春风之中，我是幸福的！

每当做完作业，练完规定的基本功之后，我们就自由自在地活动：读书、练琴、习武、打球，无一不可；演讲比赛、特长表演、班际球赛、学术沙龙，丰富多彩。我们的精神生活需要得到了充分的满足。

教育虽是明天的事业，但确实也是今天的需要。当年我们的老师是这样说，也是这样做的。有一份资料报道：哈佛大学 350 周年校庆时，有人问：学校最值得自豪的是什么，校长回答：哈佛最引以为自豪的不是培养了六位总统、三十六位诺贝尔奖获得者，最重要的是给予每个学生充分的选择机会和发展空间，让每一块金子都闪闪发光。诚然，我们的母校不可能与哈佛大学相提并论，但我们这些学子在如师的怀抱里却实实在在地感受到了哈佛般的呵护。二十年之前，我们就享受到"素质教育"理念的滋养，我是幸福的！

那时让我感到幸福的事儿还有——我们能和老师们一起打篮球。陈艮书、常生等老师出神入化的球技，让我们佩服得五体投地；吴啸啸、王小明等老师在我们身上的故意犯规，让当时的我们是哭笑不得。现在想想，这就是幸福。教育是老师与学生共度的生命历程，共创的人生体验。

读师范时，我是特困生。父亲去世了，家徒四壁。每次回家返校前，姐姐给我的是一角、两角凑成的几元钱。在一个寒冷的冬天，我领到了学校救济的一条棉絮。手捧那条棉絮，一股暖流涌遍全身，那时的我虽然贫寒，但我的心中总感到："我是幸福的！"

记得毕业前夕，我犹豫徘徊。那天下着小雨，晚自习后，我独自一人从篮球场的这一头踱到那一头，再从那一头踱到这一头：我是学校篮球队队长，我做梦都想成为篮球明星，毕业后还能圆梦吗？我的物理成绩特别好，以致女同学怀疑我和物理老师尤乃如是否有着某种"共振"；毕业考试全年级就我一人满分，陈惠民老师高兴得合不拢嘴。我很想继续努力，成为物理学家。我还参加了《诗刊》函授培训，将一首涂鸦之作写在黑板上，竟引得邻班同学伏窗摘抄，于是我又想成为诗人。原来因家庭出身不好，不可能参军入伍，现在时代不同了，所以，我又想去部队成为"想当元帅的士兵"……夜已经深了，是梅仁蕊主任发现了我。他把我引到办公室，现身说法，促膝长谈。是啊，迷惘的时候，有导师给你指点迷津，你能不幸福吗？

2011 年，哈佛大学里的憧憬

　　爱因斯坦曾引用一个调皮蛋给教育所下的定义："如果你忘记了在学校里学到的一切，那么所剩下的就是教育。"我从如皋师范毕业已 28 年了，当年老师课上讲的东西依稀有些模糊，但三年幸福的师范生活，却越品越醇。因为这段幸福的人生，一直影响着我，教育着我，指导着我，使我很快地从一个不成熟的小学老师成长为小学高级教师、中学高级教师、特级教师、首都基础教育名家，使我从乡村走到了县城，调进了首都。

　　回味这段幸福的人生，我渐渐地明白了我的人生为什么会幸福……

二、恩师陈今晨

　　年纪轻轻的我被评为特级教师之后，心中感激的人很多很多，既有行政领导，又有同行老师，既有亲戚朋友，又有学生及其家长……而在我的老师中，我最感激的是工作之后给我教导的陈今晨老师。

　　特级教师陈今晨大大的脑袋，圆圆的脸庞，中等的身材，微胖的躯体；没有一件入时的穿戴，没有一句虚伪的客套，就像金秋旷野里的一株红高粱：敦厚、实在。他在小学数学研究领域里取得了引人注目的成果，他确实是一株籽粒饱满的"红高粱"。

他给我的教导，是从帮我修改文章开始的。1984 年，我师范毕业分配到乡村小学工作。三年之后，一次很难得的机会，我到县城参加教研活动，聆听了县教研室教研员陈今晨老师的讲座。回家之后，我唐突地寄给他一篇教学经验总结。哪知道他竟把我的习作改得通红。从观点的修正，到词语的调换，乃至标点的增删，都条分缕析，切中肯綮，让我佩服得五体投地。以致在这十多年里，我写的文章如果没有让他过目，是不愿意向外寄出的。即使在 1997 年，已在省内外小有名气的我写了篇《改善师生交往，焕发教育活力》的论文，仍是恭恭敬敬地捧到他的跟前。他不仅帮我仔细修改润色，而且附上了上千言的阅后意见，肯定有加的同时提出了中肯的批评："有的文句要注意避免自吹自擂扬我抑人之嫌。"年轻气盛的我看到这样的语句，脸唰地一下红了。找到他指出的文句，读一读，确实是透出那么一缕扬我抑人之气。把那句子改过之后，心中顿觉十分爽朗。在如今，能得到直陈其弊的老师的指点，不是人生一大幸事吗?

我能多次应邀在全国性教研、科研活动上做观摩课、示范课，也是深深得益于他的教导。他那大大的脑袋里，常常蹦出许多"金点子"。那些"金点子"往往成为我课堂上出彩的"课眼"。"课是你去上，我的意见仅供你参考。"在他提出——我认为是很宝贵的——意见之后，他总会说这么一句话。当我受他启发重新设计教学方案而没有按他的路子去执教以后，他那圆圆的脸庞上会露出满意的笑容。可见他的那句话，并不是虚伪的客套。他就像红高粱那样给你更多的是启示，而不是要求。

不幸的是，1998 年初秋，他被确诊患了肝癌，去上海手术之后的一个晚上我去看望他，他却与我谈他对教学、理想、人生的思考。虽然我很想听他教诲，但是考虑到他刚刚手术，于是劝他早些休息。尽管如此，他与我还是谈到深夜 12 点多。名如其人。"今晨"，一日之计在于晨。我的老师成年累月、全身心地潜心于小学数学教育的王国，如痴如醉。霓虹变幻的舞厅、灯红酒绿的咖啡馆与他根本无缘，甚至连物品琳琅的商场他也极少光顾。他迷恋自己的事业，总是把别人花在砌"长城"、摆"龙门阵"的时间，用来进行教研、科研。他的人生理念深深地影响了我。

1995 年，我和陈今晨老师一同被推荐参加江苏省特级教师评选，在评选材料中我写了这样一句话："没有陈今晨，就没有华应龙的今天!"的确如此，在我成长的道路上，是他给了我无私的关怀和真诚的帮助，与他交往，听他教诲，总觉得如坐春风之中，仰霑时雨之化，受益匪浅，获利良多。我将深深地把恩师对我的每一份情义铭刻在心。

提笔作此短文之际，窗外料峭的春寒中暖阳高悬，给人心中平添了几分暖意。如今，我的恩师今晨先生已经战胜了病魔，传奇地康复，继续以生命的红日、事业的红日放射出一如既往的灿烂光芒！

是因为我的祈祷？

祈祷的一定不止我一个人。

三、年年、月月、日日

《年、月、日》是我的成名课。

1995年3月8日，扬州，江苏省中青年教师优秀课评比活动，我的参赛课《年、月、日》赢得了满堂彩。这节课获得一等奖是次要的，重要的是让江苏省的小学数学教学专家和骨干老师们记住了南通市海安县墩头镇海舍村小学有个"华应龙"。乃至十多年后，当我遇上当年听过这节课的领导和老师，他们仍然赞不绝口。更有价值的是，1996年，江苏省教研室的王林老师又安排我在南京召开的全国小学数学教学年会上执教了这节课，让全国的小学数学教学大家和精英们认识了我，李烈校长记住了我。当时李烈校长说的"我要把你挖到北京去"是对我这节课的褒奖。

不思量，自难忘。当年的我习惯了一个人独来独往，没有学校带队领导，没有学校陪伴老师，习惯了上课前一个人打理一切。这样的习惯，以致让我的师父、我们县的教研员陈今晨老师感觉到了尴尬，因为在扬州比赛的课前准备时，我从他手里抢下了黑板擦，没有让他帮我擦黑板。"本来嘛，年轻人应该自己来。"哈哈，当时的我不是这样想的。我是想让人们看到一个顶天立地的乡村小学老师的风采，所有的一切准备都是自己完成。在南京的全国数学年会上，周玉仁教授评我的课时说"那位穿着白色休闲服的、忙前忙后的会务人员怎么成了讲台上的上课老师"，那就是我要的效果。

哈哈，当年的我是多么的洒脱，更是多么的幼稚、天真和可笑！

丹麦的一位诗人说过："成功就是一片浩瀚的大海。"本人的付出是注入大海的最重要的那条大河，可是，千万不要忘了，还有无数条不引人注意的支流也尽了一份力。

十多年过去了，我那节《年、月、日》的背后有多少幕后英雄，我心里依然清楚地记得。现在我要感激的是我的另一位师父——张兴华先生。

我上《年、月、日》这节课，不管是扬州的全省比赛，还是南京的全国观摩，师父张兴华都不在场。但是，他精心安排了我的试讲课，并给予了十分细致的指导。

说来也是件挺自豪的事儿，当年师父的徒弟中只有我一个是乡村教师。"为什么呢？"我不知道，或许是师父的使命吧。"兴华"，"振兴中华"或"振兴小华"？

我在乡村，师父在另一个县城，相距100多公里。师父为了指导我，先是电话中帮我推敲教案，然后又在百忙中抽出一天时间，让我到他的学校海门市实验小学试讲，让师弟师妹们一起来听，他再给我细细地说课：从提出的问题到提出问题的语气和神态，让我实实在在地感受到师父的渊博学识和精湛教艺。现在，我还清晰地记得师父教我说那句"看来这个'1900年'，还有点特殊呢"的神态……前不久举行的全国教学大赛中，那位得一等奖的《年、月、日》的老师，有不少教学语言就是学的我的，我是学的师父的。

从师父指导的《年、月、日》一课中，我更深切地感悟到的是，每一个教学环节的安排应当有清醒的目的。

这一点正是师父第一次听我课后夸奖我的一句话："我看得出，你每一个教学环节的目标意识非常强！"那是1988年，我第一次参加南通市小学数学教学比赛，讲的是《两步计算应用题》，竟然得了个三等奖。郁闷、沮丧之际，听到师父这句肯定的话，心里舒服多了。

良言一句三冬暖，春风化雨润心田。"我看得出，你每一个教学环节的目标意识非常强！"这句话真好听，我常常回味！也常常说给我所指导的小老师听。

菩提山上，拈花微笑。"一句话，一辈子；一节课，一辈子。"从师父指点的一节课中学到的东西是可以享用一辈子的。（师父指导我的课还有很多，像《长方体的认识》等，有的课经过师父的点评发表在了《小学教学》等报刊上。）

现在，我上的一些有代表性的课，如"百分数的意义""出租车上的数学问题""我会用计算器吗？""分数的初步认识""神奇的莫比乌斯带""角的度量""审题""圆的认识""分数的再认识""规律的规律"等，都是我在不断追问——"要不要这个环节""为什么要这个环节"中生成的。习惯性的追问，造就了我"删繁就简"的思维方式，进而上出了既"标新立异"又"朴实大气"的数学课。

教学是有计划、有目的的活动，是精心预设、互动生成的活动，老师的全盘驾驭、相机引导都是在考量老师的"目标意识"。因此，现在想来师父的这句夸奖价值连城："我看得出，你每一个教学环节的目标意识非常强！"

沈从文的《长河》中夭夭说："好看的应该长远存在。"现在，我要说："好听的自然会长远地存在，年年、月月、日日……"

四、伟大的女性带着我们飞翔

感恩的人是幸福的，幸福的人会成功。一路走来一路歌，心存感激的故事一串串——老师的，学生的，家长的，领导的，朋友的，亲人的……

下面我讲一个由一则短信展开的故事——

"云中谁寄锦书来？"2008年9月9日晚上10点37分18秒，我收到一位陌生朋友发来的短信——

人生不能缺少的九类朋友：一是激励你让你看到自己的优点，提醒你让你看到自己的不足的朋友。二是维护你，并能在别人面前称赞你的朋友。三是和你的兴趣相近的朋友。四是能把你介绍给志同道合的朋友的朋友。五是能让你全身心放松的朋友。六是能让你有机会接触新观点、新事物的朋友。七是帮助你厘清工作和生活思路的朋友。八是有了好消息总是在第一时间告诉你与你分享喜悦的朋友。九是当你遇到困难和挫折时能向你伸出援助之手的朋友。

我久久回味这条短信，人生确实不能缺少这"九类朋友"，拥有了这"九类朋友"的人生一定是幸福的。这"九类朋友"可能是一帮朋友，也可能是集九类于一身的一位朋友。怎么可能是一位朋友呢？那就容我慢慢道来——

"一是激励你让你看到自己的优点，提醒你让你看到自己的不足的朋友。"

全国各地来校考察的同行可能会记得李烈校长夸奖我的话语："我们小华最大的优点是有自己的思想，有自己的思考。不管什么人、什么事，他都会质疑。他的课常常让人耳目一新。""我们小华对中华传统文化的领悟，功底深厚，古人的话语随手拈来，是那么的从容、自然。"

对于我的不足，李烈校长也是直言不讳。她经常把我叫到办公室，或严厉尖锐地批评，或语重心长地教导，"你只想着自己了，没有考虑别人的感受。""要学会沟通，让老师们接受你。"甚至当着全体老师的面，"小华，你再不好好练普通话，错一个字罚 50 元"。现在，我回到老家江苏南通，昔日的同事会夸奖我普通话进步真大。在工作中注意和老师们沟通，我悟出了"1－1＝2"——工作完成了，与老师们感情近了；而我原来的工作模式是"1－1＝0"。

"二是维护你，并能在别人面前称赞你的朋友。"

调进北京之后，我的人脉和教学上的影响基本归零，体贴入微的李校长帮我争取了很多展示的机会。校外，2002 年，西城区"金秋杯"教学大赛开幕式上的展示课。校内，每当我上完观摩课，她都会真诚地感慨："现在我的课上不过小华了"（李校长是全国第一届教学大赛的一等奖第一名，她的课令所有的人为之倾倒），然后会非常专业地条分缕析，切中肯綮，令老师们频频点头。

2009 年 6 月 21 日，20 点 50 分，张梅玲教授发给我一则短信："应龙，从李烈处得知你工作不错。从校长的角色看，进步很大。她对你是满意的。我为你高兴。认真学习李烈对老师们的亲和力以及对教育的执着。我想，人生旅途上能和她共事也应该是一种幸福，对吗？……"

我常常能从圈子内外的朋友那里，听到李校长对我的维护和赞赏。

"三是和你的兴趣相近的朋友。"

我坚守课堂，李烈校长酷爱三尺讲台。

李校长每学期听课均在 100 节以上，每听一节她都和老师们深入地交流。她常常有"下水上课"的冲动，每学期都能让我们享受一餐课堂教学的盛宴。2005 年，我在《中国教育报》发表的《细节成就完美》就是听完李校长"引领课"之后写的感悟。教育部课程中心刘兼主任看后，打电话给我："特级教师听特级教师的课，特级教师写特级教师的课，有意思！"

对听课感兴趣、对上课有感觉，除此之外，我俩还有一个共同的爱好就是"读书"。

听李烈校长谈读书体会，我有时都怀疑：什么？这本书，李校长也读过啦？她哪有那么多时间？《第五项修炼》《世界是平的》等都是李校长推荐给我的。我读了《包容的智慧》，觉得心情非常舒畅，也给李校长买了一本。

　　"四是能把你介绍给志同道合的朋友的朋友。"

　　李烈校长把"南龙北调"之后，便抓住每一个机会把我介绍给教育部、市、区的领导和专家。让我参加接待活动，让我主持沙龙，让我执教观摩课。有关单位请她上课、做报告，她借口工作忙："我们的小华课上得好，他代我去吧！"

　　教育部刘兼、沈白榆等专家来校，李校长把我推上前台，后来刘兼主任把我吸纳进新世纪教材编写组。一年之后，因编写教材的压力，学校工作的压力，我有了想退出教材编写组的想法，李校长坚决地说："不行，编写教材也是工作，那代表的是实验二小。"

　　随着邀请我讲课的日渐增多，我给自己定了一条规矩：周一到周五不外出讲课。当中央教科所、中国教育学会的领导说可以帮我向李校长请假时，我会说："不用的，那是我自己不准假。"大约是2004年吧，深圳市教育局邀请我周三去讲课，我不去，后来他们找到李校长，李校长接完电话跟我说："小华，去吧，你知道自己控制就好。"

2009年，聆听李烈校长指导教学

　　"五是能让你全身心放松的朋友。"

　　"让自己的天空长蓝，让他人的内心温暖。"这是李烈校长的座右铭。

　　李烈校长是一个澄明的人，率真、坦诚、热情。在她手下工作，你绝不需要费心思去揣摩她的心意，你尽可以放心、放手地工作。出了问题，李校长会承担责任，然后带着我们向问题学习；有了成绩，她却退居其后，成绩大家共享。

　　2007年3月4日，元宵节，我发短信问候李校长。12点14分51秒，李校长给我回复了（无论多忙，李烈校长都会回复的）："人有时候应该像水一样前进：如果前面是高山，就绕过去；如果前面是平原，就漫过去；如果前面是张网，就渗过去；如果前面是闸门，就停下来，等待时机。愿你如水般顺应万变，快乐向前！祝元宵节圆圆满满！元宵节后喜事连连！"

　　我明白李校长发这样的短信给我是有心的，传达出一种期待。2007年暑假后，我被提拔为副校长。

　　上善若水，因物赋形，与李烈校长这样的人共处，自然放松，是一种惬意。我想您看完李烈校长的专著《给生命涂上爱的底色》会更认同。

　　"六是能让你有机会接触新观点、新事物的朋友。"

　　2002年3月21日，我调进北京。7月，李烈校长就安排我去德国、法国、意大利等西欧八国考察，那是我第一次走出国门，大开眼界。

　　2004年，李校长又安排我去香港参加白板教学的国际研讨活动，让我感受到了白板的神奇魅力。

　　李校长更是让我参加了好多国内的高层教学、教研、科研活动，"从自己的痛开始研究"、陶西平先生的"跷跷板说"……这些新观点都是参加活动时我所接触到的。

　　尤其是每一届全国教学大赛，不管活动在哪个省举行，李校长都会安排我带领学校六位以上的数学老师参加。

　　只有不断接触新观点、新事物的人，才能不故步自封，不断精进。

　　"七是帮助你厘清工作和生活思路的朋友。"

　　李烈校长欣赏我，把我调进了北京。当我融入了北京，渐渐地为同事们所接受，成为全国有影响的特级教师之后，她又多次提醒我，要有大的志向、大的抱负，多次催促我写自己的专著。

　　其实，李校长不单是这么要求我，对其他老师也是如此。

　　每过两三年，李烈校长就让全体二小人制定个人发展规划，然后她整理成一览

2007 年 8 月在新加坡课堂上

表，对每位老师工作、学习、生活上的目标做到心中有数，以便在日常管理工作中帮助达成。2009 年春节后，在李校长办公室，她对我说："小华，这些老师的专著，你负责催。你的专著，我负责催。"李校长注重教师生命价值和职业价值的内在统一，她的领导就是服务。这一点，我体会特深。

我做事拖拉，有时误事。李校长就用她的行动"潜移默化"我。星期五，李校长会问我，下周有什么活动，准备工作落实得如何了？有时为了安排工作，李校长让我帮她查看日程安排表。因此，现在每逢周末，我也会学着李校长的样子，把下一周的工作，按照轻重缓急排序、清理、记录。

"八是有了好消息总是在第一时间告诉你与你分享喜悦的朋友。"

2005 年，经过西城教委推荐，我被评为首批"首都基础教育名家"，入选"首都基础教育名家"长廊，李烈校长接到会议通知就把我叫到她的办公室，待我看完会议通知，李校长说："小华，你是这一批中唯一的一位从外地调进北京的特级教师。"

2009 年，我校的课题《"双主体育人"理论和实践的研究》申报北京市教学成果奖，当李校长得知我们是一等奖之后，马上打电话告诉我，让我分享获得市政府奖的喜悦。

一个人只有内心真正尊重人的生命价值，把他人尊重为合作的伙伴，而不是指

使的工具时，才能像李烈校长一样"第一时间分享喜悦"。

"九是当你遇到困难和挫折时能向你伸出援助之手的朋友。"

"谅人之难，帮人之过"是李校长经常说的一句话，每个二小人、每个和李校长打过交道的人都会有深切的体会。

"夫妇双方是教师，一般不安排在同一所学校。"调进北京之初，我爱人被安排到北京第二实验小学怡海分校，从家去学校的路上需要花费两个小时左右的时间，工作上也需要住校。两个月之后，李校长知道了我的生活自理能力特差，于是她开始想办法将我爱人调回我的身边。7月，我爱人从分校调进本校，夫唱妇随。

一次，我和李烈校长到郑州出差，我帮她拎大包，她帮我拎小包——一个看上去小得多的笔记本电脑包。当她感觉到我的笔记本电脑很重之后，关心地说："小华，你这个笔记本太沉了，外出不方便，我办公室有个东芝的，小得多，回去后拿给你。"后来，学校帮我们重换了轻得多的华硕笔记本，但我还是喜欢用李校长给我的小巧的旧笔记本。因为，那小巧的旧笔记本有一种温度，打开它，我会获得更多

2007年南京，与"华粉""龙须"合影

的灵感。

综上所述，做出一个判断——李烈校长是我人生中不能缺少的"九类朋友"，——没有问题吧？一点都不牵强吧？

其实，李烈校长是每个实验二小人人生中不能缺少的"九类朋友"。李烈校长是画圆高手，每一个二小人都在她画就的"圆"上；每一个二小人都感觉到李校长对自己特别好，特别亲。正像佛家主张的"人人皆有佛性"，李烈校长视人如己，让大家和谐共生，帮助每一个二小人做最好的自己。

记不得读的是歌德的哪一本书了，不过，我记得歌德说了这样一句话——伟大的女性带着我们飞翔！我要说，李烈校长就是这样一位伟大的女性。

五、今年 20，明年 18……

一个人的阅读史就是一个人的思想史，也是一个人的成长史。我自 1984 年中师毕业参加教育工作以来，可以说没有一天不读教育报刊，《人民教育》《中国教育报》《教育研究》《江苏教育》《小学数学教师》《北京教育》，等等。

从 1986 年起就与《小学教学》结下了不解之缘。到过我家的同行，看到 1 米 2 宽的书橱上排列着我自己装订的《小学教学》合订本，整整齐齐，一年不少，都禁不住地说，我对《小学教学》是情有独钟。

的确，读《小学教学》，获益良多。就说眼前的吧，"数学课程标准""开放教学""问题解决""大众数学""数学地表达""元认知"等比较前卫的教育教学问题，你都可以在《小学教学》中找到极有价值的参考资料。《小学教学》常常刊发名师大家的扛鼎之作：张奠宙教授的文章言简意赅，启人深思；李烈校长独到的经验令人颔首称妙，道出了我们想道而未能道……《小学教学》编发最多的是我们青年教师的文章。"见贤思齐"，每每读上同龄人的佳作，心中便升腾起强烈的赶超欲望。

高质量、高品位的《小学教学》，赢得了我们小学教师，特别是青年教师的喜爱。我曾为年终评出的优秀教师赠订《小学教学》杂志。老师们说："虽然一年的订费只有二十多元钱，但这比奖其他物品更有价值！我们捧读赠订的杂志，常常被激发起一种成就感、自豪感，进而产生不断精进的压力感。这是读自费订阅或学校阅

2004 年，组织校本培训

览室的报刊时所不可能有的感觉。"

　　我的成长，离不开《小学教学》的辅导和激励。自 1988 年起，我开始向《小学教学》编辑部投稿。编辑老师的改笔，从观点的修正，到词语的调换，乃至标点的增删都条分缕析，切中肯綮，无不让我佩服得五体投地。1999 年第 9 期"成才之路"专栏刊发了我的习作《路，在脚下》，比照原稿，我十分敬佩赵主任的编辑功夫。"生活上，我曾很是不幸；但事业上，我却很是幸运！"这样一改，不仅符合实际情况，准确达意，而且读来朗朗上口。赵主任的严谨、细密、认真的编辑作风由此可见一斑。

　　更为难能可贵的是，编辑老师常从一篇稿件的指导延伸到研究课题的策划、奋斗目标的指点。例如，前不久我和徒弟合写了一篇文章——《潜藏着的错误》，指出了某教材中一个习焉不察的错误。对此，编辑老师给予了高度肯定，在指出稿件需要修改完善之处外，还建议可以把这一问题当作课题深入地做下去。殷殷的希望，是我们进一步研究的动力。

　　在我小有成绩之后，《小学教学》伸出提携的手，邀我参加他们组织的全国性教研活动，让我崭露头角。应邀参加活动，对我来说是一种绝好的学习充电机会，结识全国各地的教育同行，拜会盛大启、孙丽谷、于永正、李烈、吴正宪、刘德武等全国著名大腕教星，可以与他们同台切磋教艺，那真是人生一大乐事。编辑部的老师，是我们作者心中的上帝。可与编辑老师交往之后，觉得他们是那样朴实、谦和、热情。首次参加《小学教学》的活动，是在东海实小。我上完课后，年轻漂亮的蔡主任竟邀请长相很"中国农民"的我和她合影，真让我兴奋不已。1997年，我应邀到郑州参加全国数学教育编辑工作委员会组织的研讨活动，赵主任得知后，专程到会上来看望施建平和我，并且设宴盛情款待，让我浓浓地感受到家的温馨、友的热情。虽然我五音少了一音，可那次也"卡拉 OK"了一回。

多次参加《小学教学》组织的活动，都有一点同感：编辑部里的老师人心齐，很厚道。特别那次在张家界游览，走上险要路段，赵主任挽着于永正老师，李主任挽着刘玉和老编辑，蔡主任拎包拿衣服，周培红老师跑前跑后抢拍镜头，那情景真难忘。张家界的风景美，《小学教学》的同人们团结一心、同舟共济的图画更让人陶醉。

千禧龙年刚至，欣闻《小学教学》创刊20周年，衷心祝愿《小学教学》"今年20，明年18!"越办越朝气，越办越漂亮，越办越红火，永远是我们小学教师的伙伴，永远是我们青年教师"不老的向导"!

六、笑声相随

——在《人民教育》创刊60周年庆祝大会上的发言

能作为读者和作者的代表发言，我无比荣幸!

《人民教育》，一本思想含量极高的刊物。颂扬而不吹捧，锐利而不尖刻，隽永而不深奥，浅显而不粗俗。我爱读，常读，必读，期期都有好文章给我以启发。

记忆最深的是1984年刚参加工作时读到的一篇教育随笔——《从"不笑的老师"谈起》。

那篇文章从"学生不喜欢什么样的老师"调查结果起笔，以诗歌般优美的语言阐述教师微笑的力量，结尾那充满思辨的话语——"威严是装不出来的，硬装出来的威严不会有力量。微笑是挤不出来的，挤出来的微笑只会使人感到虚伪"——对

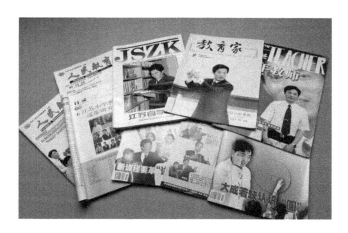

多次登上《人民教育》等杂志封面

我这个初为人师的 18 岁乡村教师来说，简直是醍醐灌顶。

我知道自己的长相很中国农民，笑起来比哭还难看。因此，拍照片时，我都不敢笑。但我的学生喜欢我的笑，他们对家长说："华老师是个会笑的老师！"他们对记者说："华老师的眼睛会笑，我们喜欢他。"听过我的课的老师常常会感慨地说："我特喜欢听华老师课上爽朗的笑声！"倘若不信，您可以百度"华应龙，笑"，看看有多少老师是喜欢我的笑声而喜欢我的课的。课堂上，不但要有老师真诚的、自然的笑容，还应该有学生天真的、会心的、得意的、羞愧的笑声。笑容，笑容，笑，就是容；不容，不会笑。笑润课堂，是我的追求。

"威严是装不出来的，硬装出来的威严不会有力量。微笑是挤不出来的，挤出来的微笑只会使人感到虚伪。""一句话，一辈子。"一点不假。

是《人民教育》传播给我微笑的种子，感激《人民教育》，感激与《人民教育》有关的笑声。

1994 年，工作十年后，身为江苏省最年轻乡镇教育助理的我写了一篇《年轻教师不妨听听自己的课》投递给《人民教育》。虽然当年的我已经在省级以上报刊发表了一百多篇文章，但投给《人民教育》还是第一次。投稿即投缘。几个月过去了，杳无音讯。我心中虽有些许失落，但想到《人民教育》是自己心中的圣殿，便也释然。八月中旬某一天的午饭时分，我一边吃着午饭，一边翻看着新到的第 7 期《人民教育》。蓦然，"华应龙"三个字闯入眼帘。"哈哈哈，我的文章在《人民教育》发表啦！"即将上一年级的儿子凑了过来，摸着杂志看着我，一同分享我的喜悦。夫人给我拿来了酒瓶和酒杯。不知道《人民教育》是什么的老母亲也眉开眼笑。

2003年，程淑华老师精心地为我的拙作加上了简练精准的小标题，并打电话征询我的意见。电话中，她那十分尊重的话语，确实让我感动；我也听出了她欣赏我的微笑，心头洋溢着幸福。由于程淑华老师精到的编辑，我的文章《改造学习方式，享受课堂生活——〈百分比〉课堂实录与解读》眉清目秀，发表之后，引起了中央电视台的关注。继而邀请我到中央电视台《当代教育》专栏做了一档节目。真正是双喜临门。这对于刚刚调进北京，人脉基本归零的我来说弥足珍贵。后来，一发而不可收，《人民教育》陆续发表了我的《神奇的莫比乌斯带》《教是因为需要教》《做一个有反思力的教师》《让学习像呼吸一样自然》《有无相生，课之佳境》《大成若缺认识圆》等一系列文章，奠定了我在全国小学数学界的地位。

篮球是我的最爱，球场上的我龙腾虎跃，笑声在球场上飞扬。我对篮球情有独钟，篮球对我恩泽万种。它给了我一副强健的体魄，给了我一种拼搏的精神，养成了我团结合作的习惯，滋润了我一种平和的心态。2005年，《人民教育》"名师人生"专栏发表了我的《篮球——我的导师》，好评如潮。我外出参加活动，常常有领导或老师微笑着跟我说："华老师，我看过您那篇《篮球——我的导师》，写得太好啦！"那份被认同的幸福时时荡漾心间。我真没想到，《人民教育》的影响力竟有那么大。

2009年，我在《人民教育》发表了7篇文章，《学生叫我"华罗庚"》《"下课啦"》《现在的课堂会飞》均受到广泛好评。当朋友有些嫉妒地问我有什么诀窍时，我半开玩笑半当真地说："多读《人民教育》就会有灵感！"

当我看到自己的形象多次被作为《人民教育》封面人物，当我想起自己的名字被写在《人民教育》封面上，当我看到自己的文章题目多次印上《人民教育》封面，当我想起自己的文章题目总是在《人民教育》目录中被加粗加黑，当我看到余慧娟主任发给我邮件中认同我、点醒我的文字，当我想起总编辑傅国亮先生给我讲解反义词共用的美妙……我笑在脸上，甜在心里，徜徉在春风中。

居高声自远，非是借秋风。成就"小乡村"的华应龙的，当然是首推《人民教育》。

我想再看一看1984年《人民教育》上的那篇文章，刘然主任颇费周折地找到后，电话中体贴地说："我们报刊社只有这一份，您也别来看了，知道您忙，我请小伙子送给您吧。千万别弄丢啊！"享受到大姐般的呵护，我心存感激，像个傻弟弟那样地笑了。为人作嫁的编辑，在作者与读者心中，是一位红娘，也是一份杂志。一份杂志的可读可信，多半源于编辑的可亲可近。

写下以上与《人民教育》交往的文字，心里暖暖的，那是一种被爱围绕的温暖。张爱玲说："人生最大的幸福是发现自己爱的人正好也爱着自己。"千真万确。

我信奉智者的一句禅语："假如你是一粒微笑的种子，那么，他人就是土地。"我在心里学着说："假如我是一粒微笑的种子，那么，《人民教育》就是我的土地，让我生根、发芽、开花、结果。"

我总是觉得那句古话说得不全对，怎么可能是"滴水之恩，涌泉相报"呢？果真是"滴水"，那"滴水"的价值也比海深，比金贵啊！又何以是"涌泉相报"呢？我们能报答得了吗？今天我要把它表达成："涌泉之恩，滴水相报！"《人民教育》给予我的恩泽似涌泉咕咕流淌，已经滋润我执教了 26 年，还将滋润我一生，在她 60 华诞之际，我以四字相报——笑声相随！——教师读刊后开悟的笑声，学生受教后幸福的笑声，作者看到自己铅字后开心的笑声，编者看到读者反馈后满意的笑声……紧紧相随！

七、"没想到！"

——为《中国教育报》诞辰 30 周年而写

尊敬的袁部长、尊敬的翟总、尊敬的各位老师：

大家上午好！

当翟博总编辑打电话给我说《中国教育报》30 周年将至的时候，我怀疑自己听错了，怎么会是 30 周年呢？60 周年吧？

这很像自己特别喜欢读某位作者有滋有味的文章，常常想作者一定是一位学富五车的长者。可是，见面一瞧：年方二八。

"没想到！"

除了《中国教育报》的高质量，让我没想到她的年轻而外，还有一个原因：我是在《中国教育报》的哺育下成长的。《中国教育报》诞生的第二年，也就是1984年，18岁的我师范毕业后分配到乡村小学教书。那时的学校订的报刊少，报架就在我办公桌的旁边。怎样对待教师这个职业？如何做一个好老师？怎样才能把数学教得有滋有味？等等，一系列问题，我都从《中国教育报》中获得了滋养。可以说，我现在研究的"化错教学"就是从读了《中国教育报》上一篇"数学教学当暴露学生思维过程"开始的。当时的《中国教育报》是一周一期，我读了这期盼下期，就像盼着和初恋的情人约会一样。8年的相依相恋，让我很想表露心声。1992年，《中国教育报》一周之内发表了我的两篇文章，让我那个兴奋啊，兴奋得到集镇上买了六两猪头肉，喝了一瓶酒——啤酒。高不可攀的恋人，竟然如此垂青于我——一个乡村小学教师，这让我坚定了走专业发展道路的选择。因为当时有领导看中了我，希望我弃教从政。

有了工作经验之后，《中国教育报》是我表达心声的芳草地。据不完全统计，从1992年以来，我在《中国教育报》发表了30多篇文章。每篇文章的背后都有编辑老师们的心血。"居高声自远"，《中国教育报》让我一步一步走向成熟。

"没想到！"

2005年4月5日至6月21日《中国教育报》推出了"华应龙教育教学艺术系列报道"，李建平老师的生花妙笔，让我在全国声名鹊起。2010年2月3日《中国教师报》在头版以《华应龙和他的融错教育》为题做专门报道。这让我见识了《中国教育报》《中国教师报》的影响力之大。

"没想到！"

2011年12月17日，记者杨桂青采写了一篇《华应龙：做一位有文化自觉的教师》，《中国教育报》整版报道，之后我与史铁生、欧阳中石等大家一起荣膺中国教育报2011年度十大文化人物。哦，在小学校里也可以做大教师。这对我是一种引领。

"没想到！"

2012年冬季，《中国教育报》在山西高平举办"送教下乡"大型公益活动，我忝列末席。听课、评课、做公开课、做报告、回答提问、现场互动……看似普通的一次培训活动，却因为"公益"和"下乡"两个词，显现出不同以往的光辉与色彩。看到孩子们痴迷的目光，听到老师们响亮的掌声，我陶醉了，我满足了。在公益活动的旗帜下，开展"送教下乡"活动，把先进的教育理念、实用的教学经验送到基层学校，特别是中西部地区和农村学校，推进区域教育改革，实现更高水平的教育公平，无疑是对正能量价值观的积极构建。在重视经济效益的当下，"免费的午餐"让我的精神不再饥饿，也让我对中国教育报的领导、老师们更加敬重。

"没想到！"

在和瞿博总编辑的交流中，我了解到《中国教育报》的办报宗旨之一就是要服务教师，支持教师，引领教师，发展教师。哦，原来是这样——编辑们的"总想到"是因，我的"没想到"是果。

"没想到！"

"没想到"的事，会成为新闻；"没想到"的人，震颤着幸福。我衷心感谢一位又一位，我想到了但没有说出名字的编辑们！我谨代表全国的小学教师，向发出"中国教育好声音"的《中国教育报》《中国教师报》致以崇高的敬礼，对《中国教育报》《中国教师报》向我们小学老师传递了正能量表示衷心的感谢！祝愿《中国教育报》越办越好，让全国更多的老师能享受到——

"没想到！"

八、篮球——我的导师

为师之路上，很多人说我一路顺风：18岁参加工作；22岁至29岁，先后担任中心小学教导主任、中心初中副校长、乡镇教育助理；30岁，全家调进县城，担任实验小学副校长；36岁，全家调进北京，先后担任实验二小教学主任、副校长。工作24年，获得了省市级奖20多个、地市级奖近20个。工作24年，教学录像多次在中国教育电视台播放，中央电视台"当代教育"、《人民教育》"名师人生"专栏做过专题报道，《中国教育报》推出了"华应龙教育教学艺术系列报道"。在《光明日报》《人民教育》《小学青年教师》等20多家国家级、省级教育报刊上发表文章400多篇，主编、参编了20多本教学用书，先后参加了"苏教版"和"北师大版"国家义务教育课程标准实验教材的编写、审定和实验指导工作。28岁，身在农村的我破格晋升为江苏省南通市最年轻的小学高级教师；32岁，被江苏省人民政府表彰为特级教师；39 岁，被推荐为首批"首都基础教育名家"。

有人怀疑："你一个大部分经历在农村的小学教师，怎么会如此这般？是不是有较大的家庭背景？是不是有较厚的经济基础？"

坦诚相告：我出身农民家庭，在我读初二时，患病 5 年的父亲告别了人世！当时的家中，实在无法找到一件像样的东西，真正是家徒四壁。

1981 年，我以高出重点高中的分数跳出了"农门"，考进了江苏省如皋师范，真是喜不自禁。可是去如皋师范报到的那一天，是一幕无法抹去的记忆。大雨如注，不少同学在父母的呵护下愉快地上了路，而 15 岁的我却是孤零零的一个人（由于过度的悲伤和劳累，母亲的腰弯了，白发频添，我没肯让她送我），一根扁担挑着行李，一步一滑，从家乡华舍村走到瓦甸乡。由于大雨，河水升高，轮船没法开。又一步三滑，走到白甸乡。拼了几十里泥泞的小路，才搭上了一辆汽车。摸到如皋，跨进校门时，我的肩磨破了，浑身湿漉漉的，有雨水，有汗水，还有泪水……我还清楚地记得：每次回家返校前，姐姐给我的是一角、两角凑成的几元钱。在严冬到来的时候，师范的老师特地给我送来一条棉絮……

生活上，我曾很是不幸；但事业上，我很幸运。"我的幸运，流畅得有如荷马的诗句"（培根语）。的确，我十分幸运，读书的时候，遇到了好老师，他们给我积极的心态，拼搏的精神；我非常幸运，工作以后，遇到了好同事，他们给我帮扶，为我加油；我特别幸运，偶有成绩之后，就遇上了好领导，他们给我以赏识，给我以舞台……不管是在师范的报告桌旁，还是在记者的采访机前，也不管是在平常的闲聊之中，还是在我专门撰写的感谢老师的文章里，我总是说：我没有什么特别的能耐，只是特别的幸运，遇上了好老师、好同事、好领导、好学生、好学生家长！

现在想来，我要感谢的还有一位，那就是我的"篮球导师"！

一直生活在农村的我，初中毕业了，都没有碰过篮球。到师范后，由于身材在同学中算高的，所以被选进了学校篮球队。从此以后，不管是晨曦初露的清晨，还是烈日炎炎的晌午、月色朦胧的夜晚，篮球场上都会有我的身影。当时的我一门心思就是要在篮球场上出人头地，追逐梦想、放飞希望。1981－1984 年的如师人都知道"华应龙是个十足的篮球迷"。

工作的最初三年里，我一边教体育和数学，一边执教学校女子篮球队。再以后，只教数学了，也坚持每天打篮球。平日里，别人打牌，我打球。有同伴就一起打，

1987 年在乡村工作时参加教研活动的课表

同伴没时间就我一人打。NBA 的经典赛事转播，我一场不落。身边的人都知道"华应龙是个铁杆篮球迷"。

我对篮球情有独钟，篮球对我恩泽万种。

● **激情四溢**

打篮球需要球技，更需要激情。NBA 球员们对篮球充满着激情，每一场篮球比赛都是他们激情的表演。他们胸中永远燃烧着一团熊熊烈火，永远精力旺盛、斗志昂扬！球队赢了，他们认为自己是伟大的；球队输了，他们也不会丧失希望，总会倾注更大的热情，不断地浇灌着他们的篮球人生。

教学也和打球一样需要激情。每每备课，我会深入挖掘教材，学习它，研究它，剃须、吃饭、走路时都对它念念不忘，有时可以为它废寝忘食，常常在睡觉时因想到一个好点子一跃而起。正像丘成桐先生 2006 年 6 月 26 日在光明日报社演讲时说："'庞加莱猜想'这个命题太优美了，太重要了，我们没办法来抵抗它的魅力。就像我们年轻时，喜欢漂亮的女孩子一样"，我十分认同他说的"假如你对学问没有极度的热情的话，你不可能成功"。课备完后我常常会有种冲动，就像制作了一件特别神秘的礼物急欲和学生分享。每每走进教室，我总是精力旺盛，神采飞扬，保持着对课堂的新鲜感，给自己不断树立新的目标，也想像"飞人"乔丹那样把学生带入一个梦幻和神话的境界。在做人上，我也保持着热情，因此在全国各地有很多的朋友，为他们答疑、购买资料；"非典"时期，看到报纸上说血库告急，我主动上了献血车；年过不惑，我又主动申请捐献造血干细胞。

没有激情，就没有教育的"震撼"；没有激情，就没有教育的"共鸣"；没有激情，就没有创新；没有激情，就没有魅力可言。一个人成功的大小是与激情的饱满程度成正比的。

2006 年与韦钰教授合影

● **投篮凭手感**

投篮凭手感，手感是靠一遍又一遍的反复地练习来积淀的。为了练就过硬的教学基本功，提高自己的课感，我创造性地开始了"自我评课"：一边上课，一边给自己的课录音，课后一边听录音，一边反思，并请同行指教。1994 年，我在《人民教育》发表的第一篇文章就是《年轻教师不妨听听自己的课》。

随着教龄的增加，随着点滴经验的日积月累，我越来越感到自己理论知识的贫乏。于是批改完作业、备完课，我又捧起了大专、本科自学课本，参加了教育管理硕士研究生函授，捧起了"陶行知""苏霍姆林斯基"，捧起了《课程与教学哲学》《中国数学史大系》……我的年历上没有星期天，没有节假日，有的只是一天五六小时的睡眠。更深夜半，烛泪将尽，常常是和衣而睡。一觉醒来，跑跑步，暖暖身子，继续看书。热闹正月，人们打牌娱乐，山珍海味；我却钻进宿舍，捧着书本，啃着馒头，沉浸在教育教学的王国。

苦痛、欢乐、失败、成功，我都不问；
男儿的事业原本要昼夜不停。（歌德语）

● 打好每一个球

篮球场上，无论对手的强弱，每次比赛我都打得非常认真，非常投入，尽力拼搏。就是现在年届不惑，同事看球后总说："你真行啊！"我觉得应该珍惜每一次锻炼和提高的机会，也觉得这种"认真"对对方是一种"尊重"。

相聚是缘。多年的篮球生活，让我学会了与人交往，懂得了交往的首要前提是尊重。在球场上，尊重教练，尊重伙伴，尊重对手，尊重裁判，尊重观众。在工作中，尊重领导，尊重同事，尊重学生，尊重学生家长，尊重一切与自己有关和无关的人。

记得那是我刚刚调进县城实验小学，新接一个六年级班，自恃特别能吸引住学生的我遭遇了挑战。开学两个星期了，一位男生小 A 都没有好好看我一眼，对我没兴趣。"是什么原因？"我问自己。原来这位同学长得非常特别：个子不高，可是腰是弓着的；眼睛不大，眉毛是耷拉着的，嘴唇豁开了，鼻孔也有点豁开；头发不长但缠在一起……仔细打量着他的样子，我的脑子里浮现出雨果《巴黎圣母院》里敲钟人加西莫多的形象。当想到加西莫多的时候，我心中暗喜，接纳他了。加西莫多就是人长得很丑，但内心很美。再深入了解，这位同学压根就不正眼看人，独钟情于小动物，文具盒里总会有几十只小爬虫。他不惹事，但痛恨做作业。有一次为做作业，他竟然差点打了他的妈妈。成绩不好，数学考试总是不及格。父母对他也不寄予希望了，打算让他小学毕业后开个小店铺。原来是形象不佳，妨碍了他与人的正常交往，造成了他心理闭锁，而我忽视了与他的个别沟通。

思考两天后，我想到了沟通的办法。星期一，数学课后，小 A 在花坛旁边玩儿。我走过去，看着他玩儿。他并不理我，似乎是想从花坛中找到什么小虫子。"小 A，需要我帮助吗？"他没抬头，也没答应。"我们交个朋友，好吗？"他还是不理我。停了十几秒，"小 A，我有个地方长得和你一样，你看我的嘴唇上面——"（我的嘴唇上也有一块疤）。这次小 A 抬头了，他眼睛流露出惊奇的神色，我感觉到我俩的心理距离近了。同病相怜吗，这是我运用了交往理论中的"相似效应"。"我这儿是小时候走路跌下来的，你呢？""我也是。"（其实，他是先天的。）他终于与我对话了，并且声音很亲近。后来，我在班上称他"小达尔文"，请他到我家玩儿，借《达尔文传》给他看，课上给他展示的机会……小 A 变了。他妈妈说他像"变了个人似的"，他爸爸说我是小 A 的"再生父母"。

人都有爱美厌丑的本性，圣人孔子概莫能外。"吾以言取人，失之宰予，以貌取人，失之子羽。"但人的尊重需求，是与生俱来的。新时代的我们固然要尊重学生的兴趣爱好、思维方式、思想感情、价值观念，但首要的是尊重学生的人格，尊重学生的身材相貌。我们要调整课堂上的视线投向，让"丑陋生"、后进生也能天天看到老师亲切的目光，也过上幸福的校园生活。

大路上，甚至在大街上，驮物载粮的农民艰难地上坡，我会顺手推一把。我觉得他们特别亲切，我的父辈们也是这样满脸黝黑、满手老茧、满身汗香。

因为我懂得并做到了尽可能地去尊重每一个人，所以我总是生活在阳光之中。

● 带头鼓掌

篮球场上，同伴每每打出一记好球，我在快速后退跑的同时都会带头鼓掌；当对手打出一个特别精彩的球，我会冲他眨眨眼睛。每个人的心底里都是渴望得到别人的赏识的。学生就更需要从老师对他的评价中建立起对自己的认识。

一次，我上小数、分数与百分数互化的复习课，要求学生把 0.2 等小数化成百分数。在小 Y（数学后进生）回答出"20％"后，我请她说说想的过程。她说"0.2 等于十分之二"，她"十分之……"才出口，同学们嘘声一片，我示意别打断，请她继续说。同学们怀着看笑话的神情，"0.2 等于十分之二，等于五分之一"，有学生禁不住笑出一声，我也在想：这扯到哪去了，可还是耐着性子让她说。"分子分母同乘以 20，等于 20%。""哎呀，真了不起！"随着我的称赞，同学们鼓起掌来。"大家看，小 Y 同学先运用小数的意义把小数化成分数，再根据分数的基本性质进行约分，接着又一次灵活运用分数的基本性质，将分数巧妙地化成了百分数。这一系列知识她掌握得多清晰，并且能运用自如，太棒了！华老师还没有想到这么好的复习小数、分数与百分数的例子。华老师要向她学习！"教室里响起了更加热烈的掌声，小 Y 眼眶里噙着泪花……整节课受这情景感染，学生情趣激扬，教学效果出奇的好，"白开水"变成了"茅台酒"。

复习课最难上，往往上得平淡、枯燥，有炒冷饭之虞。要上得有生气，有高潮，是不能依赖编制几道"九曲十八弯"的难题的。教师的欣赏、夸奖、鼓励，会给学生本人和他的同学带来莫大的快乐，带来巨大的信心，带来更多的投入，使课堂教学脱去僵硬的外衣而显露出生机。只有师生全身心地投入，彼此敞亮，教师尊重学生，欣赏学生，致力于探索、创造充满生命力的课堂教学，师生才不只是在教和学，还在感受课中生命的涌动和成长，也只有在这样的课堂上，学生才能获得多方面的满足和发展，教师的劳动才会闪现出创造的光辉和人性的魅力。

● 成长需要臭球和嘘声

篮球场上，有掌声，也有嘘声。掌声，让我更尽情地发挥；嘘声，促使我更快地改进。多年的篮球生活，让我学会了接受掌声和接纳批评。

一次试卷评讲课上，评析这样一道题：

3 点钟时，钟面上的时针和分针夹角是（　　）度，再过 1 小时，时针和分针成（　　）角。

在画出钟面图作了评讲之后，我发现这是一道可以渗透极限思想的非常好的题，因此就问学生："如果不是问再过 1 小时，而是问再过 1 分钟，那么时针和分针成什么角呢？"学生始作茫然，三四秒钟之后，有几个学生答：还是钝角。我正中下怀。"对！哪怕是再过 1 秒钟，时针和分针的夹角就会大于 90 度，所以是钝角！"学生纷纷点头，佩服老师的高明，我也有几分自鸣得意。

下课了，仲伟平和邵炜晖两位同学走到我跟前，"华老师，您课上讲错了"。我莫名其妙，想了想说："怎么会呢？今天华老师的课上没错"。"我们算过了……"语气中有些<u>不</u>容置疑。我觉得应凝神静听。"分针比时针走得快，所以再过 1 分钟，时针和分针的夹角是锐角，不是钝角。"

哎呀，确实是我错了。

我"狠狠地"把他俩夸奖了一番，并当即表示：①第二天当众承认自己的错误；②表扬他俩善于独立思考的精神；③赠两张名片给他俩，上书："敬赠我的一题之师！"

理想的教学应该是对话式的，师生相互请教，双方互为先生和学生。在批评教育的问题上，师生同样是平等的，教师当然可以批评学生，学生也可以批评老师。作为教师，要不断丰厚自己的学识，提升自己的理性。因为只有丰厚的学识与彻底的理性才能赋予人一种大气。这种大气，作为教师是非常重要的。因为只有大气，才能真诚地鼓励学生放飞想象的翅膀，去拓展自己已经变得十分狭窄的心灵空间。

书与篮球是我的至爱

● **接球也传球**

篮球场上，不能只知道接球，不知道传球。篮球是集体项目，要不得个人英雄主义，要懂得合作、付出。教育工作也是如此。我是位经常布置语文作业的数学老师。我总是开门上课，热烈欢迎同行到我的教室来听课交流。我奉献出殚精竭虑的教学设计，让年轻教师扬起教海之帆。改得面目全非的征文，让中老年老师尝到论文得大奖的滋味。和盘托出积累十多年的课题研究资料，和教研组老师们一起开展课题研究。上厕所几分钟都不肯放松的我，可是为同事帮忙五六小时也心甘情愿。虽然曾遭遇一位好友借走了自己十多年积蓄的 20 万元后销声匿迹的重创，但帮助朋友的热情不减。因为我知道华盛顿父亲说的那影响了整个美国的一句话："如果你帮助别人得到他想要的，你就能得到一切你想要的。"因为我还知道华罗庚先生说的：

"人家帮我永记不忘，我帮人家莫记心上。"我不喜欢帮了别人就到处说的人，我不喜欢帮了别人就追着要报答的人。

● 当哨声总是为我而鸣

篮球比赛中，如果你遇上一个偏心的裁判，那就倒霉了。你刚一抬腿，"——喔——"带球走；你刚一起跳拼抢，"喔——"拉人犯规……你动辄得咎，无所适从。你明白裁判是存了偏心了，但你不能发火，不能怒形于色。这时候，最明智的做法就是对裁判的错判不予理睬，一门心思认认真真地、不屈不挠地、不急不火地打好每一个球，就可以了，就对得起自己了。篮球是一种对抗性很强的运动。你的得分能力越强，对手就看得你越紧，像牛皮糖一样盯着你，在你身上的小动作就越多。对手比你强，你只有提高自己，如果想偷偷拖他"后腿"，"喔——"，犯规，下场……

华盛顿给华应龙摸顶祈福

境由心造。其实，偏心的裁判是最好的调理师。我们在工作中又何曾没有遇到这样的"裁判"？我想人家是牺牲自己的人格在帮助你，锤炼你呢。你得意抑或失意时，裁判的"喔——"就是在提醒你，你要暗暗告诫自己：不要犯规，保存自己。姚明说："在季后赛中你对你的失误不能有任何借口，一个失误就能置你于死地。"当年从乡村调往县城，我作为主管领导在与全镇教师话别的时候，我就说："衷心感谢大家对我的培养！有的是直接的培养，有的是间接的培养。"取得成绩时，我不骄不躁，不忘记关怀我的领导、扶植我的同事。遇到冷言、挫折时，我用石灰精神激励自己——越是泼冷水，越是热气腾腾。现在，我清楚地明白：怪罪别人是自己不行动的借口；不肯原谅他人，最后受苦的是自己。当新到一片球场，别人不把你当回事的时候，你要特把自己当回事；当周围的人众星捧月般呵护你，特把你当回事的时候，你可千万别把自己当回事。

● **球小乾坤大……**

流水没有阻挡就不会激起美丽的浪花。打球没有强劲的对手，轻易地得分，那太没劲儿了。纠缠、虚晃、突破、急停，于刹那间捕捉战机，跳投、得分，那才叫刺激、过瘾。因此在教学工作中，我从不惧怕碰到的困难。遇到棘手的淘气鬼，我把他当作提高自己教育教学能力的难得的际遇。

要想投篮得分，只要向上就有可能。但是篮球场上，不是所有得分的投篮都是好球，也不是所有没有投中的球都是坏球。我觉得老师看待学生的学习也该如此。学生正确的作业可能只是模仿，但错误的作业却可能是一种创新。

子曰："君子病无能焉，不病人之不己知也。"篮球场上不相信虚名，得凭真本事说话。我们要不断提高的是自己的"能"、内功，而不是"名"。"板凳甘坐十年冷，文章不写一句空。"我上的课、写的文章不能说是真知灼见，但不拾人牙慧，一定有自己的实践和思考。

球场上的变化、发展，往往瞬息万变，令人捉摸不定，还常出人意料。一场球与一场球，在变化与发展上是不会相同的，课堂也是如此。苏轼说："大略如行云流水，初无定质；但常行于所当行，常止于所不可不止。文理自然，姿态横生。"（《答谢民师书》）。要达到这种境界，需要才能，需要功力，还需要厚实的生活底子作基础。我也许永远达不到这种境界，但我一直在努力追求。做一株思想的芦苇，不断反思教学，超越自我。

从15岁读师范开始到现在，我已经打了27年篮球了。27年的篮球生活，丰富了我的生活和记忆，给了我一副强健的体魄，给了我一种拼搏的精神，养成了我团结合作的习惯，滋育了我一种平和的心态。

现在，我儿子也酷爱篮球，我十分支持，父子俩常在球场上切磋技艺。2004年年底的一天，看到儿子和我差不多高了，一时兴起，我教他灌篮。第一个灌篮表演成功，当我灌中第二个球，手还抓住篮筐的时候，"咣当"一声，篮板离开了柱子，从我的头上飞到了身后。一身虚汗。——哦，我笑了。是篮球在开导我："年轻，没有什么不可以"，那是上半场；现在，年近四十，是篮球下半场了。下半场打的是理性球，不再玩儿花样，不再陶醉于某一个动作的优美，而是讲究实用，更注重整体的技战术，珍重当下，善待周遭的一切。

艾青先生曾深情地吟诵："大堰河——我的保姆!"现在,我要放声喊:"啊,篮球——我的导师!"

九、听听自己的课

记得那是师范刚毕业的一次课上,两名学生突然争吵起来。原来,他们在统计我说"好"字的次数上发生了争执:一位画"正"字记了 38 个;另一位默数已到 41。

为什么我那么钟爱说"好"呢?师范实习的时候,我不会讲课,说了上句,不会接下句。因此,同组的一位女同学给我支招:"华应龙,当你不知说什么的时候,可以说'好',然后赶快想后面该说什么。"

学生的争吵,引起了我的沉思。怎样才能提高自己的课堂教学质量呢?联想到苏霍姆林斯基课课有录音资料,我决定请录音机进课堂,听听自己的课,然后自己分析,请他人指教,来个教后琢磨,苦练课堂教学基本功。

多年来的实践,我深深地体会到了听自己课的妙处——

首先,它能帮助我们提高语言功夫。教育是语言的艺术。一堂课设计得再精美,组织得再严密,教学语言不当,也会事倍功半。人们对于自己的各种小缺点、小疏漏,往往习焉不察,以旁观者的身份听自己的课堂教学实录,就可以找到自己教学语言中存在的问题,可以克服时常出现的方言土语、语调平板、层次紊乱、讲述颠来倒去等问题,使学生愿听、想听、爱听,达到"言泉流于唇齿"的境界。

其次,它能帮助我们提高驾驭课堂的能力。刚迈上教坛,往往对一节课 40 分钟的分配把握不住,前紧后松、前松后紧的现象经常发生。通过听自己的课堂教学录音,对一节课的时间分配可在定性的基础上做出定量分析,三番五次以后便可确诊问题的症结,对症下药,避免失误。长此下去,量的积淀便会实现质的飞跃,爆发出教育的灵感和教育的机智。

最后,有利于教学经验的积累和教育研究习惯、能力的培养。听自己的课堂教学录音,是对讲课情况的"反刍""复盘",是对自己教学工作的一种反省,一种自我监督。认真回顾一节课的得与失,及时发现教学中成功的地方和应纠正的问题,积累起来就可以为总结、分析、实验、研究提供第一手资料。当我工作有 10 年的时候，自认为有价值的教学录音剪辑已灌满了整整 12 盘磁带。

当我作为一名乡村教师，十多次为县、市教研活动开课的时候，一次次在省、市青年教师多项比赛中获奖的时候，我总要由衷地感谢那台伴我多年的录音机。

成为特级教师后，我还是保持着听自己课的习惯。不少读者朋友跟我说，非常喜欢读我的课堂实录。其实，那是坚持听自己课的副产品。

"不识庐山真面目，只缘身在此山中。"年轻的教师朋友，现在工作条件好了，不但有录音笔了，还有摄像机了，试着听听自己的课，如何？

十、享受课堂

我在课堂，我是学生，我骄傲。

从上小学开始，我就喜欢课堂，课堂是我享受的地方，我享受知识、平等和骄傲的地方。个中原因，一是老师讲的课，我都喜欢。现在想来，我的学生生涯中，没有遇到一位不称职的、把同学们讲得昏昏欲睡的老师。二是由于家庭出身不好，课下的我常常被欺负，而课上的我是平等的，更被老师偏爱的。三是我课堂上的积极表现让老师们都喜欢我，我在学业上也表现得十分优秀，这满足了我的好胜心。薄雾蒙蒙的清晨，我就背着书包去学校。常常是在教室门前等着三三两两到来的同学，然后高呼："今天我第一！"

读师范了，为了自己的课余时间能全部用来打篮球，课堂上的我就特别用心，总是想在老师的前面表现，当老师提出问题时，我已经想好答案了。毕业考试，我的物理成绩在全年级第一，并且是唯一的满分。师范的老师们就常常叫上我这个学生一起打篮球，因为我在课堂上已经完成学习任务了。课堂是我轻松、惬意的地方。

我在课堂，我是教师，我创造。

1984 年，我师范毕业后分配到乡村做教师，后来做教导主任、做副校长、做教育助理；1995 年，我被调到县城实验小学做副校长；2002 年，调进北京第二实验小学做教师，后来做教学主任、做副校长。25 年，一路走来，我一直是杏坛的守望者，没有离开过课堂，我享受着做教师的幸福。

　　应该说新世纪的课程改革春风吹绿了我的课堂，更给我带来了创造的幸福。

　　创造学生喜欢的课堂。我喜欢小孩，我喜欢在课堂上和学生一起玩儿数学。做乡镇教育助理时，我坚持到村小教一个班的数学——江苏省南通市海安县墩头镇海舍村小学，当时班上 13 名学生，我戏称他们是"十三太保"。"十三太保"非常喜欢我。经常地，我上完课要离开课堂去开会，可是下课铃一响，"十三太保"就层层叠叠地堵着教室的门，不让我走。那情景就像我小的时候家里来了我喜欢的远方的亲戚，亲戚要走了，我就堵着门，不让他走。学生喜欢我的课堂，我很幸福。1996年，《江苏教育》要调我去做编辑，海安县教育局的领导非常厚爱地放行。可是那样的话，我就离开课堂了，因此我谢绝了好心的领导。当时不少关心我的人骂道："华应龙，你太傻了！"

　　调进首都后，我的学生在课堂上也是不让我下课，不过表现出的不是淘气，而是"民主"：下课铃一响，我就宣布"下课"，有时候学生们一齐举起拳头，高喊："抗议！""抗议！"

　　我实在是喜欢在课堂上逗着孩子们玩儿。现在不少听过我的课的朋友很是佩服地问："华老师，您怎么能用几分钟的时间就与学生打成一片的？"我说，因为我痴迷课堂，我相信"艺痴者技必良"，一进教室，我眼睛就放电；因为我喜欢赤子，我

2005 年，在香港与郑萱副校长一起参加国际研讨会

喜欢和陌生人说话；因为我真心地尊重学生，心诚则灵。

创造解放学生的课堂。一般的，我们追求成功，害怕出错。而"畏惧错误就是毁灭进步"（怀特黑德语）。新课程倡导"自主、探究、合作"的学习方式，我们的课堂教学就更需要"化错教学"。我每接一个新班，第一节课都会在黑板上板书："错得好！"在日常的课堂上，对待学生的思维成果，我不是着眼于对还是不对，而是着眼于有价值还是没有价值，价值是大还是小，是现时价值还是长远价值。我向滕矢初先生学习，学习他点评参赛选手表现时的说法，评价在对错之外，重在激励学生探究，因此，我的课堂上常常听到学生思维的真实的声音。

要真正解放学生，就需要教师在课堂上"大胆地退，适时地进"（李烈语）。退，是为了彰显学生的主体地位，为了保证先学后教；退，是为了更有力地进，为了落实以学论教。进，是教师的职责，为了高扬教师的生命价值；进，是为了潇洒地退，是为了学生更自主地进，为了学生的发展。

创造有效帮助的课堂。新课改给了我们教师创造的天地，我们不只是课程的实施者，我们也是课程的建设者。课堂上，有了我们自己的思考，有了我们自己对教材、对教学的理解，有了我们自己的声音。

教学《角的度量》，教材上是先量角后画角。我创造性地让学生在量角之前先画角，"抓大放小"地认识了量角器之后，顺其自然地揭示量角的本质，从而让学习像呼吸一样自然。

教学《游戏公平》，教材上是通过抛硬币的实验让学生认识等可能性。可是这样的实验不用做，做了往往不可收拾。"反者道之动，弱者道之用。天下万物生于有，有生于无"（老子语）。经过思考、寻找，我创设了抛啤酒瓶盖的实验，让学生喜欢上"数据"，赢得了大家的赞许。

教学《圆的认识》，以前的我们常常画地为牢，不敢越雷池一步。新课改给了我们打破旧传统的勇气。不要讲的，就不讲。不该练的，就不练；不该课上练的，就让学生课下练。学习本不该是重在熟能生巧，更有价值的应该是急中生智。"大成若缺，其用不弊。大盈若冲，其用不穷。""不言之教，无为之益，天下希及之"（老子语）。

课堂上的创造，让我体悟到：创造是对前人的扬弃，更是对自己的超越，对自己的成全。课堂是学生的，就应该从学生的需要出发。我们真要成为学生成长中的

"重要他人"，就要不断丰厚自己，让自己在学生眼中就是数学。

我在课堂，我是学生，我敬畏。

我执教小学数学 25 年，很多小学数学教材上了一遍又一遍。可是，每每备课时，我总喜欢问："为什么要这么教？""真应该这么教吗？""还有没有更好的教法？"课备完后我常常会有种冲动，就像制作了一件特别神秘的礼物急欲和学生分享。我会想："今天的课堂上又会有什么故事呢？"我保持着对课堂的好奇。只要一踏进课堂，我就"没办法来抵抗"课堂的魅力，（丘成桐语）"就像我们年轻时，喜欢漂亮的女孩子一样"。我一直认为课堂具有无穷的魅力，我们的学生具有无限的可能性，是一个谜。我饶有兴致地使出浑身解数来解谜。

一次讲课前，一名男生介绍自己成绩不好，大家都笑了。我随机说到："爱迪生、爱因斯坦上小学时成绩都不好。"哪知一位女生坐在座位上竟然喊了出来："您这不是打击我们成绩好的人吗？"这一声喊，惊醒了我——在课堂上我应该怎么说话；这一声喊，叫我思考"教育到底要给学生留下什么"；这一声喊，让我醒悟——我们的教学就该是在课堂上播种希望。（参见 2009 年第 5 期《人民教育》上的《教育要给学生留下什么》一文。）

教学《分数的初步认识》，课进展得很顺利，学生敢想会想，敢说会说，酣畅淋漓。即将下课了，我说："一节课的时间飞快地过去了，我特别喜欢和同学们一起学习！大家太棒了，我真想见见咱们的数学老师！喜欢咱们的数学老师吗？（喜欢）喜欢我吗？（喜欢）你最喜欢哪个？"竟然较多的学生、声音响亮的学生说的是他们的数学老师。出乎意料！学生的真实回答，让我明白"己所不欲，勿施于人"，我们设计教学环节时应该懂得"退步原来是向前"。（参见 2005 年第 7 期《小学青年教师》上的《退步原来是向前》一文。）

教学《出租车上的数学问题》，一位男生问我："出租车票上为什么要有这个小黑块？"我坦诚地说："我真不知道。"另一位男生站起来帮忙，圆满地做了解答，让我长了见识。（参见 2003 年第 7—8 期《小学数学教师》上的《"出租车上的数学问题"教学实录及评析》一文。）

教学一道思维训练题，在我自鸣得意的时候，一名学生竟然说出"图上就有答案"，让我对孩子的整体思维多了一份感悟。（参见 2008 年第 12 期《中国教育学刊》上的《敬畏童心》一文。）

教学《神奇的莫比乌斯带》一课，在我的预设之中，一名学生把莫比乌斯带剪成了一根长纸条。可是，他竟然说自己会用这根纸条做套铅笔的魔术。他的魔术赢得了同学们的啧啧称奇。我原以为他的魔术是节外生枝，浪费了教学时间，其实是我没能看透这个魔术，没能沟通它与莫比乌斯带的联系。（参见 2004 年第 7 期《教育科学研究》上的《遭遇"节外生枝"》一文。）

我敬畏我"老师式的学生"。我敬他们的天真无邪，我敬他们的思维活跃，我敬他们的见多识广，我敬他们的善解人意；我畏自己的老成世故，我畏自己的才疏学浅，我畏自己应对失当，我畏自己准备不足，我畏自己在某一个环节会故步自封……

新课程的扎实推进，实实在在地解放了学生的时间，解放了学生的空间，解放了学生的眼睛，解放了学生的双手，解放了学生的大脑，解放了学生的嘴巴，焕发了课堂的生命活力，让我们教师的职业价值和生命价值内在地统一，让我们真正体验到了教学相长的幸福。成长是一种幸福。

2009 年，与南京市名校长名师合影

怎么在我的身上老有故事呢？老天青睐我。成龙的《真心英雄》是我百听不厌的歌。"把握生命里的每一分钟，全力以赴我们心中的梦。不经历风雨怎么见彩虹，没有人能随随便便成功。把握生命里每一次感动，和心爱的朋友热情相拥……"

25 年的课堂生活告诉我：教学是充满诗意和智慧的生命活动，把握"课堂"里每一次感动，和心爱的"学生"热情相拥，我们的生命就灿烂无比、幸福无限。

新课程的征途，任重道远，我还将在课堂。那么，如何让自己的课堂化繁为简，返璞归真？如何让化错教学的操作方式能为更多的年轻教师把握？如何让自己的课堂生命力更旺盛？如何让自己的课堂生命更圆融？吾将上下而求索。

我思故我在，我在课堂。我在故我思，我享受课堂。

十一、反思教学，超越自我

教师专业成长的道路在哪里？"反思"是这几年被不断强调和凸显的一条路径。但仅仅知道反思的重要性，是远远不够的。"反思"什么，如何"反思"？从我的一次教学实践说起——

缘起

二年级上册《数学》（义务教育课程标准实验教科书新世纪版）上有关于概率的初步认识——"可能、一定。"大家都在研究如何上好这节课。有的研究课我觉得上得有点偏，主要偏在哪呢？主要偏在教学定位。这节课的编写意图是让学生通过活动感受到有些事件的发生是可能的，有些事件的发生是一定的，也就是初步认识可能事件和确定事件，仅此而已。而有的老师上这节课的时候，把"可能性有大有小"和列举可能性的若干种情况都纳进来了。这主要是不太清楚教材的结构体系造成的。

案例实录

我在上这节课的时候，先让孩子们从装有三个黄球和三个白球的盒子里摸出一个球，让孩子们感受"可能"——可能是黄球也可能是白球。然后再让孩子从装有六个黄球（没有白球）的盒子里摸出一个球，让孩子们感受"一定"——一定是黄球，不可能是白球。但事先不告诉孩子们盒子里装的什么球，而是——

师：刚才同学们摸球了，有趣吗？

众生：有趣。（声音不高。）

师：现在还想摸吗？好，（拿出事先准备好的盒子）如果你摸出的是白球，将会得到这个奖品（出示奖品），一个很好玩的小东西。（学生的情绪一下子被调动起来，都举起了手，好多孩子竟站了起来。）谁来摸呢？看谁坐得端正！

（指名一男生到讲台前来摸球，孩子的手刚要从盒子里拿出来却被我按住。）

师：他摸到的是什么球？

生1：黄球。

生2：是白球。

生3：可能是黄球。

师：他用上了"可能"这个词，真好！请你拿出来吧。

（男生将球拿出，是黄球，孩子们发出一片惋惜声。再指名一女生，又摸出了一个黄球，孩子们又是一片惋惜声。这时学生情绪高涨，争先恐后。）

师：（再指名一女生）这一次摸到白球了吗？（停顿，让孩子们在脑子里猜测）好，请拿出来。

（她摸到的也是黄球，她自己笑了，同学们也笑了。）

师：（再指名一男生）他能得到华老师的奖品吗？

（他拿出来的还是黄球。孩子们有些骚动。）

师：还想摸吗？

（还是有不少孩子举起了手。）

师：有没有人有意见？有没有想法？

女生：我觉得这盒子里全部都是黄球。第一，您怕同学得到奖品在课上玩。第二，这奖品是买来的，您以后还要用。所以，我觉得这盒子里全部都是黄球。我肯定这一点了。

师：真的吗？你想知道真实的情况是怎样的吗？

众生：想！

（我打开盒子，让学生看到了六个黄球，众生哗然。猜对的同学大喜。我将球一个一个拿出来，最后将盒子倒扣过来，孩子们都笑了。有一男生的声音："上当了！"）

师：上当了？是，这是华老师跟大家开了一个玩笑，这个盒子里面装的都是黄球，可能摸出白球吗？

众生：不可能！

师：（板书：不可能。）从这个盒子里面摸出一个球——

生1：百分之百是黄球！

生2：一定是黄球！

　　　（我板书：一定。）

接着，我又创编了一个看连环画、听故事的活动，让学生用上已形成的"可能"和"一定"来分析和判断。

出示连环画，画外音：一个公司老板亟须要招聘一些员工。于是，他就在公司的门口贴出了一张特别具有诱惑力的广告。上面写着："来我公司工作，工资高，每天你可能得到8枚金币。"这个广告贴出去之后好多人都看到了。它真是太具有诱惑力了。于是真的有很多人来到公司打工。大家辛辛苦苦干了一个月，该拿工钱的时候，却发生了这样一件事——老板提着一袋金币过来，打工的人刚想拿，老板说："不许动！要想拿到金币，还得做一件事情——你们把它抛起来掉在地上的时候全部正面朝上，你们才能把这袋金币拿走！"打工的人能拿到这些金币吗？

接下来就让学生说想法。

……

男生：如果是和盒子里的一样的话，那些人也只有一个答案，只有反面。因为我猜测金币两面都是反面。如果在盒子里的话，盒子里有两个字，你也能猜到。（一边说一边眨着眼睛。说完，歪着头看着老师。）

师：让我来猜哪两个字？

男生：（点头）就在盒子里面，你自己应该能猜到。看是看不见，但你脑子里面应该能想到。

师：挺厉害的！盒子里的两个字是什么？

女生：（善意提醒）没有。

男生：（重重地说）坑人。

　　　（全场哄堂大笑。）

师：（放声大笑之后）对，华老师就是想让大家知道：刚才那个摸球游戏就是坑人的！

　　　（全场掌声和会意的笑声。）

……

反思与再实践

上完这节课，我深深地为孩子们积极地参与、独特的体验、大胆的表达而高兴。"新课程下的孩子们真是了不得！"

①回眸"肯定"的女孩

那个女孩果然判断出了盒子里都是黄球，但她是从前四位同学摸出的球的情况来判断的吗？不得而知。因为从她的解释来看，却是另一个判断过程："我觉得这盒子里全部都是黄球。第一，您怕同学得到奖品在课上玩。第二，这奖品是买来的，您以后还要用。所以，我觉得这盒子里全部都是黄球。我肯定这一点了。"或许，这位女孩的思维是两者兼而有之，但她表达出来的却是来自她课堂生活积淀的合情推理，并不是根据摸出的球的情况而做出的"可能"猜想。

她为什么会这么说呢？

新课程实施以来，有一股非常好的潮流，就是我们数学课堂尽可能地和孩子的生活接近，取材于孩子们的生活，追求"数学生活化，生活数学化"，既调动了他们的学习积极性，又让他们体验到数学的价值。但是，有的老师为了让学生围着自己转，许诺奖给学生卡通玩具；有的老师让学生运用所学的知识为老师、为学校、为市长"排忧解难""出谋划策"……然而，"图穷匕首见"，忘了兑现，不予兑现，不可兑现。这样，学生们积淀下何种情感呢？我曾在一个礼堂听过这样一节"设计方案"的课——在课的最后一个环节，老师说："我们刚才是坐车来的，现在我们一起来设计一个坐车回去的方案，大车最多坐几个人？中巴车最多坐几个人？小车最多坐几个人？"学生们设计得很好，老师的组织和引导也很好。临下课前，大家评议出了一个最佳方案。下课了，我跟在学生们后面一起下了楼。结果看到的是上课的学生和做课的老师挤上了一辆大巴车。

我们的一堂课犹如一场足球赛。要有绝妙的攻防方案，流畅的传切配合，更要有踢好"临门一脚"的意识和功夫！

②回味"坑人"二字

"有奖摸球"是有意设计的。设计的意图：一是调动孩子们参与的积极性，摸到白球有奖，孩子们会更来劲；二是孩子们已经形成了"可能"的概念，那么他想自己摸到白球的愿望会更强烈，未能如愿，就会迫使他做出猜测。原先摸到白球的愿望越强烈，后面"从这样一个盒子里摸出来一定是黄球"的体验也就越深；三是促进孩子的社会化。西安的"宝马车案"不就是这样的吗？街头摊贩就常有这样的把戏。

不过，我没想到学生会诘问出如此激烈的"坑人"二字。小学生，特别是低年级的孩子对老师非常敬佩，他们是觉得老师特别高大。可是今天的这个活动做完以后，他们觉得"上老师当了"，他们觉得老师在"坑人"。这样对于教师形象的负面影响是很大很大的。亲其师才能信其道，怎么解决这样一个问题呢？

如果没有奖，就没有这样的问题，学生是不会说老师"坑人"的。但没有奖又怎样让学生参与兴致高呢？后来想到：摸出一个黄球，就不放进去，然后再去摸的时候，摸到白球的愿望也就会越来越强烈。但我后来再想：这样的设计不好，它和后面将讲到的统计概率的游戏规则相冲突。摸球一类游戏的规则是摸出来还要放回去才能再摸。不放回去，样本就不一样了。

我还是不想把"有奖"去掉，那怎么办呢？

想了两天以后，我儿子的一句话启发了我。我到学校后面的小商店里拍了一张照片，小商店的货架上是琳琅满目的商品。开始上课时，有意不穿外套。到"有奖摸球"前，我穿上外套，投影那张相片。然后说："我是这个商店的老板，你看我这里有吃的，有喝的，有玩的，还能摸球得奖呢！"然后，组织学生摸球……当孩子们情绪开始激愤、有意见的时候，要说"坑人"的时候，老师把外套脱了。"同学们，老师来了，你有什么话想说？"相当于是一次采访，让学生谈感受。一件外套，将老师保护了起来，还这类游戏的本来面目。

第二次上这节课时，我这样做了，真有效，没有学生再说"上老师当了"。为什么这么有效呢？这就是一种角色扮演。有没有这种角色的扮演，效果就是不一样。正像我们讲"方向和路线"的时候，会设计问路的情境一样。如果老师一边问话一边伸手做打电话的动作，那一下子就把学生带入一个打电话问路的情境。有伸手做打电话的动作，你就是一个问路人；而没有伸手做打电话的动作，你就是一个老师。

有时候一件小小的道具、一个小小的手法的作用是挺神奇的。

后来我又想：还有没有更好的办法？有道是"没有最好只有更好"。后来想到一个办法：把两次摸球的先后次序颠倒一下，还是有奖，先摸六个黄球，再摸三个黄球三个白球。先摸六个黄球，当孩子感觉"没有白球""上当了"的时候，老师有一个很好的解释就是："对不起，老师拿错盒子了。"不是老师有意而是老师的疏忽。分析、揭示"一定"之后，接着再来摸三个黄球三个白球，感受"可能"，真把奖品奖出去。

"大道至简。开始怎么没有想到呢？"因为我有经验，先后次序的调整，往往就会别有洞天。

第三次讲这节课，我尝试了新的设计，效果却不好！

这是怎么回事呢？我想最主要的原因就是次序调整后，孩子们没有先摸装有三个黄球和三个白球的盒子，还没有形成"可能"的概念，摸一个球出来会是什么结果呢？学生心中是无数的。同时，事先没法交代盒中球的情况，真有点"盲人骑瞎马"的味道。所以这样设计的教学效果就不好。

看来还是要先摸三个黄球三个白球，再摸六个黄球。摸六个黄球有奖但不可能得到，如果后面能再设计一个活动，让学生有可能得到这个奖品就好了。我在思索……

③顾盼四幅连环画

回头看看创编的看连环画听故事，挺欣慰。那是费了两天的工夫才编成的，可以达到多个目的：课程标准中提出的改变题目呈现方式的积极尝试；让学生在饶有情趣的情境下，运用"可能、一定"来进行分析、判断；在富有挑战性的情境中，积累应对智慧。

再细想，觉得这样一个故事也有不妙的地方。金币落到地上有没有可能全部正面朝上？从理论上说应该是有的，只是可能性太小了。这个微乎其微的可能性能让二年级的学生来认识吗？

有一天，看中央电视台的《今日说法》，突然悟出撒贝宁讲的故事可以"拿来"一用。于是，我将录像剪成两段。

撒贝宁：古代有一个将军打了败仗，他和他的手下被敌军追到河边，走投无路的时候，将军决定拼死一战，但是手下的人都觉得凶多吉少，将军拿出一枚铜钱说："如果抛出去是正面，那么我们就必定胜利；如果抛出去是反面，你们就跟着我投河自尽。"

故事播放到这里，挺悲壮的。然后组织学生发表感想：铜钱落到地上可能正面朝上，也可能反面朝上；将士们可能胜利，也可能投河自尽。

2002 年，在法国

撒贝宁：结果铜币抛出来是正面，士气大振，他们把敌军杀得片甲不留。最后，将军拿出铜钱给大家一看，两面都是正面。

再让孩子在笑声中分析：如果两面都是正面，那会怎么样？一定是正面。

这样，用一个现成的故事，把"可能""一定"很好地串起来。

感悟

面对变化不居的课堂，面对课堂上发生的教学事件，当我们以经验的方式无法化解的时候，就需要通过反思来提升我们的教育智慧。同时，反思教学会使我们从"日常教学"中觉醒过来。叶澜教授说："一个教师写一辈子教案不一定成为名师，如果一个教师写三年的反思有可能成为名师。"有学者指出：对教师而言，能否以"反思教学"的方式化解教学中发生的教学事件，这是判别教师专业化程度的一个标志。不论对自己的每一次否定和尝试是不是正确，我们置身其中首先能感受到的是一种执着和专注的精神，一种永不满足不断精进的精神。

反思教学当反思教学定位问题、教学设计问题、教学效果问题、动态生成问题、教学资源问题等。

　　反思之后当以再实践来检验。实践才是检验真理的唯一标准。再实践以后再反思：为什么有的方法是行的，有的方法是行不通的，再寻求新的解决方法。再实践是对反思的检验与进一步反思的催生，是增强反思力必不可少的环节。

　　反思之后要学习。孔子曰："学而不思则罔，思而不学则殆。"思而后学，学得更有效，思得更深刻。捧读专著是学，请教同仁是学，观天赏花看电视也是学。教师"学习"的状态，将制约教师发现教学事件的视阈和左右寻找解决问题办法的眼光。

　　实践、反思、学习应当是不断循环，相互融合的。在这样的循环往复中，我们的专业素养就可以不断提升。正如《中庸》"问政章"所言："博学之，审问之，慎思之，明辨之，笃行之。有弗学，学之弗能弗措也；有弗问，问之弗知弗措也；有弗思，思之弗得弗措也；有弗辨，辨之弗明弗措也；有弗行，行之弗笃弗措也。人一能之，己百之；人十能之，己千之。果能此道矣，虽愚必明，虽柔必强。"

　　我们教学的生命力不是"复制"而是"刷新"。新课程要求我们教师具备的不只是操作技能技巧，还要有直面新情况、分析新问题、解决新矛盾的本领，在更高的起点上不断实现自我超越的精神。只有建立在反思精神之上的反思能力才是真正有力量的、有生命的、有灵感的，才是真正能促进教师成长的。

十二、教学，从擦黑板开始

（一）都是擦黑板惹的祸

2006 年 8 月 7 日，我在内蒙古赤峰市讲课。

　　在做好一系列课前准备后，我和往常一样擦起黑板来。不过，这次擦得比较卖力，使出了我从小学一年级开始擦到现在，30 多年练就的擦黑板功夫，因为这块玻璃钢黑板好像是好长时间没有擦干净过了。"哐当！"一声，黑板仰面倒地，摔得粉碎。台上有学生吓得惊叫起来，台下的八百多听课老师莫名其妙地抬起了头。我左手抓住已经空空如也的黑板架，右手空空地停在半空，黑板擦已扔在地上。

　　主持会议的教研员老师赶紧走了过来，"哎呀，华老师！您的手流血了"。原来，在黑板倾覆的瞬间，我伸出的右手没能够抓住黑板，手腕却被三角铁做的黑板架"抓"了一下。

台上忙成了一团，有收拾碎黑板的，有准备新黑板的，有帮我找创可贴的。

我好尴尬啊！都是擦黑板惹的祸。

（二）擦黑板是我的习惯

黑格尔说："人死于习惯。"而擦黑板是我的习惯。

从上小学一年级开始，由于我个子比较高的原因，也由于总是受到老师表扬的原因（"今天的黑板谁擦的？华应龙？不错，不错!"），我总是会把黑板的边边角角都擦得干干净净。

当老师后擦黑板的习惯源于读师范时我的语文教材教法老师姚良强先生。他每次上课前，必定儒雅地、也是认真地把黑板从上擦到下、从左擦到右，即使是有时我已经把黑板擦得干干净净。耳濡目染，做了老师的我，上课前也喜欢擦黑板。

工作4年后，我第一次做数学公开课，评课时就有老师夸我"课前擦黑板所流露出来的大气"。后来经常做观摩课，也经常有听课老师夸我课前擦黑板的行为，有的说"认真"，有的说"严谨"，有的说"镇定自若"，有的说"没有架子"……

（三）教学：从擦黑板开始

是的，从课前擦黑板中，我获益良多。

"一屋不扫，何以扫天下。"先把黑板擦干净——

首先，是一种技巧。擦黑板的时间其实是我快速"温课"的时间。板书是微型教案，我会一边擦黑板一边想"这里应该板书什么？"越是心里不踏实，我就擦得越细致。

其次，是对学生的尊重。擦黑板是一种认真恭敬的态度，孔子说"修己以敬"，黑板上的字是给学生看，把黑板擦干净再板书是对学生的尊重。

最后，是一种精神。从上擦到下、从左擦到右，折射出的是踏踏实实地做好每一件事的精神。

还是一种气势。平和、从容、笃定的气势，"运筹帷幄，决胜千里之外"的气定神闲的气势。子曰："君子泰而不骄，小人骄而不泰。"当然这种心态的安详舒泰不是故作姿态，骄矜傲人，而是由内而外的自然流露，需要慢慢修炼。

老师讲课前先把黑板擦干净，对学生何尝不是一种教育呢？

现在我已经形成一种习惯，上课前先把黑板擦干净，就像吃饭前先洗碗一样，没有把碗洗干净，是不会吃饭的。

（四）擦黑板惹的不是祸

现在，擦黑板惹出了祸，怎么办？

始料未及。坦然面对。

在等待创可贴的时候，我左手握着右腕，看看空空的黑板架，看看手腕上的伤口，心里有些烦，"怎么会是这样"？看着看着，我在心里笑了："哈哈，如果拉得再长些，割破了动脉⋯⋯"顷刻间，我的心头"雨过天晴"。

一块新黑板已经安置停当，我伸出贴了创可贴的右手轻轻地按着黑板，试了试，试了又试，学生们轻轻地笑了。我脸上荡漾着笑意，开始讲课。

"实在对不起，刚才我把大家吓了一跳，是吧？"说完这句话，我弯腰表示歉意。

2013 年 7 月 15 日，克里姆林宫的天空掉下一家人

同学们轻轻地说："是的。"

"对不起，我不是有意的。那是什么原因呢？刚才我注意看了，是支撑黑板架的课桌比较矮，而我擦黑板时在最上面用的劲儿大了"，我伸手指了指黑板背后的课桌，把手按在了黑板的上方。同学们微笑着缩起了脖子，眼神告诉我"快别试了！"

"哈哈，不会的，不会的。都是我观察不细惹的祸。"我笑着说。

同学们大声地笑了起来。

"如果我动手擦黑板之前，先仔细观察，就不会出这样的事了。下面看同学们观察得细不细……"孩子们饶有兴致地开始了学习。

那节课的教学内容是《神奇的莫比乌斯带》，就是要在学生动手做出莫比乌斯带，领略它出乎意料的魔术般的变化后，学生通过自己的观察、想象解答自己的"为什么"……

一节课下来，教学效果特好。

我好开心啊，其实不是擦黑板惹的祸。

下次讲课前，我还会擦黑板。

十三、读书——教后解困之法门

教了二十多年的书，还没有碰到过，学生在课堂上忘我投入，起立、大声地期求说："华老师，我会做一个魔术！"

事件是这样的——

● 节外生枝

一般的，一张长方形纸条很容易做成一个纸圈，这个纸圈会有上下两条边和正反两个面。

可是，当我们把纸条拧转 180 度，A 点和 C 点、B 点和 D 点分别重合时，做成的纸圈却只有一条边、一个面。您相信吗？这就是莫比乌斯圈。

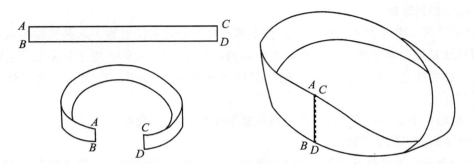

"莫比乌斯圈"是德国数学家莫比乌斯在 1858 年研究"四色定理"时偶然发现的一个副产品。它已被作为"了解并欣赏的有趣的图形"之一写进了新数学课程标准，编进了人教版和北师大版义务教育课程标准实验教科书。

前不久的一天上午，张家界市崇实实验小学礼堂，我和同学们一起享受"莫比乌斯圈"的神奇。我希望在这节课上让学生自己动手，在活动中学会将长方形纸条制成一个莫比乌斯圈，学生们在莫比乌斯圈"魔术般的变化"中感受到数学的无穷魅力，从而拓宽数学视野，激发起学习数学的兴趣。

我和同学们一起动手做。先做成了莫比乌斯圈，然后沿着莫比乌斯圈的中线把莫比乌斯圈剪开。

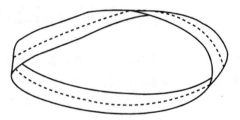

绝大多数学生都剪出了一个 2 倍长、1/2 宽的双侧曲面。但我发现有一名男生由于是没有直接从中间剪，而是从边上剪进去的，所以他剪出了一根长长的纸条。

这正是我期望的，也是我苦心经营的。起先的设计就是担心学生出差错，不能剪出了一个 2 倍长、1/2 宽的双侧曲面，正像这个男生一样剪出一根长长的纸条。所以我在提出问题后、做示范前，特别提醒学生："请看好是怎么剪的。"后来，想到那个传说的医学教授带研究生的经典故事（教授第一次讲课，带来一只盛着液体的烧杯，手指沾进烧杯，再一尝，"甜的！哪位同学愿意来试试"？上来了两位勇士，用手指一沾，一尝，紧皱眉，直摇头。"尿。"原来教授给他们上的第一课，就是体验"观察"的价值。教授沾进去的是中指，尝的却是食指)，我示范照做，就是不特意提醒，而给粗枝大叶的孩子们犯错的空间，也体验一下"观察"的重要。因此，我想好好抓住这个错例，提醒学生"大胆猜测"后要"小心求证"。

"这位男同学，请你说说是怎么创造出这样一根纸条的。"同学们笑了。

那位男生痴迷地抬起头，起立，拎起他那根长长的纸条，停顿，眼睛里盛满了自豪，大声地期求说："华老师，我会做一个魔术！"

对他的答非所问，我苦笑、好奇。看着他那等着我允许他表演魔术的急切的眼神，我说："行啊，请你给大家表演一个。"我把他让到讲台前面，并带头鼓起掌来。

他煞有介事地用一支铅笔和一支圆珠笔玩儿起了纸带套笔的魔术。

"请看好，套住的是铅笔，是吧?"

全班同学屏声静气，看着他在玩魔术。"是，是套住的铅笔。"

他将纸带一圈一圈地拧紧后，说："请看——"

纸带一圈一圈地松开了，最后竟然套住的是——圆珠笔。

"咦——叭叭叭！"同学们和三百多听课的老师一齐鼓起掌来。

"真不简单！佩服佩服！"我由衷地夸奖道。"请问这个魔术是在哪儿学的?"

"电视上。"

"我可不是在这高雅的地方看到的。我是在长途汽车上看到的，几个不三不四的人用这样的把戏来骗人的钱。"

礼堂里的人都善意地笑了。

"谢谢这位同学的精彩表演！我们继续看剪出的纸圈……"同学们又兴趣盎然地投入了研究。

……

● **节外生"思"**

课后，我回味那位男生表演的魔术，反思我对这一"节外生枝"的教学处理……

他表演的魔术与我这节课的教学内容是风马牛不相及呀，我该不该让他展示呢?

2002年，在奥地利与同行交流

　　学生是活生生的有思想的人，他们有着各种不同的生活经验和思维方式，因此，他们的思维方向、思维结果不一定会顺应教师的教学预设。

　　我们的教学是执行预设的教案还是抓住课堂生成的资源促进学生的发展？多年来，我们已经习惯了根据自己设计的思路进行教学，在课堂上一旦遭遇"节外生枝"，便千方百计地把学生拉到既定的教学思路上。现在，我们知道了不能这样做。我们应该把关注的焦点放在学生身上。可是，这样没有学科味的插曲，也任其滋生、发展？

　　如果我说："表演一个魔术？课下再交流吧！"那位男生会怎么想？其他同学会怎么看？他和他们的心思、他和他们的注意力还会集中到学习内容上来吗？大概地，一个是不满，其余的是惦记。可能还是表演完了，笑过之后，其后的学习更有味道。

　　接下来，是不是要让学生思考：这样的插曲该不该在课上展现？

　　如此看来，我的处理简单了些。那位男生可不是只表演给我一人看的。如果在那位男同学表演完之后，我不是说"谢谢这位同学的精彩表演！我们继续看剪出的纸圈"，而是让同学们来评价，我想是会有学生指出：这样的表演演得不是时候。如果没有学生指出，老师再作为平等的一员，婉转地提示。这样的话，我们的教学就是真正的教育，并且是难忘的教育，而不只是教学展示。

恩格斯曾说过：最好的学习是从错误中学习。课堂上的差错是一种难得的教育资源，不管是对于学生还是老师。

● "枝"外生枝

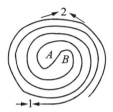

事件过去快一个月了。一天晚上，我翻看《创造发明1000例（数学卷）》，发现那位男生表演的魔术正是书中提到的拓扑游戏的翻版。

这本书第169页中说："我国民间流传着数以百计的神奇莫测的拓扑游戏。"用一根绳子，将它盘成下图的样子：

把绳子的两个头照图中箭头所示的"1"的方向连在一起时，就能使 A 处的手指套入其中。

把绳子的两个头照图中箭头所示的"2"的方向连在一起时，就能使 B 处的手指套入其中。

● 我思我在

哎呀，多好的资源被我浪费了！

那位男生表演的魔术没有学科味吗？我汗颜不已。这节课，我正是想通过和同学们一起动手做莫比乌斯圈，让学生领略数学的奇异美，涉足拓扑几何，拓宽数学视野。如果当时的我能看破那魔术背后的数学原理，然后在课的总结阶段点明，那么我们可以畅想：那怦然心动、悠然心会的局面是多么的生动和诱人！

学生是无意的，我是无知的。

哎呀，如此美妙的"节外生枝"可遇不可求！"花开堪折直须折，莫待无花空折枝。"不学不知耻。虽然为了上这节课，我已翻阅了不下20本有关专业书籍，但真正是学无止境啊。古人追求"读万卷书，行万里路"，吾辈亦当如是。

新课程，新理念，新课堂。生成的课堂，一定会让我们遭遇"节外生枝"，它呼唤我们更新理念，挑战我们的教育机智，考量我们的教育底蕴。

教，然后知困，怎么办？捧起书来吧。子曰："学而不思则罔，思而不学则殆。"（《论语·为政》）"吾尝终日不食，终夜不寝，以思，无益，不如学也。"（《论语·卫灵公》）一个教师不读自己专业以外的书，是不会把这个学科教得很好的；但是，如果他不经常阅读自己专业的书，那么也是教不好这个学科的。

十四、南北都是路

"飞机！"

当小伙伴惊呼一声之后，我们几个割羊草的都停下手中的刀，傻傻地仰着脖子，搜寻着，好不容易才从蓝天白云中找到一架小小的飞机，然后默默地、心满意足地目送小飞机消失在天尽头……有时候，几个小伙伴还猛跑一阵子，追赶飞机，比谁最后一个看到飞机。

现在的我几乎每个星期都要乘几次飞机，这是儿时的我想都没有想过的。

由于赶时间的原因，我第一次买了张从南苑机场 17 点 25 分起飞的机票。2008 年 1 月 26 日下午 3 点半，我准时上了预约的出租车。司机王师傅说："提前了两个小时，应该没问题。"行至广安门桥，巨堵；绕道永定门，交通管制；再绕道，还是堵，司机王师傅开始着急。"咣当"，刚上了。我赶紧打了另一辆车。

司机很熟悉道路，一路顺畅。可是，快到南苑机场时，还是堵了。这时，已是 16 点 55 分，离起飞只有半个小时了。

我感觉到心跳加速。司机说没路可绕。祈祷快快开堵，然后我去向值

2008 年，跟腱手术后在书橱前

班经理求情。没有一辆车动一动。

我摇开车窗，问路旁的大伯："大伯，请问您到机场有多远？"大伯热情地说："还有 3 里路，从这里向北，到红绿灯，再向右拐，然后一直下去就到了。"

又过了三分钟，还是没有一辆车动一动。

我再向一位骑自行车的大哥问路，大哥下车说："1 千多米，从这里向南很快就到了。"

"怎么会一个说往南，一个说向北？"大概大伯对现在的机场不怎么熟悉。我当机立断，下车，向南，跑步去机场。

我提着包，一边跑，一边寻觅着摩托车。没有，就是没有。

跑不动了，慢走一段，继续跑。

又跑了一段，我不放心地问："往机场怎么走？"一个小伙子告诉我："向南。"一位大姐说："向南再左拐，向东，再向左拐。"

到了一个加油站旁，一位大哥在车内打电话，我急促地向他考证"往机场怎么走"，大哥人很好，停下手中的电话，伸出手臂指示着："向东，再向北，到十字路口再向东，就到了。"

兼听则明。我道谢之后，赶紧跑。

路上，对面的车在蠕动，这边没车在动，就我一人在跑。

我像阿甘那样跑，一个人傻乎乎地跑。不过，阿甘的跑是没有目标的，我的跑是有目标的：追赶飞机。我相信自己能追赶上飞机。"没有什么不可能，这班飞机可能晚点。"儿时的我追赶飞机是天真的游戏，41 岁的我追赶飞机是现实的无奈。

啊，路边有一个修理摩托的小伙子，我请他送我一程，他说："对不起，没时间。"是啊，年底了，谁不忙？

一辆红色轿车从身边驶过，车停在美发店前，司机姑娘下车去敲门，美发店的门没开，她又往车这边走来。

我似乎看到救星，"您好……请送我一段路，我赶飞机，实在……跑不动了。"那样子一定很可怜。

姑娘犹豫了一下，看看我，点了点头。

我坐上车，喘着气，盯着前方，向北，向北，十字路口，向东，向东，向东，看到南苑机场大门了。

站岗的武警说："向南到头，右拐。"姑娘也是第一次进南苑机场。

向南，向南，再向南，向西，向西……

终于看到候机厅了。谢过姑娘，我直奔办票柜台——

"飞机晚点两小时。"

呼——

我终于追赶上飞机了。我圆了自己儿时的梦想！

哈哈，有意思。

咦——"左拐，左拐，左拐……"谁在忽悠我？一个说往南，一个说向北，怎么回事？怎么我先向南跑然后又往北跑了？如果开始就听老人言，向北跑，一定不会跑得这么狼狈吧，可那哪有这么有意思呢？如果我就是向南跑，能到机场吗？我没有走成圆，可不是走了个"S"吗？

哈哈，原来，机场是很大很大的，一个说的是从南门进，一个说的是打北门来，都是对的。

南辕北辙没有错，因为地球是圆的；往南向北都没错，因为机场是方的。

南北都是路，风景不一样。因此，我们对待生活是否应该多一份从容、豁达和大度？

"横看成岭侧成峰，远近高低各不同。"我们头脑中的事物，表达出来的话语，一定是基于我们自己的经验。从一定意义上，谁敢说自己不是摸象的盲人？"攀山千条路，共仰一月高"，我们对学生、对他人是否更应多一分宽容、理解和善意？

是时，央视春晚，赵本山竟把"太极运动"说成"打麻将"，我莫名就里，像丈二和尚，经他一解释，我和现场的观众一样爆笑不已。

怎么这么巧呢？"缘分啦！"

想想有意思，因此记下这段不务正业的文字。

2007 年除夕写于江苏老家
2008 年清明修改于飞机上

十五、参事的境界

上周接到通知，上级领导要来我校了解体艺教育、科技教育的实施情况，进京剧、篮球、科学课堂听三节课，我请张主任落实。张主任征求意见之后，告诉我他的安排：第一节课听京剧，上半节听三年级男生的，下半节听四年级女生的；第二节听科技，科技教室和京剧教室在同一个楼层；第三节听篮球，在篮球馆。我十分欣赏张主任的安排，真诚地夸奖他考虑得真全面，很细致。因为，我校的京剧课就是在三、四两个年级开设了，男生、女生分班教学的，分别由两位科班出身的京剧老师执教。

本周一早晨，我把制成的课表放到李烈校长办公桌上。

午饭时分，在餐厅，我遇见了李校长。

"李校，您看到了我放在您办公桌上的课表吗？"

"我看到了——"

我停下盛菜的手，看着校长，想听她表扬我们部门考虑得挺周到的下文，哪知道校长说了一句让我摸不着头脑的话。

"小华，你知道我们京剧课是怎么上的吗？"

从校长的语气中，我感觉到有问题了。但又想，我是知道京剧课怎么上的，这样的安排是没有问题的：两位老师都得到展示，两个年级的京剧水平都得以汇报，男生、女生的学习状态可以呈现。于是，我很有底气地说："校长，我知道。"

"你再想想。"校长继续取菜。

我心里没谱了，三心二意地取了些菜，坐到了校长的旁边。

校长看着我百思不得其解的样子，笑了笑。

"小华，三年级没有上京剧的女生做什么呢？"

我有些明白了。

"你这样安排，将有四位班主任要去照顾本班留下的一半学生。"

"哦，原来是这样！"我彻底明白了。我只想着向领导汇报京剧课的各方面情况了，忽略了京剧课是两个班在同一时间上，男生组成一个班，女生组成一个班。

李校长问我"知道不知道我们京剧课是怎么上的?",一点没错,击中要害。

"小华,无论在什么时候,我们不要为接待而加重老师们的负担,平常什么样就给领导看什么样。"

……

面对李校长温柔的批评,我心底涌上一股暖流:李烈校长时刻牵挂着她的老师!做李校长的老师真幸福,辛苦着并快乐着。做李校长的助手也很幸福,惭愧着并成长着。李校长并不是直接告诉我怎么做事,而是教我应该如何自觉地做事。

这是一种领导力,是把一个人的视野提升到更高的境界的力量,一种影响人心的力量。

解决问题是技能,发现问题是智慧,是境界。我为什么没有能发现问题呢?

反思中的我想起苏轼和佛印一起打坐的故事——

苏轼是个大才子,佛印是个高僧,两人经常一起参禅、打坐。佛印老实,老被苏轼欺负。苏轼有时候占了便宜一高兴,回家就喜欢跟他那个才女妹妹苏小妹说。

一天,两人又在一起打坐。

苏轼问:"你看看我像什么啊?"

2012年,江苏省瓜洲中学,做《感恩的人会成功》报告

佛印说："我看你像尊佛。"

苏轼听后大笑，对佛印说："你知道我看你坐在那儿像什么？就活像一堆牛粪。"

这一次，佛印又吃了哑巴亏。

苏轼回家就在苏小妹面前炫耀这件事。

苏小妹冷笑一下对哥哥说："就你这个悟性还参禅呢，你知道参禅的人最讲究的是什么？是见心见性，你心中有眼中就有。佛印说看你像尊佛，那说明他心中有尊佛；你说佛印像牛粪，想想你心里有什么吧！"

哦，原来是这样，心中有什么，眼中就有什么。作为主管教学的副校长心中装着的首先应该是教师和学生，眼中要有事，心中更要有人。

哦，原来是这样，我对有些事情看不明白，看不透，那是因为我的人生高度还不够。

哦，原来是这样，仁者爱人，当爱成为生命的底色，美德就是智慧。仁者是心中有两个人，看来不单是要有自己和他人两个人，而且要有事件中的人和事件背后的人。

维特根斯坦在《逻辑哲学论》中说得好，"世界的意义应该在世界之外寻找"。听话听音，关键是要听出话外之音；一件事情的价值往往不在事情本身，而在事件的背后。

当我们参透世事的事理、情理、天理之后，一切会像呼吸一样的自然。

（李烈校长系国务院参事）

十六、元旦遇巧

我坐在飞机上，喘了口气，平静一下心情，打开手机看短信。第五条短信吓了我一跳："尊敬的华应龙旅客，您好！我们再次提示您，您乘坐的北京到郑州的3172航班由于郑州天气原因取消；如需要改行程，请致电95539。由此造成您的不便，我们深表歉意！［南航］"赶紧看前一条，"我们抱歉地通知……"再细看收到的时间是14：24。

喝了一口水，我问邻座："请问这个航班本来是什么时候起飞的？"一脸着急的女士回答道："我原定的是上午 10：20 的航班。"

哦，原来我预订的航班已经取消，我现在乘坐的是上午延误下来的航班。

我心中不由得感激起那位帮我办理登机牌的小伙子。

我购买的 3172 航班的起飞时间是 14：55，而我到达办票柜台的时间是 14：28，与提前 30 分钟的规定相比，迟到了 3 分钟。接待的小伙子敲了一通键盘，说："您乘坐的是 17：15 的航班吧？"我口气有些不好，怪他没有听清楚，"小伙子，我是14：55的航班，迟到了 3 分钟，你赶快帮我找一下经理吧！"由于经常乘飞机，我有经验，迟到了是可以找值班经理试试的。

小伙子打完电话，手写了一张登机牌给我，嘱咐道："抓紧时间，不能排队安检！"

我一路小跑，点头哈腰，"对不起，飞机要起飞了"……

我庆幸自己幸运地遇到了位很实在的小伙子，可能再多说几句话，我就得乘坐还不知能否准点起飞的 17：15 飞机了。我庆幸自己幸运地遇到了一群排队等待安检的好人，因为我以前有好几次听到"我们也赶时间"的回应。

我再喝了一口水，问邻座："郑州下大雪了吗？"

"大雾，今天所有飞郑州的航班延误。"

"哦，对，这个航班是 3116。"

遇上了好事，自己的心情特好。于是，我想如果我第一时间看到那条南航短信，又会是怎么样的情形呢？着急，心急如焚……这不就像一颗行星要撞地球，浑然不知，反而相安无事；知道了，也只有干瞪眼的份儿。

为什么我没有在第一时间看到那条短信呢？因为贺新年的短信特多，我想集中看，不想来一条看一条，还因为当时我睡着了。

新年第一天，徒弟登门拜年，因此午餐我们小酌了两杯。看看时间吃紧，怕遭遇堵车，于是，我决定坐地铁去机场。

换乘两次之后，我顺利地坐上了机场快轨。我放心地打起了瞌睡，因为看元旦晚会，深夜一点多才睡，我有些困了……

我睡得很香很香，依稀听到广播里说"二号航站楼到了……"

"是到二号航站楼了，还是到三号航站楼了？如果是到二号航站楼就太庆幸了！

我适时地醒了，没有再坐回城里。"（北京的机场快轨是从东直门始发，先到三号航站楼，再到二号航站楼，最后又回到东直门。只有广播提醒，如果自己不下车的话，是可以周而复始地一直享受的。我乘坐的是南航飞机，应该从二号航站楼登机。）

侧耳细听，确实是"二号航站楼到了……"我高兴得笑出了声音。

一看手表 14：20，我收住了笑声，快步向前……

怎么这么巧啊？就像出发之前，我收拾背包，才发现老乡给的螃蟹券还躺在背包里。我忘记拿出来交给老婆了。打开一看，截止日期是 2012 年 1 月 1 日。

不可思议的巧事，不可思议地接二连三。

哈哈哈，好事成仁！

三件巧事有什么共同的地方吗？

冥冥之中，似乎有谁在帮我。老子说："人法地，地法天，天法道，道法自然。"我们对孩子的教育，有时是否也是操心过多呢？有不少时候是水到渠成，船到桥头自然直的。

诚如著名数学家苏步青所言，数学不要学得那么深，讲得那么难。小朋友一二年级的时候，最好不要开数学课。即使要开也应该以培养兴趣为主，玩玩就好了。苏老进一步指出，学数学最关键的是培养一种数学的思维，这种思维不是用灌输的办法教出来的，时间没到逼死他也学不来，到了一定年龄不用怎么教，稍加点拨自然就会冒出来。

哈哈哈，有意思，我思故我在。

哈哈哈，好事成仁！

元旦快乐，新年好兆头，与朋友们分享我的幸运！

十七、我就是数学

1992 年暑假，也就是工作 8 年之后，我作为一名乡村教师，参加江苏省海安县教育局组织的教育教学能力考核，获得了第一名的好成绩。当我喜滋滋地到教育局人事股取回交验的证书时，人事股长陈祥斌老师的一句话，让我的心情很是不爽——"华应龙，你怎么什么比赛都参加？"教育局组织比赛，不就希望老师们参加吗？我参加了各种评比，教学比赛、论文评选、课件制作比赛、好新闻评比、知识竞赛……我都能得奖，说明我是全能型教师啊！

提着一大口袋的证书，大概三十多本吧，我反复地问自己："你怎么什么比赛都参加？"走在回家的路上，我十分感激陈祥斌股长醍醐灌顶的一问。

后来，看到诺贝尔奖获得者杨振宁先生放弃参加 5 万美元比赛的故事，我彻底明白了"你怎么什么比赛都参加"的答案。

1949 年夏天，杨振宁先生因学习成绩优异被推荐到美国普林斯顿高等学术研究所担任研究员。当时，科研人员收入普遍较低，他每月都得扳着指头过日子。一天，他偶然在报纸上发现有家公司正在举办填字竞赛，最终的优胜者可以得到 5 万美元的奖金。他被这笔丰厚的奖金深深吸引住，便邀了几位中国留学生一起报名。

经过 4 天 3 夜的反复琢磨，他们终于填写完所有的答案，满意地交了卷。两个月后，主办单位寄来函件，祝贺他们取得最高分。可是，还有一组选手的分数和他们一样高，必须通过加赛一道难度更大的测试题来决出最后的胜负。

眼看巨额奖金就要到手，杨振宁先生激动万分，再次邀齐几位留学生，开始新一轮的分工合作。他把自己关在图书馆里，昼夜不停地查字典，直到第三天清晨被困乏折磨得再也坚持不住，这才想起要回宿舍睡上一觉。

在宿舍门口，杨振宁先生顺手买了一份《纽约时报》，无意间看到头版醒目地刊登着《日本汤川秀树获得物理学诺贝尔奖金》的标题。他不禁停下脚步，仔细阅读整篇报道。刹那间，他的心似遭受电击一般。他反复问自己："你现在是在干什么？"他意识到自己近期的所作所为实在错得离谱，下定决心再也不能偏离正确的人生轨道，被那些微不足道的利益蒙蔽。于是，他用力地撕碎了这几天整理出来的所有词语记录。

此后，杨振宁先生执着地走上了科学研究的寂寞之道，直到 8 年后也荣获诺贝尔物理学奖。

哦，我明白了——

我"怎么什么比赛都参加？"因为我特想彰显自己的存在，改变自己的生存环境；我"怎么什么比赛都参加？"因为我都想得，不肯舍；我"怎么什么比赛都参加？"因为在获奖的虚荣中我得到一份满足，就像今年 5 月《广州日报》披露的广东肇庆一名五旬教师一样，17 年间倾尽家财，购买"共和国之星"等各种证书 200 多个。现在想想，当年的我应该是比广东的那位老师更厉害，因为，他为证书，花的是家财，而我为证书，用的是自己的生命。

教师的工作本来已经十分辛劳，在忙碌的时候，我们不妨抽空停下来，叩问自己的心灵，问清楚自己到底要什么，反思自己到底在干什么。我们老师喜欢说："我工作很忙，没有时间思考。"这句话，我愿意反过来说，与朋友们共勉——"因为我们没有思考，所以工作很忙。"

现在，如果有朋友问我"你喜欢什么？"我回答："我就是数学。"为了和数学约会，我喜欢上了做数学题，看有关数学的专业书籍。学生爱看的书，我也看。谈祥柏教授的趣味数学出一本，我买一本。张景中院士的《数学与哲学》被我翻烂了。我用不同颜色的笔在书上反复批注着。优秀教师写的数学教学专著，对我来说，如同至宝。当年在江苏农村做老师时，就邮购了李烈校长的《我教小学数学》。

现在，如果有朋友问我"你能做什么？"我回答："我就是数学。"虽然工作之初，教了3年体育，教得还不赖，但兼教的数学更是风生水起。虽然，我做过主管一个乡镇中学、小学、幼儿园、成人教育的行政人员，做得有声有色，《江苏教育报》头版报道，但我还是把自己安排到乡村小学执教一个班的数学。虽然曾有机会调到省府坐办公室，但我还是因为舍不得离开数学课堂，谢绝了领导的好意。古人云"百无一用是书生"，我是"百无一用是数学"，这我很清楚。

现在，如果有朋友问我"站在讲台上，你是谁？"我回答："我就是数学。"在校园里，多数学生叫我"华校长"，偶尔会有学生叫我"华应龙"，时常有小调皮叫我"华罗庚"。学生叫我"华罗庚"，我喜欢。我写过一篇题目是《学生叫我"华罗庚"》的小文章发表在《人民教育》上。

"我就是数学"乃是自我安顿、自我期许和自我鞭策。既用数学修身，也用数学育人，还用数学立命。

人生的格调是由"不屑做什么事"开始的。否则，随波逐流，歧路亡羊，虚耗一生。人生的正途是从择善固执到止于至善，有所不为和有所必为。"一生只做一件事。"我的一件事是什么呢？那就是数学。歌德说："谁不能主宰自己，便永远是个奴隶。"我能守望数学，本身就展示了一种精神的力量与理想的感召。

周国平在《朝圣的心路》中说："我不想知道你有什么，只想知道你在寻找什么，你就是你所寻找的东西。"我在寻找数学，因此，我就是我所寻找的数学了。

我有一个梦，"我就是数学！"——虽不能至，心向往之。

所以，2009 年，出版我的教育随笔集的时候，我取书名为《我就是数学》。

2012 年 7 月 1 日
于北京贾家花园

十八、没有什么不可能

——首尔奇遇记

很荣幸地，在 2012 年 7 月 7 日至 16 日期间，我和三位同事施银燕、刘劲苓、冷兵兵一起赴韩国首尔，参加了第 12 届世界数学教育大会。

虽然参加过多次国际会议了，但这一次是以数学老师的身份，在国外参加，自有很多收获。特别是我们遇到的几个问题，很有教益，记下来，与朋友们分享。

车费问题

7 月 8 日中午，报到完毕，我们四个人想去免税店逛逛，完成同事、朋友和自己的购物任务。

我们四人都是第一次到首尔。在首尔国际会展中心 coex 大楼服务台询问接待员之后，我们打车去了都塔免税店。出租车费是 9000 韩元。

在都塔购物之后，看看时间还早，我们再打车去乐天免税店。出租车费是 4900 韩元。

我们打车从乐天回国际会展中心的路上，感觉出租车司机没有走一段我们走过的路，大概多走了路。

由于语言不通，我们四人的嘀咕，司机师傅大概只能听而不闻。

"到韩国第一次打车外出，应该不会遇上宰客司机吧？"我们满腹狐疑。

施银燕说："如果最后的车费比前两次车费的和还多，肯定就绕远了。"

是啊，三角形两边之和大于第三边。

继而，我想尽管我们不清楚国际会展中心、都塔、乐天三地的位置，但分类讨论的话，就是两种情况，一种情况是三地在一条直线上，最多的车费就是前两次车费的和；另一种情况是三地不在一条直线上，那就构成一个三角形，最多的车费就比前两次车费的和要少。

当然，如果考虑到城市单行道和立交桥的原因，从乐天回国际会展中心的车费超过前两次的和，也是可能的。

车到会展中心，出租车费是 13200 韩元，小于 9000 加 4900 的和。

谢过出租车司机，我们四人会心一笑。

国旗问题

7 月 8 日晚上 7 点半，参加完主办方的欢迎晚宴，我们四个人坐在首尔国际会展中心 coex 大楼前的石凳上，等待接我们去宾馆的旅行车。

看着大楼玻璃幕墙上飘扬的各国国旗，我好奇地寻找着五星红旗，想看看把我们的五星红旗排在什么位置上。日本的、美国的、越南的，等等，就是没有五星红旗。我再寻找一遍，还是没有。我转过身来，还是坐在石凳上，看着两排旗杆上的各国国旗，一面一面地寻找，真的没有中国国旗。

我热血奔涌："这怎么可能？为什么没有我们中国国旗？"我耐着性子，与他们仨说："我发现了一个重大的问题！"刘劲苓说："在哪里？"我说："你环顾四周，就能发现。"做老师做久了，就是不喜欢直接说。

施银燕发现了没有中国国旗。看得出她也很激动，脸色有些红："我们要找主办方！"

冷兵兵说："不是所有国家的国旗都在，会不会是今天没有挂中国国旗？"

我说："那也不行！几个小国家都有了。并且，你看，美国、日本、英国的都有。"

是的，我们应该找他们理论和抗议。我们四个人达成了共识。

我埋头思考着怎么与他们理论。

一抬头，施银燕不见了。她特有智慧，在我们四人中英语最好。我估计她去大楼内的服务台了。

我和刘劲苓、冷兵兵说："你俩在这儿看着包，我去支援施银燕。"

施银燕真的在大厅服务台，可是没有接待员。

我俩等了一会儿，接待员还是没有来。

我说："我们还是到石凳那儿，讨论一下怎么交涉吧。"

当我们走出大楼，看到冷兵兵向我俩走来。"华校长，有我们的国旗，在那一边。"冷兵兵的手指向西边。

哦，原来这个 coex 大楼体量特大，我们是从东侧门进进出出的。在我们进出的这个东侧门的东边还有一个门，在我们进出的东侧门的西边还有一个门，我们就都以为我们进出的这个东侧门是正大门了。而真正的正大门是凸在前面的，挡住了西边的两排旗杆。

看到紧挨着韩国国旗的五星国旗，我们仿佛听到五星红旗在旗杆上猎猎作响……

我们笑在脸上，在心里……

施银燕说："我当时就想了，不要咄咄逼人去问'为什么没有中国国旗？'我会说'我怎么没有看到中国国旗？'"

是的，我相信她的话。因为我们平常都不用英语，她去之前，一定要先想想问什么话，那句话用英语怎么说的。

偏激的观点，往往是因为视野不够开阔。不好听的话语，常常是由于口不择言。

书价问题

首尔国际会展中心的地下一层，是吃饭、购物、娱乐的地方，面积很大，店家很多。我和施银燕老师好不容易找到一家书店。看到的都是韩文的，看不懂。因此，我们问服务小姐，"中文版图书在哪里？"……我选到一本写乔布斯创意的书——《非同凡想》，39 元。

我来到收银台，递上书，收银小姐扫入条形码，说："22000 韩元。"

我爽快地付了钱。

遇上冷兵兵老师，他问我买的什么书，多少钱？当我说是 22000 韩元时，他惊讶地说，"怎么这么贵啊，人民币要 100 多元呢？"

是啊，22000 韩元相当于 100 多元人民币，靠近 130 元人民币。

39 元的书怎么卖到 130 元啊？

施银燕老师说："在韩国，这可是原版书啊！"

哦，是的。在韩国，中文图书就成外文书籍了。

可是付款时，我怎么没有算一算呢？

1元人民币相当于170多韩元。39元的书，用韩元来买，当然是一个大数了。22000韩元，的确是一个大数，我就不再思考了。还有一个原因，那是扫描条形码后电脑显示的价钱，当然不用怀疑了。

其实估一估，还是很简单的问题，170乘40等于6800。6800与22000，相差太大了。

我不想退书，觉得花钱买经验，值得。

又一想，经验已经有了，还是退了吧。

当我再次来到收银台，递上书和发票，收银小姐没有要我说一句话，就把22000韩元退给了我，还打出了一张退书发票。

朋友，请问：39元的书，什么情况下可以卖到130元？

试答：洛阳纸贵？1000年以后？千里之外？还有可能是……

语言问题

这次世界数学教育大会上可以观摩到几节数学研讨课，有小学的，有中学的。我特珍惜。

因为——第一，我的英语不好，大会上的报告基本上听不懂。有个成语叫"矮人观场"，这一次我深切地体认了。例如，静谧的报告厅里，报告进行中，突然，听报告的人不约而同地、会心地笑出声来，那种氛围很美妙，似有高山流水遇知音的享受，可是我不明白人家为什么要笑。而听课，就算是语言不通，教师的图形、学生的算式、师生的表情，我是能看明白的。

第二，去年底，我国向大会组委会推荐的上课教师代表是我。我特自豪和期待。哪知道，组委会反馈回来的是"华老师年龄太大了。"在国内，我听到的都是"年轻的特级教师""年轻的首都基础教育名家"……怎么到国际上，我就成了"年龄太大了"？哦，45岁，四舍五入，就是50岁了。看来真是出名要趁早啊！

一位哲人说："人生最珍贵的是未得到和已失去。"在这件事上，我既是未得到，又是已失去，因此特珍视。

看到我的好兄弟杜岈老师在会上讲《比的应用》，我很羡慕。他说一句，翻译说一句，学生开始思考；学生的回答再由翻译说给杜老师听，然后杜老师做评价。这样上课挺好玩的。

但是当学生听不太明白老师的意图时，只能由翻译去解释，老师在一旁干着急。看到我的兄弟生活在"水深火热"之中，我为他着急，也为自己庆幸，庆幸自己因为年龄大了未能成"嫁"。

杜老师的教学基本功比我强，课堂驾驭的能力比我好，他的《比的应用》我在北京听过，非常有创意，非常有活力，但是由于语言不能直接沟通的原因，当时的课堂上，他很有些有劲使不上的无奈。

都是语言惹的祸。如果我来上，同样是没法幸免的。

失去未尝不是一种得到。

那么，数学课能否上得像魔术一样呢？魔术是不用说话的。不过，教学不是一种表演，而是师生、生生生命的互动。

想到一句体育广告语："没有什么不可能。"我来了勇气。

我可以找个机会试试——魔术数学课。

时间问题

7月9日下午，韩国旅行社的导游说，帮我们换了一家4花宾馆（相当于中国的三星宾馆），离会议中心大约三四十分钟车程。

哪知道我们坐在车上1小时20分钟还没有到达。北师大曹一鸣教授说，"这个三四十分钟什么意思？就是30分钟与40分钟的和的意思。"大家一阵坏笑。导游默不作声。

另一位老师说："这个三四十分钟什么意思？就是3个40分钟的意思。"

哈哈哈，导游可能没有想到这一车子都是高智商的数学老师。

我们继续和旅行社交涉……接近夜间11点，我们才进入另一家宾馆的房间。

睡不着，我打开电视。韩国电视听不懂。拿着遥控器撂了一圈，终于找到一个听不懂但看得明白的频道，是在播放拳击录像。拳击我喜欢看，在家中吃午餐时，我就喜欢看着拳击节目。深夜一点多了，拳击结束了，我困了。

睡之前，我怕早晨醒不来，打开手机，把闹钟时间设定为7点30分（国内导游说，国内手机到韩国不好用，因此我租用了一个旅行社提供的三星手机。到了韩国才知道，上当了，国内手机办了国际漫游是可以用的。自己的苹果手机成了通讯录，平常都是关机，需要查找电话号码时才开机）。

7 月 10 日，清晨 7 点 20 分，我醒了。躺了一会儿，看看手表，7 点 30 分到了，手机没闹。"手机怎么罢工了？"没电了？不是。哦，韩国时间比中国早一个小时，我的手表调快了一小时，手机的时间没有调整。

哈哈哈，好险！曾经有一次在厦门开会，已经轮到我发言了，是主持人的电话叫醒了睡梦中的我。

韩国时间 8 点 30 分，我坐在前往首尔国际会展中心的车上，手机响了……

哦，这是 21 世纪版的"刻舟求剑"。

"舟已行，而剑不行。求剑若此，不亦惑乎？"时间之舟已经载着我们进入一片新的时空，如果我们不能与时俱进，那么将会演绎出新时代的笑话。

"逝者如斯夫，不舍昼夜。"我们应该常常地唱"滚滚长江东逝水……"，我们应该常常地想："时间不同了，是否有些需要改变……"

十九、派出所，骰子惹的祸？

2008 年，研究《游戏公平》一课，我发现了原来教学中存在的问题，因此有了三个创造：第一个用抛啤酒瓶盖来讨论是否公平，第一个把啤酒瓶盖放在水杯里抛，第一个用北京奥运的故事贯穿起整节课。张奠宙先生评论这节课时说："为华应龙老师的创造而折服！"

其实，这节课中的"骰子"也是第一个。"骰子"的故事，一波三折，很有意思。最后，竟然因为这"骰子"，我被带进了派出所。

"统计与概率"这一类的课，重在培养学生数据分析观念，让学生体悟到数据中蕴含着信息，根据数据可以解决问题，从而亲近数据。因此，设计这节课时，我考虑借助讨论"游戏是否公平"这一问题，让学生从头到尾地经历"问题—试验—数据—推断"的全过程，积累解决问题的经验。

概率本是因赌博而生。要积累"问题—试验—数据—推断"的经验，仅有一次抛啤酒瓶盖的讨论是不够的，需要有反复。因此，我想到设计六面不一样重的不均匀的骰子，让学生借助数据来推断。

没有现成的"特别的骰子"，怎么做呢？我想骰子大多是塑料的，如果在制作过程中把某一面加进一块铁片就好了。我兴奋地打电话到北京几家制作教具的公司，推销我的创意，结果都因为数量少，不肯帮我加工。

一个好的创意不能变为现实，我很苦恼。

在我失落之际，刚巧有到温州参加教研活动的机会。温州制作教具学具的厂家特多，我看到了希望。温州的俞国平校长爽快答应帮我联系他熟悉的厂家。

我转忧为喜，真是"朋友多了路好走"！

回到北京，等待几天之后，希望长成了失望。还是因为数量原因，厂家不肯接手。不过，俞国平校长的最后一句话让我十分感动，他说："我已经让我学校的工友，买了几十个骰子回来，让他们想办法做出来！"

我也可以请自己学校的工友做啊，怎么做呢？我需要提出方案。

百思不得其解。我打电话请教中央教科所曹裕添教授（他是开发教具、学具的专家）。我刚说完意图，曹老就微笑着说："小华，这不难！就在骰子的点子上打洞，然后灌进铅就行。如果要效果更好，可以灌进磁铁，把做实验的桌子上铺一层铁板……"哈哈哈，太妙了！

弄斧就要到班门，请教还得找对人。

于是，我请工友买来大、中、小三种骰子各 60 个，在"6 点"这面的每一个点上打洞，然后分别塞入一段铁钉。

两位工友把加工后的骰子送到我的办公室，我试着用水杯抛了 25 次，"1 点"朝上 11 次，"4 点"朝上 6 次，"6 点"及其他点都是朝上 2 次。正合我意——"6 点"加重，"6 点"对面的"1 点"朝上的可能性就加大了。我十分满意地感谢两位师傅的细致：加入铁钉后的"6 点"，用黑漆一漆，基本上看不出破绽。

我送走两位师傅后，享受性地再试，哪知道不行了。"1 点"出现的频率没有显著差异了！（见下页左图）怎么回事？

可能是塞入的铁钉长了，重力分到其他面上；也可能骰子的 6 个面本来就不均匀；也可能……我向工友询问塞入铁钉的长度，请他俩重新加工。

我再试，终于成功了。

大、中、小等三种骰子，哪种加工后的效果好呢？要用数据来说话，我一个一个地试。选定了中等骰子，我再一个一个地试，反复地试，检验加重后的效果，挑选合适的 24 个骰子。

骰子装在水杯里抛，响声特大，我就钻到地下室去试。试累了，我指导老婆帮我试。下面的右图是我反复尝试的记录单。

有意思的骰子带来了有意义的教学。

师：就抛一次骰子的话，还可以制定出很多公平的规则。但必须有个前提条件，那就是骰子必须是均匀的。如果说让你来判断一个骰子是否是均匀的，你有什么办法？

生：称一下。

（老师笑而不语。）

生：不行的，称的是整个重量。

生：试一试，统计数据。

师：（指着板书"问题—试验—数据—推断"）好主意！我还真给大家准备了两种骰子，一种骰子是均匀的，另一种是骰子是不均匀的，但不知道哪份是均匀的，哪份是不均匀的。1、2、3 组是一种骰子；4、5、6 组是另外一种骰子。这样，每个小组抛 15 次，记录下来分别是几点……

（略去统计数据和分析。）

师：我们根据这样的数据就能做出推断，4、5、6 组的骰子可能是不均匀的。

想知道谜底吗?

（学生们迫切地、兴奋地期待："想!"）

师：1、2、3组的骰子和4、5、6组的骰子是一样的，都是我从商场买回来的同一种规格的骰子。（大部分学生的脸上表现出困惑的神情。）不过，4、5、6组的骰子，我在"6"点上加重了，哪一面朝上的可能性大?

生："1"点朝上的可能性大。

师：这说明我们的试验成功了! 掌声祝贺自己!

（学生们热烈鼓掌，有的还自豪地点着头。）

2009年4月12日，星期日，四川成都，我参加全国教师教育学会组织的讲学活动。当我带着这有意思的骰子返回北京，通过成都机场安检时，遇到了麻烦。

安检小姐问我："你这骰子是做什么的?"

我自豪地回答道："讲概率的。"

可能安检小姐不知道这骰子和概率有什么关系。她拿起对讲机："主任，有一位乘客包里有好多加工过的骰子，可能是做老千的。"

主任走过来，审视着屏幕上一个一个有黑点的骰子，问我："你是做什么的?"

我淡定地回答："数学老师。"

主任模样的人又拿起了对讲机……

一会儿，公安来了。那是一位身高一米八五以上，壮壮实实的小伙子。

我的表情告诉他："我是良民，我不怕。"

小伙子问我："你喝酒了?"

"是，但没喝醉，不影响我上飞机。"

"请出示你的身份证件。"

"请先给我看你的警官证。"

小伙子觉得受到了挑战，责问我："你这骰子，怎么回事?"

我坦然回答："讲概率的。"

"这怎么讲概率?"

"那说起来话就长了——"

小伙子可能认为加重的骰子与概率风马牛不相及，恨恨地说："走! 跟我去派出所说。"

我是良民，我要回北京，并且这是当晚最后一班飞机了，哪肯就范。他来拉我，想拷我。我使出当年篮球队长的功夫，小伙子没拷住我。他叫来了另一位警察。我只好识相。

到了派出所，我想打电话给公安部的朋友，诉说遭遇野蛮执法。他收走了我的手机。

我坐在椅子上，等他查证我的身份。

大约 20 分钟后，小伙子有些愧意地说："看来你真是数学老师。"把手机还给了我。

我立马拨通了公安部的电话，当着小伙子的面，报告了他的野蛮执法。不一会儿，分局的局长来了，了解情况之后，让小伙子向我道歉。我说："查证是应该的，我理解，但不能这么野蛮。如果今天是一位弱不禁风的女老师，会遭遇怎样。我只是有可能是坏人，但你不能就把我当坏人对待。"

飞机已经飞走了，我只好坐第二天早班飞机回京。

为什么在北京机场安检时没有被询问呢？坐飞机听到下面一片麻将声，就知道到成都了。哈哈哈，这也是机缘，是巧合。

平生第一次被带进派出所，是骰子惹的祸？

加工这"特殊的骰子"，本不是为了"坑人"，可是因为自己没有看破它可以坑人，可能坑人，所以迎来了"坑己"。如果当时的我能站到公安人员的角度想一想，便能把自己放下，让自己跳出来，进而给予理解和配合，而不是纠结于他不相信我，耿耿于怀他误解了我。因为根据他们发现的"数据"，是可以"推断"出我是坏人的。

将自己囚禁于茧中的是自己，能让自己破茧而出的还是自己，正如诗人陆游所说"人生如春蚕，作茧自缠里；一朝眉羽成，钻破亦在我"。

星云大师说："无边的罪过，在于一个'嗔'字；无量的功德，在于一个'忍'字。"他嗔我，我嗔他，就差一个"忍"字。如果我能容忍他人的怀疑，就相安无事了。

感谢骰子，感恩这特殊的骰子，感激这特别有意思的骰子！我明白了：祸都是人惹的，都是自己惹的。

二十、一生只做一件事

——在"2014年度中国课改杰出教师"颁奖大会上的发言

尊敬的各位领导、各位老师：

大家好！

我非常荣幸，我十分敬仰的顾老明远先生为我颁的奖。我得过一些奖，但今天这个奖不一般。

第一，衷心感谢。

衷心感谢组委会、评委会的各位先生，因为您的抬举和期待，我才是今天的我！

衷心感谢北京第二实验小学，衷心感谢李烈校长，因为她们的欣赏和厚爱，才成就了今天的我！

衷心感谢我的学生们，因为他们天真的微笑，我才是会讲故事的我！

衷心感谢刘坚教授十多年来的指导和推荐，让我在很多高层次研讨会上展示和历练，才有了我在全国有影响的一节课又一节课！

衷心感谢《人民教育》《中国教育报》《中国教师报》等媒体！俗话说，"一个好汉三个帮。"对于我来说，我要说的是，三个帮出一好汉。

衷心感谢栽培我的领导和鼓励我的同行！感谢"花粉"、"龙须"为我投票。

2014年9月21日，作为"2014年度中国课改杰出教师"获奖教师代表发言

　　我还要衷心感谢组委会的老师们细致的工作，当我收到"本评选不收任何费用，避免上当受骗"，再收到"本次评选有电话评审环节，您接到电话，请不要意外"等短信时，感觉很温暖。

　　第二，颇感欣慰。

　　我今天得到的不是奖，是认可。

　　2009 年，我出了一本书，书名《我就是数学》。先后有两位教授碰到我说，"华应龙，你平常挺谦虚的，怎么取了这么狂的书名?"我为什么取这个书名呢? 如果朋友问我，"华应龙，你喜欢什么?"我回答："我就是数学。"如果有朋友问我"华应龙，你能做什么?"我回答："我就是数学。"如果朋友问我"华应龙，站在讲台上，你是什么?"我回答："我就是数学。"在校园里，多数学生叫我"华校长"，偶尔会有学生叫我"华老师"，时常有小调皮叫我"华罗庚"。学生叫我"华罗庚"，我喜欢。我写过一篇《学生叫我"华罗庚"》的小文章发表在《人民教育》上。如果朋友问我，"华应龙，一生只做一件事，你的一件事是什么呢?"我回答："我就是数学。"

　　"我就是数学"乃是自我安顿、自我期许和自我鞭策。既用数学修身，也用数学育人，还用数学立命。

　　新课程帮我筑了一个梦——"我就是数学!"——虽不能至，心向往之。

　　所以，今天得到这个奖，我很欣慰。感谢认可!

　　第三，继续精进。

　　这个奖是认可，也是期待。巧的是，我快到"知天命"的年龄，"知天命"就是内心有一种定力去应对外界，和天道相通。我要看出这个奖的意义、启示和价值，不断精进、继续修为，继续筑梦，让我的学生更好地"心中有数"，帮助老师们更艺术地"化错求真"，为全国小学数学课程改革奉献自己的智慧和心愿。走自己的路，让别人走得更好!"有龙则灵"。

　　最后，诚挚地祝愿"2014 年度中国课改杰出教师奖"在推进全国课改中作用越来越大，影响越来越强。

　　谢谢大家!

二十一、从教后的关键事件

1. 毕业分配

由于在师范读书时是学校篮球队队长，又多次拿体育奖学金，因此临近毕业的实习，如皋师范附小的校长、主任来听我的实习课，一节体育，一节数学，准备把我留在如师附小。后来听说我们是"文革"后招收的第一届初中毕业的师范生，必须全部回原籍。到暑假我就回了海安，在家等待分配。

大概是八月下旬，我接到通知，去墩头中心小学报到。校长袁恒美是我的小学老师，同村人。他告诉我，本来我被分到了海安县农业工程技术学校，是被他硬要过来的。那是一所新创办的技校，而墩头中心小学是仇湖区政府所在的区中心校。

2. 执教女子篮球队

开始工作的三年，我以教体育为主、数学为辅。第一年，带女子篮球队。零起点的学生，经过 21 天的集训，参加县小学生篮球比赛竟然得了第三名。这让领导们刮目相看。

当时训练条件十分简陋，篮球场是泥地，篮板是并不平整的木板拼起来的。这21 天中，有雨天，下雨之后是没法在篮球场上训练的，我就把学生带到教室里，借助"人"字形屋架练习投篮。

3. 参加自学考试

好像是 1986 年 10 月，在我的好朋友墩头中学外语教师丁兆根、墩头工商所张法源的鼓动下，我们仨报名参加了江苏省自学考试，丁报的是英语；张报的是法律；我报的是中文。

专科段，第一次报一门通过一门，第二次报四门通过四门，第三次报四门通过四门，最后一门《中共党史》考了三次才通过了。

本科段，都是一门、两门地报考的，都是一次过。

　　我们仨常常轮流在一个人的宿舍里各看各的书，然后一起打球；考试前都会有约定：各自通过几门就请客。比如，我报了四门，约定如果通过三门就请他们俩喝酒。常常考完了，我们仨都要轮流请客。

　　为了能达到目标，我规定自己每天工作之余，必须看完 50 页自学课本才能休息。我宿舍隔壁住的是墩头中学高三学生，她成绩好，很用功。不过，我比她睡得更晚，起得更早，常常是和衣而睡。清晨闹钟响后，我先在并不很大的墩头镇大街上跑一圈，暖暖身子，然后看书。

　　由于自学考试成绩和工作成绩都优秀，我获得了南通市自学成才奖，作为《江苏自学考试》封面人物，事迹被《中国考试》杂志报道。

4. 到北京参加奥数培训

　　由于自己在奥数培训上取得了一点成绩，1988 年暑假，仇湖区教育助理曹德义先生派我参加县教育局组织的赴北京奥数培训班。

　　三个星期的培训，张君达、邰舒竹等老师的授课让我茅塞顿开，知道了奥数的天地很大很大、学问很深很深。

5. 特等奖没拿到

　　1987 年以后，我担任学校教导主任，以教数学为主。1988 年 4、5 月间，我参加全县小学数学教学比赛，以《加数、减数是接近整百、整千数的速算法》一课获得一等奖。1988 年 11 月，我在墩头镇面向全县开放观摩课，上的是《土石方的计算》，可以说是好评如潮，特别是老师们夸奖我课前擦黑板流露出来的大气给他们很深的印象。

　　接着，是全县的电化教学比赛，一个区一个名额。本来我区报的是一节语文课，区、县相关领导考虑到我上的数学课大家评价很好，破例让仇湖区加一节数学课。我用幻灯片投影仪投影在并不是很白的教室墙壁上，上了《能被 3 整除的数》一课，县教育局领导高度肯定，准备评给我特等奖。后来听说是我的一个领导打电话给教育局：一个区一个名额，我们不要加的名额。

　　这个特等奖没拿到，我什么也没说。"她"让我看到了领导的力量，看到了自己的潜力，也看到了自己对自命清高者的伤害。

我理解了那句话：世界上没有无缘无故的爱，也没有无缘无故的恨。对别人的看法和做法，我无能为力，问心无愧、顺其自然最好。"走自己的路，让别人去说吧！"

前日读书偶得唐代二位诗僧的对话——寒山曾问拾得："世间谤我、欺我、辱我、笑我、轻我、贱我、厌我、骗我，如何处治乎？"拾得云："只是忍他、让他、由他、避他、耐他、敬他、不要理他，再待几年，你且看他。"

现在想想，那个特等奖算什么，我做对了。

6. 第一次参加市比赛

承蒙海安县教育局、教研室领导特别的厚爱，我，一个农村小学老师，三次获得海安县小学数学教学比赛一等奖第一名，三次代表海安县参加南通市小学数学教学比赛，第一次得了三等奖；第二次是高段二等奖第一名（一等奖只有一名，是代表南通市参加省比赛的）；第三次获得一等奖第一名（我作为南通市唯一代表参加了省比赛）。

最难忘的是第一次参加市比赛。那次是封闭式的、抽签、独立的备课、上课比赛（我和曹平两人一个房间），我抽的是中年级的两步计算应用题。课上下来，自我感觉良好，可没想到竟得了个三等奖。我觉得课上得不怎么样的老师，反而奖次比我好。当时那个郁闷啊！

回到墩头，夜间，乡村小路上，我用四个音唱起了电视剧《雪城》的主题歌《心中的太阳》。"山上有棵小树，山下有棵大树，我不知道，我不知道，我不知道，哪一个更大？哪一个更高？"唱出的就是我的心声。

第二天，县教研室陈今晨老师打电话开导我："只有从自己身上找原因，才能解得开心结，才能促进自己的成长……"

是啊，我改变不了环境，但可以改变自己；改变不了事实，但可以改变态度；改变不了过去，但可以改变现在；不能控制他人，但可以掌握自己；不能预知明天，但可以把握今天；不能样样顺利，但可以事事尽心；不能左右天气，但可以改变心情；不能选择容貌，但可以展现笑容……

7. 参加南通市新"五朵金花"会课

20世纪80年代，南通市小学语文界有李吉林等著名的"五朵金花"。1992年9月，南通市教委组织小学语文、数学优秀课观摩活动，业内人士称为新"五朵金花"。

新"五朵金花"中有男的、有女的，有县城、市区的，有实小、附小的，而我是唯一的在乡镇中心小学工作的。

这一次活动，为我在南通市小学数学界的位置打下了基础。

8. 担任墩头镇教育助理

1992年10月，我被调到墩头镇中心初中任主管教学副校长。1993年8月，27岁的我被提拔做墩头镇教育助理，主管全镇中学、小学、幼儿园、成人教育学校的教育教学管理工作。这完全属于行政人员，属于镇政府和教育局双重领导，四大板块的人、才、物都要管理，在全江苏省是最年轻的。一学期的工作适应之后，为了体验村小老师的生活，为了帮助薄弱学校，我把自己安排到海舍村小学兼课，接受杨校长的安排教一个班的数学。这在乡镇教育助理中是少有的。

教育助理的工作有声有色，我作为教坛明星，在《江苏教育报》第一版以《遨游在教海的一条龙》为题被报道。

兼的课得到孩子们的喜爱。我上完课，教室里的13个学生会全堵在门上，不让我离开。现在想来都十分地幸福！

9. 参加省赛

1995年3月8日，扬州，我作为南通市唯一代表参加江苏省中青年小学数学优秀课比赛。这是为第二届全国小学数学优秀课评比活动选拔选手的比赛。第一届全国比赛是我们南通市的徐斌代表江苏省参加的，因此我明白我必须高水平发挥，才能代表江苏赴海口参加全国赛。

我的参赛课《年、月、日》赢得了满堂彩，获得了一等奖第二名。没能代表江苏参加全国赛是很遗憾的，但是让江苏省的小学数学教学专家和骨干老师们记住了南通市海安县墩头镇海舍村小学有个"华应龙"，这让我很满足。乃至十多年后，遇

参加新中国成立60周年大庆彩排

上当年听过这节课的领导和老师，他们仍然对我上的《年、月、日》赞不绝口。

10. 第一次推荐参评特级教师

1995年5月，县教育局推荐我参评江苏省特级教师，这让我诚惶诚恐："我还不到29岁，还不成熟，没有特色，只是深深地感受到了领导的厚望！"

同时推荐参评的还有我的"师傅"陈今晨老师。我在他的评审材料中写道："如果没有陈今晨老师的栽培，就没有今天的华应龙。"

我们师徒俩一路过关斩将，从市里到省里，从学科组到综合组，最后陈今晨老师被评为特级教师，我没有评上。

这次参评虽然没有被评上，但让我明确了奋斗目标："广东有个'丁有宽'，江苏有个'华应龙'！这是我的目标。我看到了农村广阔的天地，大有作为。"

这次参评，让我明白了自己与目标的差距：虽然最后说是"因年龄太小"没有评上，其实我知道那是安慰，自己真没有什么硬东西，只是教的班考得好，辅导的学生得过奖，上的课大家认可，发表的文章比较多而已。

这次参评，让领导给我再定位。南通市教委的领导与我县教育局领导说："让华应龙申报特级教师，不能让华应龙再做教育助理了。"

11. 调进海安实验小学

1995 年 11 月 28 日，由于墩头镇与双溪乡合并，县教育局将我调到了县城实验小学任副校长。

这是我第二次进实验小学了。1992 年 7 月，在朋友的劝说下，我申请调动到实验小学，在教育局组织的进镇考试中名列第一。在人事科开调令的时候，领导让我去问实验小学能否解决我的住房。那时，金沙校长正为学校住房分配的事发愁。于是，我打道回府，还回墩头教书。朋友们听说后惊讶不已："好多人想调动多年，也拿不到一纸调令。你怎能就因暂时没有房子而放弃呢？"

当年，实验小学的数学教研力量很强，崔广柏、贾友林、许卫兵、仲广群、景盛、顾荣、陆晓林、许映连、景素霞等老师的数学造诣颇深。调进了实验小学，我兼教六年级数学课，7 个平行班，我感觉到大家都摽着劲，小伙子们经常打开我的学生作业本，"学习、取经"。

我的学生作业少，考试成绩第一。从那以后，我享受到的就是实小人佩服的目光。

12. 商调南京

1996 年 3 月 28 日，是我儿子 7 岁生日，《江苏教育》编辑部马以钊主编打电话给我，想调我去当编辑、记者，我喜不自禁："编辑那是作者的上帝啊！"我突然醒悟过来，"328"国道就是从海安到南京的，这是儿子带来的好运。

几天后，江苏教育报刊社的两位领

2015 年与夫人在人民大会堂合影

导就来到海安县教育局，吴瑞祥局长爽快答应。可是，我却爽约了。主观上，我不想离开课堂。我觉得我的优势、长项是和学生的沟通，能吸引学生。做文字工作，我并不擅长。我只是写自己想写的文字还行。客观上，爱人不能同时调去南京，我生活自理能力差，不会做饭。

这件事，让我思考清楚了自己的优长和兴趣，明确了自己的生活情趣。

13. 在全国年会上课

1996 年 10 月，江苏省教研室的王林老师安排我在南京召开的全国小学数学教学年会上执教了《年、月、日》那节课，让全国的小学数学教学大家和精英们认识了我，李烈校长记住了我。

当时，周玉仁先生评我的课时说："那位穿着白色休闲服、忙前忙后的会务人员怎么成了讲台上的上课老师？"彭景廉老师说："我为有你这样的男同胞而自豪！"李烈校长说："我真想把你调到北京去。"都是对我这节课的褒奖。

14. 第二次推荐参评特级教师

1997 年 6 月，又到了推荐评选特级教师的时候，由于一位老校长 58 岁了，所以这次县教育局没有推荐我。我非常理解，县教育局对我特别厚爱，而我的机会后面多得很。可是，当县教育局把评审材料报到南通，市教委领导诧异"怎么没有报华应龙"，最后市教委领导决定，让海安教育局报我的材料，不占海安的指标。当我接到整理材料通知时，既兴奋又忧虑。因此，我打电话给市教委领导，感谢偏爱的同时，说出了自己的请求：那位老校长的材料必须上报省里，不然的话，我不愿意整理材料。因为，我知道那位老校长上次就卡在了南通，没有报到省里。如果这一次最后我批下来了，老校长没有批下来，我怎么做人？

在县教育局补充整理我的材料时，我听到有人说是我去找市教委了。是的，我找过了，不过不是找领导要求推荐我。我一笑而过。

最后，那位老校长和我都通过了评审。

第二次推荐参评特级教师，让我明白做一个好老师首先要做一个好人。

15. 参加编写苏教版、北师大版课标教材

1999 年开始，我参加了苏教版课标新教材的编写。2002 年开始，参加了北师大版课标教材的编写。

在南京，我感受到了教材编写的流程和个中的艰辛，敬佩王林、孙丽谷、盛大启、凌国伟、陈春圣、李继海等老师的敬业精神和扎实的数学功底。

在北京，我进一步理解了课标的精神和教材的本质，分享了刘兼、孔企平、张丹、王永、陶文中、胡光锑、朱乐平、刘可钦等老师的智慧。

教材编写的经历，让我体味到编写教材是一件很神圣、很伟大的事业，同时也帮我打破了教材的神秘感，让我自己的教学不再是教教材，而是教材启发我去思考究竟要教什么。

16. 带队参加全国赛

2001 年 4 月，山东淄博，经过层层选拔，我们海安县实验小学的贾友林老师代表江苏省参加第五届全国优秀课评比，我带队前往。

那一届比赛是指定内容，有新授课，有复习课。贾老师的复习课教得非常棒，获得一等奖第三名，前两名都是新授课。

李烈校长的一句话："小华，为了你儿子，应该到北京来！"让我心动。

17. 参加国家级骨干教师培训

2001 年 10 月至 12 月，美丽的大连，在辽宁师范大学，我参加了国家级骨干教师培训。

数学系李书记、董主任对培训工作的高度重视和敬业，贺贤孝等老师的高水平授课让我们如沐春风。

对新课程标准的深入研读，应该是这次培训中我最大的收获。

我作为班长，与全班同学建立的同窗情谊，是第二大收获。

一节研究课《百分数的认识》，在全国小学数学界引起了反响，上海《小学数学教师》特邀编审宋淑持先生激情洋溢的六千多字评点让我无比幸福、甜蜜，是第三大收获。

18. 举家北漂

2001 年 12 月，借到北京讲课的机会，我去北京第二实验小学感受了一天，感触很深：素质教育提出的口号，已经是实验二小课堂里的现实。

回到江苏海安，我和爱人、儿子商量去不去北京实验二小。确实舍不得离开我成长的热土，给我无限关爱的海安、南通、江苏，最后抛硬币确定——去北京。

2012 年春节，一家三口，在三亚海滩

海安县教育局的领导盛情挽留，让我感激不已。

"三思方举步，百折不回头。"三个月后，县教育局张文祥局长主持晚宴为我们饯行。

2002 年 3 月 21 日，我们一家正式调动进京。

19. 中央电视台"当代教育"做专题

2003 年 11 月 19 日，中央电视台《当代教育》专栏播出了我的教学访谈节目，胜春主持我和周玉仁教授的对话。

当不断接到老乡、好友祝贺的来电、来信时，我心潮澎湃……

20. 参评"首都基础教育名家"

调进北京后，经过了半年多的适应期（思维方式和表达方式的适应），在李烈校长、吴正宪、李耀民、谭晓培、刘兼等主任的关照下（给了我很多展示的机会），让北京的老师们认识了我、认可了我、接纳了我、欣赏了我。实验二小先进的教育理念、实验二小人的实践智慧对我潜移默化的熏陶，张梅玲、周玉仁、郑俊选等前辈的指点，刘月艳、杨雪梅、张丹、刘加霞等硕士、博士的帮助，提升了我的教学艺术。

2005 年 5 月，经过西城区教委推荐，我被评为首批"首都基础教育名家"，小学数学教师就吴正宪和我两位进入北京教育学院"名家长廊"。我是唯一从外地调进北京被评上的特级教师。李烈校长是校长系列的首批"首都基础教育名家"。一校有两人入选在这次评选中是独一无二的。

21.《中国教育报》的"华应龙教学艺术系列报道"

2005 年 4 月 5 日至 6 月 21 日《中国教育报》推出了"华应龙教育教学艺术系列报道"，时间跨度之长，报道篇幅之大，所带来的影响之巨，是我始料不及的。衷心感谢策划人鲍东明主任、资深记者李建平老师、点评专家张梅玲教授！

22. 荣获"首届全国教育改革创新先锋教师奖"

2009 年 12 月，在《中国教育报》和中国教育新闻网主办的全国教育改革创新奖评选中，我被评为先锋教师奖（共 10 位老师获此殊荣），陈小娅副部长出席颁奖，我应邀做专题报告。

23. 成立"华应龙教育基金会"

2009 年 12 月 13 日，在江苏省南通市海安县墩头镇政府和企业家的赞助下，成立了"华应龙教育基金会"。主管县长、教育局局长、镇党委书记等领导到场祝贺。基金会设立以来，每学年都专项奖励墩头镇杰出教师和优秀学生。

24. 《人民教育》的封面人物

从 1984 年开始工作至今，《人民教育》我每期必读，我是读着《人民教育》成长起来的。现在听课老师们欣赏和夸奖的"华应龙招牌式的微笑"就是从看《人民教育》的一篇随笔《从"不笑的老师"谈起》开始练的。

1994 年 9 月，《人民教育》发表了我的第一篇文章：《年轻教师不妨听听自己的课》。这篇文章后来被好几位不认识的朋友"借用"。

从 2003 年至今，《人民教育》每年都刊用我的文字，一篇、两篇、三篇，一页、两页、九页。我的研究课《百分数的认识》《神奇的莫比乌斯带》《我会用计算器吗》《角的度量》《圆的认识》《解决（连乘）问题》《分数的再认识》《三角形三边关系》等都是在《人民教育》上面世的。

2008 年第 2 期《人民教育》，我再次成为封面人物。迄今为止，三次封面人物，一次和李吉林、魏书生老师一起做封底，还有一次和叶澜教授一起成为"封面名字"。

应该说，《人民教育》哺育了我，《人民教育》抬举了我。

2010 年 10 月 12 日，在隆重的《人民教育》创刊 60 周年庆祝活动中，我作为唯一的读者和作者发言，《笑声相随》在"我与《人民教育》"征文中荣获特别奖。

25. 荣获"杰出水手奖"和"苏派名师"

2008 年 11 月，江苏省教育厅和江苏教育报刊社颁发给我"杰出水手奖"（共 10 名老师获奖）。在我离开家乡 7 年之后，竟然还能得到这么高层次的奖项，让我惭愧、激动、感恩……

2010 年 8 月，江苏省教育厅和江苏教育报刊社推出"苏派名师"，小学语文有"斯霞、王兰、李吉林、孙双金、薛法根"，小学数学有"邱学华、张兴华、华应龙、闫勤"，我忝列其中，脸红心热。

古人感慨："时无英雄，使竖子成名。"我要说："并非时无英雄，乃家有大儒欲造就应龙也。"

26. 出版《我就是数学》和《我这样教数学》两本专著

在李烈校长的指导下，为庆祝学校百年校庆，2009 年 10 月，由华东师范大学出版社"大夏书系"正式出版了我的两本专著。

《我就是数学》荣获"2009 年影响教师的 100 本图书"（《中国教育报》2010 年
1 月 7 日报道）。

《我这样教数学》荣获"2010 年影响教师的 100 本图书"（《中国教育报》2011
年 1 月 13 日报道）。

2012 年 3 月，北大百年讲堂，与全美最佳教师雷夫·艾斯奎斯对话

27. 召开"华应龙教学思想与实践研讨会"

2012 年 4 月 26 日，北京教科院基教研中心和西城区教委在北京第二实验小学
礼堂隆重召开"华应龙教学思想与实践研讨会"。

顾明远、叶澜、张梅玲、文喆、时龙、朱永新、田慧生、傅国亮、刘坚、于长
学、陈海东、柳夕浪、钟祖荣、季萍、刘加霞、张丹、陈锁明、吴建民、袁新文、
丰捷、张新洲、翟博、鲍东明、沙培宁、王雪莉、雷玲等教育部、北京市、西城区
领导和专家到会指导，来自全国各地的 800 多名教师代表参加了研讨。会上，西城
区教委领导宣读了成立"华应龙名师工作室"的决定。《人民日报》《光明日报》《中
国教育报》《人民教育》《中国教育学刊》《北京教育》《现代教育报》等新闻媒体报
道了本次研讨会。

28. 召开"华应龙教育教学思想研讨会"

2013 年 3 月 9—10 日，教育部下属的人民教育家研究院和江苏省教研室在江苏省海安中学体艺馆隆重召开"华应龙教育教学思想研讨会"。

教育部朱东斌、刘坚，人民教育家研究院张新洲、徐启建，江苏省教育厅胡金波、马斌、成尚荣、何峰、王林，南通市教育局王笑君，以及海安县委、县政府的领导和专家张梅玲、张兴华、陈今晨、徐斌、贾友林、张齐华、仲广群、施银燕，以及来自全国 16 个省市的 2000 多名教师代表参加了研讨。

胡金波副厅长在开幕式上的讲话刊登在 2013 年第 10 期《人民教育》上。

《江苏教育》《小学数学教师》等媒体报道了研讨活动。

29. 参加第 12 届世界教学教育大会

2012 年 7 月 7—16 日，赴韩国首尔，参加了第 12 届世界教学教育大会。

撰写的随笔《没有什么不可能》发表在 2013 年第 1 期《新世纪小学数学》上。

30. 荣获首届"明远教育奖"

2013 年 9 月 29 日，我从顾明远先生手中接过首届"明远教育奖"奖牌。

全国大、中、小幼教师中共有 13 人获奖，我忝列其中，无比荣幸。

31. 荣获 2014 年度中国"课改杰出教师"

2014 年 9 月 21 日上午，北京师范大学，我十分荣幸地获得 2014 年度中国"课改杰出教师"。中国何时评选像雷夫、克拉克那样的"年度教师"呢？虽不能至，心向往之。我会继续求索……

32. 荣获国家级教学成果二等奖

2014 年 9 月，在李烈校长的带领下，《"以爱育爱"教学实践体系》荣获首届国家级教学成果二等奖。

2015 年 7 月 3 日，北京，被认定为"西城突出贡献人才"

33."好老师"首发

2015 年 1 月，中国教育报刊社"中国教育之声"微信矩阵推出"好老师"，我作为首发，真是受宠若惊，只有好好做，才能对得起这份抬举。

34. 光明日报"名师开讲"

2015 年 1 月 13 日，我撰写的《有"化错"，才有真正的学习》作为光明日报"名师开讲"的首篇推出。

由于反响强烈，1 月 27 日光明日报再推出我的《错误往往是创造的开始》。光明日报刊发小学数学教学实录怕不多见，诚惶诚恐！

35. 北京电视台播出"数学名师华应龙"

2015 年 1 月 24 日，北京电视台、北京市教委在"非常向上"专栏联合推出

"数学名师华应龙"。

36. 荣获"西城突出贡献人才"奖

2015 年 7 月 3 日，被北京市西城区委、区政府表彰为"西城突出贡献人才"。

37. 荣获"全人教育提名奖"

2015 年 8 月 14 日，由 21 世纪教育研究院和心平教育基金会主办的首届"全人教育奖"颁奖典礼上，全国共 4 位老师获得大奖，我荣膺"全人教育提名奖"和 10 万元奖金。

38. 应邀参加抗战胜利日大阅兵观礼

2015 年 9 月 3 日，我应邀到天安门广场参加"中国人民抗日战争暨世界反法西斯战争胜利 70 周年"纪念大会观礼，并被中央电视台采访，上 9 月 5 日新闻联播。

2015 年 9 月 3 日，观礼证

2015 年 9 月 5 日新闻联播，大阅兵观礼被采访

我的教育观

一、化错教学，求真育人

　　1993 年，我在江苏省南通市海安县墩头镇做教师时开始申报研究《让学生从错误中学习》的课题。2002 年，调到秉持"以学论教""无错原则"等办学理念的北京第二实验小学，得到李烈校长的亲炙，更是如鱼得水。2011 年，《"融错教学"操作模式及策略的研究》被列为西城区教育科学规划"十二五"重点课题。2015 年，又申报了《"化错"与育人的实践研究》20 多年来，我锲而不舍，在"化错"课堂中与学生一起持续成长。

什么是化错？

　　受各因素的影响，小学生在数学学习过程中总是会表现出这样或那样的偏差、不足，甚至离奇，与正常的认知过程、结果完全相左。学生在数学课堂上的差错是其关于数学知识的自主的、大胆的、真实的、常常又是独特的建构。如果老师怎么说，学生就怎么做，学生自己的想法被压抑着，也许很少有差错，但却缺了自主，少了真实，更谈不上创新，谈不上成长。

　　"化错"是指把课堂教学中的差错融化为一种教学资源，相机融入后续的教学过程中化错误为正确，"化腐朽为神奇"，变"事故"为"故事"，这与我国古代"相克相生，相反相成"等哲学思想相契合。

　　为什么是"化错"，而不是"容错"？因为课堂并不只是要容纳"差错"，而更重要的是，把"差错"融化为教学不可或缺的教学资源。"落花若有意，流水亦含情"。教师艺术地处理了随机生成的差错，巧妙地彰显了差错的宝贵价值，促进学生全身心地融入创造性学习活动中，感受到学习数学的乐趣，才能把真正富有价值的内涵植入学生的生命活动之中。

　　化错的要义在于教学过程中随机融入，自然生成，而不是事先刻意安排；敏锐发现差错背后的意义，揭示其内在的矛盾、张力，巧妙彰显其积极意义，而不是简单地否定学生的错误；充分挖掘并利用差错资源的多方面价值，培养学生直面错误、超越错误的求真人格，学做真人，将教学活动引向深入，引向心灵深处，而不仅仅是促进认知的发展。

为什么要化错?

人生自古谁无"错",差错的产生和存在具有必然性和普遍性。差错不是绝对的,具有相对性,人们判定的"错"与"对"受特定的时空、特定价值标准的制约,不同的文化环境有不同的对错观。立场不同,观点不同,方法不同,对同一问题的看法可能就会有所不同。"对"与"错"在一定条件下可以相互转化。

就小学生而言,"错"更具有必然性。这是由于他们思维发展有一个逐渐成熟的过程,对认知的不完善,几乎是不可避免的,了解他们实有的"前概念",正是教学从学生实际出发的起点,也就是我们实施"无错原则"的重要依据。

没有化错何来创新? 放弃经历错误也就意味着放弃经历复杂性,远离谬误实际上就是远离创造。过度的防错、避错,缺乏对差错的欣赏与容纳,就将大大减少学生扩展认知范围、提高认知复杂度、接触新发现的机会,使天然的好奇心、求知欲以及大胆尝试的探索意识被压抑乃至被扼杀,所伴随生成的个性特征和思维特征必然是谨小慎微、害怕出错,这与敢于冒险,在失误中开辟新思路的创造型个性和思维品质是背道而驰的。

没有化错如何落实课程标准强调的"自主探究学习"? 新课程强调教学的生成性,教学的生成必然伴随着教与学双方积极主动的思维与创造,伴随着随机真实有效的互动。没有化错,就没有创造性的生成。新课程倡导"自主、探究、合作"的学习方式,就更加呼唤尊重学生学习过程中的差错,期待教师在课堂上能够温暖地"化错"。

没有化错何来真正的"过程教学"? 我们提出"化错"的教学主张,是破解"标准化"教育模式,培育良性教育生态的需要,是矫正重"结果"轻"过程"教学弊端的需要。

有差错,才有真正的学习,才有实质性的学习活动发生。有化错,才有我们期待已久的主动学习、独立思考、创新活动的发生;有化错课堂,才有学生快乐健康地成长。成长发生在化错中。

怎样化错?

化错包括:错是错,温暖地"容";错不是错,智慧地"融";错还是错,自豪地"荣"等三个阶段。这是化错课堂的三个阶段，也是对待差错的三种境界。

第一个阶段，错是错，温暖地"容"。

容，即宽容、包容、容纳。一错当头，能否容纳，取决于一个人的见识和胸怀。有容乃大，大者能容。要调整学生对待错误的态度，培养学生积极勇敢健康的心态，培养他们对自己负责的意识和善解人意的"同理心"。

首先，包容、欣赏学生的差错。

下面是我批改学生作业时写的批语。学生有错的作业在我心中就是一幅画。

四（2）班同学课间餐各品种喜欢人数统计图

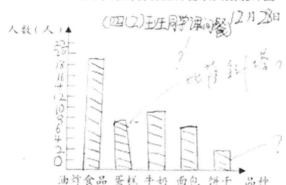

同一次作业，另外一位学生画出了这样的画——

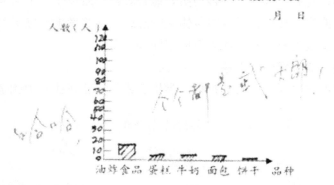

四（2）班同学课间餐各品种喜欢人数统计图

到期末复习制作统计图一节时，问学生需要注意些什么，学生说："别画比萨斜塔，别画武大郎！""特别要注意纵轴上一个单位表示多少。"正确的数学知识就这样被学生用情趣化的方式表达出来。我批改学生作业时，总是喜欢把自己的感受用一段话、一句话、一个词表达出来。我的一些学生毕业多年会珍藏着我批改的作业本。

在课堂上，学生出错了，我就像发现新大陆一样地惊喜，立马兴奋起来，应对挑战，这是拷问和提升教师功力的时候，这时才能看到帮助学生发展的曙光。

善待差错，不是鼓励出错，不是要纵容学生不负责任"草率行事"，而是要鼓励学生探究的勇气，激发学生挑战的精神，保持学生创新的激情。苛求正确与准确，过分讲究"严谨性"，无异于给学生戴上"紧箍咒"，于无形中造成对创新的压力。罗杰斯先生就曾指出，只有心理安全、心理自由，才能创造。

其次，让学生悦纳自己的差错。

学生是怎样看待错误的？课堂上学生愿意暴露自己的错误吗？他们希望别人怎样对待自己的错误？他们又是怎样对待别人错误的？……我们就如何对待课堂学习中的错误问题等设计了一份共 11 个项目的调查问卷。调查结果显示：42.0％的学生认为错误意味着失败；17.4％的学生把错误和耻辱联系在一起。值得关注的是，小学中年级男生和中高年级女生选择"耻辱"的比例较大，特别是高年级女生，接近1/3。

从调查中可以看出，绝大多数学生都是用二元对立的观点来看待错误的。错误便是正确的反面，由错误引起的联想大都是"失败、耻辱"一类负面的体验。

在调查中我们还发现，当学生发言出错时，67.9％的学生希望通过老师提示，自己来发现和纠正；19.2％的学生希望能自己请求其他同学帮助；12.9％的学生希望老师直接告知答案。而52.3％的学生表示，课堂上老师对学生发言出错采取的最多的方式是直接告知答案，立刻纠正。

从调查中我们看到学生对错误的看法与正确的"错误观"之间有较大差异，教师普遍对错误的简单化处理更强化了这种错误的认识，必须给予正确的引导。

我通过讲数学家、科学家对待差错的故事，帮助学生认识到"错误是创造的开始"。北京出版社的《科学失误的故事》，河北少年儿童出版社的《科学家与错误》，天津教育出版社的《数学大师的创造与失误》，等等，我组织学生利用"课前精彩两分钟"轮流讲。我还用一节课的时间，和学生一起研究让大数学家欧拉都犯错的"36军官问题"。通过一系列活动，学生们明白了：成功人士的高明之处，并不是他们先知先觉，一贯正确，而是他们有一个对待错误的正确态度，有一双善于发现错误的明亮的眼睛，有一个肯于思索的头脑。榜样的力量是无穷的，学生们渐渐明白了要善待差错。

最后，创造机会，暴露差错。

曾经，我们的课堂教学，总是在学生探究前安排有大量的复习和铺垫，还有"到位"的提示、"越位"的暗示。以往的我们为什么要采用"未雨绸缪""防患未然""防微杜渐"的做法呢？也许是因为夸美纽斯说过："只有要求学生在课堂上不犯任何一个错误，才能在练习中没有错误"，他建议过我们，"不要使学生在第一次学习新教材时就在语法规则上犯错误，不要使学生在第一次学习数学规律时就解错例题和应用题"；也许是因为我们急功近利的思想，想扫除学生探究过程中的障碍，让学生顺利地"探究"出结论；也许还是因为我们刻意让学生顺着老师搭设的台阶，拾级而上，沿着老师指引的窄窄的巷道，独自前行，在不容回旋的空间里，一定会得到正确的、老师想要的答案，如此课就会按照我们预设的轨道运行；也许是因为我们潜意识中对学生的不放心，我们好为人师的惯习，我们对课堂上生成的差错的惧怕，惧怕出乎意料，惧怕处置不当；也许是由于我们专业功力的不够……

不同的时代，不同的价值追求，就有不同的理论指导。

心理学家盖耶指出："谁不考虑尝试错误，不允许学生犯错误，就将错过最富有成效的学习时刻。"允许差错存在实际上是学生认知的自然展开，是给予学生自主处理新问题，学会在复杂情境中进行辨别、分析、判断、推理的机会。这些是我们过去因为追求"效率"而被压制的，也是传统教育的致命缺陷，也是当下我国创新人才培养的难点。

记得 2002 年调进北京不久，区教研中心的领导十分厚爱地安排我在"金秋杯"开幕式上做观摩课，上的是"平行四边形面积计算"，在创设出情景后，让学生大胆猜想，再顺着学生的猜想，组织探究，最后猜想平行四边形面积是两条相邻的边相乘的孩子叫了起来——"华老师，您误导！"同学们笑得前仰后合。其实，他说出我"误导"，是有三个条件的：一是他有误，二是我引导了，三是现在他醒悟了。

第二个阶段，错不是错，智慧地"融"。

融，即融化、融合、融通。这一步是把错误作为一种资源，从外在的表现入手，引导其暴露思维过程，分析其内在机制，将教学活动引向深入。这时的错误已经不是教学的障碍，而成为宝贵的教学资源。这样的资源，有来自学生的，也有来自教师的。

首先，分析差错背后的真正原因。

课堂是允许学生出错的地方，出错是学生的权利，帮助学生不再犯同样的差错是老师的责任。

曾经看到一个有趣的问题："一道数学题学生做错了，老师讲了三遍，学生还是做错了。谁笨？"我觉得出现这样的现象是教师专业功力不够。因为明白人明白的算理是一样的，不明白的人却各有各的困惑。后来，我读卢梭的《论科学和艺术》才发现，卢梭说了一句和我一样的话："错误可能有无穷的结合方式；而真理却只能有一种存在的方式。"不过，落脚点不同，卢梭说的是真理只有一个。我说的是差错千奇百怪。做教师的就必须明白学生的困惑，才能有效地帮助学生。例如，有学生计算出 $24 \times 3 = 92$，他可能是怎么思考的呢？可能是 $3 \times 4 = 12$，$2 + 1 = 3$，$3 \times 3 = 9$，所以等于 92；也可能 $3 \times 4 = 12$，$2 \times 4 = 8$，$8 + 1 = 9$，所以等于 92；还可能是把 3 和 4 交换了位置，于是 $23 \times 4 = 92$。对这样三位学生，如果我们只是强调计算法则，先乘个位，后乘十位；个位乘得几十，就向十位进几，那是于事无补的。

上学期期末复习阶段，主任请我帮助一位淘气的男孩。我请男孩做一道题，第一小题虽然错了，但找到了规律，我奖励一颗星。

下面，是我俩关于第二小题的对话——

嵩：108 排在第（　　　）行第（　　　）列。我不懂。

我：哪儿不懂呢？

嵩：说了 108 排，怎么还要问第（　　　）行？排和行不是一样的吗？

我：哈哈哈，这个"排"是动词，也就是"写"的意思。

嵩：哦，我就喜欢两个字、两个字地读。

"子非鱼安知鱼之乐"，要准确分析差错背后的真正原因，就得倾听学生，了解学生的阅读习惯，了解学生的已有经验，了解学生可能存在的思维定势。

其次，让正确在差错中生长。

差错可能成为正确的先导，差错往往隐藏着正确的思路。差错大多是"差那么一点""拐个弯就对了"。我们在课堂上常常会看到这样的现象：老师提出一个问题，教室一片寂静，但当某个同学发表了一个有"差错"的意见之后，一只只小手次第举了起来。是同学的"差错"撞击出了其他同学思维的火花，使更多的同学更快地走向了"正确"。

下面是教学《角的度量》课始的教学片段——

师：怎么量角的大小呢？

生（齐）：用量角器。

师：都知道呵？那会量吗？

好些学生：会。

师：先来试试看好不好？

生：好。

师：我们先用量角器试着量一量∠1。

（学生尝试用量角器量∠1。）

师：（巡视中）呦，真会动脑子，虽然没学过，有的人还真量对了。有人虽然不会，但在动脑子，我觉得也挺好的。这位女同学，请带着你的量角器，到前面来，把你的方法展示一下。

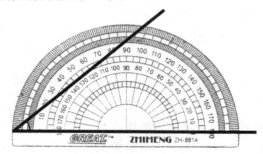

生：（学生投影自己的量法后，有同学小声嘲笑，老师摇头制止，示意学生解说）我先用这个尖放到这个角上，然后看这条边。

师：那这个角多大呢？

生：不知道。

师：（摸着学生的头，微笑着说）还没学，不会很正常，但敢于尝试值得表扬。我提议大家为这样敢于尝试的精神鼓掌！（鼓掌。）以前我们量长度的时候，就是这样从0开始的。这一点你做得非常棒！（热烈的掌声。）要量角的大小，她已经想到了用角来比着，真不简单，这个思路非常正确！我提议大家再次鼓掌。（演示的学生在同学们起劲的鼓掌中坦然回到自己的座位。）现在的问题是我们从量角器上能找到角吗？

……

当乌云被阳光亲吻时，

它们就变成了天空的花朵。——泰戈尔

上完这节课，我明白了，因为以前的我们"只见树木不见森林"。我们讲了"角的顶点和量角器的中心重合，一条边和0度刻度线重合，看另一条边所对应的刻度"，但没有讲量角的实质是什么，缺乏整体把握。"二合一看"等要诀，看似简洁，颇得要领，其实这是我们成人的偏好，对孩子来说却是不得要领的，要孩子们想象出这四个字背后的内涵是挺难的。因为孩子们是以形象思维为主，老师抽象概括出的词语反而增加了学习的难度，老师附加的认知负荷挤占和压缩了学生生成的认知负荷，所以说我们原来的教法是阻挠了学生自由的"呼吸"。而这节课上，在学生已进入"洞口"，感觉恍惚若有光的时候，"量角其实就是把量角器上的角重叠在要量的角上"一语点破，是可为学生的量角操作提供表象支持，促进学生更顺畅地"呼吸"的。

当我创新性地成功完成《角的度量》的教学，不少朋友激动地问我怎么想到在量角器上找角的？说老实话，是学生错误的量法提醒了我。

差错除了具有启发功能外，还具有刺激、教育、醒悟、陪衬、免疫等功能。需要教师练就一双"慧眼"，敏于捕捉，善于发现差错背后隐含的教育价值，引领学生从错误中求知，在错误中探究……

例如，学习乘法分配律之后，学生会创造出"$200÷5＋200÷20＝200÷（5＋20）＝8$"的"除法分配律"。如果我们顺势探究除法究竟有没有分配律，什么时候存在，什么时候不存在，进而可以更好地认识为什么乘法有分配律，让学生觉得错得有价值。"错得好！"是我课堂教学的口头禅，也是我每接一个新班，上第一节课都要写在黑板上的三个字。

我教学"我会用计算器吗？"等课的有效实践都说明了，完全可以让学生错了之后开心地、满足地笑出来。（参见 2005 年第 9 期《人民教育》）

对待学生的思维成果，不是着眼于对还是不对，而是应着眼于有价值还是没有价值，价值是大还是小，是现时价值还是长远价值！这一价值判断的标准：一是有利于学生的发展；二是有利于本课教学目标的达成。因此，教师的评价要在对错之外。

最后，要用好教师自己的差错。

课上，讨论这样一道题：3 点钟时，钟面上的时针和分针夹角是（　　）度，再过 1 小时，时针和分针成（　　）角。

在用手势比画出时针和分针，作了评讲之后，我发现这是一道可以渗透极限思想的非常好的题，因此就问学生："如果不是问再过 1 小时，而是问再过 1 分钟，那么时针和分针成什么角呢?"学生始作茫然，三四秒钟之后，有几个学生答：还是钝角。我正中下怀。"对！哪怕是再过 1 秒钟，时针和分针的夹角就会大于 90 度，所以是钝角!"学生纷纷点头，佩服老师的高明，我也有几分自鸣得意。

下课了，仲伟平和邵炜晖两位同学走到我跟前，"华老师，您课上讲错了"。我莫名其妙，想了想说："怎么会呢？今天华老师的课上没错。""我们算过了……"语气中有些不容置疑。我觉得应凝神静听。"分针比时针走得快，所以再过 1 分钟，时针和分针的夹角是锐角，不是钝角。"

哎呀，确实是我错了。

我"狠狠地"把他俩夸奖了一番。

第二天的课上，我当众承认自己的错误，表扬了他俩善于独立思考和敢于坚持自己意见的科学精神，赠送给他俩我的名片，反面写着："敬赠我的一题之师！"

"天下只有哑巴没有说过错话；天下只有白痴没想错过问题；天下没有数学家没算错过题的。"（华罗庚语）差错人皆有之，作为教师不利用是不能原谅的。当自身出现失误时，教师要冷静，及时做出分析、判断，调整活动方案，采取补救措施，让失误成为发展学生思维不可多得的契机，让教师处理失误的言行成为学生对待差错的榜样。如果以"我是考你们的"或"别钻牛角尖"来搪塞或推诿，不敢肯定学生，不能正视差错，自然会受到学生的贬弃。如果我们懂得了"弟子不必不如师，师不必贤于弟子"和"教学相长"的道理，教师就应该有勇气承认自己的差错与不足。

理想的教学应该是对话式的，师生相互请教，双方互为先生和学生。作为教师，要不断丰厚自己的学识，提升自己的理性。因为只有丰厚的学识与彻底的理性才能赋予人一种大气。这种大气，作为教师是非常重要的。因为只有大气，才能真诚地鼓励学生放飞想象的翅膀，才能去拓展教师自己已经变得十分狭窄的心灵空间，才能让学生明白"吾爱吾师，吾更爱真理"！

第三个阶段，错还是错，自豪地"荣"。

荣，即荣幸、荣耀、荣光。不是以"出错"为荣，而是以能"化错"为荣。这一步是结果，是目标，是对出错过程的回眸，是对差错的育人价值的欣赏。因为学习不是为了解对一道题，而是为了做对一个人，"千学万学学做真人"。

首先是拾错。

爱因斯坦说："在科学上，每一条道路都应该走一走。发现一条走不通的道路，就是对于科学的一大贡献。我们的科学史，只写某人某人取得成功，在成功者之前探索道路的，发现'此路不通'的失败者统统不写，这是很不公平的。"一名学生出错，对于整个班级的学习进程来说是很光荣的贡献，对于学生自己来说是一段很荣幸的经历——"我曾经这样错过。"一个人富有经验是值得自豪的，不过，"经验是人们给他们所犯的错误取的名字"。（奥斯卡·维尔德）因此，我们为学生准备了《拾错集》，像在沙滩边捡起美丽的贝壳一样，将自己在课堂学习中的差错记下来，"留得残荷听雨声"。我校教师整理的化错案例先后发表在 2006 年第 1 期《小学青年教师》、2012 年第 1 期《新世纪小学数学》等报刊上。

其次是分享。

错了就是错了。在我们的课堂里，您会听到学生踊跃地介绍与众不同的想法，您也会听到有学生大气地站起来说："刚才，我是这么错的……"相关案例《当阳光亲吻乌云……——化错教学以"解决（连乘）问题"为例》刊 2010 年第 20 期《人民教育》。学生直面差错，甘愿分享的境界是多么的可贵。他们不怕失败，敢于创新，因此我们能够"听到学生思维真实的声音"，教学效果令人欣慰，学生喜欢学，不愿意下课，会学，学得棒。

最后是感谢。

差错的价值并不在于差错本身，而在于师生从中获得新的启迪。讲授《初步认识分数》一课，我问："3/5 表示什么意思？"一位同学回答："把 5 平均分成 3 份。"这让我反思：第一，我在教分数的意义时重视了表示分数的三要素——平均分，分几份，取几份——的归纳，但忽视了单位的渗透；第二，教材中和我的板书中对分数的读法是这样写的——"五分之三"，这种读法一开始就容易使学生误以为："3/5 是把 5 分成 3 份"，如果板书成"五份之三"呢？后来我这样一板书，就有学生在下面说了，"噢，明白了，是五份中的三份"！下课前，我再把单人旁擦掉，告诉学生大人们都是这么读。教学效果非常好。

正确的解答，可能只是模仿；而错误的解答，却可能是创新。因此，可怕的不是学生犯错误，而是教师错误地对待学生的错误。我们用"阳光心态"来观照学生的差错，用放大镜来寻找学生思维的闪光点。对学生有价值的差错，我们会引导教室里响起三四次感谢的掌声——首先为他不盲从的坚持，其次为他有根有据的说理，再次为他接纳他人观点后的修正，最后为他带给我们思考的贡献。这样旷日持久地做下去，培养的就是学生做人、做事的好习惯。

差错对于学习就像砂粒之于河蚌，起初是拒绝，不愿意接纳，但又没法排斥，后来改变策略，分泌汁液来包容砂粒，反而培育出了晶莹剔透、流光溢彩的珍珠。

不怕出错，允许犯错，不等于鼓励和提倡犯错。少犯差错仍然是一条必须坚持的原则。只有学生在尽最大努力避免出错的前提下所犯的错，才可能最具有教育价值。

教师怎样才能化错？

这需要教师有较强的基本功，如，提高当堂分析差错资源性质与教学目标相关性的能力，需要提高教师对教材的解读能力和把握差错性质的能力。对教学目标的认识、把握越具体、越细化，捕捉差错资源的能力就越强；辨别差错性质的能力越强，临场调控的能力就越强，化错的效果就越好。因此，教师要重视对学生课堂差错的收集、整理，分析综合、抽象概括。

但我觉得更重要的是——

第一，真爱数学。

周国平在《朝圣的心路》中说："我不想知道你有什么，只想知道你在寻找什么，你就是你所寻找的东西。"我在寻找数学，因此，我就是数学了。

您若问我"你喜欢什么？"我就是数学。我喜欢上了做数学题，看有关数学的专业书籍。学生爱看的书，我也看。谈祥柏教授的趣味数学出一本，我买一本。张景中院士的《数学与哲学》被我翻烂了。我用不同颜色的笔在书上反复批注着。优秀教师写的数学教学专著，对我来说，如同至宝。当年在江苏农村做老师时，就邮购了《北京教育丛书》，邮购了李烈校长的《我教小学数学》。我从心底里觉得数学好玩。

关于小学数学教学内容，我认为，数学是玩具，是前人留下的玩具；数学就是游戏，就是在统一规则下的游戏。别把小学数学说得那么高深，那么玄乎，把小学生给吓住了。孩子们的手很小，抓不下。孩子们的心很大，还有其他。只要让孩子们感兴趣，那么每个学生都有可能把小学数学学得很好。切不可因为不断地"纠错"

把学生对数学的好奇、对学习的兴趣扼杀了！

第二，喜爱学生。

我认为，学生都是天使，都是天生的学习者。他们往往比我聪明和智慧，是帮助我提高教育教学能力的人。教学过程的差错，也在教育我们教师"学做真人"。我曾经写过一篇《敬畏童心》发表在 2008 年第 12 期《中国教育学刊》上。

2013 年 9 月 29 日，顾明远先生为我颁发"明远教育奖"

关于小学数学教师角色，我认为，教师是组织者，是引导者，是合作者，但更是欣赏者。会欣赏学生，会欣赏乍一看不怎样的学生，会从数学的角度欣赏学生的正确，会从教育的角度欣赏学生的差错。把学生看作天使，我们就生活在天堂。只有从心底里喜爱学生的老师，才愿意从学生的"冷冷清清凄凄惨惨戚戚"中"寻寻觅觅"。"童心"是儿童独有的创新的"基因"，热爱学生的老师几乎都能保留一颗永不衰竭的"童心"，能够理解学生的所思所想，这其中当然包括儿童们奇异的"错误"，使自己的教学能够与学生"心心相印"。

第三，痴迷课堂。

您若问我"你能做什么？"我就是数学。虽然工作之初，教了3年体育，教得还不赖，但兼教的数学更是风生水起。虽然，我做过主管一个乡镇中学、小学、幼儿园、成人教育的行政工作，做得有声有色，《江苏教育报》头版报道，但我还是把自己安排到乡村小学执教一个班的数学。虽然曾有机会调到省府坐办公室，但我还是因为舍不得离开数学课堂，谢绝了领导的好意。古人云"百无一用是书生"，我是"百无一用是数学"，这我很清楚。

您若问我"站在讲台上，你是谁？"我就是数学。在校园里，多数学生叫我"华校长"，偶尔会有学生叫我"华应龙"，时常有小调皮叫我"华罗庚"。学生叫我"华罗庚"，我喜欢。我写过一篇题目是《学生叫我"华罗庚"》的小文章发表在《人民教育》上。"我就是数学"乃是我对数学老师专业素养的自我期许和终生追求，既用数学修身，也用数学育人，让学生学到更亲切、更生动的数学。"一生只做一件事。"我的一件事是什么呢？那就是数学。

关于小学数学教学目标，我认为，学生心中有"数"是最大的目标。学生从心底里害怕数学，那是最大的失败。如果我们的教学不仅传授知识，而且启迪智慧，更在滋润生命，那么，我要学生心中无"数"都不可能。

关于小学数学教学方法，我认为，教是因为需要教。不要在不需要教的地方，好为人师。叶圣陶先生有句名言："教是为了不教。"我觉得叶老的这句话可以从教学的过程和终点两个层面上来理解。我认为的"教是因为需要教"，是从教学的起点和过程两个层面上说的，对当下的课堂教学是有针对性的。学习本来像呼吸一样自然，教学就是带着孩子们一起玩。不要道貌岸然，而要道法自然，学生"水到"教师"渠成"，乃是至善。

关于课堂教学，我认为，课堂的美景在学生的眼睛里。数学教学应该把"冰冷的美丽"转化成"火热的思考"，不过，课堂的温度不应是冰冷的，也不应是火热的，因为那不是常态。温暖的感觉真好！

温暖课堂的是生命的温度，温暖的是课堂上的每一个生命。学生的差错源自他们的生命和生活，学生的差错是色彩斑斓的可爱的"童心"，与经历了几千年生命积淀的数学的相遇，让这种相遇演绎出美妙的传奇，成就美丽的人生，是我孜孜以求的。

第四，心存感激。

感恩的人会成功。因为，感恩的人是幸福的，幸福的人才会成功。我感恩江苏，当年的我成为江苏省最年轻的特级教师；我感恩北京，包容、厚德，李烈校长以及实验二小人欣赏我、重用我、教育我、包容我；西城教委在我调来不久，一个星期内，安排我做两节大型观摩课；北京教育学院遴选我成为首批"首都基础教育名家"；北京市教委吸纳我成为评审学科带头人和特级教师的评委、北京市首届"名师工程"的导师……我感恩《人民教育》等报刊青睐我，抬举我；我感激我周围的每一个有恩于我的人，我感激我遭遇的每一件事，不管是愉快的，还是痛苦的。

感恩，是用一种歌唱的方式生活，它来自对生活的热爱。我感激我的学生在课堂上创造的差错，我才能在课堂上温暖地化错。

课堂上温暖地化错，与其说是方式方法，不如说是策略智慧，它是在真爱数学、喜爱学生、痴迷课堂、心存感激中，生成、发展与完善的；化错课堂教人求真、学做真人的价值也是在真爱数学、喜欢学生、痴迷课堂、心存感激中创造的。

二、"误导"与"导误"

调到北京不久，我做了一节"平行四边形面积的计算"观摩课。我希望我的学生从这节课中：不仅能学到平行四边形面积计算公式这一具体的结果，而且能在思想方法上有所收获；不仅能够正确地应用这一公式去求得各式各样平行四边形的面积，而且能独立地发现平行四边形面积的计算方法，很好地理解这一公式的来源。我希望能让我的同行从这节课中：了解学生在探求平行四边形面积计算方法时的真实思维活动，感受重知识更重方法、重结果更重过程的价值追求。

在提出"怎样计算平行四边形的面积"这一问题后，我让学生尽情猜想，然后动手验证（课前学生自己剪的平行四边形纸片，上面没有方格，也没有标上高）。

汇报时——

第一个学生说："我认为平行四边形面积的计算方法是用底乘高。"然后介绍了自己的验证方法：沿着平行四边形中间的一条高，将平行四边形剪拼成长方形……

第二个学生说："我也认为平行四边形面积的计算方法是用底乘高。"接着介绍了他的验证方法：沿着平行四边形上边端点引的一条高，将平行四边形剪拼成长方形……

第三个学生说："我没能猜出平行四边形面积的计算方法，我是这样来求的——"他将平行四边形纸片剪成两个直角三角形和一个长方形，然后将两个直角三角形再拼成一个长方形……

第四个学生说："我觉得平行四边形的面积也是用长乘宽。因为平行四边形容易变形，可以转化成长方形。"

……

在学生展示完后，我引导同学们一一评价，着重解决第一、二、三种方法有什么相同点？为什么都要沿着高剪？

在评价第四种方法时，我说："这位同学提出了一个十分有价值的问题！请这位同学再说说是怎么想的？"

生：我用四支铅笔搭成一个长方形，再一移就成了一个平行四边形。长方形的面积是长乘宽，所以平行四边形的面积也是长乘宽。

师：非常感谢这位同学！他大胆地猜想平行四边形的面积是相邻的这两条边的乘积。（发言的同学满脸自豪。）现在，同意的请举手，不同意的请举手。（同意的只有五位，绝大多数不同意。）哪位同学来说说为什么不同意？

生：（指着图）斜过来以后，这条边短了。（看得出同学们没有认可。）

师：现在我来解决这个问题，可以吗？（拿出一个可以活动的平行四边形框架）这四条边的长度没法改变。它的面积是相邻的这两条边的乘积吗？（说"是"的比原先多了。）平行四边形容易变形，（拉动后），面积变了吗？能用相邻的两条边长度相乘吗？（学生在思考。）

生：华老师，我能借用一下您的平行四边形吗？

师：可以可以！

生：（快步上前，将平行四边形框架反方向拉成一个长方形。）这样就能用相邻的两条边相乘。（同学们和听课的老师都笑了。）

师：赞成用相邻两条边的长度相乘的，请举手。（绝大多数学生举手了。）非常好！他找了个"行"的例子。那你再看呢！（顺着他的方向，我继续拉动平行四边形框架，直到几乎重合。）

生：我发现问题了！两条边长度没变，乘积也就不变，可是面积变了。（认为"行"的学生也不说话了。）

我看时机已到，于是总结说："前三种方法，是通过剪拼，将平行四边形转化成了长方形，面积有没有变？（生齐：没有。）第四种方法是将平行四边形拉成了长方形，面积有没有变？（生齐：变了。）两者都是转化成了长方形，但我们是要计算它的面积，转化以后的面积能不能变？"（生齐：不能。）

忽然，第一个提出两条相邻边长相乘假设的男同学喊了起来：

"华老师，您误导！"

全场大笑。

我更是开怀大笑——

学生为什么说我"误导"？因为我没有像以前那样，发现学生想错了，就直接告诉他——"不对的"、"不行的"。

传统教学中，我们对学生在学习过程中出现的各种错误极端不容。新课程下，我们认识到：错误本身乃是"达到真理的一个必然的环节"（黑格尔语）。正确，可能只是一种模仿；错误，却绝对是一种创造。放弃经历错误也就意味着放弃经历复杂性，远离谬误实际上就是远离创造。过度的防错、避错，缺乏对差错的欣赏与容纳，大大减少了学生扩展认知范围、提高认知复杂度、接触新发现的机会，使天然的好奇心、求知欲以及大胆尝试的探索意识被压抑乃至被扼杀，所伴随生成的个性特征和思维特征必然是谨小慎微、害怕出错，这与敢于冒险、在失误中开辟新思路的创造型个性品质和创造型思维品质是背道而驰的。一条缺少岔路的笔直大道，使我们的孩子失去了很多触类旁通、联结新意向的机会，同时也由此失去了来自失误和来自发现的快乐（顿悟是快乐的，这是学习和创造的心理动力）。

用相邻两条边的长度相乘，这是学生在探求平行四边形面积计算方法时的真实想法，是一种合情推理。以前的教学中没能出现这样的猜想，主要的是由于我们没有给学生以"真探究"的时空，往往提供的纸片是画上了高，学生探索前有老师的"启发示范"。学生不是真正的探究者，只是一个操作工而已。再退一步，课堂上万一出现了"差错"，教师也会视而不见，置之不理。而今天的课上，面对如此真实的思想，可以将错就错，顺水推舟，将学生带入柳暗花明的境地，享受豁然开朗的快乐，我们怎能不欣赏悦纳这一宝贵的资源，怎能不露出坦诚的笑脸？

郑毓信先生说过：现代教学思想的一个重要内容，即是认为学生的错误不可能单纯依靠正面的示范和反复的练习得到纠正，而必须是一个"自我否定"的过程。又由于所说的"自我否定"是以"自我反省"，特别是内在的"观念冲突"作为必要的前提，因此为了有效地帮助学生纠正错误，教师就应十分注意如何提供（或者说，创造）适当的外部环境来促进学生的"自我反省"和"观念冲突"。

今天，我的学生说我"误导"，不就说明了我的学生已经"自我反省"出来了吗？而这"反省"是我促进的，我自然笑得特别开心！

恩格斯说："要明确地懂得理论，最好的道理就是从本身的错误当中，从亲身经历的痛苦经验中去学习。"学生是成长中的尚不成熟的个体，我们教师要从正面看待学生的学习差错，要从科学的角度理解学生的各种差错，要用发展的眼光理解这些差错的价值，要允许、认同、接纳和利用学习差错！

在这上千人的大会上，我的学生敢于喊出来——"华老师，您误导！"折射出了我和学生之间良好的新型关系，多么美妙啊！

于是，我微笑着对那位男生说：

"你说得太好了！不过，我不是误导，而是导误！并且，你的想法是有道理的。你的想法启发了我，计算平行四边形的面积并不一定要用底乘高，用相邻两条边的长度相乘再乘上一个什么就可以了，那将来到高中就会学到的！"

三、师者若水

"上善若水"是老子的名言。

四十多年的所见所闻、所做所悟，我体味到：师者若水。

师者若水，宽容博爱。老子曰："水善利万物而不争。"水不在深，有龙则灵；师不在名，有爱则灵。师者应有博爱的胸怀，容纳一切学生，容纳学生的一切。

师者若水，和顺温柔。泰戈尔说："不是槌的打击，乃是水的载歌载舞，使鹅卵石臻于完美。"抽刀断水水更流，师者至柔为上，温温恭人。

师者若水，水滴石穿。李白吟："君不见，黄河之水天上来，奔流到海不复回。"学生反复 100 次，教师做 101 次转化工作，乃把懵懂无知的学生培育成才。

　　师者若水，随物赋形。苏辙诵："圆必旋，方必折，塞必止，决必流"。水无定形，教无定法，因材施教，因地制宜。

　　师者若水，善待时机。老子道："动善时。"水遇热成气，遇冷结冰，遇风起浪，遇水相融。课堂教学亦当因时而变，水到渠成，行到水穷处，坐看云起时。

　　师者若水，灵活自在。孔子说："知者乐水，仁者乐山。"水有时细腻，有时粗犷，有时妩媚，有时奔放。师者知性，灵动清明，惹人喜爱。

　　师者若水，公正无私。子曰："至量必平，似正。"器歪水不歪，物斜水不斜。水不汲汲于富贵，不戚戚于贫贱。师者不跪着教书，心中一泓清泉。

　　师者若水，心如止水。庄子说："人莫鉴于流水而鉴于止水。"静水流深，波澜不兴，师者淡泊名利，志存高远。

　　师者若水，载舟覆舟。庄子说："水之积也不厚，则其负大舟也无力。"海纳百川，有容乃大，师者自强不息，厚德载物。

　　我以为，水，最值得我们教师学习的是"往低处流"。

　　当我们"往低处流"，才会真心倾听学生的发言，学生被尊重的需要才能得到满足；当我们"往低处流"，才会好奇地想看看学生那边会有什么风景，不再做摸象的盲人；当我们"往低处流"，才会惊讶学生的发现，明白"我的认识是对的，与我不一样的不一定就错"；当我们"往低处流"，才会真诚地欣赏和夸奖学生，好学生是被夸出来的，这不是传说；当我们"往低处流"，才会从善如流，从容地与学生一起行走。

　　而如今，课堂上，我们教师往往自以为是，往往认为老子"教室"第一，往往不肯放低姿态，往往不愿意蹲下来听听孩子们的心声，往往不愿意倒空自己杯子里的水。

　　哲人语："宇宙有多高？只有五尺高。"六尺之躯的我们要在五尺高的宇宙里生存就必须低头。

　　只有师者低首往低处流，学子才会抬头往高处走，这才是新课程呼唤的充满生命活力课堂的迷人景象。

　　俗话说："人往高处走，水往低处流。"其实，要往低处流，先得往高处走。

　　师者若水。课前，师者要往高处走，提升、丰富自己；课上，师者要往低处流，接纳、欣赏学生；课后，师者依旧要往高处去，反思、改造经验。这样，我们的人生修为渐臻至善——"水唯能下方成海，山不矜高自及天。"

"是以君子见大水必观焉尔。"（《论语·说苑》）

师者若水。

上善若水。

四、像农民种地那样教书

我与农民有着一种天然的情结。家庭出身农民；初到这个世界，父亲给我取的名字是"华逸农"；从 12 岁起，干过不少农活：放泥、播种、捉虫、喷药、除草、施肥、收割、脱粒……不但为家里挣了不少工分，还在同伴中很有成就感。就是现在做教师 20 多年了，仍不肯丢弃"农民"的心态和气质，觉得能像农民种地那样教书，是件很惬意、幸福的事情。

凡是与农民有过亲密接触的人都能体味到农民对于自己田里的庄稼所拥有的那份非常浓厚、深沉的感情，我觉得做教师也同样如此，真心诚意地喜爱孩子，并让孩子感受到老师的喜爱，是一种功夫，也是一门艺术；这种喜爱，是对生命的尊重，而不是功利的诉求；这种喜爱，是自心底里流出，而非虚伪的作秀。

哪怕勒紧腰带，哪怕走痛双脚，农民也要千方百计地挑选良种（我曾不懂事地把父亲从远房亲戚那里找来的红薯种给吃了）。教师应像农民精选种子那样精选教学内容，教皈依学，从学的视角，对冷冰冰的教材进行选择、加工、预热，以期引起学生火热的思考，制造令孩子们难忘的经历，让孩子们终身受用。

即使是最优良的种子，在未经耕作的土地里也难以生长。我们应该像农民深耕细翻土地那样精心设计问题情境。好的问题情境，应像西班牙斗牛士的红布，能唤起学生挑战自我的激情，又像"入之愈深，其进愈难，而其见愈奇"的褒禅山，柳暗花明，内蕴丰厚。

在农业耕种过程中，不可预知的东西太多，所以农民总是不断地调整，因地制宜，因时制宜，因物制宜地栽培，细心地呵护。老农说：人勤地不懒；一分耕耘，一分收获。我们应像农民那样满怀期望、憧憬，但又从不希冀天上掉馅饼。新课程倡导因材施教，尊重生成性的课堂，但有预设的生成才是真正的精彩。预设需要全情的投入，需要兢兢业业的付出。

我们应像农民那样耐心地等待，不做揠苗助长，贻笑大方的傻事。

我们应像农民通过看天、摸土，确定播种时机那样寻找课堂上大胆地退与适宜地进的时机。

我们应像郭橐种树那样"能顺木之天，以致其性"，"不害其长"，"不抑耗其实"，使"其天者全而其性得"。

农民种的庄稼长得不好，从来不责怪庄稼，而是反思自己：土是不是松得适宜，肥是不是施得及时，有没有及时浇水和除虫。因为他知道庄稼始终是无辜的。我们应像农民那样，经常追问自己：学生上课为什么不专心，作业为何总是出错？

……

叶圣陶先生说："教育是农业，不是工业。"细细品味叶老的话，"农业"与"工业"最根本的区别在哪里？或许是农业的工作对象是有生命的吧。从这个意义上来说，工业所需要的是一名技术熟练的操作工，而农业所需要的却是能真正关注生命的农民！

一位哲人说："人不是一件东西，他是一个置身于不断发展过程中的生命体。在生命的每一时刻，他都在成为却永远尚未成为他能够成为的那个人。"教育像农业一样需要期待，是一种守望，一种耐心，一份信任，一份宽容。人的成长，并不仅仅是知识技能的积累，更重要的是精神和灵魂的发育、成熟和提升。知识是容易教授的，技能是容易训练的，但精神和灵魂的成长却需要"一棵树摇动另一棵树，一朵云追逐另一朵云，一个灵魂唤醒另一个灵魂"。

教育是农业，不是工业，更不是商业。

能像农民种地那样教书，真好！

五、做一个会"偷懒"的优秀教师

2009 年底，我报名学车。

之所以一直没学，一是因为首都北京也是"首堵"，车忒多，二是因为我家离学校特近，步行只要三分钟，觉得没必要。直到"奔五"了，突然觉得别总是青灯黄卷，周末、假期应该到青山绿水间休闲休闲，享受享受大自然的情趣。再者，回老家时，也可以和已经拿了驾驶本的儿子交替开车，不累也温馨。这样，我就开始学车了。

2010 年元旦 3 天假，我没做别的，全用来学交规了。交规考试，"97 分"，一次通过。

一放寒假，我就上了车。驾校给我安排了一位长我几岁的赵师傅。"扳灯挂挡松手刹，慢抬离合把油加。"赵师傅脱口而出。直觉告诉我他相当有经验。

练桩。场地上六根标志杆构成了两个车库。可能是赵师傅考虑到我年龄偏大，他的指导特别到位、有层次。经过反复练习，步骤我已经熟记在心了——"前进，当前右杆出现在右侧车窗小三角，方向向右打死，车出右车库，车正停下，方向回正，倒车，前右杆与后中杆成一线，方向向右打死……"

上路。方向盘该打多少度？赵师傅不停地帮我左一把、右一把、再一把……"你方向感真差！"这是赵师傅对我的评价。

没错，练桩时，方向盘不是左打死就是右打死，要么是回半圈，可在打死和半圈之间，我确实没有感觉。

我承认自己方向感差，于是，在连续拐弯路段，想多多尝试，车左一晃、右一让，赵师傅不断地踩制动，在制动之前总是伸手帮我调整一下方向。在直行路段，我也不停地转动着方向盘，尝试着转多大度数就不行了。赵师傅有些不满地说："方向正了，就别老动！"

我向赵师傅说明了我的想法，请求让我自己试，不要再帮我找方向了，只要口头提示一下，实在不行就踩制动。赵师傅很友善，答应了。

在练习侧方停车、直角拐弯等项目时，赵师傅不动手帮我了，不过总是担心我

2010 年，南京讲课后与名校长、名师合影

出错，会提前提醒我该怎么做，让我不用回忆和思考。

……

考试那天，桩考，我一次通过；接着考内路，依次是"侧方停车、坡路起步、起伏路、直角拐弯"等四项。侧方停车时，我打错了方向，电脑立马自动报告："您已越线，考试成绩不合格，请把车开回起点。"

"考官，能再给我一次机会吗？"我明知故问，考官爱莫能助地摇摇头。

我一脸苦笑，沮丧地下了车。春节前拿不到驾驶本了。

我怎么会打错方向呢？我只是机械地记住了方向向左打死，还是向右打死，到现在都没弄清楚为什么要向左打死或向右打死。

这是因为：赵师傅是位责任心强、不偷懒的师傅，他在教我学车时，没让我犯过错，也没给我一次犯错的机会，犯错是知道"为什么该如此"最好的方式！

我继续想，赵师傅为什么不是动手，就是动嘴，怎么也不肯偷懒呢？

首先，赵师傅是位好心的师傅，当他知道我是教师，只能假期学车后，他也想帮我早日拿到驾驶本；其次，赵师傅是一位经验丰富的老师傅，他谙熟驾驶之道，想把他的本领和经验直接传授给我，让我少走弯路。

2009 年，西城区科研周活动中，中央教科所副所长田慧生点评"融错教学"

在小学，我是教师，知道有时该"懒"，但并没有太深的体会；在驾校，我成了学生，甚至是一名差生，切身体会了教师"好心没好报"的状况。

为什么赵师傅不偷懒，我也很想学，却没能有个好的结果呢？电视剧《潜伏》中的经典台词可能是很好的回答："有一种胜利叫撤退，有一种失败叫占领。"技能是没法告诉的，经验也是不可以手把手地教的。最好是在学生主动学，犯错后再点醒，学生才会彻底明白是怎么一回事，才不会再犯错。有些错误总是要犯的，犯得越早，损失就越小。如果练习时，赵师傅不提示，让我错过，可能考试时就不会错了。

教练做得好不好，要看它的结果，而不是看有多勤劳。

我们的教学是否也是这样：不许学生尝试，不让学生自主，总是不断地掣肘，不容学生犯错……最后给学生一个"学习能力差"的评价？

在新课程倡导"自主、合作、探究"的课堂上，我们总是能够看到孟郊的《游子吟》："慈母手中线，游子身上衣，临行密密缝，意恐迟迟归……"游子是那一群身不由己的学生，慈母便是那位勤劳一生的教师。那条线我觉得似乎是一根绳子，它让我想起那个"为何团团转？皆因绳未断"的禅学故事。我们往往习惯了在新授前先要复习，在学生探究前先要铺垫，在学生操作前先要示范，在学生解题前总要先帮助审题，在容易犯错的地方总要先打预防针……离开了教师，我们的学生常常手足无措、一筹莫展。

学习本来是充满了探险的精神之旅。可是，慈母的"好心"遮蔽了游子头顶的蓝天，慈母的"好意"束缚了游子前进的脚步，游子被"育"成了总也不会自由飞翔和主动觅食的"待哺"的幼雏。这的的确确是"谁言寸草心，报得三春晖"——课堂上教师的投入与实际的产出是大大地不对称。

我们早知道有"娘勤儿女懒"的古训，但我们唯恐对不住自己那份"教"的职责。

开车，毕竟只是一种技能，不太需要创造力，只要培养出合格的司机就行了。但是，如果我们教育人不肯积极地"偷懒"，那一定是个灾难！因为我们需要培养的是创新型人才。

北京师范大学于丹教授指出："其实，每一个孩子都是天才，我们的教育往往是一个把天才变成蠢材的过程。"我认同。那么，这样的结果该责怪谁呢？不能责怪教师，只能责怪教师太勤快。陶行知先生在《教育与科学方法》一文中曾经指出："现在的教育有两种：（一）如一个新学生坐在洋车上，叫车夫拉着拼命跑几十里路，结果自然是学生逸、车夫苦，但让学生自己再回来恐怕还是不能；（二）如一去不坐车，不认识路就问警察，自然是辛苦一点儿，但走到回来时，包管还能回来的。"

看来，要做一个优秀的教师要学会"偷懒"，怎么"偷懒"呢？

从心底里要相信"纸上得来终觉浅，绝知此事要躬行"，从心底里相信学习本来像呼吸一样的自然，学生是天生的学习者，"善学者，师逸而功倍，又从而庸之。"（《学记》）相信"给学生一片天空，精彩用一生回味！"

不好为人师，手要懒，口要懒：不到山穷水尽，别动手帮；不到理屈词穷，别动嘴讲。多创造机会，多给足时间，让学生自己去思考、探究、发现、感悟、概括和总结。

"偷懒"不是敷衍工作，而是为了更高效地工作，是对工作的一种近乎虔诚的热衷，因此，眼不能懒，耳不能懒，脑不能懒。就像弗赖登塔尔提醒的那样："不要干扰打断学生，你们能够做的就是耐心观察、倾听，再耐心观察、倾听。"如此"偷懒"，需要教师眼观六路，耳听八方，需要教师预测可能会发生什么故事以及思考如何应对。"勇敢地退，是为了适时地进。"（李烈语）

教师表面上的"懒"，为内在的"勤"提供了可能：观察哪些学生具有哪方面的才能，思考什么时候该为哪些学生提供展示的舞台，观察哪些学生可能需要怎样的帮助，思考可以为他们创造哪些条件，概括学生探究过程中主要存在的问题是哪几个，分析学生出错的可能原因，推敲点拨时的策略和方法……

"懒"要有度：如果车要压上路牙了，不提醒，那不是错；如果车要撞墙了，不踩下制动，那是失职。"偷懒"是一种高超的技能，是一种至高的境界，是一种绝妙的艺术。

平庸的人往往不是懒得动手脚，而是不爱动脑筋。"偷懒"常常是人类社会得以前进的动力。教师是课堂的组织者、引导者，要思考，要判断，要决策，要创造，就需要"偷懒"。著名教育家夸美纽斯在《大教学论》中写下了他的理想："找出一种教育方法，使教师因此可以少教，但是学生可以多学；使学校因此可以少些喧嚣、厌恶和无益的劳苦，独具闲暇、快乐及坚实的脚步。"我以为，积极地"偷懒"有助于我们找出这样的教育方法。

正月十二，我再次去考内路。因为有上次教训，我特别注意车的方向。100 分，终于通过了。

继而，可以学习外路驾驶了。教练换了，是一位虎背熊腰的教练，看上去年龄和我差不多。新教练真是一位"偷懒"的教练，事先不告诉我走什么路线，应该怎样开车，我操作错了之后，也不提醒我要注意什么。他是在等我错了之后，虎头虎脸地叱责我："还加油门，不及格了！""又错了！""你动不动脑子?!""不许问！""怎么还问?!""你不知道啊！"

我的遭遇简直可以用"动辄得咎"来形容。开始，我真接受不了，心里想："你怎么能用这样的态度对待学员呢？我都明白了，还用来学吗？教练，教练，你该教着我练，教练怎么变成裁判了呢？"

看着他脸红脖子粗，我也觉得很对不住他，苦笑着说："哈哈哈，师傅，对不起，我真不会，不是故意惹您生气的。"教练的态度好了一点。后来，他叱责我，我就"哈哈哈，对不起！"。有一次，我正"哈哈"，教练沉着脸说："你还笑！"

我仍旧"哈哈哈"。当我下车的时候，新教练态度好多了，比较和气地说："回去要好好想想。"回家的路上，我的心情很是不爽，真想打电话请驾校帮我重换一位教练。

……

正月十九下午，参加外路考试。车内不再是冷冰冰的电脑考官，而是一位很英俊的交警考官。我双手递上身份证，考官看过之后，示意我开车。车行驶了几十米，考官说："我们同龄，你比我大3个月。"我心里一暖，考官是在帮我做心理放松呢。

2009年12月22日，"首届全国教育改革创新奖"颁奖会上与朱永新教授合影

80分，一次通过。"我也拿到驾驶本了。"我开心地笑了。

真心感激这一段珍贵的学车经历，它让我站在学生的角度，乃至一个学困生的角度，真切地体悟到：做教师不能像赵师傅那样包办代替，勤劳有余；也不能像外路师傅那样偷懒过度，只做裁判。

做教师应该做个会"偷懒"的优秀教师。

六、课上似同学，课下似兄弟

构建新型的师生关系既是实施"以爱育爱"的前提和条件，也是实施"以爱育爱"的内容和任务。

我们一般习惯上把比较理想的师生关系表述为"课上是老师，课下是朋友"，现在觉得这样的表述存在着泛化、抽象化、凝固化的倾向。时代在发展，现时代课上与课下、校内与校外已不能用铃声与围墙截然分开，并且这一表述中的"老师"与"朋友"的角色显然是泾渭分明，"老师就是老师，朋友就是朋友"。

在社会各领域发生巨大变化的今天，我们有必要重新审视信息化时代背景下的师生关系。因为师生关系是教育教学活动的核心问题，是每一位教师和每一名学生每一天都要去感受和经历的事情。师生关系对于教育质量、教学效益和学生成长的重要意义，丝毫不亚于空气对人的价值。"师生之间的关系决定着学校的面貌。"（阿莫纳什维利语）国内外大量的教育效果归因研究向我们揭示：一所学校的社会认可度，主要取决于教师在一定教育观念支配下所培植的师生关系。

象牙塔内传统的师生关系正面临着越来越多的冲击，这是不争的事实。

在"以爱育爱"的思想指导下，实践、思索后的我们认为新型的师生关系应当是"课上似同学，课下似兄弟"。

（一）

我国古代早就有"教学相长"的见解，唐代韩愈已经意识到"弟子不必不如师，师不必贤于弟子。"开国领袖毛泽东主席进一步提倡教师"向学生学习"。江泽民总书记在第三次全教会讲话中指出"教师与学生之间要相互学习、相互切磋、相互启发、相互激励。""教然后知困"，教师向学生"学"，实际上是"教"的必要条件。正如《中国教育报》组织的为期一年的"新时期中小学师生关系大调查"报告（《中国教育报》，1999年9月1—3日，以下简称"大调查"）中所说："教师坦率地承认在计算机技术应用能力、流行时尚及畅销书阅读等方面明显落后于学生。"何止于此，就是课本上的知识和方法，学生有时也比我们知得多、想得深、创得新。"课中研讨"时，我们的学生，不就常常让我们这些老师惊诧不已！这或许就是施教中的反哺。前段时间不是有报纸载文称现在已到了"后喻文化"时代了吗？可见，在现代师生关系中比以往更需提倡"教学相长"，可又更难以达到"教学相长"的境界，教师往往是后进生。文化人类学创始人泰勒、心理复演说的倡导者霍尔、儿童教育家蒙台梭利都曾在他们的著述中赞成和推崇过"儿童是成人之父"的观点。看来，我们真得向孩子学习，和孩子一同学习。

教师应向学生学习的不仅仅是学生知道而教师不了解的知识，不仅仅是学生对新鲜事物的敏感和好奇心，更重要的是学习儿童的内在精神，学习他们的天真、纯朴、真诚、善良、坦率、公正、追求自由、自然不伪、不谙世故、不畏权威的品质。当我们以这样的眼光来看待学生时，我们还有什么理由对他们持一种居高临下的态度呢？也只有当教师以这样的眼光来看待学生，师生之间才有可能真正形成一种平等、和谐、宽松、融洽的关系。

师生课上似同学，意在构建一种师生互相学习、互相帮助、互相促进的课堂教学新秩序。一定的师生关系，其实是由相应的教育关系所决定的，其核心是教育观念。应试教育与素质教育作为两种完全不同的教育价值观，它对师生关系的要求是根本相反的。在应试教育背景下，师生关系是主从型的，因为无论从知识传授的方法、途径还是目的来分析，它只需要学生无条件地接受，学生只是贮存知识的容器。而素质教育强调激发学生独立思考和创新的意识，让学生感受、理解知识产生和发展的过程，重视培养学生收集处理信息的能力，分析和解决问题的能力以及团结协作和社会活动的能力。我们从教学模式的嬗变中，同样可以看出端倪。以行为主义心理学为基础的教学模式，以传统的讲授作为主要教学手段，教师是居高临下的传授者："记住我告诉你的"；以认知心理学为基础的教学模式，鼓励学生自我探索，自我发现，教师是退居一旁的组织者："自己去探索发现"；以社会性结构心理学为基础的教学模式，强调师生之间及学生之间的相互交流与合作，教师是与学生平等的组织者、协调者和参与者："大家一起做，共同探索，共同总结。"以现代教学理论观照教师角色，教师应是学生成长与发展的促进者，而不是发号施令的指导者。我们教师要自觉转换课堂上的角色，由知识的拥有者、真理的代言人转变为学习活动的引导者、合作者。世界各国的教育家和教育实践工作者开始逐渐认识到，学生应是教学过程的真正中心，教学中的任何活动，教师所做的任何努力，根本上是为了使学生具有主动、自主学习的能力。"故教师之为教，不在全盘授予，而在相机诱导"（叶圣陶语）。

我们每一位教师头脑中应树立这样的学生观：学生是尚在成长之中需要教师帮助的人，是具有巨大潜力可以塑造的人，是必定超过教师并推进社会发展的人。教师在课上似学兄，是帮助学弟学习。不是强迫、命令学生学习，而是意味着教师必须钻到学生心灵世界中去寻找、激活好学上进的积极因素，坚信每位学生都不仅能帮助教师完成教学任务，而且能帮助教师提高教学水平。有人可能要说："好学生固然可以帮助老师，后进学生却是阻碍教师完成教学任务。"其实不然，越是学习后进的学生，越是能提高教师的教学水平，就像医生的医疗水平是在治愈疑难杂症患者时提高的一样。

"以爱育爱"，以同学的身份相处，我们就不仅会尊重每一位学生，尊重智力发育迟缓的学生，尊重学业成绩不良的学生，尊重被孤立和拒绝的学生，尊重有过错的学生，尊重有严重缺点和缺陷的学生，尊重和自己意见不一致的学生，而且会赞赏每一位学生，赞赏每一位学生的独特性、兴趣、爱好、专长，赞赏每一位学生所取得的哪怕是极其微小的成绩，赞赏每一位学生所付出的努力和所表现出来的善意，赞赏每一位学生对教科书的质疑和对自己的超越。

（二）

常言道"师之如父"，师生怎么一下子成了兄弟？汪曾祺老先生曾写过一篇散文佳作《多年父子成兄弟》。君不见，北大前校长马寅初常与晚生"兄弟"相称。在师道尊严、师生等级分明的环境中大教授尚能如此，何况我们即将步入新世纪的小学教师呢？有人说："师生成兄弟，没大没小。"我觉得一个现代化的、充满人情味的校园首先必须做到"没大没小"。老师叫人敬畏，学生"笔管条直"，是最没有生气的。作为老师，能够葆有童心，留住童趣，那是大幸。

师生关系的平等、民主，是现代师生关系的主要标志。所谓"一日为师，终身为父"，那是强令儿童像隶属于父母那样隶属于教师。古人尊师重道有他们的理由，依现代人的眼光看来，师固然不可不尊，但像古人那样尊法，现代的学生吃得消吗？在传统教育中，"尊师"不以"爱生"为前提，即不管教师是否爱生，也不管教师是否值得尊重，学生总得无条件地尊师。因为"尊师"是为了"重道"，反之，"爱生"常以"尊师"为条件，即不爱不尊师的学生。这是一种不民主、不平等的师生关系。人们常把"尊师爱生"列入道德规范。但道德只能规范人们的行为，对人的情感是很难规范得了的。事实上，教师的权威与爱总是基于师生正式或非正式的交往而自然产生（或不产生）的。如今，"一日为师，终身为父"的格局已经一去不复返了。多数师生关系将随着教育阶段的结束而消亡；此后只有那些自然产生的师生感情才绵延不绝。试问读者诸君：你那不能忘怀的老师是否似兄弟？

2009 年洪泽湖边，与名师名校长合影

　　师生课下似兄弟，是对以成人为本位的传统社会的一种反驳，是对小觑儿童的传统儿童观的一次重创，它推进传统的师道尊严向双向尊重的、师生互爱的师生关系转换，营造平等、民主、真诚、关心、移情性理解的促进学生发展的教育氛围。

　　一方面要让学生可以亲近老师，我们老师不要害怕在学生面前失去"师道尊严"，整天像卫道士似的把自己的思想和行为裹得严严实实，把自己装在套子里，俨然一个完美无缺的"圣人"。我们教师的生命价值若以这样的方式来实现，那肯定是"活得很累"的。要做一个真正受学生欢迎的新世纪的人民教师，我们不可能像鼻祖孔老夫子那样被人塑泥漆金，供为神圣，而是应该多方位地向学生展现自己，不只是展示自己的优点，还要勇于暴露不足。让学生觉得老师活得最真，不是金光四溢的"神"，而是普普通通的人，最有血有肉，最鲜活，最能理解他们，同他们最接近。我们教师要多与学生进行角色互换，体验一下当学生的滋味。媳妇熬成婆以后应常忆起曾为媳时的情景。总之，只要老师不再把学生当成必须绝对服从的对象，学生不把老师视作不食人间烟火的"神仙"，相互交流，彼此尊重，师生之间的相处就会轻松得多，融洽得多。

另一方面是我们老师要学会亲近学生，肯蹲下来看孩子的世界，关照学生生活，关注他们的喜怒哀乐，参与游戏、一同活动、闲话家常。现在大多数教师缺的不是知识而是对学生的情感和爱心。如果师弟们在跳橡皮筋，你这位师兄哪怕是以欣赏的目光在一旁观战，师弟们也会玩得十分起劲、非常开心。人是多么渴望与别人亲近、被他人赏识。

诚如是，那我们师生的关系肯定不至于"大调查"所得出的境况。"学生心中有了秘密，最想找老师说仅占 4.8%，最想找要好的同学说的占 67%。"同时，这两个数据不是也启示我们课下要力争做学生"要好的同学"，即兄弟吗？

举一个敏感而棘手的例子——后进生转化——这是一个在传统教育观念支配下的教师最头痛的问题。当我们初次接触大家公认的不可理喻的、大多数学生害怕的学生 M 时，我们会心痛不已。但当我们在课堂上对他们"一视同仁"，在课后与他们一起游戏、交上知心朋友之后，小 M 的一系列反应却是：试图了解老师的"秘密"，给老师看他的日记，向老师发表自己的看法，向老师提出搞活动的建议，到老师家中作客……小 M 像变了个人似的，原来执教的老师诧异地请教有什么"秘诀"。由此可见，在一种师生关系之下"呕心沥血"达不到的教育目标，在另一种师生关系下，却会"无心插柳柳成荫"。这正如雅斯贝尔斯所说："教育是人的灵魂的教育，而非理智知识和认识的堆积。"正是这种人与人之间心灵的对话、完整人格的交流，学生体验着做人的全部尊严，享受着被人尊重的生命快乐，才使师生关系具有"教育意义"。师生之间缺乏积极的情感联系，不仅使得一直为人们所珍视的师生情谊黯然失色，也使教学活动失去了宝贵的动力源泉。优化师生情感关系，重构温馨感人的师生情谊，是师生关系改革的现实要求。

随着新课程的深入实施以及我们对以往教育行为的反思，中国的教育将不会欢迎"师道尊严"进入 21 世纪！若问未来的为师之道？我们的解答："以生为本，以爱育爱！"

（三）

华东师范大学陈桂生教授指出师生关系历史地形成了三原则，即：（1）作为教育工作关系的，教学相长；（2）作为一定历史时期社会关系缩影的，民主平等；

（3）作为一般人际自然关系的，尊师爱生。

课上似同学，乃教学相长原则的生动体现；课下似兄弟，乃新时期尊师爱生的最佳境界；课上、课下贯穿的一个精髓那就是平等与民主。

在现代社会中，中小学生交往的一个重要特点，就是对体现非个性的"角色交往"的现状愈来愈感到厌倦，而更多地去寻找既充满友谊，又增加生活情趣的"个性交往"活动，来满足心理上和精神上的需求。"大调查"中学生的呼吁——"老师应该不仅在课堂上学习上关心我们，在课外也能和我们友好相处，不要时时摆出一副老师的架子"——就是希望老师淡化角色，以"人"的本来面目，以个性特点参与交往。但是，教师或学生，作为社会的一分子，各自扮演着一定的社会角色，应按照一定的规范行事，过分强化或淡化自己所扮演的角色，都会给师生交往带来障碍。因此，笔者针对现实，所提出的比较理想的师生关系是"似"同学、"似"兄弟，而不是"是"同学、"是"兄弟。

面向新时代，"以爱育爱"，构建一种"课上似同学，课下似兄弟"以师生个性全面交往为基础的新型师生关系，将真正使师生关系焕发出迷人的光彩，成为校园内最亮丽的风景线。

2011 年年底，北京第二实验小学的"数学一家人"

七、人皆可以为尧舜

（一）"您这不是打击我们成绩好的人吗?"

有一年的时间了，一个声音，一个女孩的声音，一直在我的脑海里回响："您这不是打击我们成绩好的人吗?"她为什么这么说，事情还得从头说起——

2007年11月4日上午，《人民教育》杂志社主办的"张兴华和他的弟子们"全国性研讨活动在江苏省南通师范第二附属小学举行。简洁明快的开幕式之后，我登台上课，和五（4）班的学生一起认识"圆"。

由于匆忙从重庆赶来，我突然发现：我没有准备好，我忘记课前给每个学生发放课上要用的A4纸了。我压根儿没有通知会务组准备。

愣愣地站着，学生不明就里，我在想怎么办。几秒钟后，我想可以用学生的练习本代替，于是请学生坐下，照常开课。

可是，当需要学生动笔做时，发现学生都没有带练习本。是巧合，也是考验。

因此，我只能停下来，请通师二附的老师帮我去取A4纸。

我微笑着，歉意地说："同学们，实在对不起！今天我犯了个大错，就像一个战士上了战场——"学生们会意了，一起帮忙说："忘了带枪。"

怎么打发这段时间呢？我让学生向来自全国各地的老师们介绍自己的学校、班级或自己。

生1：我们二附是一所历史悠久的百年老校，由人民教育家张謇先生所创办。

师：佩服、佩服！一般人只会介绍眼前的，你却想到了遥远的过去，想到了创办人。真佩服！

生2：我们学校有漂亮的情智楼、静心楼、童话楼，科技馆、体育馆……

师：好，他把我们由遥远的过去拉回眼前的现实。

生3：我叫董思诚，今年11岁，生日是8月9日，星座是狮子座，天天都过得很快乐，虽然成绩不算太好。

全场大笑，台上的同学们更是笑得前仰后合，听课老师们报以热烈的掌声。

我笑着问："董思诚，台下的老师们为什么给你这么热烈的掌声？"

一个学生抢嘴说："诚实——"我说："还有吗？"另一个学生笑着、抢着说："不怕丢丑。"全场又笑了。我接过话头："董思诚，听了你的介绍，我想到爱迪生上小学时，成绩就不好；爱因斯坦上小学和中学时，成绩都不好。"

一个女生憋不住了，不高兴地说："您这不是打击我们成绩好的人吗？"

全场再次大笑和鼓掌。

我笑着问那位女孩："你怎么就说我打击你了呢？""您说爱迪生、爱因斯坦，诸多名人成绩都不好，是否意味着成绩好的人就没有前途呢？"

全场笑得更欢，掌声更响。

A4 纸已经发到学生手头，师父张兴华给我"打住"的手势，我只好收住继续探讨的兴致，说："有意思，有意思！没想到短短的插曲，让我感受到了二附的学生敢于独立思考，敢于直面现实和敢于质疑老师，佩服，佩服！（我竖起大拇指，特别看着那位女生，点了点头。）现在 A4 纸已经有了，先上课，好吗？"

意犹未尽。虽然继续上课了，可是我的心里还留有一丝空间，想着怎么回应那位女生？

课到尾声，在解决不用圆规怎么画一个大圆时，那位"成绩不算太好"的董思诚说："我觉得可以先确定圆心，画一个很小的圆，然后一米一米地扩大，一直扩大到比较合适的地方，然后把它用油漆画下来就好了。"

我情不自禁地夸奖道："创造！创造！我想你将来会像爱迪生那样去创造！大家看，他多棒！华老师教书 20 多年，还没哪个孩子像他这样想到先画个小圆，然后一段一段往外放的，真是佩服！来，给他掌声！"

全班同学善意、开心地笑了，和听课的老师一起报以热烈的掌声。

我继续说："这让我想到一句话：'人皆可以为尧舜'，每个人都可以做得很棒。当然原来成绩好的，可能做得更棒！"

听课的老师们会心地笑了。不少学生也明白老师的意思了，回头看看那位女生。

我志得意满，灿烂地微笑。

（二）语言是思想的载体

下了课，我反复回味这一事件，首先为听课老师夸奖自己的"大气、从容而智慧地应对"而窃喜；其次为自己当时拘泥于板书设计，没有随即板书"人皆可以为尧舜——孟子"而后悔；最后是后悔自己当时没有组织好语言去回应那位女孩。我觉得她当时的表现，就像一个小女孩看到自己的爸爸抱起了别的小孩，就噘起小嘴坐在了地上："爸爸，我要抱！我要抱！"

晚上，回到北京，躺在床上我再问自己："如果当时师父不让'打住'，如果后面不是有贲友林等老师的课，而是有一定的时间，我怎么接住学生抛过来的球？""台下的老师们究竟为什么给董思诚那么热烈的掌声？""如果董思诚没有创造出画大圆的方法，我说不出'人皆可以为尧舜'那句话，真是课下再交流吗？"

2007 年，河北沧州，和师弟、师妹一起与师父张兴华合影

"那女孩为什么要质疑我？我有什么不当的地方？"这么一问，觉得自己的话确实说得不好，如果当时我这么说："成绩优秀固然让人阳光灿烂，但成绩不佳并不一定前景黯淡。爱迪生……"，我想那女孩是不会再质疑的。

哈哈哈，教育是语言的艺术，那位女生是在教我这个当老师的怎么说话。

这或许就是施教中的反哺。不是有报纸载文称现在已到了"后喻文化"时代了吗？在现代师生关系中比以往更需提倡"教学相长"，可又更难以达到"教学相长"

的境界，教师往往是后进生。文化人类学创始人泰勒、心理复演说的倡导者霍尔、儿童教育家蒙台梭利都曾在他们的著述中赞成和推崇过"儿童是成人之父"的观点。看来，我们真得向孩子学习，和孩子一同学习。

语言是思想的载体。"人皆可以为尧舜"，教师可以是"尧舜"，但学生绝不是"臣民"。能者为师，无论是"董思诚"，还是那位女生，我们都需要平视和仰视。

学生不是教师的对手，而是和教师一起缔造新生活的另一只手。下次我知道了，一定向对自己说"不"的学生敬礼。

如此想来，我该这样应对："我诚恳地接受你的批评！（鞠躬）我没有那个意思，我的意思是成绩优秀固然让人阳光灿烂，但成绩不佳并不一定前景黯淡。我更敬佩你质疑老师的勇气！"

（三）教育为何？教育何为？

董思诚画大圆的方法确实是创造，而那位"成绩好的"女生却没有什么自己的想法，于是我再问：成绩优秀的不一定能成才，成绩不佳的却可能成才，那成才的关键是什么？是人生成功最关键的因素与学习成绩无关，还是时间可以抹平一切？

人生成功最关键的因素是什么？我查阅了拿破仑·希尔的《成功学全书》。希尔经过数十年的研究在他的书中归纳出最有价值的、带有规律性的17条成功定律：

（1）积极的心态；（2）明确的目标；（3）多走些路；（4）正确的思考方法；（5）高度的自制力；（6）培养领导才能；（7）建立自信心；（8）迷人的个性；（9）创新制胜；（10）充满热忱；（11）专心致志；（12）富有合作精神；（13）正确看待失败；（14）永葆进取心；（15）合理安排时间和金钱；（16）保持身心健康；（17）养成良好的习惯。

这17条定律涵盖了人类取得成功的所有主观因素，确实没有一条与学习成绩有关，主要地与一个人的心态、思维方式和行为习惯有关。

进一步，我们就可以理解为什么相当多的成绩优秀的学生日后没有成功，而相当多的成绩不佳的学生日后能够成才。日后不能成功的成绩优秀的学生往往极度地想赢怕输，包容性差，不会合作；而相当多的成绩不佳的学生心理素质好，心态平和，能够很好地认识自己，意志坚忍，耐挫能力强。

2008年8月6日，我打电话给千里之外的董思诚，问他在做啥？"准备去补

2008年，荣获江苏省十大教海探航杰出水手奖

课。"我接着问："放假了，怎么还要补课呢？"我听得出，他淡淡地笑，非常开明地回答道："补补，应该的，成绩不好吗！"那种坦然面对、欣然接受、积极应对的心态，是多么的难能可贵，这不正是成功者必备的心理素质吗？当我提到他创造性的画大圆方法时，他说："这不算什么，很奇怪的方法，幼稚！"我的眼前展现一幅画：海滩边，一个小孩毫不犹豫地把自己垒起来的城堡一下子推倒。小孩是幸福的，我相信他会有更大的创造。

那么，"对人的成全"的教育该做的和能做的又是什么？

什么是教育？爱因斯坦的回答是："把所学的东西都忘了，剩下的就是教育。"因此，剩下的没有了成绩，那会有什么呢？应该有心态，有思维方式，有行为习惯……也就是希尔总结的十七条吧。那么，我们在设计教学和实施教学时是否就该想一想，问一问：自己的教学除了知识，还能给学生留下些什么？

2008年8月12日，我再打电话给那位质疑我的女孩（2008年8月6日，没打通），我问"记得我吗？"她说"记得"，但上的什么课已经不记得了（这让我有些意外，就隔了10个月嘛），只记得"那次上课，我不礼貌地，突然冒出一句'您这不是打击我们成绩好的人吗?'没有举手,直接说的"。她还记得我说的"成绩好的会更好"。

由此想来,我们的教学要成功,是否也得有一个"明确的目标"?不但要传授知识,而且要启迪智慧,更要点化生命。

我们是不是应该让学生尽早地认识到成绩优劣都能成功,而不是眼睛只盯着考试成绩?我想,这不管是对成绩优秀者,还是对成绩不佳者都是一种价值引导,引导学生生命成长的价值。

继而,我又问:既然成绩优劣都能成功,那学生还要苦学干什么?

苦学是一种儿童游戏,表面上看是为了考试成绩,实质上是为了达成一个游戏目标,体味和补充人生历练,积淀为目标而不懈拼搏的精神元素。人的成长主要是精神和灵魂的发育、成熟和提升,我们教师所能做的就是激扬学生的精神和灵魂。

如何传授知识?我们可以一、二、三地娓娓道来;怎样点化生命?除了"一棵树摇动另一棵树,一朵云推动另一朵云,一个灵魂唤醒另一个灵魂",我就语焉不详了,当上下而求索。

……

感动于那个声音,那个女孩的声音;感谢那个质疑,那个"您这不是打击我们成绩好的人吗?"的质疑!

感谢她让我有了这番思考的乐趣。

感谢我自己,因为我"纠缠"于她的质疑,让我"储蓄"了许多对我自己来说还是陌生的崭新的"发现"。

八、蹲下来和孩子对话

教学"平行四边形面积计算"一课时,有这样一道练习题:"下面每组图中的两个图形的面积相等吗?为什么?"

很显然,这道题的教学意图是让学生体验到同底等高的两个平行四边形面积相等。教学进程颇为顺利。有的孩子是通过计算得出结论的;有的孩子通过推理,也得到了同样的答案。大部分同学都能完满解答了。我看着通过计算得到结论的同学,

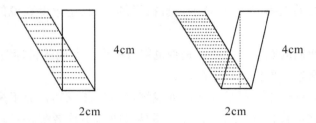

问："下次再碰到这样的题，你还想算一算再回答吗？""不用了，因为同底等高的两个平行四边形面积肯定相等！"

刘晨同学却有异议："我不通过计算，也能知道图中的两个图形的面积相等。因为那个图形像影子一样，所以相等。"

同学们哄堂大笑，我也情不自禁笑了起来。"平行四边形面积计算"一课，我已教过多遍，还没有听到过这样的说法。

刘晨小朋友显得局促不安。

我觉得自己笑得有些过了，"老师很欣赏刘晨同学能想出这条理由！人的影子确实有和人的身高一样长的时候。"

刘晨同学脸上露出几分自豪。

我顿了一下，继续说："不过，大家想一想，人的影子不是也有时候比人的身高长或短的时候吗？"

孩子们都点点头。

"既然这样，那能不能根据那个图形像影子，就推断他们面积相等呢？"

刘晨同学摇摇头。

"刘晨同学能够想出一条从来没有人想到的理由，并且这一想法对一半。我们为有这样的同学而自豪！"

自发的掌声响起来，刘晨同学体面地坐下了。

一波三折的教学片段，引起我深深的反思……

"教学中怎样才能做到以学生为主体？"思维科学家张光鉴教授回答道："就是要跟学生相似。"以前上课，我们总是要求学生与老师"相似"。现在实施新课程，要做到以学生为主体，教师就要反过来跟学生"相似"。"只有在教师和学生的心灵之间组成一种相似的和谐的振动，才能使学生与所学的知识产生共鸣。"（《相似论》，第 227 页），而要"组成一种相似的和谐的振动"，教师就要熟悉儿童，理解儿童，与儿童心心相印，息息相通。

在教学过程中葆有一颗童心，才能在与孩子交往的过程中找到接触点和共振点，把握住教育的契机。如果总以成人的眼光看孩子，那么孩子的一切言行都是幼稚的，那些新颖、奇特的想法和行为都可能被否定，那就会扼杀孩子的天性和创造性。前国际数学教育委员会主席古斯曼说："传统教育的诸因素，在小学的最初几年里，就抑制了儿童身上先天的创造能力，在差不多四年的、将他们的思想纳入成人轨道的努力之后，到了十岁，在许多儿童身上那种思考的自发性，那些闪光的想法以及对未知事物的兴趣，都已经消失了……这是很可悲的。"

细细咀嚼古斯曼先生的这段话，我感觉到："他说得对极了！"以前的我，肯定在不知不觉中扮演着古斯曼先生所说的角色。我十分感谢刘晨同学，他那匪夷所思的想法让我警醒，并给了我思想的快乐！

每个教师都有自己的童年时代，童年的印象对于一个小学教育工作者来说，是一种十分珍贵的财富。有了它，在探索儿童心灵世界的时候，可以少走弯路，并能理解学生的纯真童心，把握他们的情感世界。我们教师要尽力使自己具备"儿童心灵"——用"儿童的大脑"去思考，用"儿童的眼光"去看待，用"儿童的情感"去体验，用"儿童的兴趣"去爱好……

只有童心能够唤醒爱心，只有爱心能够滋润童心。小学生的思维发展还处于初级阶段，带有很大成分的具象性和片面性。刘晨同学就是抓住了影子有和实物一样长的时候来思考的。我们老师的职责是什么呢？就是要把学生由"具象"引向"抽象"，由"片面"引向"全面"，又不伤害学生的自尊心，不打击学生思维的积极性，保护孩子的天性和创造性。

童心可以开启慧眼！

"我们必须会变成小孩子，才配做小孩子的先生。"看到陶行知先生的这句话，走进新课程的我们是不是可以感受到陶行知先生那穿越世纪的深邃的目光？

"蹲下来和孩子对话。"这对于以前的我们伟岸地站在讲台上俯视学生无疑是一个进步。以前的我只是会说这句话，没能真正落实这一理念。现在，我理解了！这句话中"蹲下来"的本意主要不是指"肢体的蹲下"而是"心灵的蹲下"，也就是教师要在心灵深处平视学生。

不在其位，不谋其政。一个人的思维取决于他所处的"位置"。因此，我们有必要真正"站"到学生那边去，"忘却"自己的教案，走进孩子的世界，认真倾听，细心体会，努力解读，积极促进，做一个称职的欣赏者、引导者和保护者。

九、差牌？妙打！

朋友问我在北京忙吗？我常常会说，上厕所基本上是小跑步，很少有闲庭信步的时候。您相信吗？现在有例为证了。

（一）事件回放：差牌

2005 年年底的一天，完成了李校长交给的一项急活，我照例是小跑步去厕所。"啪！"我重重地仰面摔倒在楼道，脑子里"嗡"的一声。只听见一个惊慌失措的声音："对不起，对不起！华主任，没事儿吧？"我睁眼一看，手拿拖把的工友就在我前面不到一米的地方愣愣地站着，我赶紧说："没关系，没关系，是我自己没走好，不关您的事。"伸手一摸后脑勺，满手掌的血！原来，后脑勺磕在门框上，破了！在两位同事的陪伴下，去旁边的北大人民医院缝了六针，戴上了像足球运动员在足球场上受伤后戴的头罩。

晚上，李烈校长知道后，很是心疼地打来电话慰问我："……都是为了我……周六你还要做课，怎么办呢？"李烈校长就是这样一个常常让你感动的人：不是她的责任，她也会揽过来；你没想到的，她会为你想到。是啊，后天还要做一节观摩课，总不能壮烈地戴着头罩上课吧。

课是不好推掉的，我决定戴着帽子上课。和老婆一起跑了两家商场，终于买到我喜欢的印有"2008 中国印"的帽子。

不管是夏天还是冬天，我都不戴帽子，更不用说戴着帽子进教室了，压根儿也没有看到哪位老师戴着帽子上课。戴着帽子上课一定很别扭。怎么能够让自己有个比较体面的交代？头磕破后的两天，我一直在思索。可是，没有想到解决的办法，连一丝头绪都没有。

（二）灵光闪现：妙打

周六上午就要上课了。周五晚上十点多钟，我在飞机上修改完一个课题报告。飞机即将降落了，我按空姐的提示关掉了电脑，很是享受地靠在椅背上，长长地舒了一口气。突然，脑中灵光一现，我赶紧从飞机前排后面的口袋中抽出垃圾袋，在那个垃圾袋上把想到的方法记了下来。

"小朋友们，此时此刻，看到站在讲台前的我，你最好奇的是什么？（或：你觉得我最特别的是什么？）做真人，说真话（怕学生不敢说出戴着帽子的怪怪的老师。）……猜猜我为什么戴帽子呢？……不告诉你，是个谜。"

2005 年澳门，戴着帽子上课

"下课，谢谢同学们！（脱帽、鞠躬。大幅度的鞠躬是为了让更多的学生看到我后脑勺上的白纱布。）同学们再见。"

实际教学的情景和我预想的差不多。

第一个学生说"您的腰杆特别直"，第二个学生说"您戴着帽子"。

在学生说出了我最特别的是"戴着帽子"以后，我考虑到教学内容是"中括号"，于是，不是问"猜一猜，我为什么戴帽子呢？"而是问："我为什么要在头上加个帽子呢，猜一猜?"这与课上的算式中要"加上"一个中括号正好吻合。

有学生说我没有头发，有学生说"发型不好"，有学生说"戴帽子显得年轻"，有学生说"戴着帽子特别有风度"，有个男孩说"推广 2008 奥运"……

在学生五花八门的猜测后，我说:"帽子有各种各样的功能，可以是宣传，如美女头上的广告帽;也可以是提醒，如小学生头上的小黄帽;还可以是装饰，如大明星头上的帽子。可以是保暖，也可以是遮阳，还可以是遮羞……那我到底是为什么呢?不告诉你，是个谜。"我把总结落在功能上，与中括号的功能正好衔接。

下课时，我总结完中括号改变运算顺序的功能后，摘掉帽子，深深地一鞠躬，孩子们轻轻地笑了，听课老师中响起了掌声。是啊，不少听课的老师一定也是一脑子的疑惑:"怎么能戴帽子上课呢，耍什么酷?"。

"哈哈，脑袋上加个帽子和算式中加个括号是一样的，都是因为有着某种需要，帽子和括号都有着特别的功能!"

更热烈的掌声在礼堂里响了起来。有老师说:"看到您戴着帽子，就知道里面有戏。但不知道是迫不得已。"哈哈哈，磕破脑袋，是无意的;但把磕破的脑袋给用起来，却是有心的，苦苦追寻的。

(三) 感悟:脑袋磕破后的笑声

尴尬啊，磕破了脑袋，整天戴着个帽子。

太有趣了，磕破的脑袋和一顶帽子合成了一件难得的"教具"。

真开心啊，因祸得福，我把尴尬的事件变成了有趣的资源。

摸着后脑勺的伤疤，我想起了美国前总统艾森豪威尔母亲说过的一段话。艾森豪威尔年轻的时候，有一次和家人玩牌，他连续几次都拿到很糟糕的牌，情绪非常不好，态度也开始恶劣起来。她母亲见状说了段令他刻骨铭心的话:"你必须用你手中的牌玩下去，就好比人生，发牌的是上帝，不管是怎样的牌，你都必须拿着，你所做的就是尽你全力，求得最好的结果。"把差牌玩好，就是更大的成功。其实，那样的牌也不能算作差牌，而是考量我们眼力和心力的"金牌"。

怎样的教学能算是好的教学?有很多维度的界定。能把突发的、不期而遇的、不利的事件转化为难得的、恰到好处的、有用的教学资源，把课上得学生恍然大悟、悠然心会，这样的教学是否可以算作好的教学?

教学中，还可能发生哪些不愿发生且是不利的事件呢？碰到这类事件，该采取何种教学策略呢？这是属于缄默的知识，还是因为我没有能够深入其中，所以语焉不详？我能发现帽子和括号的联系，是否源于自己一贯地追求活动和教学内容有机联系有关？

世界上的事物总是意想不到地存在着微妙的联系，关键是发现那份联系是件不容易的事，怎样才能发现呢？我想起那个塑料竟能导电的故事。

1975 年，美国费城的艾伦教授到日本进行学术访问。在东京技术学院实验室参观时，楼道角落里的一堆既像塑料又闪着银光的薄膜吸引了艾伦教授的注意力。当他好奇地询问陪同的白川教授时，对方不以为然地回答：这只是一堆废品，毫无科学价值。

白川接着告诉他，那是一个外国留学生在做高分子聚合实验时，由于没听清规则和要求而制造的一种莫名其妙的产品，被丢弃在那里已近五年了。现在被当作失败的实例，以教育那些违背科学而荒谬操作的学生。

艾伦听了点点头，在接下来的几天里，他对这堆垃圾产生了浓厚的兴趣。在研究了几日后，他提出将这堆废品带走的请求，白川教授爽快地答应了。在他看来，这只不过是一堆垃圾而已。

回到费城后，艾伦教授不分昼夜地埋首在实验室里对这堆垃圾进行研究。最后，当他将一些微量碘加入这种聚乙烯时，奇迹发生了：这堆"废品"的导电性一下子提高了千万倍，真正成为金属般的导电塑料。

这个发现震惊了全世界，因为自 1868 年发明第一种塑料以来，各种塑料为绝缘体已成为科学界的定论。但艾伦教授的发现却打破了常规，这个有悖"常理"的科学研究成果，使他获得了 2000 年的诺贝尔化学奖。

本是毫无关联的两种东西，组合在一块儿，居然创造了奇迹。如果没有大胆设想创新的勇气，这堆"垃圾"，将永远被弃置在科学的荒野里。

朱光潜先生在《谈美》中指出："在意识中思索的东西应该让它在潜意识中酝酿一些时候才会成熟。功夫没有错用的，你自己以为劳而不获，但是你在潜意识中实在仍然于无形中收效果。"我想：灯火阑珊处的那人，如果不是千百度地有意识地寻，就不会有那份蓦然回首的惊喜与回味！

摸着后脑勺的伤疤，我幸福地笑了。

十、好老师是自己找的?

新朋友成君送我一本新书——《好老师是自己找的》。

看着书名,我愣住了——好老师怎么是自己找的呢?我们只说"麻烦是自己找的"。好老师抑或坏老师就像好爸爸抑或坏爸爸一样,都是听天由命的,哪里是自己找的?如果"好老师是自己找的",那是不是在暗示家长要去找校长给自己的孩子安排一位好老师?如果"好老师是自己找的",那坏老师是不是也是自己找的?既然好老师、坏老师都是自己找的,那老师们还要修身养性做什么?

打开扉页,我看到了海德格尔的"最好的老师常常让学生觉得没有学到什么,而实际上老师是在不知不觉中教会他的学生很多很多的东西",皮亚杰的"把一样东西教给人家,有时是剥夺那个人自己发现那东西的机会",作者杨茂秀的"教与学的活动,其实跟孩子在沙滩上的游戏差不多,所有的成果都会随着时间与潮流,从无到有再到无,重要的是,过程里的愉悦跟心醉神迷"。看完这三段语录,我有些明白了作者的意思。再想到朱光潜先生说的"作者用一致之思,读者各以其情而自得",我认同并很是欣赏作者提出的这一非常有哲学意味的命题——好老师是自己找的。

什么样的老师才是"好老师"呢?作者通过33篇古今中外好老师的故事,导引出对教师特质及教育现状的分享,帮助我们更进一步深入思考教与学、成长与改变的意义。每篇故事不仅是教师本身所常遇到的困境,更是一幕幕在与学生相处的校园生活中所常看到的景象。儿童哲学专家杨茂秀教授告诉我们:"教师这一行,最根本的良心不是教学之心,而是关怀之心。"近30年的教书生涯,让我体悟到:每个孩子都是珍贵的生命,敏感而顽强,需要我们老师悉心地呵护和理解。好老师应该是在课堂里"种太阳",给孩子以生长的力量。

常言道:"书是一位不开口的老师。"如果这是一本好书的话,那这位"好老师"是不是也是我们自己找的呢?从北京去广州的飞机上,我一口气读完了这本书,实在是心醉神迷的享受。在诗化语言的字里行间,我回味着、寻找着——

好的东西都不会轻易得到,需要自己的付出。入宝山而空返,是常有的事。"好老师是自己找的",好的学习应该是老师和学生共同创造的。因此,我们老师应该做

2005 年陪同西城区委、区教委领导考察江苏教育

个会偷懒的"好老师"，不要自己吐沫横飞地说出结论，最后加上一句看似十分民主的"是这样的吗?"，而只让学生回答出一个十分可怜的字——"是"。

"好老师是自己找的"，我们老师就不要好为人师，大爱无痕，大音希声，大智若愚。作者说："好老师，有的在学校，有的在市场，有的在故事里；真正的好老师，是学生自己找的，真正的老师，不会告诉你他是你的老师。"以前，向学生自我介绍时，我总是这么说："我姓华，大家叫我华老师"，当时就觉得不舒服，但又不知道别扭在何处。现在，我醒悟过来了："真正的老师，不会告诉你他是你的老师"。

"诗，其实是最好的老师；而最好的老师，应该像是一首诗——那是我们没有办法清清楚楚透彻了解的东西，永远都有一些神秘。"初恋是一首诗，美在不肯轻易说出一个字。好的老师也是一首诗，带领学生行到水穷处，然后自己坐看云起时，让他的学生看到了很多很多……

"好老师是自己找的"，那么，老师们的作为呢? 杨先生在"引子"中说：当老师的人"本身会是一个网! 他是丝线做的，他也是许多小洞洞做的。他提供着知识的可能、智慧的沃土；他也让学习者，如风一般自由穿梭在许多小洞洞之间。"创造出可以妙悟的心灵空间应当是老师们所追求的，我想是这样的。感谢杨茂秀教授的导引！

十一、好课，教师进退自如

好课，教师就像带着学生跳探戈，进退自如。

教师的"退"是指，在凸显"差异"，在凸显"学生主体"的课堂教学中，教师要能从观念上、心理上和行为上做到，从主要的、主角和主导的地位勇敢地"退"到次要的、组织者、帮助者和促进者的地位，放手还课堂给学生，使之成为学生自主学习和自主发展的天地，而不是教师"表演"的舞台。

教师的"进"是指，在"退"出主角和主导地位的同时，教师要随时准备在必要的时候适时地"站"出来，重新走上讲台，给予必要的"引导"、"帮助"和"促进"，从而确保学生的自主学习的有效性。

教师的"退"首先表现在时间的占有率方面。我们要求，上完课的老师看看录像，掐掐表：一节课40分钟内，你说话占多少时间？如果整节课都是教师在喋喋不休地讲，那么"学生主体"的地位在哪里，那么"尊重差异""分享差异"又如何实现?! 所以，"退"是首先要求把课堂学习的时间还给学生，把讲话的机会还给学生——学生自己能说出来、自己能做出来的，老师一定不说，不做！

其次，教师的"退"表现在教师的站位上。课后进行录像分析时，我们要求老师看看：这一节课有多少时间是你站在"讲台"这个主阵地上的？说学生是主体，老师如果牢牢地"守"在讲台，那学生就没法"主体"了。为此，我们提出：那讲台不是教师的，应该还给孩子。既然课堂学习是学生的天地，那么学生完全应该有权利有机会站在讲台上发表自己的观点，引领同学的讨论……

最后，教师的"退"还表现在教师的追问和评价上。当学生讲对了，如果老师赶紧抓住不放，立即进入主导的角色，问"听明白了吗?"，此时说"明白"的声音一定会大于"不明白"的，教师就失去了了解真实学习状况的机会。其实，如果老师不说话，依然由刚才发言的学生自己去询问："我讲明白了吗?""你们同意吗?"……那么你会看到完全不一样的情景，很多学生可能就会很真实而直接地提出自己不同的意见和看法。而这样的学习过程对于每位学生而言，才是更有意义和价值的。像这个时候老师一定是"多余"的，要把这个追问和评价的权利让给学生。

但是"退"出来并不意味着教师无所事事，失去了存在的意义和价值，在必要的时候教师就要适时地站出来，走进来。那么，教师要在何时"进"呢？

首先，活动的目的和要求，应来自于教师。这样才能保证课堂学习有方向，杜绝一味放手和全盘"退"出而引发的随意性。

其次，关键点的强化，有赖于教师的"进"。在充分讨论之后，教师可以适时站"进"来，引导学生做总结。对于学生总结不到位的地方，教师还可以补充，把一些该讲出来、该澄清、该拔高的地方再点出来。如果学生自己能总结得非常精彩，那么教师仍可以通过请学生重复的方式，暗示这些内容的重要性。注意：是借学生之口来讲，而不是教师自己说。

最后，矛盾的澄清，错误的纠正，也有赖于教师的"进"。允许学生出错，是对教育者的基本要求。既然允许学生出错，就得给学生时间说、给学生时间做。但当学生的表达或者行为表现呈现出明显的偏差，并且没有得到同学的纠正和指出的时候，如果教师还不"进"来给以指导，那对学生而言就是不负责任，就是教师的失职。所以，在这个时候，教师要进行必要的打断，要走"进"学生学习的过程中，通过提问、提示等启发的方式，给予必要的指导；甚至有时需要直接给出答案，或者补充要求。这就是有效的教师"引领"，对全体学生而言，都非常有价值。

所以无论是"退"，还是"进"，对教师而言都是很大的挑战。尤其是"时机"和"度"的把握，该你说话你就要说，不该说时就不说了，千万不能走极端，这需要教师在实践工作中不断尝试、感受和学习才能掌握到位，真正理解、做到勇敢地"退"出去，适时地站"进"来。

十二、勇敢地退，适时地进

2005 年 2 月 25 日上午 7 点 58 分，第一节课开始，李烈校长又像往常一样挤出时间，拿着听课笔记坐进了教室。三（9）班，赵伟老师，教学"两位数乘两位数"。作为一位刚教一个学期的新教师，课上得不错。作为教育家的校长怎样引领呢？李烈校长想以课来说课。于是，李烈校长在用第二节课接待三拨客人之后，借三（7）班学生，上了一节"两位数乘两位数"的"引领课"。李校长提出了"勇敢地退，适时地进"的课堂教学主张，从李校长这节精彩的引领课中，我们感悟出究竟应该怎样做。

（一）基础练习：口算

看见校长来到自己班讲课，同学们自是兴奋不已。

师： 你们面部表情告诉我，你们特别的高兴。我很感动，也很高兴。现在我想说的是咱们是一起学习、一起研究、一起讨论，可不是你们坐在那里听我讲。咱们实验二小学生的特点，绝对不只是带着耳朵、眼睛来的，咱们更重要的是带着脑子和嘴巴，所以今天咱们一起讨论，好不好？希望这节课下来之后，你所说的话要比我说的话多，如果你让我说的话多了，那你们可就太吃亏了，时间都让我给霸占了，每人都要争取有发言的机会，好吗？

学生们劲头十足，齐声说"好！"

师： 口算，大家应该没有问题吧，看谁反应快。咱们一起看这里（投影）。

生： $21×3＝63$　　$21×30＝630$

师： 我把它们放在一起，也要看看它们之间有什么联系，算完以后要琢磨。

生： 下面数是上面数的 10 倍。

师： 好！继续。

生： $34×2＝68$

　　　　$34×20＝680$

　　　　$41×5＝205$

　　　　$41×50＝2050$

　　　　$15×2＝30$

　　　　$15×10＝300$

（稍后有学生纠正，$15×10＝150$。）

师： 啊——

更多的学生醒悟过来了。

师： 这两个算式有前面的关系吗？

生：没有了。

师：(微笑着说) 是不是受前面的题影响了？其实发生变化了。是你出题还是我出题呀？可要认真审题呀！(学生一下子笑了起来) 请继续。

生：$27\times3=81$

　　$27\times20=540$

　　$36\times3=108$

　　$36\times30=1080$

师：刚才我们说 15×2 和 15×10 没有上面的关系，那你看看，这两个算式和 15×12 有关系吗？发现了什么，小声地说说。

学生四人小组讨论，头靠头，有序发言，轻声入耳。

师：真是训练有素，同学们讨论得很热烈！

【感悟】

李校长简短的开头语，初听是客套话，再思有意蕴：拉进师生之间的心理距离，营造了平等对话的氛围，指导了学习方法。

口算基础训练，全员参与，是全面热身。学生不经意间掉进老师设置的陷阱，进一步集中了注意，唤醒了思维。后面的口算不再是"脱口而出"，多了几分"深沉"。美丽的错误，再次验证了李校长提出的"课堂学习无差错原则"。

更妙的是口算之后的"回马枪"，是为学习新知搭设的"脚手架"。但李校长组织学生讨论之后，并不让学生言明。画龙不点睛，是"虚晃一枪"？非也！"引而不发，跃如也。"否则，就是"脚手架"搭得太高，牵着学生沿着老师指定的路径走，就不会有创新的思维，不利于学生能力的培养。

(二) 研讨探究：算法

师：看看这个图 (投影教材上的书架图)，有哪些信息，还有哪些信息，谁能用自己的语言把这些信息组合在一起，提出一个问题。

生：每层可放书 14 本，共有 12 层，150 本书能放下吗？

师：他的问题是"能不能放得下"，可以吗？

生：可以！

师：你想怎样解答？

生：用估算的方法。（学生上台指着图片）把 14 看成 15，把 12 看成 10，用 15 乘 10 等于 150。

师：大概估算了一下，方法可以吗？

生：可以。

师：他估算得很快！不过，这样估算只能说大概行，差不多行，可能行。我要问到底行不行呢？

生：不一定。

师：可能有点含糊，要想准确地回答行不行就要准确地计算，那你想怎么算？

生：我会计算出 14×12，结果和 150 做比较。

师：要计算 12×14？出现问题了，两位数乘两位数，咱们还没有认认真真、正正经经地好好学过、研究过。这节课咱们就来研究这个问题。（板书课题。）谁会做？

很多同学举手，"我会！"

师：你不仅要会乘，还要把道理说清楚，会吗？有了一种方法，还有没有第二种方法，第三种方法。先独立思考。

学生动脑思考，动笔演练。大约两分钟后。

师：那就小组之间，互相当小老师，看能不能把对方说懂。开始交流。

学生小组交流、讨论，教师巡视。

【感悟】

我们的教学存在着这样的误区——老师不懂装懂，学生懂装不懂。这节课，在大部分学生都说"会"的情况下，李校长并没有把学生拉回原点，而是提出了高要求："你不仅要会乘，还要把道理说清楚，会吗？有了一种方法，还有没有第二种方法，第三种方法。"践行了她提出的"以学论教"的教学理念。

因为学生没有"正正经经地"学过，所以学生的计算方法可能不同，计算方法的数量也会不同，李校长提出用尽可能多的方法来解决问题，既体现了因材施教，让不同的学生得到不同的发展，体验成功解决数学问题的喜悦或失败的沮丧，又体现出追求算法多样化，培养学生思维能力的高度自觉。

学生之间的讨论交流是建立在独立思考的基础上的，讨论交流的质量必定提高。

大约学生交流讨论五分钟后。

师：（轻轻地拍手，示意结束讨论。）我发现咱们班的学习习惯特别好，这样大
　　家可以节约很多的时间，学习效率一定高。哪个小组有了一种方法？

大部分同学举手。

师：有两种方法的？

部分同学举手。

师：有三种方法的举手。

部分同学举手。

师：四种？五种？六种？七种？十种？

生：差不多有十种。

师：我可没想到，我只想到了 3 种，后面的几种我要好好学学（环视一周）。哪
　　个小组来说第一种方法？你们来。（坐到学生座位上，看着学生们讲。）

生 11：（小组 4 人一起上讲台）我们的方法是，比如说 14×12……

生 12、13：（一生板书，一生解说）列竖式，二四得八，一二得二，一四得四，
　　　　　　一一得一，再把两个数加起来，等于 168。

生 14：谁来给我们评价？

坐在后排的女生：我觉得你们这个有点不太清楚，我再给大家解释一遍。

师：我建议——你觉得哪个地方他们讲得还不够清楚，你就问他们哪个问题，
　　让他们解释，考考他们。

那位女生点点头，"为什么把 48、120 这两个数加起来？"

生 11：因为它们分别用 4×12 和 1×12。

好多学生齐声反对说："是 10×12。"

生 11：所以要把两个数的和加起来，才是它们的总和。

那位女生：再问你一个问题，为什么把 2 写在十位上？

生 12：因为是 10×2，所以把得到的 2 写在十位上。

那位女生佩服又很满意地说了声"谢谢!"，坐下了。

师：（鼓掌）我这个掌声是给谁鼓的？

学生示意是给那位女生。

师：我为什么给她鼓掌呢？她问了两个问题，问得特别有水平。下面的掌声给
　　台上的同学们，发言很精彩。大家都明白了吗？

生（全）： 明白了。

【感悟】

这一环节，我们可以感受到李校长培养学生互动意识和交流能力的高超艺术。在那位女生要"再给大家解释一遍"时候，李校长介入进来，"我建议——你觉得哪个地方讲得还不够清楚，你就问他们哪个问题，让他们解释"。这样就把单向的言说，变成了多向的对话。并以此种方法突出了学习重点即对算理的理解，同时潜移默化且有效地培养着学生学习的方法、习惯与能力。

李校长真诚的鼓掌，既是对那位女生的奖赏，又是对提高学生提问能力的引导。

师： 我想请哪位同学重复一遍。干吗这两部分（用手示意48、120）加起来？

生： 两个数的和。

师： 48是怎么来的？

生： 4个12。

师： 120是怎么来的？

生： 10个12。

师： 这个1在百位，这个2在十位，虽然写"12"，但它表示的是什么？

生： 12个"十"。

师： 干吗这里空着？可以写0吗？

生： 可以。

师： 写0更清楚。可以不写0吗？

生： 可以。

师： 不写0很简洁。既然不写0，不错又简洁，所以我们就不写0了。那哪里来的4个12，10个12在哪里？

一名学生上台指着竖式说："这里是 $4×12$，这里是 $10×12$。"

师： 好极了，我觉得很精彩！同学们觉得呢？

生：（鼓掌）

师： 这算方法（一）吧！

（指着竖式中的横线）没拿尺子画得还比较直，要是用尺子就更直了，我希望大家画得更直！

【感悟】

李校长的课堂教学是扎实、朴实的，又是艺术的。李校长并没有像我们在好多示范课上看到的，关键的地方只要有一两个学生说出来，就大功告成了，赶紧进入预设的"即将精彩"的下一环节，而是面向全体，面向弱势群体，让学生再想一想，说一说。

"没拿尺子画得还比较直，要是用尺子就更直了，我希望大家画得更直!"这话说得多艺术!"没拿尺子画得还比较直"，是一种乐观的眼光，一种激励的表达。我们可以反过来想一想，如果说"没拿尺子画得不直吧，我建议大家用尺子"，就是一种命令、要求而已。大家都知道，如果不用心，就是用尺子也画不直啊!"要是用尺子就更直了，我希望大家画得更直!"传达的是老师的殷殷期望，目标是画直竖式中的横线，做出美观的作业，用尺子只是一种方法、一种引导，徒手画直了也是允许的。

"教学是一种语言的艺术。"诚哉斯言!

师：第二种方法? 你们组来吧。

生：(四人上台，其中一人问)老师，写两个可以吗?

师：(面向大家)你们说呢?

好几位学生大声说："不可以，一个。"

师：你们让他们写一个的目的是——把机会留给其他同学。

生 21：咱们算式里有＋、－、×、÷，大家可能都能用乘法做的，所以仅仅那么几种方法。如果＋、－、×、÷都用上，是不是算出来的方法就更多了!

师：等一等，我觉得他刚才的话说得真精彩(鼓掌)!

生：(鼓掌)

生 21：我给大家介绍一种减法，$(20-8) \times (15-1)$，$20-8$ 等于 12，$15-1$ 等于 14。

生 22：板书算式$(20-8) \times (15-1)$

$$=12 \times 14$$

生 21：(接着说)12×14 就可以算出结果。

下面有几位同学发出似有所悟的"哦——"声。可能是反应不强烈，也可能是自己觉得不妥了，生 21、生 22、生 23 犹豫、争论之后，又将算式改成

$(20-8)×(15-1)$

$=12×(15-1)$

生 24：（旁白）这是一种比较难的方法，过会儿再给同学们介绍一种比较简单的方法。

生 21、生 22、生 23 还在商量、犹豫，小组内产生了分歧。生 23 想把算式再接着写下去，可是生 21 不让。生 23 大声说："你干吗？"

师：$20-8$ 我明白，$15-1$ 我也明白，我现在不明白的是他们现在要干吗？

同学们都笑了。

师：他们告诉我们这个方法太难了，难我们不怕，光是难的问题吗？

生：不是。

师：他们小组已经有分歧了有争议了，分歧是好事。咱们这道题本身就是 $14×12$，你干吗不直接抄过来呢，写 $(20-8)$ 有什么用呢？

生 21：可以作为一种方法。

生：我觉得你们是为了算着简捷一点，而不是要凑一种方法。

师：这样又回到了 $14×12$，我还叫它多此一举呢。现在把这个算式放到上面，（板书：$12×14=(20-8)×14$）会做吗？）

没有学生应答，都在思考。

生 21 写成 $12×14=(20-8)×14=12×14$。

师：又回去了，问题解决了吗？

生（齐）：没有。

师：（台上小组还要争，老师示意面向大家）我有一点想法，把你们小组叫到前面来介绍你们的想法，你们意见都没有统一，争论上了，遇见这样的事你们先要统一意见。回去你们再商量商量，这个机会不能再给你们了。哪个小组说第二种方法？

【感悟】

传统的教学是"老师牵着学生走"，课堂是在老师的控制下有序地运行；而在新型的探究性学习课堂中，是"老师围着学生转"，课堂上发生的许多情景都是老师无法事先预料的，老师的主要工作就是选择适当的时机和方式"介入"。如果"介入"得过早或者"介入"的方式不对，就会打破学生已经形成的探究氛围；但如果"介入"得太迟，则容易使探究活动因无序而无效。

在提倡算法多样化的今天，我们常常会遭遇学生凑算法的事件。怎么处置？李校长在学生小组内达不成协议，开始争论的时候，接住话茬，适时"介入"："20－8 我明白了等于12，15－1 我也明白了等于14，我现在不明白的是他们现在要干吗？"学生大笑过后是思考：我们要解决的问题究竟是什么？并且在后一组学生汇报的时候，李校长巧妙照应："拆完之后干什么很重要！"彰显了新课程下教师的组织者、引导者角色，也是李校长提出的"放心地退出去，适时地站进来"的率先垂范。

生 31：李校长在讲两位数乘两位数之前，先跟我们说了：我们算一位数乘两位数是算得比较准确的，所以呢，我们就把这个两位数乘两位数改成两位数乘一位数的算式。

师：他是要把两位数乘两位数改成两位数乘一位数，如果能改成两位数乘一位数，问题是不是就解决了。因为两位数乘一位数咱们以前学过，好极了，他这个思路实际上是特别重要的、特别好的一种数学思想，叫什么？（板书：转化。）咱们来看看他们是怎样转化的？

生 32：用 $12\times4+12\times10$。

师：问题解决了吧！这个会吧？这是旧知识吧！$48+120$ 结果是 168。

生：老师他这种想法与竖式的方法一样，只不过用的是脱式罢了。

生 33：我们用的方法比较好算一些。

生：感觉和竖式一模一样。

生 34：因为它是把一个整数分成两部分。

师：明白了？（对应地指着竖式和横式的相应部分）这不就是 4 个 12 吗，这不就是 10 个 12 吗，然后这两部分一加。思路一样不一样？

生：一样。

师：什么不一样？

生：格式不一样。

师：格式不一样，表达的方式、形式不一样。很好，请回！

【感悟】

有人说：三流的教师教知识，二流的教师教方法，一流的教师教思想。

这一环节，学生画龙李校长点睛，"转化"思想的揭示水到渠成。

第一、第二两种算法的沟通，帮助学生更好地理解了"两位数乘两位数"的计算法则。

师：第三种方法，请坐在最后面的一组同学。

生 41：把 12 分成 2×6，14 分成 2×7，12×14 就等于 $2\times6\times2\times7$ 等于 4×42，最后等于 168。

师：可以吗？

生：可以。

师：其实他的思路挺启发我的，不知道能不能启发你们，他把 12 拆成 2×6，14 拆成 2×7，拆完之后干什么很重要！两个 2 结合，等于 4。4 乘 6 等于 24，再算 24×7，它就变成了一位数乘两位数，这是旧知识呀！问题就解决了，思路挺好的。能不能比这个更简捷一点，能不能直接拆成一位数乘两位数，拆成 4 个数麻烦点。

生 42：可以把 14 拆成两个 7，用 $7\times12=84$……

师：（板书：$12\times14=12\times7\times7=84\times7$）这个方法对吗？

学生在思考，小声讨论。

师：从结果看就有问题，84×7 肯定不是正确答案。

生 42：应该用 $12\times7\times2$，两个 7，是乘 2，$12\times7=84$，$84\times2=168$。

同学们点头认可。

师：我明白了，刚才有的同学说方法甚至到 10 种，那就按着这种方法，我们把它转化成一位数和两位数相乘，还有很多种方法。第三种方法是把 14 拆了，还可以拆 12，但是正像一位同学说的，这个方法和那个方法思路是一样的。我真的发现咱们班的水平真够高的！其实，你们现在用到的知识是四年级才学的——乘法分配律（约有十个学生附和）。$12\times7\times2$ 这个是运用了——乘法结合律（也有约十个学生附和），真是了不起！这样的话，今天的两位数乘两位数的问题有没有解决？学新知识了吗？

生：学了。

师：解决的时候有新知识吗？哪一点是需要老师告诉你的，不告诉你就解决不了这个问题。

生：没有。

师：靠的是哪种思想？

生：转化思想。

师：两位数乘两位数转化成两位数乘一位数，转化的目的是什么？

生：好算。

师：不只是好算。同学们利用旧知识解决了今天的新问题，关于这方面同学们没有问题了吧？

生：没有。

师：多种方法计算这个题，你喜欢哪一种？

大部分学生说喜欢第一种，有学生说喜欢第二种，也有学生说喜欢第三种。

师：第一种和第二种思路是一样的，一个横式表达，一个竖式表达。可以竖式算；可以 $12×14=12×4+12×10$ 这样算；也可以 $12×14=12×2×7$ 这样算；但不能 $12×7×7$ 这样算。今天对于你们来说，竖式不是最新的，以前也见过，但今天见的层次多了，我想今天学习了两位数乘两位数在竖式这种表达方式上要重点掌握。

【感悟】

在学生说出："把 12 分成 $2×6$，14 分成 $2×7$，$12×14$ 就等于 $2×6×2×7$ 等于 $4×42$，最后等于 168。"李校长说："他的思路挺启发我的，他把 12 拆成 $2×6$，14 拆成 $2×7$，拆完之后干什么很重要！……"这样由表及里的引导，就把学生的思维引向深刻。

在肯定、鼓励之后，李校长指出"能不能比这个更简捷一点，能不能直接拆成一位数乘两位数"，这样由此及彼的引导，又把学生的思维引向了简约。

最后的总结，是在多角度发散之后的聚合，是一种攀爬，是一种提升。总结的不但是计算方法，还有探究过程。这都是新教师的课堂，或者说是新课程下不少课堂中缺少的。这也是"适时地站进来"的经典范例。

（三）尝试练习：竖式

师：现在看看竖式，如果你写的话，这个 0 你打算写不写？

生：不写 0，也不写＋。

师：有没有在哪些地方需要提醒大家的？

生：没有。

师：练习一道题，用竖式来表达，可以吗？

生：可以。

师：计算 25×24，看谁不仅对、快，而且写得漂亮！谁写得对、快、漂亮，就让他到前面给大家示范。

做题，老师巡视。

选两位同学板演。

师：写完的同学互相查查，如果都对了，你们就说一说第二种方法、第三种方法。

师：（指着板演同学的竖式）默默地检查，有问题吗？

生：有，他们两个做的就是 24 和 25 换了个位置。

师：有关系吗？

生：没有。

师：他们书写得怎么样？

生：好！

师：刚才你们都互相检查了，有没有检查出什么问题？

生：没有。

师：这道题我会用竖式的方法计算，但是我可不用竖式呢！

生：脱式！

师：24×25 正好是个特殊的数，4×25＝100　2×25 是 20 个 25 等于 500，再相加等于 600。像这种一分钟就能口算出来的，可直接用横式，但今天我们重点要掌握的是竖式，今天回家的作业重点落实到笔头上，用竖式表示好吗？

生：好！

师：今天我很高兴，感觉真好！这种感觉是你们给我的，所以我要特别谢谢你们，以后有机会咱们再在一起上课，好吗？

生：好！

师：下课。

【感悟】

当然，这样的探究性学习课上留给学生做巩固性练习的时间不会多。但是李校长还是精心地组织学生练习，练一题就要达到这道题的最大效益。让我们感受到课堂练习的质量并不是取决于题目的数量。24×25 的简便算法，大家都懂，应该是把 24 拆成 4×6，但李校长从学生的实际出发，从本课的教学内容出发，指出根据竖式计算的思路直接用横式也是可以的。这样先规范再开放，很好地保证了学生基本技能的初步形成。

华罗庚先生说过："教师之为教，不在全盘授予，而在相机引导。必令学生运其才智，勤其练习，领悟之源广开，纯熟之功弥深，乃为善教者也。"整节课，李校长改变了以往在计算题教学中单纯传授知识、偏重计算法则的现象，既教了知识，更发展了学生的思维能力，提升了学生数学素养。教学设计科学合理，层次清晰，环环相扣。让学生对同一个问题从不同的角度去思考、解答，变"教师讲授"为"研究交流"，正确处理了教与不教的关系，强调了学生的主体地位，发挥了学生的积极性和创造性：知识让学生去探究，问题让学生去发现，共性让学生去归纳。

新课程呼唤改变学生学习方式，学生学习方式的改变需要教师给学生最大的时

2010 年在成都营门口中心小学与校长、老师们合影

空，就像校长课上对学生说的："你所说的话要比我说的多"（其实，这只是跟三年级学生说的一个外显的表征）。而学生学习方式改变的前提，则是教师深厚的内功。从这节课上，我们享受着李校长精湛的、炉火纯青的教学艺术。李校长课上展现出的紧扣教学目标的功夫、驾驭课堂的功夫、倾听的功夫、判断决策的功夫、相机引导的功夫、评价的功夫，等等，都值得我们不懈追求。她深入课堂的务实定力、现身说法的无畏魄力、虚怀若谷的人格魅力更值得我们时时回味。

在课堂上，我们看到李校长面对学生提出的各种思路，不仅能游刃有余地轻松应对，而且还令人折服地将学生交流的内容，全部转化为了宝贵的教学资源。使我们惊异地发现，原来我们最头疼的学生出的各种岔子，经过教师的引领，竟会成为课堂的亮点，如此灿烂的亮点！

课堂上的一个个细节，见理念、见价值、见功力、见精神、见境界、见文化、见魅力……是细节成就了完美，还是完美成就了细节？从李校长的课上，我们体悟出：完美细节乃同一，细节本是人格见。若求课上细节美，自当课下多修炼。

（实录部分由赵伟老师整理）

十三、有无相生，课之佳境

欣赏完韩东老师的《折线统计图》，我的脑子里一下子冒出了老子的话语："有无相生""众妙之门"。再三回味，还是觉得：一节好课妙就妙在这四个字——"有无相生"。

《老子》中专门讨论"有""无"问题的有十四章之多，"有""无"的含义又极为丰富。"无，名天地之始。有，名万物之母。故常无，欲以观其妙。常有，欲以观其徼。此两者，同出而异名，同谓之玄。玄之又玄，众妙之门。"本无是天地的原始，妙有是万物万有的来源。人们要想体认大道有无之际，必须要修行到常无的境界，才能观察到有生于无的妙用。冯友兰先生说："《老子》所说的'道'，是'有'与'无'的统一。""道"既是"无"又是"有"。用"无"来称呼"道"，是因为它不是被别的东西生出来的，是本来就有的，是初始的；用"有"来称呼"道"，是因为它具有生出天地万物的能力，可以把"有"解释成"制造出来的"更好懂。南怀瑾先生说："这个有无互为生灭的观念，从古代而到现代，几千年来，一直成为中国文化中普遍平民化的哲学思想。"

从经验来讲，天地万物的从有还无，是很自然的事实。但是要说万物的有，是从无中生出，实在是一件不可思议的事情。东西方数千年的哲学，也没有一个明确的结论。在此，我只是借话说话。

韩东老师为什么能把一般老师不敢上、不愿上的一节数学课上得如此动人？如此深入人心？

我想是因为——无中生有。

他课中所设情境的"有"，在我们头脑中"无"，又是生活中本来就有的，是老子所说的"无"，因此我们觉得玄妙无比。南京科技馆的话题切入，激活生活，调动已知，引领探究，一石三鸟。不过，令人惊奇的是——淮北的老师要到马鞍山借班上课比赛，上课前去南京科技馆正好遇上马鞍山的孩子来参观。真是巧合，几个小概率事件竟然在韩东一个人身上都变成了现实。真是"文章本天成，妙手偶得之"！只有自己心中有，眼中才会有吧？

"马鞍山师范附小四年级春季收费标准统计"情境具有现实意义。话题的讨论，更有教育意义。当代的孩子享受了太多的爱，但是他们往往感受不到，更不会表达和回报。

上这样的课，老师们都会想到医院的体温记录表，但韩老师一下子出示两幅图："聪聪、明明的体温变化记录统计图"，让学生当一名小医生仔细观察分析这两幅图，给大家详细地说说这两天他俩的治疗情况，情趣盎然，有理有据。

回顾全课，由学生头脑中没有折线统计图，到创造出来；由一幅到两幅，再到学生举例的多幅。哈哈，一幅完美的"道生一，一生二，二生三，三生万物"的演绎图景。

在小结全课之后，韩东老师使出一招漂亮的回马枪："小华学习了折线统计图，觉得折线统计图的优点很明

2011年在无锡听课

显，就去文具店作了调查，并绘制了一幅统计图。请你认真观察分析这幅折线统计图，你发现了什么？""你发现了什么？"是开放度很大的问题，有的孩子可能不明就里，但这里培养的是学生的独立思考，敢于批判，不人云亦云。

我惊叹这一反例！这一反例在生活中是没有的，是一种"无"，但无中生出了"有"，促使学生深刻地认识到"在什么情况下，绘制折线统计图，在什么情况下绘制条形统计图"，真是相反相成，精妙独到！

韩东老师为什么能把一般老师不敢上、不愿上的一节数学课上得如此动人？如此深入人心？

我想是因为——有中生无。

毫无疑问，这节课，韩老师是精心预设的，但他上得却没有斧凿的痕迹，水到渠成，一气呵成。叹为观止！师生之间的圆融，让我想到庄子的"鱼相忘乎江湖，人相忘乎道术。"这种消除了主客对立的"相忘"境界，"无我""混沌"状态，我以为是课堂教学的至高境界。

我们可以一起回顾他在学生回答、展示后的评价语——"瞧！他关注了什么？""多了不起的发现！""哎！这回说得更专业了。你说倾斜度，什么是倾斜度，能比划比划吗？""真好！提出挑战了，我最喜欢这样的课堂，有争议才有进步嘛！听到他质疑，你们作何解释？"……丰富多彩，准确灵动。语言的丰富源自于理解的准确，认识的到位。我想这是"有中生无"。

《老子》说"有之以为利，无之以为用。"它的意思是说："有"给人便利，"无"发挥了它的作用。我们写出的教案是"有"，它让我们更好地把握课的走向，我们实际用的是教案字里行间的"无"。

不过，看上去的"无"，其实还是老师心中"有"。老子说："天下万物生于有，有生于无。"请看在分析"聪聪、明明的体温变化记录统计图"时——

生3：她分析得很好，但我会比他分析得更好。

师：那么自信，你贵姓？（姓胡）胡医生，可不要胡说哟！我们可要听听你精彩分析。

……

我猜想韩东老师心中是有著名作家、翻译家胡愈之到大学讲课时开场的故事的。"我姓胡，虽然写过一些书，但都是胡写；出版过不少书，那是胡出；至于翻译的外国书，更是胡翻。"我没有看到孩子的眼睛，韩老师可以回忆一下，当自己说"胡医生，可不要胡说哟!"胡姓学生的目光有何变化。自己说自己"胡说"，那是一种调侃，别人说呢?

有无相生，生生不已。一切作为，如行云流水，义所当为，理所应为，做应当做的事。做过了，如雁过长空，风来竹面，不着丝毫痕迹。

韩东老师的课后反思也很见功力。"学习素材无处不在，也取之不尽，用之不竭。只要我们关注学生，关注他们的生活现实，关注身边的大事，小事，必然会使数学'材'源茂盛，使课堂焕发魅力。"说得真好! 只有"风声雨声读书声声声入耳，家事国事天下事事事关心"，才能找到恰当的、学生喜闻乐见的、既有数学味道又富有思想含量的例子，找到"这一个"。你见青山多妩媚，料青山见你亦如是。著名数学教育家波利亚曾形象地说: "好问题同某种蘑菇有些相像，它们都成堆地生长，找到一个以后，你应当在周围找一找，很可能附近就有好几个。"韩老师的反思可以启发我们更多的思考，我相信我们会有所得。

我觉得反思应该是"道通天地有形外，思入风云变幻中"的形而上学，应该"有中生无"，从课中的"有"，反思出课中没有觉察的问题。因为反思主要是为了发现问题，分析问题，解决问题，提高自己。教是修行，思是觉悟。在思想光芒照耀下的课堂更有利于学生成长。

比方说——

在"探究新知"环节，老师出示参观科技展人数统计图后问: "在这幅统计图中，横轴表示什么? (年份) 纵轴表示什么? (参观人数) 每年的参观人数在这幅统计图上都能找到吗?"韩老师是不是可以反思一下: 前两个问题需要老师提出来吗? 这两个问题可是看懂统计图的关键啊，看不懂统计图的学生往往就是不知道先看懂横轴、纵轴分别表示什么。这一关键能不能让学生自己体悟出来? 还可以再问自己一句: 这两个问题老师不说，学生会想到吗? 学生有没有相关基础? 条形统计图是基础，这在"知识背景和目标定位"已经分析了的，那这么做又是为什么呢? 赶时间? 图效率? 在教学的关键环节，我们是不是应该"舍得浪费时间"(卢梭语)呢?

同样，在"深入探究"环节的三个问题:

(1) 哪年参观人数最多? 哪年最少?

(2) 哪年到哪年人数没有变化? 哪年到哪年人数增加最快?

（3）借助这幅统计图，体会一下这几年参观人数整体变化情况。你是怎么看出的？

是不是也可以反思：问题是数学的心脏，这三个问题来自哪里？是来自学生，来自老师，还是来自教参，来自以往的教学习惯？

我似乎听到老子在说："无可无不可。"

哈哈，以老子看来，应当是"知者不言，言者不知"，我不敢乱说了。

十四、好课来自困惑，创新缘起问题

当我上出了一节节充满创新意味的数学课，比如《找次品》《什么是面积》《规律的规律》《分数的意义》《三角形三边关系》《角的度量》《游戏公平》《圆的认识》《分数的初步认识》《审题》《我会用计算器吗?》《百分数的意义》，同行们十分羡慕和佩服。老子说："鱼不可脱于渊，国之利器不可以示人。"其实，"课"之利器不可以示人，创新好课的方法不复杂。

我的体会是：好课来自困惑，创新缘起问题。只要我们肯于回顾以前的教学场景，自己和同行们以往上过的课，批判地反思不自然、不真实、太零碎、没后劲、反科学的教学环节，找对存在的问题，我们就能上出一节有思想价值的课。

（一）不自然的

以前教学《圆的认识》，我们常常画地为牢，不敢越雷池一步。新课改给了我们打破传统的勇气。不要讲的，就不讲；不该练的，就不练；不该课上练的，就让学生课下练。学习本不该是重在熟能生巧，更有价值的应该是急中生智。

以前我们教学圆的特征，在概括出"半径都相等"和"直径都相等"后，总要追问："在这里要不要加上一句什么话？"学生不明就里，像丈二和尚摸不着头脑。尴尬、无奈之下，教师从学生桌上拿出一个学生画的小圆，比着黑板上教师画的大圆，问道："能说这两个圆的半径都相等吗？""不能。""那想想在'半径都相等'、'直径都相等'的前面要加一句什么？""噢，在同一个圆中。""想想——还有什么可能？对啦，在等圆中。"教师赶紧找个台阶下。

为什么要加上前提条件"在同一个圆中或等圆中"？究竟要不要？什么时候，怎样的人，才会看着一个大圆和一个小圆问："这两个圆的半径都相等吗？"请问：我们说"正常人的两条腿是一样长的"，怎么不加上前提条件"在同一个人身上"？以后再说"正方形的四条边都相等"，还要不要加上"在同一个正方形中"呢？数学上的严谨就是这样的吗？要加上前提条件"在同一个圆中或等圆中"，这是不是教学内容上的形式主义？什么是特征？是否是某一类物体中每一个个体都具备的？既然是每一个个体都具备的，那还要不要加"在同一个圆中"呢？我们为什么要给自己尴尬，把自己套进去呢？

　　我同样地去质疑——半径和直径的概念，是不是应该"浓墨重彩"地去渲染？"圆"的概念都没有给出，是否需要咬文嚼字地概括出"半径"和"直径"的概念？揭示两者概念后，让学生从一个圆内各个不同的线段中挑出"半径"和"直径"，有没有哪位老师见过学生有错？学生都不会有错的活动，要不要组织？

　　因此，我不再组织咬文嚼字的教学活动，而是让学生在我当堂画在黑板的圆上标出半径和直径。

　　师：谁能在这个圆上标出一条半径？

　　生（争先恐后地）：我！我！

　　师（指名一位学生板画后，老师和同学一起边看边问）：我们看他是怎样画的？他在找什么？

　　生（齐）：圆心。

　　（学生画出了半径后，大家不约而同地为他准确的画法鼓起掌来。）

　　师：他画得多认真呀！谁再来画一条直径呢？

　　……

　　当我在另外一个班教学时，一位女生画直径时，把三角尺死死地压在圆心上。她可能没有用粉笔画线的经验，她画的直径将不经过圆心。我正高兴，终于可以有"化错"环节了。哪知道她移开三角尺，发现了这条"直径"没有通过圆心，用粉笔一圈一圈地把圆心圈大，使"直径"通过了圆心。全场哄堂大笑。

　　"真没有"时，就别强求。

　　我想：在半径、直径的概念上，还需要我们强调什么呢？现在我再讲《圆的认识》，画半径和直径的环节也去掉了。

　　因此，现在我讲《圆的认识》，就创设了小明参加头脑奥林匹克的寻宝活动情境：

小明得到这样一张纸条——"宝物距离你左脚 3 米。"

想一想，宝物可能在哪呢？（稍顿）你手头的白纸上有一个红点，这个红点就代表是小明的左脚，用 1 厘米表示 1 米，请在纸上表示出你的想法……

用"是什么？""为什么？""怎么做？""为何这样做？"等四个问题做成的金钥匙，带领学生经历从现象到本质的探究过程，促使学生养成研究问题的良好意识。

最后再加上第五把金钥匙"一定这样吗？"，组织学生回头追问："宝物一定是在以小明左脚为圆心，半径 3 米的圆上吗？"让学生自己由圆突破到球，认识到圆和球的相同与不同。

自然的才是真的，才是最美的。

（二）不真实的

我们以往有的教学常常教在不需要教的地方，需要教的地方反而没有教，就像爱因斯坦说的那样："取一块木板在上面寻找最薄弱的部位，在那些容易打孔的地方钻开无数个孔"。什么是不需要教的地方？学生已经会了，不再出错的地方。哪里是需要教的地方？学生出错的地方就是我们老师需要教的地方，是展示教师价值的地方，是促进学生发展的地方。为什么需要教的地方而我们老师没有教呢？并不是我们教师主观上的不作为，而是传统的教学习惯使然。传统的课堂里，我们教师满足于学生的一路凯歌，陶醉于学生的一无错处，而视学生的差错为洪水猛兽、魔鬼毒蛇，避之犹恐不及。如果我们把学生的差错看成难得的资源，并且成功地加以运用，那么我们的课堂就因"化错"而有意义，而有生命力！

关于四年级的"计算器"，以往我们会自以为是地教给学生怎样开机、关机，认识数字键、运算符号键、显示屏，会板书按键的程序框图。其实，这些都不需要教。我在北京做过调查，95％的三年级小学生都会使用计算器。但是学生很会"配合"，开始装作不会，听老师讲授。其实，师生双方都心知肚明，讲的没味，听的没劲，但都在"尽职"。

是回避，还是引导？几经思考，我确定了"计算器"的教学目标：让学生体会到什么时候该用计算器什么时候不该，知道怎么看待计算器显示的结果，厘正学生对计算器的错误认识，介绍给学生两个非常有用但还不知道用的功能键，享受借助计算器而超越计算器的快慰。老师的价值体现在学生使用计算器过程中出现问题的指导上。

（三）太零碎的

教学《角的度量》，我们总是先带着学生认识量角器：中心点，零度刻度线，内圈度数，外圈度数。不同版本的教材上都是先量角后画角。

这节课到底要认识量角器的什么？我回忆起学生拿着量角器手足无措的样子，往往是用量角器的直边和圆弧夹的角比在要量的角上。原来学生找不到量角器上的角！因此，我让学生讨论这是不是角，能在量角器上找到角吗。我大胆地想：能让学生先在量角器上画角然后再量角吗？进而，我再追问："量角的本质是什么？"重合。如果学生在量角器上清晰地找到角了，量角的问题就能迎刃而解。因此，我决定让学生在量角器上画角，再交流有没有不同的角，这样顺势就可以介绍"中心点"、"0 度刻度线"、"内外圈刻度"、1 度的角、度数的写法等。

我根据学生素朴地用量角器的尖角比着要量的角，顺势组织学生讨论那个尖角是不是角，然后创造性地让学生在量角之前，先在纸量角器上画角，学生明白了量角器上有若干个大小不同的角，"抓大放小"地认识了量角器之后，顺其自然地揭示量角的本质，从而让学习像呼吸一样自然。

在复印机上排好四个量角器，一摁键出来了纸量角器。纸量角器这一素材的产生，就是顺应了学生认识量角器的实际，揭示了认识量角器的根本。

（四）没后劲的

原来使用通用教材讲《分数的意义》时，我往往这样教——

带着学生把一块饼平均分成 2 份，得到分数 1/2；再把 1 米长的线段平均分成 5 份，得到分数 2/5；再出示一盒糖，把这 12 块糖平均分给 4 位同学，得到分数 1/4。

然后，指着板书，说：一个物体，一个计量单位，一些物体都可以看作一个整体（画上大括号，板书"一个整体"），一个整体可以用自然数 1 来表示，通常把它叫作单位'1'（板书"单位'1'"）。再提问："这个'1'和我们一年级时所认识的 1 一样吗？"接着，让学生举例，日常生活中哪些具体的事物可以看作单位"1"，屏幕出示儿歌，让学生读：

> 一只大饼一个梨，
>
> 一吨稻谷一克米，
>
> 一片树林一群鸡。

都可看作单位"1"。

认识了单位"1"，然后组织学生用简洁的语言说说 2/5 等分数表示什么意思。

学生开始学得很是没劲，后来又是云里雾里：穿上马甲的"1"怎么就不一样了？

现在使用新世纪版教材了，虽然教材中没有"单位'1'"的概念，但我还是不放心、不习惯，偷偷补讲"单位'1'"。

回顾反思之后，我追问："单位'1'"究竟是什么意思？"单位'1'"的概念有多重要？

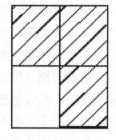

我查找多个版本的《辞海》，都没有找到"单位'1'"这个词条，而从"单位""单位制""单位能耗""单位吸水量""单位面积产量"等词条，让我深深感受到"单位"意识的重要。

2009 年版新《辞海》把"分数"定义为："把一个单位分成若干等份，表示其中一份或几份的数称为'分数'"，强调的是"一个单位"。

因此，我反思：以前教学中，我出示右图，要求学生在括号中写出阴影部分所表示的数，没有规定单位是什么，向学生硬要"3/4"是不是有些不讲道理？如果以

1 个小正方形为单位，则应填 3；以 2 个小正方形为单位，则应填 3/2；以 3 个小正方形为单位，则应填 1……

由此可以看出，是否产生分数，取决于确定的单位。"单位"是分数概念的关键。

"1"是重要的计数单位，是学生所熟悉的。学生一年级认识数"1"的时候，就知道一只萝卜是"1"，一筐萝卜也是"1"。

分数，从本质上说是表示两数相除的结果，使得四则运算以及法则畅行无阻；在生活中，分数主要的是表示部分与整体的关系。而"整体""总量"这样的概念，学生是熟悉的，也是非常容易接受的。现行教材教法中，"单位'1'的量"基本上都可以用"总量"来表达。2011 年 1 月，张奠宙先生在《小学数学中若干科学性问题的探讨》一文中，在说到百分数问题时列出的关系式就是"数量＝总量×百分比"。

那么，没有"单位'1'"这一概念，对学生后续学习有没有影响呢？我专程请教了北大附中特级教师张思明博士。他告诉我，初中、高中都没有这个概念，重要的是学生没有分数单位的思想，这一点妨碍了学生对有关分数问题的圆满解答。这样，我们就可以理解了为什么询问大学生的时候，他们都不知道"单位'1'"这个概念了。

我幡然醒悟：单位其实就是"1"，以前"我们用很多时间在学生的大脑灌输了呆滞的知识（怀特海语）"。

看来，"单位"是重要的，"1"是重要的，"单位'1'"是不重要的。可以不讲"单位'1'"，但要重讲"分数单位"。

2011 年，在哈佛大学草坪上享受阅读

"把单位'1'平均分成若干份，表示这样一份或者几份的数，叫作分数。表示其中一份的数，叫作分数单位。"这是教材中对"分数单位"的表述。我以往对"分数单位"的教学往往轻描淡写，一笔带过，满足于学生能够解答"一个分数的分数单位是什么，它有几个这样的分数单位"一类填空题。

单位，是度量中规定的标准量。那么，如何加重分数单位的教学分量呢？

在教学"分数初步认识"的时候，我创造出了"大头儿子的难题"的情境，那么在教学"分数的意义"时，是否可以朝花夕拾呢？华罗庚先生曾经说过："数起源于数，量起源于量。"度量可以很好地将分数理解为分数单位的累积。怎样发展一下，更好地体现——有单位才有度量，才有沟通与交流？

我再追问：学生会背诵——"把单位'1'平均分成若干份，表示这样一份或者几份的数，叫作分数"这句话，或者会依样画葫芦地说出有关一个分数的一句话，是否意味着学生理解并掌握了分数的意义？我们的教学是重在体会分数的意义，还是重在体会分数形式化的"概念"？

（五）反科学的

教学《游戏公平》，教材上是通过抛硬币的实验让学生认识等可能性。可是这样的实验不用做，做了往往不可收拾。让学生抛 10 次硬币，有的 8 次正面，2 次反面；有的 9 次反面，1 次正面……大组合计之后，正反两面仍然存在较大差距。张老师课堂上是这样，王老师课堂也是如此。小概率事件为什么成为大概率事件？

原来，我们只规定了学生抛的次数，没有规定抛的高度、角度、力度。学生高高地抛出第一次后，满地里找硬币，以后他就接受教训，低低地抛了。而把硬币抛 1 米高和抛 1 厘米高，结果当然不可同日而语。

找到问题之后，没有能找到解决问题的办法，我请教了北师大吕建生博士，他说可以把硬币装在矿泉水瓶里摇。后来，我再尝试了营养快线饮料瓶、小酒杯、水杯。最后选用了学生小手可以抓得住的小水杯。

"反者道之动，弱者道之用。天下万物生于有，有生于无。"（老子语）经过思考、寻找，我结合北京奥运会素材，创设了抛啤酒瓶盖的实验，让学生喜欢上"数据"，赢得了大家的赞许。华东师大张奠宙教授说："听完华应龙老师的课，很为他的创新精神所折服。"

"人法地，地法天，天法道，道法自然。"（老子语）创新，当回顾以往的教学，找到存在的问题。不自然，不顺畅，不舒服的地方就是应当改进的。

　　课堂上的等等创造，让我体悟到：创造是对前人的扬弃，更是对自己的超越，对自己的成全。课堂是学生的，就应该从学生的需要出发。我们真要成为学生成长中的"重要他人"，就要不断丰厚自己，力求达到在学生眼中"我就是数学。"

十五、想象力比知识更重要

　　尽管本人已多次讲授《长方体的认识》，然而，前不久我讲授《长方形的认识》，却体验到经过艰苦的创造性劳动之后无法言喻的快慰。这是我满意的一节课。

　　爱因斯坦说过："想象力比知识更重要。"长方体的认识，是学生的空间概念由二维向三维发展的转折阶段。如何引导学生由原有的面的认识过渡到体的认识，发展空间观念，培养空间想象能力是这节课教学的关键。因此，我力求使三维形体的教学从初始阶段起就让学生学得扎实，认知深刻，掌握牢固，同时力求引导学生主动积极地获得知识，使学生"活学"而不是"死记"长方体的特征，循序渐进地培养学生的空间想象力。

（一）叠纸成书，动态地引入由面到体过程

　　几经比较后，我设计了先复习长方形的特征，再由长方形纸片叠加、垒集，过渡到长方体书本的演示，并相机提问："一张纸片可以看作一个长方形吗？""50张、100张、1000张同样大小的纸片叠加起来呢？"这样，从对已学知识的回顾复习，引入一个实际问题的讨论，完成了由面到体的过渡，使学生在动态演示的观察比较中，认识面与体的联系区别，进而切入课题。这就使教学增强了直观性和活动性，使新课引入成为一个认识过程同时激发了学生学习本课的兴趣，增强了首次感知的效果。

（二）切果成形，渐次地展示长方体的三要素

　　引入课题后，我安排了教者当堂切苹果的演示实践活动并启发讨论。首先，切一刀得面——切两刀得棱——切三刀得顶点——再切三刀得长方体，这样以演示动作的"慢镜头"清晰地展示面、棱、顶点，也为下面长方体特征的教学展示了讲授提纲；然后，让学生自己触摸长方体积木和认识长方体直观面的面、棱、

顶点。这样教，熔观察、数数、说话、操作、触摸于一炉，教学内容逐次铺展，感官活动不断丰富，认知材料渐次抽象，有利于学生在较短的时间内较准确地把握这一组概念的内涵和外延。

（三）观察讨论，深入地探究长方体的本质特征

为了培养学生有目的、有顺序观察的能力，我设计了如下表格：

面	棱	顶点
有（　）个面 每个面都是（　）形 相对的面的面积（　）	有（　）条棱 每组相对的四条棱的长度（　）	有（　）个顶点

引导学生有序地从面、棱、顶点三个方面观察学具，看一看，数一数，量一量，比一比、设计了无声的演示——移面重叠，来验证学生感知的相对的面的面积相等。教师设问"每种颜色的棱有几条"，暗示棱的科学教法，突出"相对"关系。并设计富有思考价值的讨论题：从长方作一个顶点出发有3条棱，长方体有8个顶点，'三八二十四'。每个面有四条棱，长方体有6个面，'四六二十四'、可实际上一个长方体只有12条棱。谁能解释一下，这是为什么？这就使学生更进一层地认识长方体的面数、棱数、顶点数三者之间的关系。这种关系是本节教学内容所固有的，只是教者做了有心人，不失时机地挖掘了教材启发思维的价值，把握了这一培养学生思维能力的契机。在概括出长方体的特征后，我要求学生用特征来检验同学所举的"长方体实物"的正确性。教者再适时地出示一块厚3毫米的长方体玻璃，以强化长方体的认识，弄清面与体的区别。

这样，根据小学生的认知规律组织教学过程，从直观入手，思考探究，归纳征括，逐步抽象。最后又回复验证，举例演绎，均在学生主动积极由活动中进行，达到对课本上结论的真正理解和信服，完成学生认识路线的回环完整。

（四）演示投影，真切地了解长方体的直观图像

从具体实物抽象到图形，能摆脱认识对象的无关细节，突出本质属性，加深认识。为了讲清长方体直图的成因，我首先设想："长方体有6个面，每个面都是长方

形，而画出的长方体直观图为何只有 3 个面，并且有些面像平行四边形？"激起学生探求的兴趣，然后组织学生观察长方体模型，让处于不同方位的学生说说自己能看到几个面。最多能看到几个面，以及面的形状；接着将长方体的"骨架子"置于投影仪成像镜与银幕之间，真实地投影，使学生信服由于透视现象，有些面看上去像平行四边形；再用虚线画出看不见的面。最后以色纸覆盖透视图的某一面，让学生辨认透视图中六个面的方位，反馈教与学的情况。

这样教，不但教会了学生识图，而且有效地发展了学生的空间想象力。

（五）变式呈现，辩证地理解长方体的长、宽、高

认识长、宽、高是本节课的一个知识重点，是学生进一步学习的重要基础。如何用较短的时间较好地完成这一教学任务，我通过设问"如果要知道一个长方体 12 条棱的长度，只要量出哪几条棱就可以呢？"来组织学生讨论，激活学生的思维，进而揭示长、宽、高的意义。再让学生动手测量火柴盒的长、宽、高。同样的火柴盒，竟得到三组不同的结果，这是为什么——又是一疑。这种变与不变，渗透了辩证的思想，学生通过议论思考，认识到长、宽、高随着长方体的放置方位不同而不同。从而较准确、全面地认识了长、宽、高的内涵，避免了认识的僵化和片面。

（六）循序渐进，牢固地掌握知识，发展能力

我设计了图形判断、文字判断、选择填空、动手操作、闭眼想象等多种练习形式，反馈教与学的效果。设计中，形式上力求多样化。刻意新颖，不拘泥于课本，力求具有很强的针对性，有利于引导学生较快完成从面到体的转化，进一步巩固和加深学生对长方体的认识，并为学习表面积计算作铺垫，发展学生的空间观念。例如，有这样一道操作题：请同学们用桌上的积木（截面是正方形的长方体积木）摆一摆，使这个长方体的长和宽都是 a 分米，高是 b 分米；再摆一摆，使它的宽和高都是 a 分米，长是 b 分米。

课堂教学的成功必须以教者对学生的深入了解，把握学生原有的基础知识、学习能力、课堂学习习惯等多方面的学情为前提。课前我经过到班接触了解，看该班学生原有知识基础——长、正方形的特征、异同、关系、面积的计算，角的形成，测量长度的方法——掌握的程度，看他们比较能力，讨论习惯的情况。还了解到五

年级学生在语文课上已学到"棱角"一词，美术课上已懂得了"透视现象"，这都为上好本课打下了基础。

这节课，以学生为认识的主体，从学生的实际出发，恰当的教学目标，明确的效率意识，多种教法的有机结合，符合学生认知规律的过程安排，都为学生积极思维创设了良好的教学情境，使数学知识和数学能力得到了同步增长。学生学得愉快扎实，教师教得酣畅得手。

十六、数学活动，爱你没商量

新数学课标中说："数学教学是数学活动的教学。"活动是载体，它不仅负载着所要授受的知识和技能，而且负载着过程和方法，更负载着情感、态度和价值观。活动是学生喜欢的。我们的教育留存在孩子们头脑里的就是一个个鲜活的、浸润着他们情意的活动。

新课堂里充盈着丰富多彩的活动。从那丰富多彩的活动里，我们看到了新课程新绿，看到了活泼可爱的儿童，看到了艺术创造的教育专家，看到了旺盛的生命活力！

"活动"，新课堂爱你没商量！要商量的是——

（一）为何活动？

我们的教育教学是有目的、有计划、有组织的活动。因此，我们在设计活动时首先要商量的就是：为什么要安排这个活动？

这可从教师和学生两个方面来认识。先从教学活动的组织者角度来说。我们可以回忆《面积和面积单位》一课，让学生动手剪1平方分米的正方形，是很有创意的。请问：让学生动手剪的目的是什么？就是为了剪出一个1平方分米的正方形，还是为了让学生头脑中的1平方分米的表象物化和外化，从而真切地感知1平方分米的大小和有效地反馈前一段学习的效果？如果是后者，那么就不会再安排"再剪一次"了。因为，有了那一次，对每一个学生来说都是有价值的。有道是"酸甜苦辣都有营养，成功失败都是收获"！

再从活动主体的角度来看。活动的时候，如果学生不知道为什么活动？那么，在这样的活动中，学生只是"操作工"，不是"探究者"。学生也不是活动主体，而是活动的客体，是老师活动的客体。《面积和面积单位》一课中，老师让学生从学具袋中取出那张红色的正方形纸板，然后指示学生先用尺子量一量它的边长是多少分米，再用手摸一摸这个面的大小。请问：学生明白为什么要量正方形的边长吗？这一"量"的活动只是奉师命而为，学生是懵懂无知的，做这样的活动是盲目的。

2011 年主持学校教师课题演讲

（二）何时活动？

我们要安排活动，肯定要考虑选择活动的时机。时机选择得得当，会一石三鸟，事半功倍；如果时机选择得不当，则事倍功半，课堂教学的有效性大打折扣，还会带来负面的作用。

我们曾研究过怎样更好地上"千米的认识"。当时，我们是冲破一般教学时空的限制，课中，带领学生围绕学校四周的胡同跑了 1 千米，然后再回到教室让学生说感受。学生除了说 1 千米"远"之外，就是说跑 1 千米"累"。虽然我们让孩子们休息了一会儿，调整了一下，但想到学生还要气喘吁吁地回答老师的问题，我们真有些于心不忍，舍不得孩子。孩子们气喘吁吁的镜头让我们反思：我们应该让学生在课上用十几分钟来跑 1 千米吗？有没有更有价值的做法？

后来我们改变了做法，课前布置作业，让学生参与进来。"明天要学习《千米的认识》，放学以后，请同学们绕着学校四周的胡同走一圈，看看 1 千米究竟有多长？你还有其他的方法来说说 1 千米究竟有多长吗？"第二天，学生有说 1 千米的路走了多长时间的，也有说跑了多长时间的，还有说走了多少步的，还有说坐在爸爸的汽车里一分钟大约行驶了 1 千米，更有的学生说从天安门到中南海是 1 千米，从天安门到我们学校大约是 2 千米。

学生是聪明的。怎样来描述大数，他们会有各种各样的方法。

课前开展活动当然要比课上自如得多，学生的感受要丰富得多。

（三）活动是否越多越好？

活动有价值，爱"她"没商量，是否是越多越好呢？我们还是要追求活动的含金量。活动应有适度的空间，应该有一定的挑战性。

《面积和面积单位》一课中，老师组织了"量边长——摸一摸——举例——闭眼想——比画——剪——比——评——再剪"等一系列活动，拾级而上，自有其合理性。我们的想法是这些活动能不能整合？如果我们一开始不是要求学生量正方形的边长，而是问："哪位同学能说说 1 平方分米到底有多大？"那么，学生有可能要去量边长，有可能用生活中的经验去解释，和生活中的什么什么一样大的，比生活中的什么什么小一点的，就是 1 平方分米。这样，学生去量边长就不仅是认识了 1 平方分米，而且培养了学生"数学地交流"的能力，更可贵的是让学生悟到我们可以运用旧知来认识了新知的真谛。

先让学生"闭眼想——比画"的意图大概是为了帮助孩子建立 1 平方分米的表象，为其后的"剪"服务。不过，如果直接让学生剪呢？学生是不是就得自主地闭上眼睛或瞪大眼睛去寻找他印象中的 1 平方分米？

我问自己：我们安排的数学活动是否一定要帮助学生铺好台阶？

（四）活动后怎样评？

活动完了之后要不要评价？怎样评价？关于评价的重要性，大家已达成共识。怎么评价，需要一起来研究。

《面积和面积单位》一课，在学生剪后让学生评评自己剪得怎样，是一个非常有价值的活动。但是我觉得在学生的惋惜声里，老师就不要再问"同学们，你们对自己剪出的作品满意吗?"这样的问题了。第一遍看到这儿时,我就想到那著名的爱因斯坦的"小板凳",虽然它丑陋,但浸透了孩子们的心血。我们应尊重学生在活动中形成的作品,我们更应尊重孩子们在活动中那各个不同的感受!

十七、所有的判断都是统计学

——关于小学数学统计与概率教学的判断

当今世界上最伟大的统计学家之一 C．R．劳先生在他的统计学哲理论著《统计与真理——怎样运用偶然性》中指出:"在终极的分析中,一切知识都是历史;在抽象的意义下,一切科学都是数学;在理性的基础上,所有的判断都是统计学。"诚哉斯言,我们关于新课标下小学数学统计与概率教学的判断,就是建立在我们的统计基础之上——阅读的统计、实践的统计、思考的统计。C．R．劳先生说:"如何建立新知识?这个问题取决于我们对知识概念的认知。以一个哲学家的观点,知识存在于(真实的或确定的)谬误之中,推理是获得这样的知识的工具。而从一个科学家的观点来看,一切知识都不是绝对正确的。通过任何方式所得到的一个科学理论知识,如果能引导出可接受限度内的预示,就能获得认可。"源于此,我们释然。

(一)统计与概率,小学数学的三分之一?

原来我国小学数学教材中只有统计而没有概率,并且只占很小篇幅,可以说都属于古典统计学范畴。一方面,可能与我国传统文化重整合轻分析,重人伦轻自然,重义轻利,重道轻器有关;另一方面,在计划经济时期,人们遇到的更多的是大量确定的现象,没有感受到统计与概率的必须。

而在新课标中,"统计与概率"与历来数学教学中重量级内容"数与代数""空间与图形"三分天下(实践与综合应用并不是独立的教学内容),受到了前所未有的重视。

首先,在以信息和技术为基础的社会里,人们面临着更多的机会和选择,而数据则日益成为一种重要的信息。"生活已经先于数学课程将统计推到了学生的面前"(数学课程标准解读,153页),报刊中大数、百分数、图形图表出现的比例越来高便是明证。图表本是统计的一部分，自不必说。许多大数、百分数本身也是统计或推断的结果，可以说他们的背后还是统计与概率。

学会处理各种信息，尤其是数字信息，收集、整理与分析信息的能力已经成为数字社会每一个公民基本素养的一部分，就如威尔斯（H. G. Wells）所预见的那样："就像读和写的能力一样，将来有一天统计的思维方法会成为效率公民的必备能力。"统计与概率所提供的"运用数据进行推断"的思考方法已经成为现代社会一种普遍适用并且强有力的思维方式。在小学进行统计与概率的教学，可以让学生逐步形成统计观念，进而形成尊重事实，用数据说话的态度。

其次，在学习统计与概率的过程中，会涉及解决问题、计算、推理，以及整数、小数、分数、百分数、图形等许多数学知识，实际上学统计与概率的同时又复习、运用了过去的旧知识，发展了学生解决问题的能力。

最后，以不确定性为研究对象的统计与概率有其固有的思想方法，它有别于讲究因果关系的逻辑思维。数学家阿蒂亚曾经说过："代数是有序的逻辑，几何是看得见的逻辑，概率是无序的逻辑。"不少研究表明，如果学生缺乏对随机现象的体验，往往很难建立这一观念。所以，有必要在学生系统地进行理论知识的学习之前，在小学里积累丰富的对随机现象的经验，一方面，有助于学生今后更好地理解；另一方面，可以使学生所学的数学更加贴近现实。

（二）是"统计与概率"，还是统计＋概率？

尽管小学课程里把统计与概率放在了一起，但是我们往往还是认为二者不太沾边：小学教材中关于这部分的内容，我们都能清晰地把它归为统计或归为概率。的确，在统计学的诞生之初，与概率无甚关联。

统计学是"关于收集和分析数据的科学和艺术"（《大不列颠百科全书》），统计学是一门"对数据进行收集、分类、分析和解释的科学"。（《兰登书屋大辞典》）两部国际权威辞典对统计学的看法有相似之处，那就是强调数据，强调对数据的收集、整理、分析及解释。

统计学最初来源于国情调查。国家管理中需要收集和分析各种数据，比如最初的人口、土地统计以及国民收入、各种税收统计等。

14 世纪左右，随着航海业在欧洲兴起，航海保险业开始出现。为了合理地确定保险金与赔偿金，需要了解不同季节、不同航海路线出现事故的可能性的大小，需要收集相关的数据，根据数据进行分析和判断。统计资料中的各种数据，大多是偶然现象的反映，到了 19 世纪末 20 世纪初，人们把概率论的有关知识引入到统计学，构建了现代统计学的基础。与古典统计学相比，二者都是对于数据的收集和分析，但内涵有了显著的变化：本质的区别是后者进行分析的基础是"不确定性"，即"随机"。

至于概率论，大家都知道它的出生就和赌博有关。赌博游戏可谓历史久远。但真正概率论的出现源于 17 世纪一次未完成的赌博，双方为最终赌金的分配争执不休，于是写信向当时法国最具权威的数学家帕斯卡请教，这个问题随后吸引了包括帕斯卡、费马、惠更斯等众多数学家的思考和讨论，讨论的结果，惠更斯把它写成一本书《论赌博中的计算》（1657 年），这就是概率论最早的一部著作。于是，一个崭新的数学分支——概率论登上了历史舞台。概率最初只是对于带机遇性游戏的分析，而现在已经是一门庞大的数学理论，它在社会学、生物学、物理学和化学等许多领域发挥着十分重要的作用。

概率论是分析随机现象的一个数学分支。概率是表示特殊结果在单个场合出现的可能性的数。（《大不列颠百科全书》国际中文版）概率论是数学、统计学术语，是分析、说明有关不确定现象发生可能性的学科。（《兰登书屋大辞典》）除了公理化定义，概率还有三种定义途径，即概率的古典式定义、频率式定义和主观式定义。古典定义也称理论定义，它的理论产生于一类可使所有事件发生都是等可能的随机设计中，是一种先验的概率，即无需试验就可以从理论上计算出的概率。频率定义也称经验定义，是一种后验的概率，认为概率是在大量的试验后，由结果的频率产生的。主观定义也称直觉定义，它是对随机现象可能性大小的一种个人的估计。上述三种定义各有长处，古典定义简单明了，在样本空间每一结果都是等可能发生的条件下，可以预测概率；频率定义不受每一结果都要等可能发生这一条件限制，方法初等，可用于那些不能从理论上解决的问题；主观定义是教学的一个很好的出发点，通过教学能将学生的自我经验与概率理论联系起来，培养学生良好的直觉。

综上所述，统计与概率是密不可分的。一方面，概率论是现代统计学的根据：因为统计总是需要通过对样本的统计来推断全体，总要受到实际生活中不确定因素的影响，因此必须加入受不确定因素影响做出错误判断的概率；另一方面，通过频率研究概率需要多次的重复试验，需要收集、整理、分析试验数据，所以概率也离不开统计。已故中科院院士、中国统计学会副会长陈希孺先生指出："统计学是有关收集和分析带随机性误差的数据的科学和艺术。分析着重在数量化，而随机性的数量化，是通过概率表现出来，由此可以看出统计学与概率论的密切关系……大体上说，两者的关系是：概率论是统计学的理论和方法的依据，而统计学可视为概率论的一种应用。"

小学生学习统计与概率的过程，与统计与概率的历史发展是一致的。

一开始，统计的对象更多的是确定性的（或者说学习内容是与概率没多大关系的古典统计学），例如，北师大版教材第一册"统计"中，统计的对象是全班每个同学最喜欢吃的水果，它们在数量上是确定的。利用统计对象的确定性教学统计表，不仅充分考虑了一年级学生的学习能力，而且有利于学生更好地学习简单统计表。

随着学习的深入，统计对象更多地具有随机性。例如，"估计你们班所有同学的家庭一个月内共丢弃多少个塑料袋，通过实际调查验证你的估计"。在该统计活动中，每个同学家庭每个月要丢多少个塑料袋，统计对象的总数非常大，统计起来既浪费时间，又浪费人力和物力。此时，就可以渗透抽样统计的方法，帮助学生自己选择统计对象。这里，统计对象可以是全班同学家庭的某些天丢弃塑料袋的个数，或部分同学家庭的某个月丢弃塑料袋的个数。

随着学生相关知识的增多，统计与概率越来越密不可分。例如，《数学课程标准（实验稿）》第 29 页例 7，"调查两支球队以往比赛的胜负情况，预测下场比赛谁获胜的可能性大，并说明自己的理由"。这样的教学是建立在随机现象的基础上的，要求学生能够用统计的方法收集有关两队以往比赛胜负的资料，进行有效的整理分析，推断下场比赛的胜负。

（三）统计＝计算＋制图制表？

在计算机尚未普及的年代统计被演绎成繁杂的计算和枯燥的制图制表。在信息技术日益发达的今天，计算、画图等工作不应该再占据学生过多的时间，事实是它们也远非统计教学的核心。小学统计教学的核心目标便是发展学生的统计观念。统计观念体现在以下几个方面：认识到统计的作用，能从统计的角度思考与数据有关的问题；能通过收集、描述、分析数据的过程，做出决策；能对数据的来源，收集和描述的方法、分析的结论进行合理的质疑。我们以为：对于小学教师而言，理解什么是"统计"，了解统计的发展历史，了解不同统计的作用，明确小学阶段的统计学是描述性统计等非常重要。

观念的形成需要人们亲身的经历。建立统计观念最好的办法是让学生经历完整的收集、整理、描述、分析的统计全过程，让学生明白为什么要进行数据的"收集、整理、描述、分析"。常见的教学中，数据的"收集、整理、描述、分析"都是教师布置的"任务"，只要学生按照教师的要求去做即可，而没有问一问为什么要做这些。

首先，关于数据收集。我们发现，教师往往把重点放在收集数据的具体细枝末节的方法上，比如，多样化的符号表达，画"正"字记录等，当然，这些对初学统计的小学生而言，不容忽视。但我们认为，首要的一个问题是应该收集什么样的数据？显然，是能够客观反映实际背景的"好"的数据。可以说这是统计成败的关键。获得"好"的数据，首先需要尽可能多地利用对实际背景已有的先验知识。比如要预测某一天的天气情况，我们可以搜集历史上相应的天气的数据。以下两种方法哪种更恰当呢？一、搜集近三十年该日期的天气情况；二、搜集近三十年来相似卫星云图的天气情况。根据我们的先验知识，"天气情况与卫星云图有很大的相关"，我们就会选择后者；其次，采用简单的方法。一个简单的方法往往可以节省很多统计成本。这方面有一个很经典的统计：1997 年香港回归，民心民意到底如何？只收集一项数据的调查（回归前后市民关于"你是哪里人？"答案的比较）很好地回答了这个问题。简单，需要把握纷繁复杂的现象背后的本质，这一切依赖数学化。

其次，关于数据整理。绘制图表原是很重要的部分。统计图表的格式和绘制规则仍然是必不可少的，但绝对不是整理数据的全部：计算机的广泛使用，让统计教学的重心转移：数据整理后首先需要面对的是选择什么样的方式呈现，这就需要学生通过观察、比较、讨论等活动对各种统计图表的特点有一个明确的认识。

再次，关于数据描述。主要包括集中趋势的描述和离中趋势的描述两部分。小学阶段只涉及前者。集中趋势，就是指整体水平，一般用平均数来表示，有时也用众数、中位数等描述。这里，需要强调平均数的统计意义。第一，它是一组数据的代表数值，可以用来说明这组数据的整体水平或典型情况；第二，它可用来进行数据之间的比较。教学时要重视学生对平均数意义、特点的把握，注重对其统计含义的理解。学生往往因为平均数和通常的"平均分"分辨不清，不理解平均数的假设性，误以为真正的移多补少。导致学生常常有这样的困惑："平均每户 3.1 人，人数怎么会有小数呢？""足球比赛比分是 2∶4，平均每队的进球数是 3，两队是对抗性的，怎么可以平均呢？"

最后，关于数据分析。信息时代，生活中充斥着各种数据经过形象化处理得到的统计图表，给人们带来了很大的视觉冲击，所谓"读图时代"便源于此。为了能在这个"读图时代"更好地生存，首先就必须能从大量的"图"中获取有用的信息，做出独立的分析，并理智地对待新闻媒介、广告等公布的数据，对数据的来源、收集方法、呈现方式、由此得出的结论进行合理的质疑。

下面摘录的是石雪纳老师教学"简单的数据整理和统计表"一课的片段，我们一起感受统计的全过程。

......

师：刚才大家交流了生活中的统计表。现在有这么一件事：小明的奶奶有一天来到学校，反映作业负担太重，说孩子前一天写作业整整用了 90 分钟。校长听后，请奶奶先回去，并跟奶奶说，明天我会给您一个满意的答复。同学们，你要是校长，接下来你会做些什么呢？

生 1：我要是校长，我会去问问老师是不是昨天留的作业太多了。

生 2：你问了老师肯定说不多，我想应该让老师把昨天的作业做一遍，校长看看是不是要很长时间。

生 3：那不行，你想啊，老师是大人，而小明是学生。大人知识那么多，做题肯定比小孩熟练，时间一定短呀。不能这样比！

生 2：哎——，你说得对呀，那我们就找一个学生来做。

生 4：那万一你找的这个学生也很慢呢？或者她是班里作业最快的学生，怎么比呀？

生 2：那——，我们多找几个人不就行啦？

生 4：这还差不多！

师：看来大家的意见最终是要把小明的作业时间和别的学生比较一下，对吗？我这里就有一张全班同学作业时间的记载表。

（投影出示表格）

学号	时间（分）	学号	时间（分）	学号	时间（分）
1	18	16	44	31	29
2	26	17	34	32	22
3	24	18	25	33	27
4	16	19	23	34	17
5	47	20	27	35	26
6	30	21	19	36	29
7	26	22	37	37	30
8	23	23	90	38	—
9	23	24	50	39	25
10	28	25	25	40	29
11	27	26	31	41	23
12	27	27	23	42	26
13	32	28	20	43	18
14	39	29	19	44	38
15	14	30	27	45	25

在给你的信封里也有一张这样的记载表，请取出来。

校长拿着这个表格就想了：这么多数，奶奶的眼睛不都看花了？需要整理一下。你觉得该多长时间为一段进行统计呢？

生 1：我看按照时间长短进行排列就能看出来全班作业时间的情况，不用分时间段。

师：这方法可以，但是为了奶奶看得更清楚，我们是不是可以分段来统计呢？

生 2：对，我看 30 分一段就行。

生 3：10 分一段也行吧。

生 4：15 分一段也行！

师：大家说的都可以，一般在时间间隔比较短的时候我们采用 15 分或 30 分一段。

投影出示：

时间（分）	15 分以内	16～30 分	31～45 分	46～60 分	61 分以上
人数（人）					

时间（分）	30 分以内	31～60 分	61 分以上
人数（人）			

师：这张纸上有两个不同时间段的统计表，各组也有。一会小组选择其中一个进行统计就可以了。下面咱们小组比一比，看那个组最先做好统计。

（小组进行合作完成表格。）

师：哪个小组说说你们是怎么统计的？

生 1：我们组选择的是第一个表格，大家分工合作，一个人负责统计 15 分以内和 61 分以上的，因为这两个时间段人比较少，交一个人负责就够了；一个人负责统计 16～30 分的；一个负责统计 31～45 分的；一个负责统计 46～60 分的。最后大家再汇总，填写到表格里。

生 2：我们统计的结果是 15 分以内 1 人，16～30 分有 34 人，31～45 分有 7 人，46～60 分有 2 人，61 分以上有 1 人。（在生说的同时师板书出结果）

生 3：其他小组对我们的汇报有什么补充吗？

生 4：我们小组也统计的是第一个表，结果和你们一样，方法不同，我们是按照原来表中的学号分工，每人负责统计 12 个学号左右的学生，然后再汇总。

生 3：你们的方法也挺好的。其他组呢？

生 5：我们组统计的是第二张表格，我们的方法是一个人读数据，另外 3 人每人统计一个时间段，最后的结果是 30 分以内有 35 人，36～60 分有 9 人，61 分以上有 1 人。（在生说的同时师板书出结果）

生 3：因为你们选择的表只要 3 个人统计，所以你们分配另一个人来读表格数据，很合理。你们的分工很好。

生 6：我有一个发现，其实虽然两张表格分的时间段不同，结果不同，但如果当两张表都统计正确时，第二张表的结果其实就是对第一张表的一次验证。第一张表前两个时间段人数的和应该是第二张表的第一个时间段人数；第一张表第三、四时间段的人数和应该是第二张表的第二个时间段人数；两张表的最后一个时间段人数是一样的。

生3：你说得对，也就是按不同时间段统计会有不同结果，但不同结果之间也有内在联系，对吗？

生6：是这样。

师：刚才大家交流得太精彩了！那么现在你作为校长拿着这个统计结果要对奶奶说些什么呢？

生1（姓王）：我要对奶奶说，您看表格也看出来了，您家孙子作业的时间最长，60分以上就他一个，别人都在60分以下，说明是他自己可能边做边玩不用心，您应该教育教育他。

师：嗯，王校长是这么看的，其他校长呢？

生2：我会对奶奶说，您看表格就知道，全班那么多人都在30分之内做完作业，只有很少的人时间比较长，而您孙子时间最长，说明问题不在老师身上，在您孙子自己不会抓紧时间。

师：说得也有道理啊！那么能不能结合统计的具体数据来说服奶奶呢？

生3：我是校长，我会这样对奶奶说（觉得用手指黑板的统计结果距离太远，干脆自己走到黑板前），大家看（手指第一个表格统计结果），15分以内1人，人很少；16～30分有34人，这个时间段人最多；31～45分有7人，人数第二多，但比起16～30分人就少多了；46～60分有2人，61分有1人，这些人数都不多。这个结果就说明老师留的作业是比较适合大多数学生的作业时间的，奶奶应该考虑是自己孙子的问题了。我分析完了，谢谢大家。

（全班同学为他激昂的精彩发言鼓起掌来。）

师：大家刚刚说的都挺有道理。可是——，我倒觉得小明也许就是个好孩子呢？你们说有没有这可能？

生：（有的学生皱起眉头，有的学生忽然兴奋起来，脱口而出。）有可能的！

生1：有这种可能！也许小明是为了把字写漂亮些，就慢了点儿。

生2：还有可能是他做题过程中发现了自己不会做的题，没有问别人，自己想，终于用了很久时间想出来了。这可是很认真的学习态度，还值得我们学习呢！

生 3：还有可能小明特别善于思考，做完了一道题，又回头去想有没有其他解法，是个能一题多解的好孩子。

师：说得真好！看来我们不能只看到时间很长，关键是得看他在这段时间里干了些什么，对吧？

我们通过统计进行分析（板书：分析），能把事情处理得更好！你看，整理后的表格比原始数据更能说明问题吧？看来，统计的作用还真大呀！

......

关于统计，最基础的知识是比较、排列和分类。有研究表明，学生对活动对象的熟悉程度将影响到学生比较、排列和分类的进行。组织学生汇报课前参与所了解现实生活中的统计表情况，这样学生通过课前充分的参与，多角度多侧面的了解，会感受到统计表与自身身边的人和事是息息相关的。然后，孩子对学习生活中的作业时间统计，经历统计的全过程，为学生进行比较、排列和分类提供了亲切熟悉的统计对象。

重视统计过程的体验是课程标准中重要的指导思想，也是新标准与原大纲较大的区别所在。"小明奶奶"一题，让学生分时间段整理同学们的作业时间是教学的难点。时间段怎么划分，答案自是多样。教者让全班学生自主选择 15 分段或者 30 分段统计，学生从而体验统计结果在统一标准下的一致性，不同标准下的多样化。

数据统计的全过程有数据收集、数据整理、统计制表、分析数据、得出结论五个环节，其中分析数据是重要的环节，也是课程标准中强调的内容。在"小明奶奶"一题中，教者引导学生尝试分析"小明为什么作业时间那么长？"学生的分析是推己及人、丰富多彩的，并且符合孩子的心理。当教师提出另一视角，培养孩子辩证思维时，孩子分析也很有见地。设计这样的分析，我们认为是统计教学中必不可少的环节，是培养学生的数据意识的平台；通过数据分析后再下结论，也是理性精神培育的良好载体。

统计知识的教学不是一个个知识点的授手，也不是一种种技能的训练，重要的是一种意识、一种思想的滋润。所以说，统计并不是"计算＋制图制表"，建立统计观念是统计教学中最重要的。陈希孺先生说："统计规律的教育意义是看问题不可绝对化。习惯于从统计规律看问题的人在思想上不会偏执一端，他既认识到一种事物从总的方面看有其一定的规律，也承认存在例外的个案，二者看似矛盾，其实并行不悖，反映了世界的多样性和复杂性。如果世界上的一切都被铁板钉钉的规律所支配，那么我们的生活将变得何等的单调乏味。"

（四）学生凭经验就能判断，还需要做实验吗?

按照弗莱登塔尔（Freudenthal）的观点，教一个内容的最佳途径是联系学生的数学现实和生活现实，在将要传授的知识和学生已经在现实世界中积累的或是已经学过的知识之间建立起紧密的联系。概率进入小学还是首次，学生在没有接受正规可能性教学之前，他们是怎样看待、认识、理解可能性的? 笔者对小学一、三、四年级202名学生做了一个小型的问卷调查。（篇幅有限，简单介绍结论，详见调查报告。）

（1）可能与一定

没有受过学校教育的大部分6岁儿童（一年级）能区分可能事件、不可能事件和必然事件：87%的一年级学生对"从一个装有3个黄球、1个白球的盒子里摸出一个球"的选择的回答是"可能是黄球"。而三四年级则有96%的学生选择了正确的答案。

"87%"和"96%"似乎说明了年龄的增长对学生对不确定现象的认识没有多少影响，但是同样回答"可能"，对可能事件的理解却可能有着天壤之别（见下文常见的错误直觉）。

（2）可能性的大小

超过六成的6岁儿童能定性比较可能性的大小：64%的一年级学生面对上面这个情境选择了摸到黄球的可能性大。而三四年级对这一问题回答的正确率达到了97%。

在没有学习用分数表示可能性的大小之前，近一半的9~10岁儿童能对可能性的大小进行量化比较："好消息! 摸到有大奖! 你选择在哪个盒子里摸?"四个选项：①2个笑脸，4个哭脸；②20个笑脸，40个哭脸；③2个笑脸，2个哭脸；④10个笑脸，8个哭脸，8个没有表情的脸。47%的四年级学生正确选择了③。

学生确实在正式学习概率之前就已经具备一定的经验了，在面临简单的可能事件时凭经验就能判断，那还需要做实验吗? 例如，盒内有9个白球，1个黄球，这些球除颜色外完全相同。让学生说出摸到哪种颜色球的可能性大? 学生凭经验完全能判断出摸到白球的可能性大，还要进行实验吗? 是不是有些低估了学生，或者是为了实验而实验？

第一，学生学习概率的一个重要目标是体会随机现象的特点，即，在相同的条件下重复同样的实验，其实验结果不确定，以至于在试验之前无法预料哪一个结果会出现。为了达到这一目标，概率实验是不可或缺的。

第二，除了古典概率，大量随机事件发生的概率是不能依靠计算得出的，实验是获取概率的更一般的方法。陈希孺先生指出："一事件出现的可能性大小，应由在多次重复试验中其出现的频繁程度去刻画。"例如，抛一枚图钉，钉尖着地的概率。

第三，概率实验可以帮助学生澄清一些误解。

"可能、一定、不可能"是各个版本新课标教材中都有的教学内容，下面是笔者的教学片段，可以帮助说明概率实验的价值。

组织小组活动：

盒子里有 3 个黄球，3 个白球。每次摸出一个。摸之前先猜一猜，你会摸到什么球？每次你都猜对了吗？

活动结束时，老师询问：有没有每次都猜对的同学？（全班有三人举手。）

师：为什么我们那么多的同学都没有猜对呢？

（此时，三个猜对的同学却急于向大家介绍方法。）

生 1：黄球和白球摸在手里的感觉不一样！

师：（饶有兴趣地）真的吗？让我们见识一下！

生 1：（摸一个球）黄色！（拿出后是白色）。

生 1 低着头坐了下去。

师：怎么不试了？

生 1：没有信心了。

师：怎么就没有信心了？

生 1：摸在手里分辨不出来。

生 2：我有一个办法，如果第一个摸出来的是黄球，把这个黄球放回盒子，放在哪个角落第二次还从那里摸，一定还是黄球。

生 3（反驳）：放回去要摇一摇，你这么做就不遵守规则了。

生 4：如果第一次摸出来的是黄球，第二次就猜是白球。

师：你刚才就是这样猜的，结果全对了。

生 4 连连点头。

师：（半信半疑地）还有这个规律？摸一个！

　　（生 4 摸出一个白球，放回。）

生 4：第二次一定是黄球。

　　（第二次生 4 果真摸出一个黄球。）

师：看来，下一次……

生 4：第三次该是白球了！

　　（第三次生 4 摸出一个黄球。）

师：看来这个规律还成立吗？

　　学生们直摇头。

师：通过刚才的摸球游戏，你发现了什么？

生：盒子里又有黄球又有白球，摸出一个球，可能是黄球，也可能是白球。

……

　　如果您的身边近来有几对夫妇离异，那么在事实并未改变的情况下，会使您片面地相信夫妇离异的频率在上升。有些事件哪怕只发生一次，只要它发生在自己面前，就会提高对它的印象。我们往往不太会相信，在我们面前发生的事件会只发生了这么一次，而相信它在更广的范围里也会发生。福尔克（Falk）在《可信巧合与不可信巧合的判断》中指出："自认为有意义的巧合比自认为无意义的巧合更使人感兴趣，自己经历的巧合比别人经历的巧合更引起重视。"

　　随机性是可能性教学中的一个基本观念，它包括两个方面：（1）单一事件的不确定性和不可预见性；（2）事件在经历大数次重复实验中表现出规律性。前者看似简单，但对只接触确定性数学的低年级学生而言并不简单。教者特别关注学生可能的潜在的错误直觉，让学生充分积累对不确定性的直观感受，把功夫下在了学生随机观念的建立上，把住了可能性教学的脉。

　　要用一个正确的概念来代替一个错误概念，用第二直觉来代替第一直觉，用一个数学模型来代替直观评判是非常困难的，信念和概念的改变是缓慢的。李俊等学者的研究都显示，学生在正式开始学概率之前就已经形成一些错误概念了，在学概率期间还有可能产生新的错误概念，学习结束之后可能还存在某些错误概念，即便教学是基于对错误概念了解之上，某些错误概念还是顽固得难以消灭。概率说理有一个特殊问题，那就是他有时会与因果的、逻辑的、确定性的思维形成冲突，如果仅用口头说教的方式是难以改变学生直觉的。因此，我们教师就该创造情境，鼓励学生用真实的数据、活动以及直观的模拟实验区检查、修正或改正他们对概率的认识。实验不仅是要做，而且是要多次做。传统的教学做一次实验不仅是不够的，而且甚至会对学生理解随机带来相反的影响。

（五）学生在实验中是"操作工"，还是"探究者"？

不管是教学统计，还是教学概率，往往需要做实验。那么，实验的主体是谁？学生在其中又该充当怎样的角色呢？

在有关"可能性的大小"课堂里我们常常看到这样的场景——

师：（出示一个盒子）盒子里有 9 个白球，1 个黄球。如果从中任意摸出一个球，可能是什么颜色的球？

（学生略作思考后猜测。）

师：好，下面就请你们分小组进行摸球，记录自己摸球的结果，并与小组内的同学交流摸球的情况。

（各小组摸球、统计、讨论，教师巡视。）

师：谁愿意代表本组汇报一下小组交流的情况？

（各小组汇报。）

师：摸出白球的次数多，说明摸出白球的可能性——（声齐答：大）；反过来说，摸出黄球的次数少，说明摸出黄球的可能性——（声齐答：小）。

师：这个游戏告诉我们，虽然事件的发生是不能确定的，但是可能性是有大有小的。

接着，我们再来分享牛献礼老师提供的同样课题的相关片段——

师：（出示盒子）同学们，这个盒子里放有白色和黄色的球共 9 个。不过两种球的个数是不相等的，如果不打开盒子看，你们有办法知道哪种颜色的球多吗？

生：可以猜。

师：猜，是一种方法。那你猜是哪种颜色的球多一些？

生：我猜是白球多一些。

生：我猜是黄球多一些。可到底是哪种颜色的球多，我们还是不能确定，这样

瞎猜，即使猜对了也只能说明运气好。

生：（迟疑地）老师，我有个办法，能不能用在二年级摸球的方法，每次摸出一个球看看颜色，然后放回去再摸。多摸几次，最后看摸出哪种颜色的球多，就说明盒子里这种颜色的球多。

师：大家明白他的意思吗？谁能再解释一下。

生：他的意思是从摸球的次数中判断哪种颜色的球多。摸出的次数多，就说明这种颜色球的个数多。

师：你们认为这个办法行吗？

生：（齐）行。

师：好，下面我们就来做这个实验。

（出示活动要求：每人每次摸出一个球，记录员记录结果；把球放进盒子，摇一摇，下一位同学继续摸；每组共摸 20 次。）

（5 分钟后，学生开始分组汇报摸球结果。）

生：我们组认为盒子里的白球多。因为我们摸了 20 次，白球出现了 15 次，黄球只出现了 5 次。

生：我们组摸了 20 次，白球出现了 17 次，黄球只出现了 3 次。我们也认为白球多。

师：从摸出球的次数中，我们推断出盒子里的白球可能多一些。我们的推断是否正确，最终还得——

生：把盒子打开看看。

（各组打开盒子，发现白球有 8 个，黄球只有 1 个。学生们欢呼雀跃。）

师：如果把这几个球放回去再摸一次，会摸到什么球？

生：可能是白球，也可能是黄球。

师：会不会一定是白球？

生：不会，因为盒子里既有白球也有黄球，所以摸出来的也可能是黄球。

生：盒子里白球多，黄球少，摸出白球的可能性大，摸出黄球的可能性小。但是，可能性再小，也是有可能的啊。所以，摸出的不一定全是白球。

师：说得真好！那么，同学们，通过刚才的摸球游戏，你们对"可能性"有了哪些新的认识？

……

两种教法在形式上很相似，都是通过"摸球"让学生感受事情发生的确定性与随机性。但仔细分析，会发现两者之间有着本质的区别。

前一种教法，教师的目的是要让学生"感受不确定性""感受可能性的大小"，但学生并不清楚。这时，学生的活动只是在按教师的要求进行，只是在执行老师的一个个指令，而不是一种真正自觉的行为。这样的实验缺乏主动性、探究性，思维含量不高。另外，从课堂实践来看，教师先告诉学生盒子里放着 9 个白球和 1 个黄球，再让学生猜测摸出哪种球的可能性大，学生几乎是异口同声地说"摸到白球的可能性大"，说明相对学生已有的经验和知识来说，这一问题思维含量不足，缺乏"挑战性"，不能有效激发学生探究的欲望。那么，接下来的明知最终结果的实验活动还有多大意义？学生经历一番"摸球"后会思考哪些有深度的数学问题呢？

动手实践，主动探索是新课标所积极倡导的一种学习方式。但是，"动手实践、主动探索"决不能简单地等同于"动手活动"。两者的主要区别在于前者有着明确的目的性和高度的思维含量。

牛献礼老师的教法中，学生先对解决问题的方法达成了共识：用摸球的方法进行判断，哪种颜色的球被摸出的次数多，说明这种颜色的球的个数可能就多。此时的动手实验目的明确，自然成为学生的自觉行为。在这一过程中，学生思考着解决问题的办法，不断提出新的想法，并通过动手实践探索问题的答案，最后打开盒子进行了验证。学生不仅感知了不确定性和可能性的大小，而且在探索活动中学习到了科学探究的方法，发展了合情推理的能力。

针对学生常常根据自己的经验和直觉来判断事情的发生与否，以为"不太可能就是不可能，很有可能就是必然"，将可能发生与必然发生混淆起来这种普遍存在的错误，教师在学生已经获得结果的情况下，进一步引导学生思考："如果把这几个球放回去，再摸一次，会摸到什么球？""会不会一定是白球？"促使学生深入理解"可能性"的含义，并进一步理解事情发生的确定性与随机性。可见，牛老师设置认知冲突，预留思维空间，更多的是在引导学生自主进行思维活动，很好体地现了"数学教学是数学思维活动的教学"的思想。

让学生在活动中积累体验很重要，而活动前、活动中、活动后的思考更重要。潘小明老师就非常注重活动前后的思考，请看他在教学"用分数表示可能性大小"

一课中的片段——

出示游戏规则：

游戏：一个纸袋里，有 6 只分别标有 1、2、3、4、5、6 的球。甲乙两人轮流从中摸球，每次摸一个，摸后放回。

球上的数大于 3，甲得 1 分；

球上的数小于 3，乙得 1 分；

球上的数等于 3，谁都不得分。

各摸 10 次，谁的得分高谁获胜。

如果让你参加这个游戏，你准备当甲，还是当乙，还是随便安排？

全班学生用手势表示了自己的意见之后，潘老师发现学生的想法不尽一致，就开始组织学生各自陈述自己的理由，小组内交流。他并没有像有些老师那样，急于让学生通过摸球来验证可能性的大小。

小组内交流之后，潘老师先询问：有没有谁在讨论之后，改变了自己原来的想法？

一个学生说："我原来是选择随便安排的，但现在我认为当甲赢的可能性更大。因为甲赢的情况有 3 种，而乙赢的情况只有 2 种。"

从这位学生的发言中可以看出，这样实验前的思考是有价值的、有效的。

2011 年在中关村三小借班上课

（六）是直面学生的错误认识，还是回避它？

我们的学生并不是头脑空空地等着从我们教师口头得到概率的正确理论，在正式教学之前，学生对概率统计已经有了他们自己心中固有的直观判断、偏见和观念。教师需要了解学生潜在的错误观念。在学习概率的过程中，教师不仅要关注学生是否动了、做了，更要关注学生是否想了、说了；不仅要关注学生是否想了、说了，更要关注学生想了什么、说了什么，善于发掘学生话语背后的潜台词，再通过动手实验或讨论，逐步消除错误的观念，帮助学生建立正确的概率直觉。

学生常见的错误直觉：

（1）确定性思维。

对随机事件的不确定性认识不够，以为一切事情都有着明确的答案和确定的结果，一年级学生中最多，少数学过可能性的三四年级学生也存在这个问题。

例如：抛一枚硬币，第一次是正面，认为第二次"必然还是正面"（一年级17％，三年级2％，四年级2％）或者"第二次一定是反面"（一年级6％，三年级4％，四年级2％）。

把可能性比较大的等同于必然事件，认为很有可能就是必然；可能性比较小的等同于不可能事件，认为不太可能就是不可能。"从一个装有 3 个黄球、1 个白球的盒子里摸一个球。"认为"一定摸出黄球。"（一年级8％，三、四年级1％）"不可能摸出白球"（一年级11％，三、四年级3％）。

把可能性较小事件发生的原因归结为没有努力缺少信心等。"从一个装有 3 个黄球 1 个白球的盒子里摸出一个球，没有摸到白球。是因为我没有认真摸"（一年级4％，三年级1％，四年级0％）。

（2）等可能性偏见。

认为一件事情有几种结果，那么这几种结果出现的可能性是相等的。

如：同时抛两枚同样的硬币，结果：认为两个都是正面朝上、两个都是反面朝上、一个正面朝上一个反面朝上，这三种情况出现的可能性一样。（27％，因为各个年级差异不大，故没有分别统计。）

（3）预言结果。

即预言每次试验的结果，将可能性估计建立在因果的联系上。如" 从一个装有

3个黄球和1个白球的盒子里摸出一个球，结果会怎样?""摸到黄球，就一定是黄球；摸到白球，就一定不是黄球"(一年级一女生)。"去商场抽奖，中奖了，中奖的可能性是1；没中奖，中奖的可能性就是0"(五年级一男生)。

综上所述，没有经过正式教学的学生，在生活中也已经积累了一些关于随机现象的经验，对可能、一定能加以区别，部分学生对可能性的大小也有所体验。但也存在着形形色色的潜在的对可能性的模糊、错误的认识。

关于概率学生乃至成人还有相当多的认识误区，正如兰德威尔(Landewehr)指出:"人们不适当地认为在'真实世界'内的一切都是确定的；人们无根据地相信小样本；人们在日常生活中无根据地把问题归结为平均数来解决……"

《游戏公平》是北师大版第八册的教学内容。这节课一个很重要的教学目标是让学生"初步体验事件发生的可能性"。在此之前，学生在第一学段，已经知道了"可能"与"一定"，并通过摸球等活动，初步体验了可能性是有大小的。对学生而言，从"可能性有大小"到"可能性相等"在认识上是一个飞跃；正因为有"可能性相等"，可能性才可以用分数表示，从而实现可能性从定性到定量的过渡。

但体验"可能性相等"对于长期习惯于确定性思维的学生来说，是何等的艰难!他们很自然拥有的大量貌似正确实际错误的想法严重影响了这一目标的实现。教师们发现，不做试验、不分析，学生似乎理解得很顺利:"抛硬币，正反面向上的可能性相等""掷色子，每个数字的机会是一样的"；做了试验之后，却是另一番景象:越分析越糊涂——在一堆悬殊很大的数据面前，教师试图说服学生可能性相等时那么苍白无力，于是教师便想尽一切办法，选择相等的或接近相等的数据以支持"可能性相等"的结论草草收场。更有甚者，干脆选择回避:不做说不清道不明的抛硬币试验，改做更容易驾驭的可能性有大小的试验；更极端的索性不做试验。笔者以为，大量重复试验本身，可以让学生充分体验到随机事件的"不确定性"，而试验之后对数据的分析，才能让学生体验随机事件的另一特点"偶然中的必然"。要想体验"可能性相等"的丰富内涵，试验是无可替代的。所以，在一开始设计这一课时，首先决定的是:不仅要抛硬币，还要舍得花时间以保证一定的次数。

初步确定的方案如下:由足球比赛裁判抛硬币挑边引入，提出问题:为什么用抛硬币来决定?由此讨论抛硬币的公平性。然后学生进行抛硬币试验，收集较少次试验和大量试验的数据进行对比，再提供几位数学家抛硬币的结果再次对比。从而体会到正反面向上的等可能性。

尽管有了充分的思想准备，试讲时学生的种种问题还是让笔者措手不及。"不同的硬币抛出的结果是不同的""和你抛时旋转的力度有关"，甚至在铁证如山的皮尔逊 24000 次抛硬币的结果前学生仍坚持"我承认抛很多次是很公平的，但是裁判只抛一次，可能性就是不相等的，是不公平的"。面对学生的质疑，教者再次陷入了沉思：五花八门的说法，只基于一个同样的原因——学生没有理解"可能性"这一概念，同时说明构建"可能性"的概念非常困难。与其被动招架，不如主动出击！教师不再害怕、回避学生各种真实的想法，孤身一人搜寻证据以说服半信半疑的学生"可能性相等"，而是反其道行之，把所有的潜在的矛盾错误都揭示出来让学生想方设法来说服大家，让学生经历"可能性"这一概念的形成过程，而非教师强加给学生。正如科诺尔德（Konold）的许多研究都提到，要向人们清楚地解释一个随机概念，还不如让他们直接面对一个错误概念。

调整思路之后，就有了下面的片段——

师：有一个蛋糕，两个人吃。怎么分公平？

生：平均分，每人分得一样多。

师：现在把蛋糕换成球赛门票，有两个人都特别想看。怎么安排比较公平？

生 1：（半开玩笑地）从中间撕开，撕成两半。

（学生大笑。）

生 2：可以玩石头、剪子、布，谁赢了谁去。

生 3：还可以抽签，或者掷色子、抛硬币。

从分蛋糕到分球赛门票，抛硬币这一方案是学生为解决实际问题自然想出的，相比而言裁判抛硬币要显得生硬许多；更为重要的是，一开始就让学生在对两种公平——结果相等的绝对的公平和可能性相等的机会的公平的对比中更好地把握对后者的理解。

师：同学们想出了多种办法。我们先来讨论一下抛硬币这个办法。

（师请两位学生模拟甲和乙，商定抛到正面甲去，抛到反面乙去。抛一次，结果反面朝上。甲指指乙，示意乙赢了。）

师：现在，你们觉得抛硬币这个规则公平吗？

（大多数学生说：公平。）

乙：（小声地）好像不太公平。

师（好奇地，示意乙说下去。）

乙不语。

师：自己去了，好朋友没去成，有点不安。是吗？

乙点头。

师：我来采访一下甲同学，他去看球赛了，你待家里，你觉得抛硬币这个规则公平吗？

甲：公平。因为这个规则是我们事先商量好的，所以最后到底谁去谁也不知道。

生1：我也觉得这个规则是公平的，因为硬币正面和反面都是一个，要是有一个正面两个反面那就不公平了。

生2：我觉得正面和反面向上的机会都是50％，所以是公平的。

生3：你看，正面和反面都是圆形的，大小也一样，所以当然是公平的。

学生此时看起来明白得很，个别学生甚至还说到了50％这个没学过的数，但是明白表达的背后不一定是十分明白的思维——

师：我同意大家的观点。抛硬币是不是公平，不是看结果，而是要看机会。也就是看可能性是不是相等。可分析毕竟是分析，有什么事实能说明正反面向上的可能性相等呢？

生1：我觉得刚才抛一次不能说明问题，抛两次，应该一次正面，一次反面。

生2：我觉得抛两次很可能还是全部正面或者全部反面朝上的，应该抛五六次。

生点头。

师：行，就照大家的想法，咱们试着先抛10次。

（生试验之后汇报结果：正5，反5；正3，反7；正4，反6；正7，反3；正6，反4；正8，反2等等。）

师：同学们坚持说正反面可能性相等，可从大家试验的结果看，除了正5反5之外，我看到的都是不相等！正8反2，相差得也太多了，8可是2的4倍呢。凭什么你还能说可能性相等呢？

生1：（正5反5的试验者）我觉得他们一定是硬币没放正。你看，我让硬币正面在上面，然后我抛得很低，落下来保证是正面向上。

师（对抛出正反面不相等的学生）：你们是这样抛的吗？

生（众）：没有，我们是按规则抛的。

生 2：我觉得用 1 元的硬币抛比较公平，他（指同桌）抛的是 1 元的硬币，正面和反面次数都相等；而我用 5 角的抛，结果正 2 反 8，那是因为 5 角的正面花纹多，所以正面重，容易正面着地。

（对生 2"头头是道"的分析，不少学生点头表示赞同。）

师：挺有意思的一个发现！是不是其他抛 1 元、5 角硬币的同学都有同样的结果？

几个学生表示反对。

相同的因就会有相同的果，不同的果背后一定有不同的因。学生在试图解释试验结果时，用的就是这样严密而又简单的确定性的逻辑思维！怎样让学生自己发现这些潜在的错误认识，办法只有一个：以子之矛攻子之盾，学生用一部分事实得出结论，那就用另一部分事实否定这些结论！让孩子们从"明白"走向"糊涂"，由"振振有词"到"无言以对"是必须的阶段！

生 3：我觉得可能性是相等的，因为大多数还是差不多的，只有个别同学抛到正 8 反 2。

生 4：因为每一次抛到的是正面还是反面是说不准的，所以碰巧就会有正 8 反 2 的情况。

生 5：我觉得就是相等的。就算你抛了 10 次，次数相差得很多，但是只要你抛下去，总有相等的时候！

师：（套用生 5 的话）那我也可以说：我觉得是不相等的！就算你抛了 10 次，正反面次数相等。但是只要你抛下去，总有不相等的时候！

生笑。

生 6：有的是正面多，有的是反面多，总的来说是差不多的。

生 7：（激动地）这么多次的试验结果放在一起看，有正 7 反 3，就有正 3 反 7；有正 4 反 6 就有正 6 反 4；平均一下，正反面都是 5 次。

师：是啊，1 个同学抛 10 次的结果，不能代表总体情况。"把这么多次的试验结果放在一起看"是个好方法！可这些数据真像你说的那么对称吗？

学生煞费苦心地寻找绝对的次数的相等！当他们意识到这样的寻找只是徒劳之际，正是柳暗花明之时！

生8：我给你纠正一下，平均一下，正面比5次多一点。你看，有正8反2，却没有正2反8！

生9：还有一种办法，我们也可以把这些数据都加起来，就会发现正面一共是33次，反面一共27次，是差不多的。

师：次数多了，一定有这个规律吗？

（第二次抛硬币，4人小组合作，共抛100次。）

根据学生试验的结果，制作出如下统计图。

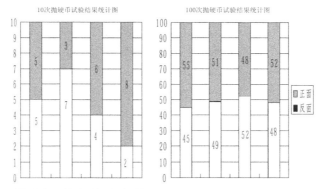

师：观察这两幅图。你有什么发现？

生1：我发现，正反面的次数都在一半上下，也就是说都在一半上下摆动。

生2：但是抛10次的，摆动的幅度很大；而抛100次，摆动的幅度就很小了。

生3：抛100次的，正反面的次数都很接近50！

师：很了不起的发现！同学们发现了吗？

（另请一位学生指图说他的发现。）

师：要是我们抛的次数更多，结果会怎样呢？

生：正反面的次数会更接近！

师提供部分历史上著名的数学家抛硬币试验的结果：

蒲丰   4040   正面：2048   反面：1992

费勒   10000 正面：4979   反面：5021

皮尔逊 24000 正面：12012 反面：11988

学生惊叹："哇，这么大！"

师：看着这个数据，你有什么想法？

生1：我特别佩服这些数学家，他们真有耐心！

生2：我发现抛得特别多，正反面次数果然非常接近！

生3：可是我有个问题：正面2048次，反面1992次，相差56次呢！不是比刚才抛10次，抛100次的差的更多了吗？

师：（故作不解地）是啊，相差的反而更多了？

生4：刚才只抛10次，100次，相差的当然会少，现在抛的次数多了，相差的自然就多了。

生5：尽管相差50多次，但那是几千次中的50次，所以其实差异是很小的。

生6：你看，费勒、皮尔逊抛了上万次，也只相差几十次。其实这个差异就更小了！

师：同学们对数的感觉真好！想象一下，把数学家的这些结果画成统计图，会是什么样的？

生：正反面的条形和中间一半的红线会非常接近！

出示统计图：

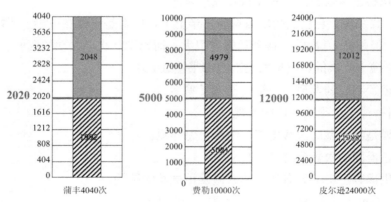

数学家抛硬币试验结果统计图

生感叹。

生1（情不自禁地）：几乎看不出来了！

师：看不出什么了？

生1：和中间那条红线都要重合了，几乎都是一半了！

生2：比我想象的还要接近！

教师不似通常所做的只进行一次数据汇总便得出结论（这种简单的推断本身也与概率思维相悖），而是借助直观的统计图，让学生一再比较、体验从 10 次到 100 次再到成千上万次的变化。学生恍然：相等，原来就存在于不断逼近一半的过程之中！

师：同学们：皮尔逊抛了 24000 次。如果他再抛一次，第 24001 次会是什么结果呢？

生1：不一定。可能是正面，也可能是反面。

生2：我补充：不但正面反面都有可能，而且正面和反面的可能性相等。

由上万次又回到"这一次"，实现了大量重复试验的"频率"向一次试验的"概率"的回归。

师：请判断对错。抛两次硬币，一定一次正面向上，一次反面向上。

生：错！只抛两次，会有偶然性。

师：抛 1000 次，一定 500 次正面向上，500 次反面向上。

生：错！

师：抛得次数很多，怎么也不对呢？

生1：不一定正好正反面次数完全一样的。

生2：正面向上的次数会在 500 左右，很接近 500。

师：通过刚才的抛硬币，你能得出什么结论？

……

概率是一个既难教又难学的内容，因为概率有其固有的思想方法，有别于讲究因果关系的逻辑思维和确定性思维。要真正了解学生的思维，不仅要知道学生的观点，而且要知道他们是如何思考达到这个观点的。

笔者切身感受到要有效地教学小学数学的概率和统计，就要增强教师的知识背景，增加概率统计的概念，正视学生和教师关于概率统计的观念。就拿这节《游戏公平》来说，当教者明白了陈希孺先生"概率就是当试验次数无限增大时频率的极限"的话语时，教学的勇气就增添了许多。C. R. 劳先生指出："对统计学的一知半解常常造成不必要的上当受骗，对统计学的一概排斥往往造成不必要的愚昧无知。"

概率从它本身发展成为一个独立的学科到广泛地进入中小学课程，只用了很短的时间，这种速度是代数、几何等其他内容无可比拟的。然而，正由于是这样的推进速度，又由于很多国家中小学的概率教育都刚刚起步，从事概率思维研究的人员很少，更加之与概率相关的某些错误概念貌似合理符合逻辑，又比较隐蔽，就造成了关于概率的教学研究滞后于课程改革步伐的局面。因此，行文至此，我们要说，关于小学数学统计与概率教学的判断只限于有限的统计，期待着您的修正。

（本文与施银燕老师合作完成）

十八、会飞的课堂

2003 年，我执教《36 军官问题》一课——

（播放天安门广场阅兵式录像剪辑（新中国成立 50 周年的）之后，出示了 18 世纪普鲁士王国国王的图片。）

师：18 世纪的欧洲，有一个普鲁士王国，国王叫腓特烈，他也想举行一次阅兵式，用 36 名军官组成一个方阵作为整个阅兵式的先导。他们国家共有 6 支部队，有 6 个不同级别的军官。国王突发奇想，他想从 6 支部队中各挑选 6 名军官，这 6 名军官正好是 6 个不同的级别。用这 36 名军官排成一个方阵⋯⋯

生：（插嘴）太容易了，每行 6 个人，排成 6 行就行了。

师：（微笑）不过，国王有个要求：每行、每列都要有各个部队、各个级别的军官。

（生面露难色，有的皱眉，有的沉思，有的跃跃欲试。）

师：现在，你在想什么呢？有人想试一试，是吗？

（突然一位学生有些得意地举起了手。）

生：这样没法排。要求每行每列都要有各个部队、各个级别的，如果是 3 行 3 列的是可以的，6 行 6 列是不可以的。

师：（好奇地）是这样吗？你怎么知道的？

生：（激动而得意地）我是从书上看到的，保证没记错！

师：爱看书是个好习惯！那么，你研究过吗？情况是不是真的这样呢？其他同学研究过吗？

（同学们轻轻地摇头。）

师：我们祖先有一句话："尽信书则不如无书"，说的就是一定要经过我们自己的思考，自己的探索。那么现在你想研究这个问题吗？

生：（迫不及待）想！

……

师：上了这节课，你有什么收获和遗憾呢？

生1：有些事情必须要有所试验才行。不可以过早地下结论，或者轻信别人的结论。上了这节课，我就想起二年级语文课学过的一篇课文《小马过河》：松鼠说"河水很深会淹死人的"，老牛说："河水很浅刚到膝盖"，小马听了之后就不知道怎么做了。这篇课文说的是同一个道理："要想知道梨子的滋味，就要亲自尝一尝。"

师：说得真好！联想到语文学科的了，说明了一个特别好的道理：不是听别人说，而是自己去思考，自己去尝试，非常可贵！

生2：这节课，我最大的感受就是要有特别严谨的作风。我发现2行2列的排不成，3行3列的排出了，我就得出结论：凡是偶数的都排不成，凡是奇数的都可以排。我以为自己就成功了，4行4列的我以为排不成就不去好好想了，所以就真的排不出来了。上了这节课后，我觉得有点惭愧，我知道提出一个猜想之前也要经过无数次的探索。

生3：我也有这样的感受。哪怕有99次都成功了，只要下一次失败了，就需要进一步地推敲了。我记得您曾经说过，证明正确，需要无数个例子；证明错误，只要一个反例就够了。

生4：（一学生突然十分兴奋地站起来）华老师，您刚才说数学家已经证明了36军官问题是无法解决的。可是，我已经排出来了！（异常激动地走到展示台前）请大家看！

师：（已看出其中的差错，而同学们没发现。教师故意没指出来，而是——）遗憾的是要下课了，我们没时间来检验了。6×6的方阵假如你真的排成了，数学史就要因你而重写了！

（下课铃响后，生4仍然在本子上画图、列表。在本子上方，赫然写着这样一行字：数学史上将留下我的名字！）

回顾这节课，回味2000年以来新课程背景下的课堂（不管是自己上的，还是听同行执教的），我脑子里蹦出一句话——现在的课堂会飞。

课堂怎么在飞？因为学生在飞，教师在飞。

学生在飞。学生的思维在飞跃：从"2"和"3"想到了"偶数"和"奇数"，从"有限"想到了"无穷"，从数学课堂想到了语文课本，从自己的体味想到了同学的探究，从笔下的习题想到了广袤的世界，从当下的教室想到了遥远的未来……

学生的思维为什么能飞跃？因为，学生本来就是天使，拥有一双隐形的翅膀。教师的尊重，没有剪掉学生的翅膀；教师的欣赏，帮助了学生的飞翔。

"课堂因化错而精彩"，已成为大多数教师的共识。在现在的课堂上，学生不用担心出错，"思考过就不用说抱歉"，波普尔说："那些不愿意冒着被证伪的危险去发表自己观点的人不能参加科学游戏。"正是老师与学生一起营造了宽容的氛围，让孩子们不怕被"证伪"而乐此不疲地感受着"数学好玩"。"我终于翱翔，用心凝望不害怕。"大概是当今学生在课堂中的心声。

就像那首《隐形的翅膀》所唱的那样："隐形的翅膀让梦恒久比天长，留一个愿望让自己想象。"新课程的课堂实践让我体悟到：教学，要传授知识，启迪智慧，但更有价值的是要在课堂上播种希望，让学生去想象自己生命的成长。

教育是以理想为目标的希望之旅。现时代的教师重要的、该做和能做的是播种希望，让教室的每个角落都"变得温暖又明亮"，用欣赏、信任、期待的目光"温暖孩子的心"，"让迷失的孩子找到来时的路"，让每一个学生都看到希望：只要努力，"人皆可以为尧舜"。

教师在飞。教师的思想在飞扬。

以前的教师是教材的忠实的执行者，缺乏自主参与。新课程改革纲要明确了教师也是课程的建设者。少了许多"不得越雷池一步"的规定，我们可以更多地考虑如何更好地促进学生发展。"教什么"的权利，给教师的工作带来了更多的自主也带来了更多的挑战。课堂上的教师可以思接千载，视通万里。课堂上的题材可以从白雪公主和七个小矮人（贲友林的课）到电视上有意思的奶粉广告（张齐华的课），等等。真正是"海阔凭鱼跃，天高任鸟飞"。

　　我记得有这样一句话："天使为什么会飞？因为她把自己看得很轻、很轻。"

　　以前的我们在课堂上为什么不敢飞、不能飞？因为我们对传统教师角色的眷恋：自觉不自觉地以真理的化身自居，以传播真理为己任。

　　以前的我们在课堂上为什么不敢飞、不能飞？因为我们特别地敬重书本，乃至于迷信知识。

　　回想《36 军官问题》的课始，学生从课外书中看到的结论几乎把这节课送上了"绝路"：书上早有了，我们也知道了，还研究什么？一句"尽信书则不如无书"则有效地去书本权威：人们包括孩子们常常把书本的知识当成是真理，是不必解释无需怀疑的真理。殊不知一切知识都是可错的，都是有待于检验和反驳的，"一定要经过自己的思考，自己的探索"使学生兴奋地踏上了尝试探索的旅程。

　　新课程下的教师不再是一支蜡烛，而是一根火柴，去点着学生求知的火把，去点燃学生生命的火焰。

　　现在的课堂不再是那样的沉重，不再是那般的凝固，思维闭塞，暮气沉沉，而是充满着生机和活力，朝气蓬勃，想象丰富，是那样的轻盈和灵动。课堂上，有了我们自己的思考，有了我们自己对教材、对教学的理解，有了我们自己的声音。

　　现在的课堂上，常常有"煮熟的鸭子"飞走了的时候。可是"室翁失鸭，焉知祸福"。正因为有这样的种种意外，使我们的课堂更有挑战、更有意味、更有兴致。课堂教学就像是一次心灵之旅，如果前面的路上有什么都是已知的，那么整个旅行便索然寡味。能激发教师激情的，就是课堂中的不可知。钱理群先生说："我都是带着一种期待、想象，怀着一种激情、冲动，全身心地投入，陶醉于其间，用婴儿的眼睛去重新发现，把它看作是自我生命的新的开拓与创造，从中获取'诗'的感觉。"我想，这种"诗"的感觉就是"飞"的感觉。

　　思想改变课堂，激情成就梦想。乘着思想的翅膀，师生一起飞翔，飞翔于课堂之中，如鱼之在水，如鸟之在林，左右逢源，自得其乐。

　　好风凭借力，送我上青云。我们很幸运，我们遇上了新课改。

　　"知道我要的那种幸福，就在那片更高的天空，我要飞得更高，飞得更高……翅膀卷起风暴，心生呼啸，我要飞得更高，飞得更高……"

　　飞，是一种状态；飞，是一种自在；飞，更是一种境界。

　　会飞的课堂，必将造就华夏之腾飞。

十九、称呼里的学问

小时候，我喜欢跟在父亲后面走亲戚，但是怕叫人，喜欢用微笑的眼睛看着亲戚，不多说话。

教过私塾的父亲提醒我要"学会叫人"。因此，在离亲戚家很远很远的时候，我就会仰着脸问父亲："爸爸，等会儿我叫什么啊?"在家族中，我的辈分高，好多孩子比我大的人要叫我"叔叔"。因此，从小我就感觉到称呼里面的学问真大，不可造次。

长大后，我体味到人家称呼你什么，你的感觉和心情是大不一样的。明白了称呼应因时、因地、因人而异，要表现尊敬、亲切和文雅，便于拉近距离，融洽感情，沟通心灵。也觉得自己在称呼这方面基本上过关，没有遇到过脸红心跳的情形。

哪知道，前不久，我跟着李烈校长一起听课，再听了李校长的三次评课，我觉得自己在称呼上仍需进修。

第一次是李烈校长评点一节三年级的数学课。

李校长在对执教老师的教学给予充分肯定之后，给大家讲了一个真实的故事。

那是一次政协会议上的小组讨论。来自各条战线的政协委员们聚集在一起，一位研究生模样的女秘书负责记录，她请委员们发言时，先报一下委员号，以便记录。李烈校长是组长、主持人。

委员们一个接着一个慷慨陈词。

轮到一所重点中学某校长发言了。女秘书打断道："请您稍等，您先报下号。"某校长好像没有听到，继续发表他的观点。女秘书又打断道："请您稍等，您先报下号。"某校长应该是听到了，停顿了一下，没有报号，接着话头继续说。女秘书的脸有些红了，"请您稍等，您先报下号。"某校长十分生气，"什么是报号? 什么是报号? 犯人才报号，你拿我们当犯人啊!"

会议室里的空气凝固了。

女秘书大概是被吓着了，眼泪都掉了下来。

出人意料的一幕，让李烈校长这个主持人也有些尴尬。几秒钟后，李校长打圆场道："某校长，我也没有注意到这一点，请别生气！秘书请大家报委员号，是为了快速找到发言人的名字，没有不敬的意思。接下来，请发言的委员自报姓名。"

听李校长讲到这里，我似乎被当头一棒。

执教老师课上指名学生回答问题时，基本上都是报的学号。"长方形的面积与什么有关？——28 号。"28 号同学应声起立……我当时是敬佩不已。说老实话，我是报不出自己班上所有学生的学号的。

现在想想，真是很可怕。如果学生到了学校，都不用姓名，只有学号，那么学校不就成了集中营了吗？

油然想起曾经有一个学生在学校的问卷调查中反应过"不希望老师叫自己的学号"。我这个主管教学的副校长竟浑然不觉。

自己的名字是听到的所有音乐中最动听的。当我从网上发现陕西省宝鸡市也有一个名叫"华应龙"的人的时候，我就特想见见那一位"华应龙"。2012 年 11 月 18 日，两个"华应龙"在宝鸡惜别的场景，让我想起一句诗"桃花潭水深千尺，不及应龙送我情"……而这一切都源于"华应龙"三个字。

现在，哪怕是借班讲课，我也会请学生把他的姓名写在练习纸的最上方。建议学生：如果觉得我可能不会读你名字中的某个字，请注上拼音。在我能够脱口而出学生的名字时，我分明看到了学生眼睛里明媚的阳光。

第二次是李烈校长评点一节一年级的数学课。

那个班上有一位学生，叫杨爱北（化名），自理能力特别差，在家里都是保姆帮助穿衣服，在学校满课桌上都是文具。李校长听课时专门坐到了他的旁边。一节课的时间，李校长三次弯腰，帮他从地板上捡起笔和尺。杨爱北的学习习惯也不好，课上不专心。当他开小差时，上课的刘老师温柔地说："北北，看到这里来。"

李校长评课时，抓住这个细节说，"学生都那样了，还叫他'北北'？平常我们可以叫他'爱北'；表现好的时候，奖励他，可以叫他'北北'；表现不好时，应该叫他全名，杨爱北，每一个字都咬清楚。"

是啊，如何称呼学生真是一门艺术。

第三次是李烈校长评点一节四年级的数学课。

当时上课的是一位刚刚执掌教鞭的年轻教师。李校长高度夸奖了她的成熟和灵活，然后指出："以后课上不要用'孩子'来称呼学生，你自己还是个孩子呢！"李校长补充说，"有的老师还喜欢叫学生'宝贝'，那不恰当。学生在家中才是'宝贝'，在幼儿园也可以叫'宝贝'。到小学了，还是叫他'宝贝'，那样会把学生固定在幼儿阶段，要培养学生的'小学生意识'。到小学了，还是叫他'宝贝'，给学生的感觉是与家里一样，也不利于学生建立规则意识。"

名实之辩是一个历史悠久的哲学问题。黑板为什么叫黑板？粉笔为什么叫粉笔？事物与名称之间到底有没有关系？柏拉图《对话录》中的《克拉底鲁斯篇》对此早有探讨。其中，克拉底鲁斯认为，名称有意义，事物与名称之间具有天然的联系；而他的对手赫莫吉尼斯则坚信，名称和事物是随机搭配的，名字是约定俗成之物，没有意义，无所谓正确不正确。这样的对话意味深长。我原来觉得称呼上级、长辈要谨慎，现在看来称呼学生也大有学问。

走进课堂

一、当阳光亲吻乌云……

——化错教学以"解决（连乘）问题"为例

【课前慎思】

在汶川大地震两周年纪念活动中，北京对口支援的什邡市邀请我去讲学，确定的教学内容是人教版小学数学三年级下学期第 99 页"解决（连乘）问题"。

接到任务后，我思考——

现在的"解决问题"教学与传统的应用题教学有什么不同？我们应该如何扬弃传统的应用题教学经验？

教材中"3 个方阵一共有多少人"的问题情境如何呈现？为什么要解决这样一个问题呢？针对这一情境，学生可能会提出什么问题？还有更适合的例题情境吗？

2008 年 6 月 29 日，给四川震区老师讲课

学生列式解答连乘问题有困难吗？如果在正确理解题意的基础上，学生都能解答，那么教学的帮助和提升作用体现在哪里？为什么要上这节课呢？

理想的课堂应当是不仅传授知识，而且要启迪智慧，更要点化生命。那么，这节课教学的智慧点在哪里？又如何点化生命？……

经过一个多星期的思考，我确定本节课的教学目标——

1. 经历解决问题的过程，学会用乘法两步计算解决问题。

2. 通过解决具体问题，获得一些用乘法计算解决问题的活动经验，感受数学在日常生活中的作用。

3. 渗透爱的教育，让爱在师生们心间传递。

教学重点：进一步熟悉解决问题的步骤，会寻找条件。

教学难点：会叙述解题思路。

【课堂实录】

（一）交谈引入，现问现解铺垫问题

师： 同学们，我知道你们是三（3）班的，我们班一共有多少人？

生： （齐）52人。

师： 假如不直接告诉我，该怎么办呢？

（学生不明白表达何意。）

师： 你可以告诉我什么，让我来算。那能告诉我什么呢？

生： （怯怯地，不敢肯定）一组12人，二组12人，三组14人，四组14人。

师： 对！知道一组一组的人数，我就可以算出我们班一共有多少人。怎么列式呢？

生： 12+12+14+14=52（人）。

师： 还可以告诉我什么呢？

生： 我可以告诉您女生的人数和男生的人数。

师： 这样也可以，怎么做呢？

生： 只要合起来就可以了。

师： 也可以只告诉男生人数，再告诉女生比男生多多少人或少多少人，这样好不好算呢？

生：（齐）可以，好做。

师：谁会做？你能说一说怎么做吗？

生：女生比男生少 4 人。

师：想算全班有多少人，要先算什么？

生：女生多少人？

师：对，要先算出女生的人数，再把男生人数和女生人数合起来就是全班人数。现在我知道了，我们全班有 52 人。我又有一个新的问题，我们全校大概有多少学生，你知道吗？

（有的学生睁大眼睛，惊讶地扫视别人；有的孩子疑惑不解地看着老师。）

师：不知道的话，帮老师出个主意。我怎么才能知道全校有多少学生呢？

生：（一口气说出）一年级人数＋二年级人数＋三年级人数＋四年级人数＋五年级人数＋六年级人数。

师：行不行？

生：（齐）行——

（孩子们露出笑容，自觉地鼓起了掌。）

师：我很佩服这个小伙子！还可以怎么办？请动脑筋想一想。

（板书：全校有？名学生）

生：还可以问。

师：问谁？

生：（羞涩地回答）问校长。

师：直接问校长全校有多少学生，多没意思。我只想知道大约多少学生，可以怎么问？

（学生面面相觑，不知如何是好。过了一会儿，一个孩子举起了手。）

生：每个班大约 50 人，50 人乘以班数。

师：真是好样的！所以我们只要问校长我们全校有多少个班就可以了。

（转头问校长）请问校长先生，咱们学校有多少个班？

校长：有 26 个班。

师：全校有 26 个班，你能不能算一算全校大约有多少学生？

（待学生们在练习本上计算后，老师从中拿出一个如下的算式放在投影仪上。

$$26$$
$$\times 50$$
$$\overline{3000}$$

有孩子边举手边说：错了。）

师：算错了没关系，我们看看哪儿错了。

（学生们边看投影边议论。）

师：还是让他自己说说错哪儿了吧！

生1：少算了，应该是 1300。

师：（带头鼓掌，由衷地感叹）"真好！真好！这个小伙子真不错，开始说3000，大家有不同的声音了，他思考之后说少算了。反应真快！哪儿少算了，你们发现了吗？"

（孤孤单单的一个声音："没有。"其他同学议论："不是少了，是多了吧？"）

师：（笑着）我明白了，你们都同意多算了，多算有多算的道理，少算有少算的理由。说多算了，是结果多了；说少算了，是过程少了。哈哈哈！我们看看过程哪儿少了？

生1："2"还没有乘呢。

师：（指着投影上的错题）对，$5 \times 6 = 30$，$2 \times 5 = 10$ 再加上——

生1：进位的 3，就是 1300。

师：自己又算对了，多好呀！我们应该给他掌声。他能发现错误，并且能改正错误，这是华老师最欣赏的！（众学生鼓掌。）

师：现在我们算出来了，全校大约 1300 名学生。（扭头面向校长）我们全校有多少名学生？

校长：1280 人。

（学生们惊讶地"啊"了一声，一脸灿烂。）

师：大约 1300 人，真准！

（二）顺水推舟，找准条件贯通思路

师：我从刚才这么简短的交流中，发现我们三年级（3）班的同学都很会动脑筋。假如一个学校每个年级有 4 个班，每个班有 50 人，你能算一算全校有多少人吗？（边说边板书：每个年级有 4 个班，每个班有 50 人。）

（学生计算，老师巡视后，取来一份练习放到实物投影仪上：

$$4 \times 6 = 24$$

$$
\begin{array}{r}
2\,4 \\
\times \quad 5\,0 \\
\hline
1\,2\,0\,0
\end{array}
$$

学生看后，有人说错了，有人说对了。）

师：认为错了的同学请举手（大部分同学举起了手）；认为对了的同学请举手（五六个人举手）。哪位同学愿意做小老师给大家讲一讲，为什么说他这道题错了？

生 1：那个 50 是从哪里来的？

生 2（被投影练习的主人）：每个班有 50 人。

生 1：24 从哪里来的？

生 2：有 4 个班呀！每个年级有 4 个班，有 6 个年级，所以 4×6＝24。

师：我觉得你问的问题很厉害。我也问问，4×6＝24 求的是什么？

生：一共有多少个班。

师：那 24×50 求的是什么？

生：求的是全校有多少人，是 1200 人。

师：刚才说错的人呢？他哪儿错了？

生：他写竖式时数位没有对齐，24×50，"0"应该和"4"对齐。

师：我没有想到同学们对自己的要求这么严格，确实这个"0"既可以把它写在"4"的下面，但也可以把"0"放到后边。两个写法都正确，结果是不是一样的？

生：对。

师：如果把"0"放到后面怎么计算，哪位同学做老师给大家讲一讲？

生：如果把"0"放到后面就先算 24×5，然后再把"0"添上去。

师：很正确！假如把"0"放在"4"的下面也可以，就是在计算时麻烦了点。

（孩子们纷纷点头，不再认为刚才计算是错的了。）

师：现在我们知道了，全校有1200名学生。做错的同学，想一想，刚才自己错在哪儿了？谁能勇敢地说一说？

（没有学生敢举手发言。）

师：学习就是这样，正因为自己有不会的，才需要学习；要是都会了，我们也就不需要学习了。

（有几个孩子举起了手。）

生1：刚才我把我们学校的学前班也算进去了，所以乘的是7，就是28个班。

师：大家说说，他的算式有没有道理？对，问的是全校，我们学校有学前班，就得算。哈哈哈，他的解答也是对的。

生2：4×6这一步我没有列出式子，直接用24×50了。

师：（笑道）同学们对自己的要求很严格。一会儿用横式，一会儿用竖式。这个原因怪我，我没有讲清要求。（指向生2）你能都写成横式吗？你说我写。

生2：4×6=24，24×50=1200。

师：要不要写单位名称？（开玩笑地）不写要扣分的哟——

（同学们窃笑，气氛越来越活跃。）

师：24后面写什么单位？

（有的学生说"班"，有的学生说"个"。）

师：哪个最好？

（学生们还是各说各的。）

师：好的。让我说，我认为写"班"，因为那样可以突出有24个班。1200后写什么？

生：（齐）1200"人"。

师：你们知道上海的小朋友做这道题，他们会怎么列式吗？

（老师板书。）

$$4×50×5$$
$$=200×5$$
$$=1000（人）$$

师：这个式子你看得明白吗？你说是对还是错？

（学生们议论纷纷，有的说对，有的说错。）

师：为什么你认为是错的，请说明理由。

生1：他没有写括号。

师：哪里要写括号，你过来添上。

（他快步上前，把 $4×50$ 括了起来。）

师：为什么要加括号？

生1：如果不加括号，就会被别人看作 $50×5$。

（学生们反驳："不一定。"）

生2：如果不写括号，就应该在第一步的后面写等于号算出结果。

师：我很佩服我们三（3）班的同学，大家都很爱动脑筋，也能认真观察，还能大胆地猜想。是猜想就有可能是错误的。我们来看看这道题。我们以前在学习小括号时，为什么要有小括号呀？是因为加了小括号就要先算小括号里的。现在这个连乘的式子没有小括号，我们就要从左往右一步一步地去计算，就是先算 $4×50$，所以不用加小括号了。好了，孩子们，你们知道为什么上海的同学会写出这样一个式子吗？

生：（理直气壮地）我觉得这个式子是错的。因为有6个年级，不是5个。

师：你的判断完全正确。

（孩子们自己鼓起掌来。）

师：不过他们这么做，还是有道理的。因为上海有很多小学就是5个年级（学生惊讶）。看来，与我们不同的回答，不一定就是错的。（学生们似有所悟。）不管乘5还是乘6，我们都要先想一想，有几个年级呢？要想知道全校有多少人，（指着板书）我们该怎么想呢？（学生没有反应。）

师：先去想——每个年级有多少人？（板书：每个年级有？人）

再去想——有几个年级？（板书：有？个年级）

师：要求每个年级多少人，该怎么计算呢？

生：用全校的人数除以几个年级。

师：真好，可现在我们就是要算全校人数呀，它是不知道的。

生：$4×50$，4是每个年级有4个班，50是每个班有50人。

师：所以要求年级人数，就要知道每个班有多少人？（板书：每个班有？人）这个年级有几个班？（板书：有？个班）

要求全校有多少人，我们应该怎么想呢？谁能看着板书说一说。

（学生们坐在座位上自己试着说。）

生：（在老师帮助下）要求全校有多少人，就要用每个年级人数乘几个年级；要求每个年级的人数，就用每个班的人数乘有多少个班。

师：我发现同学们都会做，但不怎么会说，所以我们要把这个思路再说一下。

（老师指着板书示范着说，同学们跟着说。）

师：我们还可以从下往上想，根据每个班有多少人和有几个班，我们可以算出每个年级有多少人；再根据每个年级有多少人和有几个年级，我们就可以求出全校有多少人。（老师让同桌两人互说解题思路。）

（三）巩固练习，自解自述例题思路

师：（投影教材例的图片如下）你看到了什么？

生：我看到有同学在做早操。

师：你还看到了什么？

生：每行有 10 个人，有 8 行。

师：你还想知道什么？

生：有几个方阵？

（老师把图片投影中的遮挡挪开。）

生：（齐）3 个方阵。

3个方阵一共有多少人？

师：如果让你算 3 个方阵一共多少人，你会算吗？

生：（跃跃欲试）会。

师：既然你们都会，我就下岗了，不教了，你们自己算。

　　（教师行间巡视。）

师：（展示一学生作业）华老师看了一遍，确实非常佩服你们，同学们基本上都是这么做的：80×3＝240（人），但你们是怎么想的呢？列式解答，大家没问题；说思路呢，有些难。谁能勇敢地说一说解题的思路？

生：有8行，每行10人。8×10＝80（人），就求出了1个方阵有多少人。又有3个方阵，就用80×3＝240（人）。3个方阵一共240人。

师：说得特别清楚、流利，给她掌声！

　　（掌声中该女生得意地坐下，大家投以羡慕的目光。）

师：现在你会说了吗？

生：（孩子们都点点头）会——

　　（有不少同学举手。）

生：每排有10人，有8排，每个方阵80人，3个方阵就是3×80＝240（人）。

师：我们可不可以换一种说法？要想求3个方阵一共有多少人，我们就要先算出什么？

生：1个方阵有多少人。

师：对，要求1个方阵多少人，那怎么算呢？

生：（学生们都把小手举得高高的，喊道——）8×10＝80（人）。

师：看每行有多少人，有几行，这就需要我们自己去找。还有算式与这不一样的吗？

生1：我的做法是3×8＝24（人），24×10＝240（人）。

师：想想他是怎么想的？能给老师讲明白吗？

生：先求3个方阵的横排，再乘有多少个这样的横排。

师：我发现你真是他的知音，你完全明白，但你说得有些问题。孩子们，我们一起看，3×8算的是什么？你们自己说一说。

生1：有3个方阵，每个方阵有8排，3×8＝24。

师：24表示的是什么？

生：有24排。

2011 年，与参加西安中小学教师培训的老师合影

师：对，应该是"24 排"，而不是"24 人"。

生：一排有 10 人，所以再乘 10。

师：他思考的路子和我们的不一样，但也是对的。

（四）创设情境，传播美好大爱种子

师：（神秘地取出一叠红、黄、绿、蓝、粉的彩纸）这是老师从北京带来的。

（众生惊呼：太漂亮了！）

师：（拿起一张）一张纸把它对折，再对折，我们把它平均分成了几块？

生：4 块。

师：每张小纸可以折成一个像这样的纸鹤。（展示自己折的纸鹤。）

（众生感叹：太棒了！）

师：我想问问，这么多的纸可以折多少只这样的纸鹤，你想怎么办？

生：每张纸可以折 4 只纸鹤，有多少张纸就乘多少。

师：真好！但是这些纸一共有多少张呢？我告诉你，有 5 种颜色的纸，每种颜色的纸是一样多的，你想问我什么？

生：每个颜色的纸有多少张？

师：每种颜色的纸有 50 张。你还想问什么吗？（无人问。）你能算出一共可以折多少只纸鹤吗？

生：50×5 算的是一共有多少张纸，再乘 4，就是可以折出多少只纸鹤。

生：1000 只。

师：大家都会做了，下课后把这些彩纸拿回去自己折。想想，折出的千纸鹤准备送给谁？

（众生纷纷地说：老师、华老师、现场的老师、爸爸、妈妈、小伙伴……）

师：真好，因为送出一只纸鹤就是送出一份心愿，一份祝福。有没有谁想送给不是自己身边的人？

生：我想送给玉树的小朋友。

师：为什么？

生：因为他们受灾了。

师：她要把千纸鹤送给玉树的小朋友，我十分佩服她！这让我想起上周在报纸上看到的一篇文章——

美国东部一个风雪交加的夜晚，推销员克雷斯的汽车在冰天雪地的山区坏了。野地四处无人，克雷斯焦急万分。因为，如果不能离开这里，他就会被活活冻死。这时，一个骑马的中年男子路过，他二话没说，就用马将克雷斯拉出了雪地，拉到一个小镇上。当克雷斯拿出钱感谢这个陌生人时，中年男子说："我不求回报，但我要你给我一个承诺。当别人有困难时，你也要尽力去帮助他！"在后来的日子里，克雷斯帮助了许许多多的人，并且将那位中年男子对他的要求同样告诉了他所帮助的每一个人。

多年后，克雷斯被一场洪水围困在一个小岛上，一位少年帮助了他。当他要感谢少年时，少年竟然说出了那句克雷斯永远也忘不了的话："我不要求回报，但你要给我一个承诺……"克雷斯的心里顿时涌起了一股暖流。

（聚精会神听故事的孩子们发出了会心的微笑。）

师：是呀，爱心是无价的，是不求回报的，但它可以在心和心之间传递，这就像是一个连乘的式子。

（板书：一个人的爱心×你×我×他×……＝美好的人间。）

师：只要人人都献出一点爱，世界将变成美好的人间。这次来到汶川，让我感受到另一个连乘的式子。

（板书：一个人的爱×13亿×365＝爱的海洋。）

（师生一起轻声朗读这个式子。）

师：爱的海洋可以解决任何问题（板书课题：解决问题）。

（五）回马一枪，点破问题解决关键

师：（看表）同学们，我们已经上了42分钟了，该下课啦！

生：（全都不停地摇头）不好，不好，NO——

师：按照老师的设计，是没有讲完，但时间已经到了。大家的表现都非常好，今天就上到这里。

生：（依依不舍地）不好，不好。

师：（迫不得已）那我们就再上一会儿？

生：（齐刷刷地喊）好——

师：看看谁最会动脑筋。打开数学书，最下面的一道题，看你能想到多少个算式，咱们进行一个比赛，看看谁的方法多？

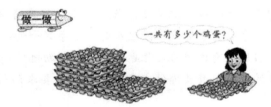

（学生们写好后，进行小组讨论，老师巡视。）

师：我看到好多同学的脸上都洋溢着笑容，也看到有的学生忙着动笔写。这说明什么？

生：有的对，有的错。

师：哈哈哈！其实，不管是对了还是错了，你都会有收获。做对了的同学，可以说说你的经验；做错的同学，你可以分析分析是怎么错的？

生：我数错了，我数成 29 个鸡蛋了。

师：你真细致！他想一层一层地数出来，这个教训挺好的。不应该一个一个地数，而应该数有几行，再数一行有几个。这样"算"出一层，而不是"数"出一层。解决问题，需要智慧地选用策略，找准条件。谢谢他提醒了我们。掌声！

生：我错算成了 $30×80=230$（个）。（哄堂大笑。）

师：（也笑）孩子们，基本计算能力是解决问题的一个保证。大人们一般喜欢说："不管三七二十一"；（指着该生）你可要记住："不管三八二十四"噢（全场都笑了）！现在我们可以下课了，孩子们！

【板书设计】

解 决 问 题

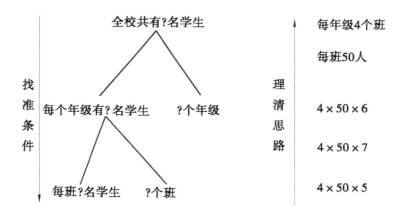

一个人的爱心×你×我×他×……＝美好的人间

一个人的爱心×13 亿×365＝爱的海洋

（本课堂实录由王红老师整理）

【课后反思】

这班学生太可爱了，非常灵巧，虽然基础知识和基本技能掌握得不是十分扎实，一会儿这里错点，一会儿那边错些，但他们心有灵犀，一点就通。

泰戈尔说："当乌云被阳光亲吻时，它们就变成了天空中的花朵。"原初，学生的差错是课堂上空的片片乌云，当我们直面现实，以阳光的心态来观照，观照出差错所蕴含的发展价值，当我们评价在对错之外，那些差错就幻化成了课堂上的朵朵奇葩。

我要讲"解决问题"，讲寻找条件，讲解题思路，学生却出现了计算出错的问题，出现了书写格式的问题，出现了小括号作用不明的问题，出现了得数后面写不写单位的问题，那有什么办法呢？课堂就是这样。就像医生不能要求病人只能生什么毛病，不能生什么毛病一样。

从课的结构看，开始的环节组织得不好，引导得不妙，经过了班组求和、男女求和、差比求和、年级求和的漫长过程，耗时多了。

预设的时候，我考虑帮助学生回顾一下两步计算问题的解决过程。因此，在学生试探性地回答"一组 12 人，二组 12 人，三组 14 人，四组 14 人"之后，我问"还可以告诉我什么呢"，应该说后面发散环节是我主导的。如果在出现意料之外的小组求和之后，我就引导"假如 4 组都是 12 人，求全班人数该怎么办呢"，那样就能一下子实现一步乘法的过渡，同时又巩固了乘法的意义。

不枝不蔓，可能更美。

不过，有时候教学的效果可能就是歪打正着，我们也许并不清楚哪一句话就唤醒了学生的天耳，也许并不知晓哪一抹热情的目光点燃了学生的心灯。

孔子说："从心所欲，不逾矩。"这，应当是我们修炼自身所要追求的境界。佛陀说："应无所住而生其心。"这，是修炼的方法。不执着于自己的课前预设，保持一颗开放的心，向学生敞开，向课堂敞开，那么，我们就会走向自由和自在。

【专家评论】

真善美的境界　人文化的课堂

五月的四川，汶川特大地震灾害侵袭两周年之际，北京基础教育名家华应龙先生应什邡市邀请，被"点菜下厨"，极其精彩地执教了人教版三下"解决（连乘）问题"的小学数学公开课，奉献了十分精美的精神大餐，从而登临了当今小学数学课堂教学艺术殿堂的"泰山极点"。纵观名家上课前的备课思考，研读课堂教学的纪实性文字，掩卷深思，信手走笔，就像本次教学中的学生留恋此课久久不肯下课一样，本人读写中亦爱不释手，除了于随读之处分析阐论本课各个环节教学的精妙回味外，仍感意犹未尽，再就此课教学试作整体评论，兼论分析执教名家的教法风格，姑妄污版书刊篇幅、抒发个人一孔之见，以就教于大家。

（一）大气统整，系统审视

位于祖国首都名校的名家在课堂教学工作中，举手投足间表露出一种纵观全局善于统整的大气。本课教学构思中综合了天时、地利、人和诸方面要素；震灾救助前事不忘，重建美景后发在眼，预示人人关爱美好人间前程，展示了学生、地区、民族、国家甚至是人类的昨天、今天和明天的发展走势；一课的教学被置于社会发展众多系统联系的网结，诠释了马克思"人是一切社会关系的总和"的论断。课堂目标讲究知识、技能、过程、思考方法、情意、态度、价值观，坚持三维立体，挥洒自如，万千变化；沟壑、乾坤在手，气象、成竹在胸。教者人格的大气概、大手笔，决定了教学设计的大格局、课堂施教的大境界。

（二）情意交融，欲罢不能

课堂教学主要是知识的传承，智慧火花的点燃，然而数学认知的构建过程，从来都是与人的情感和意气的抒发结伴而行的。本课教者用心用意，于数学理性中糅杂人文的感性，在计算和推理的演绎中讲述故事，从数量的分析中变幻性情的灵性，弘扬善良、互助、关爱的美好情感，把连乘与爱心传递结为表里，将温家宝总理关于在我国一个人、一件小事乘 13 亿人就成为大事，成为巨大力量；一种资源、财富除以 13 亿就显得很微小不足的国情思想，活用、落实、下嫁于小学数学连乘计算教学的婆家。这就不难理解学生为何悦纳、感佩、追奉享受而数度不肯离课散场，从而创造出观摩教学不输演艺追星、极为罕见的课堂奇迹。

（三）对话互动，真实生成

源于真实的生活，依据真实的即席对话，激活学生内心真正的问题意识，形成自我的内在真切学习需求，这是本课的特色之一。教者因势利导，自然地生成课堂教学的问题，这得依靠长期的教者修炼。课堂上师生间共同聚焦于数学课题学习内容，造就了一段共同历练的生命体验。课堂问题生成越是真而准，学生越是贴得近而亲。预设是需要的，但更多的是教者思想上的谋划、盘算，而不是一丝不改苟固化问题。教学不能搞铸铁加工，不是烩烧"回锅肉"，作秀的课堂预成可以复制，但缺乏灵气，无生命力，亦不可信。本课师生"道法自然"的课堂表现就是如此地鲜活靓丽，"清水出芙蓉"般地朴实自然，是课堂观摩最大的价值。

（四）睿智包容，开发差错

古人说"海纳百川，有容乃大；壁立千仞，无欲则刚。"身为孺子之师当然要包容孩童的调皮和犯错。应龙先生一贯坚持对学生数学学习中的差错作为教学的宝贵资源进行开发。他提出了"化错的要义"：（1）尊重学生的劳动；（2）鼓励学生积极的探索；（3）深化他们对数学知识的理解；（4）增强对错误的免疫力；（5）发展学生的反思力；（6）培育学生直面错误、超越错误的创新人格。他还极富个性地提出"化错"同音表达的三个类型（或阶段）：容错—化错—荣错。教者总是期待学生出错——"差错对于学习就像砂粒之于河蚌，起初是拒绝，不愿意接纳，但又没法排斥，后来改变策略，分泌汁液来包容砂粒，反而培育出了珍珠。"本课的教学实践正是他这些教学睿智思想的生动外现。在学生提出问题、理解列式、计算书写、单位名称标注等多个环节，都能引导学生大胆表达个性思维结果，自我发现和纠正差错，从而使得学生本课后来走向了坦然亮错，荣幸地提醒于同伴，积极为群体做出认知贡献的可喜状态，收获了一颗颗硕大、明亮的"珍珠"！

（五）思路贯通，继承创新

解决问题的教学有别于以往的应用题教学，在数学问题的取材、分类、目标、信息表达、条件与问题的对应性等方面是存在很大的区别的，但是如今的解决问题，或是"问题解决"与应用题的教学实质并无根本性分野。二者都是运用已有的知识和经验，去领会数量间的关系，探究问题的结果，做出回答。其中引导学生如何思考，贯通思路是应用题教学的精要之义。新课程倡导了不规则问题和开放型问题，通过图示、对话、表格等多种灵活方式提供信息。贯通思路中提出解决问题策略的渗透教学，这是一大进步，然而对以往有效的解题思路训练的教法精华继承不够自觉。华先生的这堂课积极扬弃应用题教学有用的成分，高度重视学生领会问题实质，选准条件，理清思路，组织反复多次的思路讲述，并做出板书，提供明确的思考要点，图示简要的分析与综合的思考线索。这种实际教学的理性操作，既是对传统应用题教学经验的积极继承，也是对解决问题新教学的大胆创新，刷新了课改以来的问题解决教学只重视策略"一头沉"的现象，有利于学生从起点、方向等方面形成"知二可求何一"与"求一需知何二"的解题思考稳固的动力定型。抓好了数量关系分析和解题思路训练，再加上解题策略指导的教学落实，学生的解决问题能力提高就能如虎添翼。

　　总之，华老师的数学课堂是教人求真的课堂、向善的课堂、审美的课堂，是真、善、美的高境界；本课的教学尊重人、关爱人、为着人的发展，教学极富情趣、交流儒雅、透出诗意，给学生带来了成功的艺术享受和智慧的境界提升。

　　为了大力推进和导向课改，为了实现 21 世纪我国数学教育的新跨越，愿华应龙同志上出更多更好的优质课、精彩课、创新课，也愿更多的小学数学教学年轻同行能够学华、师华、成长为华应龙式的教学名流！

（南京东方数学教育科学研究所　　陈今晨 ）

2012 年，应邀讲座后与西安高新一中的校长们合影

体验问题解决过程，实现"三维目标"的有机整合

大气睿智的数学课堂是什么样？简单地说就是"三维目标"有机整合的课堂。但说出来容易，在教学实践中落实则又非常难：创设哪些问题情境？问题情境何时呈现？以什么方式呈现？学生是否有真思考、真体验？如何将学生差错资源化？教师如何围绕教学重难点调控课堂？等等，都需要教师智慧地设计、实施。

华老师所执教的"问题解决（连乘）"可以说是智慧课堂的又一典范。其智慧主要体现在学生在问题解决过程中思维、情感的真实流露与体验，教师与学生对话交流的和谐展开。这一切源于教师"（容）融（荣）错"的教育思想，在"容错"的前提下，将学生的"错误"融于教学全过程，最终又以"错误"为荣。

波利亚说："掌握数学意味着什么？这就是说善于解题，不仅善于解一些标准的题，而且善于解一些要求独立思考，思路合理，见解独到和有发现创造的题"。"连乘"问题虽然都是一些比较标准的问题，但教师在创设问题情境方面、呈现问题的方式方面、耐心包容孩子"出错"方面又超越了常规与标准，完美演绎出一堂充满大气与智慧的教学。

（一）乘法的矩形模型，创设有效问题情境的根本

好的问题与问题情境是问题解决教学的关键，因此华老师在"课前思考"中谈道：问题情境是一节课的眼睛，是情意绵绵深似桃花潭的，是可以顾盼生辉的。当然，最好是真的、自然的。教材中"3个方阵一共有多少人"的问题情境如何呈现？为什么要解决这样一个问题呢？针对这一情境，学生可能会提出什么问题？可以有更适合的作为例题的情境吗？

好的问题情境要基于数学概念的本质结构，在具体事件情节方面是真实自然的、学生熟悉的，能激发学生认知冲突激发学习兴趣的。乘法能够解决大量的现实问题，概括说来，乘法主要有以下几种现实情境模型：等量组的聚集模型；矩形模型；映射模型；配对模型；倍数模型以及其他现实数量关系模型，例如，速度—时间模型、单价—数量模型、工时—工效模型、密度—体积（面积）模型等。其中"等量组的聚集"模型是乘法的基本模型，即我们经常说的"几个几的和"，其他模型都是以此为基础不断发展而来。

由此可以看出，运用乘法解决问题可以创设的问题情境繁多，选择的关键是把握乘法的基本结构模型，其中，矩形模型是所有乘法问题的基本结构，矩形模型在小学乘法学习中具有重要作用，矩形模型将乘法与图形紧密结合起来，为学生理解抽象的数量关系提供直观形象的支撑材料，为学生理解乘法的算理提供可视化、可操作的工具，也为解决有关乘法的问题提供一种问题解决的策略。

在小学阶段，矩形模型按照抽象程度可以再细化为：

1. 按照"行列"有规律排列的实物图。

2. 将"实物"抽象为"点"的点子图。

3. 方格图。

4. 长方形的面积或立体的体积。

"连乘"问题所涉及的结构模型是乘法矩形模型的进一步拓展。其基本结构是：

抽象地看，所有连乘问题的结构都是上述拓展了的乘法矩形直观模型。无论是创设"方阵"问题，还是求"全校有多少学生"问题、"折千纸鹤"问题，还是"鸡蛋有多少个"问题对于学习"连乘"的价值都是一样的。基于此，选择什么样的哪个问题情境取决于学生的生活经验、取决于教学的现实场景甚至教师的教学风格。

华老师在四川什邡教学本课所选择的问题情境非常恰当合适，尤其是"折千纸鹤"问题，学生非常熟悉，既学会了解决问题，更适合特定的场景让全体师生体验到爱心的无限传递。只要把握了乘法的基本结构，创设的情境就简单不烦琐，问题明晰不冗杂，学具自然不造作。

（二）在"化错"中表述解题思路，学会解决问题

波利亚指出：解题的价值不是答案本身，而在于弄清"是怎样想到这个解法的？""是什么促使你这样想，这样做的？"这就是说，解题过程更是一个思维过程，是一个把知识与问题联系起来思考、分析、探索的过程。波利亚认为"对你自己提出问题是解决问题的开始"，"当你有目的地向自己提出问题时，它就变成你自己的问题了"。

因此华老师课前不断追问："学生列式解答连乘问题有困难吗？如果在正确理解题意的基础上，学生都能解答，那么教学的帮助和提升作用体现在哪里？为什么要上这节课呢？"

基于对教学内容的分析以及对学生的了解，本课将教学重难点定位：进一步熟悉解决问题的步骤，会寻找条件；会叙述解题思路。教学中所有活动设计都是围绕解决教学重难点进行。但在教学实施过程中，学生"频频"出错（计算结果、竖式书写格式、对小括号的理解、单位名称等），好在教师教学中一直秉持"容错观""课堂因差错而精彩"等先进理念，巧妙地将学生的差错资源化，为突破教学的重难点服务。

1．"你在求什么"？

波利亚在《怎样解题》中指出，解题的第一步就是"弄清问题"：弄清未知数是什么？已知数据（指已知数、已知图形和已知事项等的统称）是什么？条件是什么？满足条件是否可能？要确定未知数，条件是否充分？或者它是否不充分？或者是多余的？或者是矛盾的？

问题解决教学的核心就是弄清"你在求什么"？避免见到"数"就进行四则运算，而不知道每一步运算的目的。因此在华老师的课堂上有大量的如下质疑和对话：

生 1：那个 50 是从哪里来的？

生 2：（练习本的主人）每个班有 50 人。

生 1：24 从哪里来的？

生 2：有 4 个班呀！每个年级有 4 个班，有 6 个年级，所以 $6 \times 4 = 24$。

师：我觉得你问的问题很厉害，我也问问，$4 \times 6 = 24$ 求的是什么？

生：一共有多少个班。

师：那 24×50 求的是什么？

……

生 1：刚才我把我们学校的学前班也算进去了，所以乘以的是 7，就是 28 个班。

师：大家说说，他的算式有没有道理？对，问的是全校，我们学校就有学前班。哈哈哈，他的解答也是对的。

这些对话为下一步叙述解题思路奠定了基础。在质疑与对话中学生更明确了解题的目标是什么？如何建立"条件"与"问题"之间的关系？减少了问题解决的盲目性。

2. 反问"算式"的意义强化"隐性条件"

教学如果是单一的质疑与对话（师生、生生之间），就容易出现"审美疲劳"，在华老师的课上，他巧妙地设计了：

师：你们知道上海的小朋友做这道题，他们会怎么列式吗？

（学生们安静下来，认真地看着老师板书。）

$$4 \times 50 \times 5$$
$$= 200 \times 5$$
$$= 1000 \text{（人）}$$

教师的目的是采用多种形式，让学生基于日常生活经验（一般每个学校有 6 个年级，而本算式却是乘 5）学会分析"条件"与"问题"之间的关系，明确算式解决的问题是什么，隐含的条件是什么，即仍然强化"解题思路"。然而却引发出学生对"小括号"的"误解"，认为该算式错在"没有添加小括号"。接下来才有学生回答"根本就是错的，应该有 6 个年级，不应该乘 5"。

学生出现的"错误"多么可爱，但却不是本节课所需，教师如何对待这样的错误？如何使其成为教学的资源？这需要教师有坚定的教学观："学习任何知识的最佳途径是由学生自己去发现，因为这种发现，理解最深，也最容易掌握其中的规律、性质和联系。直接从老师或书本那儿被动的不假思索的接受过来的知识，可能很快忘掉，难于成为自己的东西。"这需要教师明确教学的重难点，将学生出现的差错与教学重难点建立联系。

3. 表述解题思路

有了前面的质疑对话、反思算式的"对错"等活动，还需要学生用语言来清晰地表述自己的解题过程与思路。正确的答案主要，清晰地表述解题思路掌握解题的方法更重要。

师：因为上海有很多小学就是 5 个年级（学生惊讶）。看来，与我们不同的回答，不一定就是错的。（学生们似有所悟。）不管乘 5 还是乘 6，我们都要先想一想，有几个年级呢？要想知道全校有多少人，（指着板书）我们该怎么想呢？（学生没有反应。）

师：先去想——每个年级有多少人？（板书：每个年级有？人）

再去想——有几个年级？（板书：有？个年级）

师：所以要求年级人数，就要知道每个班有多少人？（板书：每个班有？人）这个年级有几个班？（板书：有？个班）

要求全校有多少人，我们应该怎么想呢？谁能看着板书说一说。

（学生们坐在座位上自己试着说。）

……

为了突破教学的重难点，教师可谓煞费苦心，所有的活动都为此目标服务。正确、恰当确定教学的重难点多么重要！

（三）在"千纸鹤连乘"问题中实现"爱心"的高速度传递

华老师的课总是围绕教学目标与教学的重难点，活动设计得峰回路转、跌宕起伏，让学生（甚至听课的教师）不知不觉中"掉进陷阱"再"爬出陷阱领略美丽的风光"，这就是教学的艺术。

在本课中，"折了多少只千纸鹤"是一个好问题，不仅好在情境的创设，更妙在该问题呈现的时机上。很多教师可能会把"千纸鹤"问题放在教学的伊始，以引发学生解决问题的兴趣。但华老师却把这一问题放在教学的后面，是独具匠心的！

放在教学的伊始，学生对基本数量关系、基本解题思路都不很清楚，如何解决问题也没有深刻体验的前提下，学生没有"能力"体验"爱心"的传递，"爱心"教育似乎就是说教。

"千纸鹤"问题放在教学的后面，既是对"连乘"问题解题思路的深化与巩固，也为生发出"爱心"以"几何级数"的增长速度为传递做了物质的铺垫。这个问题情境的创设是多么巧妙、放置的位置多么恰当！"情感、态度与价值观"目标的落实必须以知识、技能目标以及过程、方法目标为前提，否则第三维目标的培养将落空。

$4 \times 50 \times 5 = 1000$（只），看似很小的"4、5、50"，相乘起来却是很大的一个数，在此基础上再去感受克雷斯的"承诺传递"（按照几何级数递增，其速度难以想象）、灾区的"爱心传递"（一个人的爱心×你×我×他×……＝美好的人间；一个人的爱心×13亿×365＝爱的海洋）、"爱不要回报，爱只要承诺，每个人要承诺将'爱'继续传递下去！"。

此题、此景与此情实现了多么完美的整合。

经历了上述问题的解决、知识的获得、情感的陶冶，全体师生一定会发出和波利亚一样的感叹："学数学是一种乐趣！"更进一步可以说：跟着华应龙老师学习数学更是一种精神的享受、心灵的洗礼。

（北京教育院教授　刘加霞）

二、成功与失败就差一点点

——以教学"三角形三边关系"为例

【课前慎思】

第一，是发现还是证明？

"三角形中任意两边的和大于第三边"与"任意两边的和大于第三边就能围成三角形"是命题和逆命题的关系。有老师指出，应该从已经构造成的三角形中去研究三边关系，我们以前的教法是在证明逆命题，需要正本清源。

我想，从已经构造成的三角形中去研究三边关系，那太简单了，是常识，小狗都知道的事情。真要证明，那大概也就是一句话的事儿——两点间的距离，线段最短。要说有难度，那是把两条边作为一个整体与第三条边去比，这是学生没有经验的。

这一教学内容，如果从结论的角度，那完全应该放到中学再学，小学四年级学了，没有下文，没有太多的用处；如果从过程的角度，让学生感受到数学学习的方法，探究的乐趣，数学的好玩，那它就是很好的"玩具"了。

因此，这节课不是在证明，而是让学生在玩中、在巩固旧知中发现新知。

第二，是用胶片还是用纸条？

第一次教学，三角形三边关系，我是给三根小棒让学生来探究。第二次教学，我想到给两根小棒，让学生剪成三根，这样"两边的和"就是一个整体了，因此，为了方便剪开，我发吸管给学生。第三次教学，我考虑到即使用很细的吸管供学生操作，其粗度还是带来了一些干扰，于是，我反其道而行，用粗吸管供学生研究。

后来，看到一位好朋友给学生一张长16厘米、宽1厘米的画了线段的胶片，让学生剪开探究，这样交流起来省事多了，学生不再纠缠于宽度了，因为画的线段基本上没有宽度。其实，没有宽度，那是不可能的，只是忽略了，或者说"疏忽"了。

恩格斯说过，人看不见紫外线，但是人知道蚂蚁看得见人看不见的紫外线，这显示了人的智慧。那么，我们是不是可以说，数学教师是拿不出一条线段的，但是数学教师知道"数学"能拿得出自己拿不出的线段，这显示了数学教师的智慧。因此，我们硬要拿出一条线段给学生去研究三角形，是否是明智之举？是否忘记了"数学"的特色？中科院院士张景中先生说："各门科学都要进行抽象，只是数学抽象得最厉害，一直抽象到'凡夫俗子'莫名其妙的程度。"

是选择画在胶片上的线段，还是选择粗吸管？一个是课前老师费事，课上学生省事；另一个是课前老师省事，课上学生费事。选择的背后其实是对教学理解的差异：是教师嚼好了馍喂给学生，还是让学生自己咬开自己嚼？教学是教学生学，是引导学生的思维在学的过程中爬坡，而不应该是琢磨怎样节省时间，怎样顺利地走完教的过程。教之于学，应该是开导，而不应该是剥夺。

这样想来，与其费心、费事地给学生一张画有线段的胶片，倒不如给他们一根普普通通的纸条，需要学生忽视其宽度，重视其长度，把它"想成"只有长度的线段。这，就有了"数学化"的味道。

粗吸管与小纸条，孰优孰劣？两根粗吸管只能"点对点"或者"点对边"，不可能打架似的交错，教学中会省事；而小纸条，学生在拼摆中会把两根交错起来，带来不少麻烦。那么，我们可能要思考：一个是不可能交错而没有交错；另一个是可能交错而不能交错，哪一个更具有数学教育的价值？我们的教育是要享受过程中的省事，还是要享受"浪费时间"的过程？

大道至简。简单的才是最好的。

第三，差一点点，行不行？

为什么给学生1厘米宽的画了线段的胶片，学生剪开探究，再交流起来就省事多了？因为我们觉得差一点点就没有问题了。

这是否丢弃了促进学生发展的良好契机？没有大小的点，没有粗细的线，没有厚薄的面……现实生活中是找不到的。而放大这"一点点"是很有情趣的事情，数学就是这样的"较真"。更为重要的"较真"是要闭上双眼，睁开第三只眼。学习数学就是这样。

　　数量是一切变化的根据。量变引起质变的例子在数学中比比皆是。平面与圆锥面相截，截口的图形随平面与圆锥轴线的交角而变化。交角是直角时，截口是圆；交角稍变一点，截口成了椭圆；再变到一个关键点，椭圆变成了抛物线；过了这点，抛物线又变成双曲线了。

　　剪两根纸条中较长的一根才能围成一个三角形，一定是这样吗？让学生想一想、试一试、玩一玩。剪开点的移动，数量的变化，成与败的转换，是认识深化的过程，也是情感丰富的天地。关键点的探寻，又把学生由课内引向了课外。"成功与失败就差一点点"的感悟，或许会影响学生一生。

　　综合以上的思考，我制订的教学目标是——

　　①探索发现三角形三边关系，能判断给定的三条线段能否围成一个三角形。

　　②在探究的过程中，培养操作能力和空间想象能力，以及严谨求实的科学态度。

　　③体验探究的快乐和数学的好玩，明白"成功与失败就差一点点"。

【课堂实录】

（一）三根纸条，规范操作

实物投影出示黄、红、蓝三根纸条。

师：这里有三根纸条，如果每根纸条代表一定长度的线段，你能用这三根纸条围成一个三角形吗？（板书：三角形）

　　（指名学生在实物投影上演示。生将三根纸条头尾相连围成一个三角形，但有两条边的顶点没有对齐，稍稍错开，如图1所示。）

图1

师：看到三角形了吗？（学生都认同。）不过，好像不特别标准。你觉得哪里还要调整一下？

生：他应该把红边和黄边对齐。这样就可以连起来了，连起来才会有三角形。这样有缝隙的话就不叫三角形了。

师：对，三角形是由三条线段围成的。（出示一个标准的作品）你觉得这样围和刚才那样围有什么不同？

生：这样更规范，中间围成的部分是三角形。
（PPT演示放大顶点相连，并提问：这样围成的三角形实际是点和点连在一起。为什么要这样围，有没有人明白？）

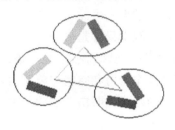

图2

生：三角形是一个封闭的图形。如果按照刚才那样围，还有一个角是有空隙的，没有封闭住。

师：是的，还有一个重要的原因，纸条代表的是有长度的线段。只有点和点连在一起才完全用上了纸条的长度。这样看来，第一位小同学的围法很有价值，他启发了我们的思考，让我们学会了怎样用三根纸条来围三角形。（学生们的掌声自发地响起）会了吗？

众生：（信心满满地齐声答道）会！

（二）两根纸条，创设情境

师：请打开信封，把纸条拿出来。有几根纸条？（2根）少了，怎么办呢？把其中的一根拿出来剪一刀，一刀两段，就有了三根纸条，就可以围了。不过剪的时候，应该这样剪（图3），不能这样剪（图4）。

图 3　　　　　　图 4

同桌两人为一组，30 秒时间，围成三角形。比一比，哪组同学围的三角形最规范，哪一大组的同学完成得最棒，开始。

（学生以桌为单位动手围三角形，教师巡视。）

师：时间到，围成三角形的请举手。第一大组没有围成，第二大组全部围成了，第三大组有一部分围成了，第四大组都围成了。让我们一起祝贺第二、第四大组！

（学生掌声稀疏无力。）

师：掌声没劲儿，有什么问题吗？

生：我发现刚才给我们的两根纸条，如果一根剪断的话就不能围。

生：我们组的问题是，把一根纸条剪断了，但是围成的图形要么是平行，要么点和点不能连在一起，不能围成一个规范的三角形。

生：我们发现的问题是有些同学把短的那根给剪断了，结果不能围成三角形，但是我们把长的那根剪断了，就能围成三角形。

师：看来我们可以提出很多问题，请看大屏幕，PPT 演示：

发现问题——

大组之间的差距怎么这么大呢？

难道有了三条边，还不一定能围成三角形？

围成的，为什么围成了呢？

没有围成的，为什么没有围成呢？

能不能围成三角形与什么有关？

三角形三条边之间有什么关系呢？

师：实际上，刚才的活动为同学们提供了一个思考的空间，发现三角形三条边之间会存在一定的关系，三角形三条边之间有什么关系呢？我们一起来讨论研究。

(三) 分类讨论，达成共识

师： 大组之间的差距为什么这么大呢？

生： 我发现有的组把短的那根线段剪断了，而没有剪长的，这样就平行了，根本没法围成三角形。

生： 我发现两边之和有的小于第三边，有的等于第三边。

生： 我发现有的同学剪的位置不一样，如果剪的位置不对就围不成。

生： 有的组开始把短的剪断了，一看围不成就把长的剪断了。

师： 哈哈哈，我发的纸条有秘密：第一大组、第三大组的两根纸条是一样长的。第二大组和第四大组的纸条是一长一短。（第一、第三大组的同学有意见，第二、第四大组的同学得意地在笑。）别生气，别生气，请思考：纸条一样长的就围不成，纸条一长一短的就围得成，这背后的原因是什么？好好思考一下，成功失败都是收获。

（学生们正在思考。）

师： 先让我们来欣赏一下围成三角形的作品，看看你能发现什么？演示的时候，一边说一边做，先把纸条还原。

生： 开始是这样的，明显地红的比蓝的要长。（图5）所以我们发现这是可以围成的。（图6）。

图5　　　　　　　　　　　　图6

（开始围得不很标准，台下学生不断地指挥台上学生调整，最终，其他学生鼓掌表示认可。）

师： 围成之后想一想，为什么就围成了呢？

生： 两条之和大于第三边。

师： 三角形三边之间有怎样的关系？

众生： 任意两边之和大于第三边。

师：任意两边之和大于第三边。（板书）怎么知道呢？

生：我通过摆知道了，如果两根纸条长度相等的话，那我怎么摆也摆不成。如果两条纸条一长一短的话，只要我用两边之和长，就能摆成一个三角形。

生：如果两根长度相同就会重叠在一起，怎么摆都不会摆成三角形。

师：看来通过操作，我们是有体会的。我们可以从另外的角度来思考一下为什么三角形任意两边之和大于第三边吗？（课件出示：从家到学校哪条路最近呢？）

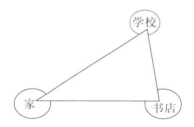

（学生纷纷表示从家直接到学校的路线最短，因为两点之间直线段最短。）

师：这样看的话，三角形的任意两边之和大于第三边和我们以前学的两点之间的距离最短是一致的。

刚才，我们研究了一长一短的两根纸条。有人说剪长的就能围成，剪短的就围不成。谁来说明一下，剪短的为什么就围不成呢？

（一学生实投演示，如图 7）

图 7

生：这样也能围城一个三角形，因为其中空白的部分也是点对点围成的三角形。

生：不同意你的意见，因为老师要求三条边的点和点连在一起，现在只有两个点对齐了，还有一个点没对齐。

师：对，这样围成三角形纸条的长度是不一样的了。（移动成图 8）

图 8

师：为什么接不上？

生：两边之和小于第三条边。

生：我是这样想，本来这条边就短，再剪短就更短了，不可能两条短的接上。

师：我们比较这样的两个作品，一长一短的两根纸条，剪长的就围得成，剪短的就围不成。这样一比较就会发现三角形三边之间有什么关系？

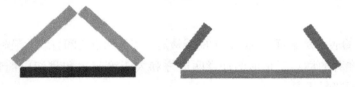

图 6   图 8

众生：三角形任意两边之和大于第三边。

师：为什么要强调"任意"？

生：如果不是任意，那么其余的两条边有可能合不上，所以要任意两条边都能合上才行。也就是说三角形的任意两条边的和都要大于第三条边。

生：我认为刚才从家到书店的例子已经说明问题了。从家到学校直着走路线最短，从家先到书店再到学校路线就长，而且从家直接到书店路线就短，从家先到学校再到书店路线就长。

师：看来大家对"任意"的理解还是很清楚的。三角形有几组两边的和？（三组）我们只看左面围成的可能印象不深，但是有了右面图形作对比，就会深刻认识到两边之和要大于第三边。这就像空气一样，我们置身其中，毫不觉察。当我们的身边没有空气了，我们不能活了，才会感觉到空气的重要。等到失去了，才知道曾经拥有过。人一般都是这样。

（有几位学生笑了。）

师：刚才有同学说两根纸条一样长的也有围成的，哪位同学来展示一下？先把两根纸条还原，看看是什么样子。

生：它们两根一样的，先把红色的剪断，结果发现他们是平行的。然后我们把蓝色的也剪短了，就围成了。

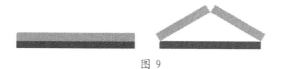

图 9

生：我不同意，您刚才说只剪一根，可他们剪了两根，不符合要求。

生：而且剪了第二根长度也变了。

（生用原来没有剪短的蓝色纸条继续调整，试图围成三角形。众生表示不同意。）

师：我首先佩服你的坚持！我还佩服咱们班同学一丝不苟的态度。（板书：就差一点点），就差一点点，究竟行不行呢？

（其他学生继续提出要调整的地方，生不断调整，但是最终也没有得到其他学生的认可。）

生（终于忍不住大声说）：我认为永远也不能围上，因为两边之和大于第三边，现在这样只能平行！

生（主动走到实投前）：从这个点到那个点是这条蓝色线段的长度，如果红色线段的两个点和蓝色线段的点连在一起，就会平行在一起。

生：我们说过三角形任意两边之和大于第三边，从这点可以看出不能围成三角形。

生：你这是等于第三边，不是大于第三边。

生：谢谢大家，现在我知道了两边之和要大于第三边才能围成三角形。等于的话就不行。

师：先别走，看看能不能再围一次。比如，先把蓝色线段的两端和红色线段一端的点连起来，然后呢？

众生：把两端往下压，再压，最后就平行了。

师：举手表决吧，认为能围成三角形的？（1人）认为不能的？（几乎全部学生）

弃权的？（2 人）

师：应该这样，我们现在看到似乎是围成了，但是还差一点点。让我想想怎么才能说清楚呢？（做思考状，学生们微笑）学数学，往往不能太相信自己的眼睛。（好多学生惊讶地"啊——"）刘谦的魔术看过吗？眼睛告诉我们那都是真的，其实真的是不可思议。那现在你闭上两只眼睛，睁开第三只眼。第三只眼在哪儿呢？（手指眉心）想一想，如果两根纸条是一样长的，把其中的一根一刀两断，然后把它们的两端接在一起，再往下压一点，再压一点，最后怎么样？（生：平行了。）或者是怎么样？（生：接不上。）或者是（生：完全重合了。）

（教师用 PPT 演示学生思考过程。学生随着演示过程发现总是差一点点，围不成三角形。当所有点都准确地连在一起的时候，两条线就平行了。）

师：看来当两边之和等于第三边的时候还能不能围成三角形呢？

生：不能，因为三角形的任意两边之和大于第三边。

（四）峰回路转，突破难点

师：两根纸条一样长，一刀两段，能不能围成三角形？一定吗？为什么？

生：一定不能，因为这个时候是两边之和等于第三边。

师：两根纸条一长一短，一刀两段，剪短的能不能围成三角形？一定吗？为什么？

生：一定不能，因为这个时候是两边之和小于第三边。

师：剪长的呢？

生：能，因为两边之和大于第三边。

师：一定能吗？认为一定的请举手（几乎全举手）。认为不一定的请举手。（两人）弃权的请举手。（无人）有人觉得不一定行，请你到前面来演示一下。

（学生演示：将较长的线段只剪下一点点，并说明：剪下一点点，围不成。图 10）

（一生认为能围成，并坚持围摆。在几次尝试后放弃尝试。）

师：这位同学先坚持自己的观点，当发现真的不行了，又能及时修订自己的观点，好样的！鼓掌！（生：鼓掌）为什么围不成了呢？

生：因为蓝色纸条和最短的红色纸条加在一起，根本就不大于第三边，所以围不成。

图 10

生：我想请大家注意"任意"这个词。因为蓝色的那条边和最短的红色的边加在一起是小于第三边的。没有满足"任意"这两个字。

师：从刚才的过程可以看出，如果只满足一组两边之和大于第三边，行不行？同学们说得非常好，要注意"任意"两个字。一长一短，剪长的一定行吗？

众生：不一定。

师：（PPT 演示，两根纸条一长一短）请想象，从这里剪开能不能围成三角形？会是什么样的呢？

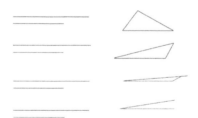

（随着回顾整理的过程，学生们猜测着，欢笑着，思考着）

师：那你看看，行，行，行，不行，是不是成功和失败就差一点点啊？这一点儿在哪呢？课下思考。

师：这样的三根纸条能不能围成三角形呢？

　　　　　　　　　　5厘米

　　　　　　　　　　　　　　8厘米

　　　3厘米

众生：不能。

生：不能，因为两边之和等于第三边。

生：我认为不用任意，用较短的两条边之和大于第三边也行。

师：为什么用较短的两条边呢？

生：长的本来就长，不用比较，只要看两条短的比大小就行了。

师：想想，怎么改变一下就可以围成？

生：只要把短边增加 1 厘米。这样两边之和是 9 厘米，就能围成。

生：或者把长边减少 1 厘米。

师：剪掉 0.1 毫米行不行？为什么？

生：行，因为剪 0.1 毫米两边之和也大于第三边。

师：对啊，成功与失败就差一点点！

　　动画演示，从长边上剪掉的部分越来越少，围成的三角形从锐角三角形到钝角三角形到围不成三角形。

师：把所有围成的三角形放到一起，你有什么发现？

生：开始的三角形矮，后来的三角形高，再后来又矮了。

生：两边之和比第三边大一点，三角形就矮；大得多，三角形就高；再大，三角形又矮了。

师：是不是数学真好玩呀？孩子，世界上一切的变化往往就是由于数量上发生了变化，成功与失败就差一点点。

（五）回顾总结，点破提升

师：（PPT 展示课始发现的问题）请自己说给自己听——

　　（学生们兴趣盎然地自说自话。）

师：孩子们，把眼睛闭起来，回想一下这节课你有什么收获呢？

生：从这节课里我学到了，三角形任意两边之和必须大于第三边。

生：我认识到要围成三角形，就差一点点也不行。

生：两根一样长的纸条，就是剪一刀也不能围成三角形。

生：我知道了——学习数学不能太相信自己的眼睛。（众生笑。）

生：如果有一条边就比另两条边的和少 0.1 毫米，就能围成三角形，成功与失败只有那么一点点距离。

生：我知道了做什么事都不能只差一点点，要做到精益求精。

生：我知道了差之毫厘，谬以千里。只差一点点，以后会越差越多，就不是一样的东西了。

生：我知道了，就像十大感动华人陈香梅说的那样，干什么事情都是做了，但要看作没做到家。

生：我知道了行百里者而半九十。就是要走一百里路，走了九十里才算是一半。所以做事越是接近成功越要认真对待，就差最后一点了也不行。

师：同学们说得真好，上完这节课我也有三个收获愿意和大家分享。第一，三角形三边关系很简单，跟我们以前学的两点之间的距离线段最短是一致的。第二，三角形边的关系很有趣，不是相等，而是大于；不是一条边和另一条边的关系，而是两条边的和与第三条边之间的关系。第三，成功和失败往往就差一点点。

（本实录由易玫老师整理）

【课后反思】

学生们积极地、丰富地、生动地说出了这节课的收获，我的心里真是乐开了花。我拥有了我所追求的。

回想起在讨论两边之和等于第三边究竟能不能围成三角形的时候，我说"学数学，往往不能太相信自己的眼睛"，好多学生惊讶地"啊——"的情境，我很享受，是醍醐灌顶吗？我不知道。不过，学生总结时说出了这样的感受，说明很受用。

《孟子·告子上》说："耳目之官不思，而蔽于物。物交物，则引之而已矣。心之官则思，思则得之，不思则不得也。此天之所与我者。先立乎其大者，则其小者不能夺也。此为大人而已矣。"这段话的意思是——耳朵眼睛这类器官不会思考，就容易被外在的事物蒙蔽。耳目接触外物，就被外物引诱了。心这一器官的功能就是思考，一加思考就能看出事物的内在本质，不思考便看不出。这种器官是上天特意赋予我们人类的。将这种大的器官首先把握好了，那么那些次要的器官便不会被外在的事物所蒙蔽了。成为君子的道理不过是这样罢了。

成为会学习数学的人，就是这样罢了。

这次，大概我是做对了一件事。

遗憾的是纸条不听话，老滑动。学生想调整的一根到位了，可是另一根又淘气地逃走了。

　　怎么办？增加纸条与展示板之间的摩擦力，怎么增加呢？一块平绒的布可以解决问题。

　　一位好朋友发来短信提醒我：纸条沾一点点水，就行。一试，真行，纸条听话了。

　　哈哈哈，真是简单。

　　哦，成功，就是多了一条短信。

【专家评论】

试析教学目标及其完善

　　看了"三角形三边关系"这节课的课堂实录，马上联想到华老师的那本书——《我就是数学》。记得刚刚看到"我就是数学"这个如此张扬的书名时，总觉得作者和我印象中那位为人谦恭的华老师有点对不上号，直到读过了才释然。原来他在书里说的是，孩子是从数学教师开始认识数学的。教师自身对数学的理解，与学生未来数学观的形成息息相关，教师在学生数学学习过程中做出的引导，差不多可以决定孩子们一生在数学的道路上能走多远。他高调亮出"我就是数学"，实际上是点明了数学教师应该的角色，彰显了数学教师应有的担当与责任。那么，"我就是数学"的理念在课堂里应当如何渗透和体现？华老师"三角形三边关系"这节课，在诠释教师的数学如何转化为学生的数学方面，提供了不少有益的启示。限于篇幅这里只就他在教学目标设定方面的考量，谈谈我们可以从中借鉴些什么。

　　1. 目标需"慎思"

　　教学要有目标，无论目标怎么设定，当教师走进教室时，心里都要有一个清清楚楚的目标，因为这是教师的职责所在，是对教师的一个职业性要求。而对目标的把握程度，绝对关系教学质量。

　　其实，对有些小学数学内容的拿捏其实挺让人困惑的，"三角形三边关系"就是一例。通常的小学数学教学要从"为什么"开始，而这些"为什么"差不多都和数学能在生活中派大用场有关，无论计算、统计、图形等莫不如此。"三角形三边关系"可能是个例外，因为它虽然能派大用场，但它的用场很难在小学阶段说明白。举个例子，许多沿海国家，特别是毗邻北海的国家，在基于 200 海里专属经济区的范围内，不同国家的海上疆域之间形成了相互重叠、错综复杂的局面。而事实是它们各自的疆界划分清楚，彼此之间毫无争议，这是因为在划分海上边界时所采用的办法，就是基于"三角形任意两边之和大于第三边"这个最基本的原理。没有"三角形三边关系"，今天北欧那几个国家可能会为海上边界的划定闹翻天。另外"三角形三边关系"在后续的几何学习当中，将要伴随着推理几何体系的建立反复出现。所以，无论从应用的角度还是从学生后续学习的角度，"三角形三边关系"都很有用，但想让小学生理解其中的缘由，很困难。因此，在小学讲"三角形三边关系"，其教学目标需"慎思"。

2. 目标的机理

华老师的"目标"很清楚，就是要引导学生自己去发现为什么三角形三边之间有"任意两边之和大于第三边"这样的关系。他认为，如果仅从事实出发，"三角形中任意两边的和大于第三边"是"小狗都知道的事情"。尽管这样一个内容在后续的推理几何中可能反复出现，但在小学设置这样一个教学内容的初衷如果只在了解事实，其教育价值将大打折扣。所以，他把小学里"三角形三边关系"的教学重心设置为关系，在教学实施上把"三角形三边关系"处理成一个使小学生有机会了解关系、发现关系的契机。正因如此，华老师的这节课从一连串"为什么"开始，把这个与关系有关的数学内容纳入小学生认识世界的轨道，让课堂里的数学走上一段"经历、体验、探索"的过程。

我也听过一些"三角形三边关系"的课，一般也都是从"为什么"开始，但有时候会关注"事实"是什么多一些，但由于"两边之和大于第三边"这个事实接近常识，加之关于"两边"的任意性的讨论多少有些困难，所以或多或少会留下些许"不解渴"的感觉。有时候也会在课后听到这样的疑问：明明5分钟就能搞定，为什么还要"小题大做"？的确，"灌输"有5分钟是够了，但了解一个事实和通过探索去发现为什么会有这样的事实，其过程、结果和教育意义有很大区别。为了使读者能弄清楚我的想法，这里结合华老师的教学实践，再说说教学目标的机理及其重要性问题。

说到教学目标，大体可分为两类：一类是知识性目标或知识导向型目标；另一类是能力性目标或能力导向型目标。无论知识性的目标还是能力性的目标，或者如《数学课程标准》所言的"四位一体"（知识技能、数学思考、问题解决、情感与态度）目标，在数学课程内容的设置上一般都是共用同一个知识载体。知识性目标着眼于载体的事实性、陈述性，一般要通过"了解、理解、掌握、运用"等行为达成。能力性目标则着眼于对载体的理解与体味，一般要通过"经历、体验、探索"的过程来实现。"三角形三边关系"作为载体，同时承载着掌握知识与培育能力的双重价值。由于"两边之和大于第三边"这一事实的直观性，华老师就把能力性目标设置为本次课教学的主要目标，把通过"经历、体验、探索"发现关系，设定为这节课的主题，这是华老师这节课的要点。他对要点的把握或许出于经验，我更倾向于这是他课前"慎思"的结果。针对"三角形三边关系"而言，他这个"轻"结果、"重"关系的目标考量，把认识一个陈述性事实的教学，导向了从直观出发，通过观察、操作、思考、互动等一系列教学行为和谐有序的铺陈、延伸，引导学生发现和从不同角度确认为什么三角形三边之间有"任意两边之和大于第三边"这样的关系的过程。这样的"慎思"真的是"思"到了点子上，从效果看，既达成了认识一个几何事实的目的，又引导学生认识了关系，不仅拓展了学生的思考和活动空间，也赋予一个经典几何知识以新的教育活力。

3. 完善目标是改进教学的首要问题

可能有读者会觉得，这节课的教学处理、包括教学目标的设定，真的如你所说有那么重要吗？其实，不是重要不重要的问题，是需要！虽然数学课程改革已经历十个年头，今天我们还是感到太需要这样的教学了！

现实是，由于"了解、理解、掌握、运用"的可测试性，知识性目标理所当然地成为确定教学目标时的首选。而"经历、体验、探索"侧重于超出数学之外并可以普遍迁移的能力性目标，追求那些似乎是看不见、摸不着、甚至可能"够"不到的"兴趣、好奇心、猜想、探究"等，所以常常会在确定目标时似有若无。于是，无论推进改革的力度有多大、"四位一体"的目标喊的有多响，知识的难度和数量仍然是教学目标的主体，固定时间内完成任务量的多寡还是判断教学是否有效的标识，拓展出供学生自己自由想象、思考和互动的空间依旧要假以时日，那些虽然好考，但用处实在不大且在后续的学习中难以为继的内容总是被过度关注，"考试教育"的阴影挥之不去。虽然人人都意识到了喜欢和好奇确实重要，但面对该如何"经历、体验、探索"时，又都多少有些举步维艰。而面对目标的缺失，常常听到的解释是对考试瓶颈作用的无奈，对社会生活中常见的急功近利现象的抱怨等。其实大家都清楚，无论如何"外因是变化的条件，内因是变化的根据"。解决能力性目标缺失问题的关键在于数学教学自身的完善，在于把教学目标蕴含的理想转化为具体教学行为的、实实在在努力。这就是华老师"三角形三边关系"这节课的重要之所在！

完善目标是当前改进教学面临的首要问题，而完善目标离不开"慎思"，离不开教师的职业意识和责任心，更离不开使中国早日成为一个创新型国家的使命感。还是那句话，都做到华老师这样不容易，但不学学华老师，就有些可惜了。

（中央民族大学教授　孙晓天）

论儿童的数学思维如何从直观到抽象

关于"儿童对数学的认识需要经历一个从直观过渡到抽象的过程"这个命题，无论是数学家还是教育家几乎都没有异议。事实上，数学在本质上研究的是抽象了的东西，而这些抽象的东西来源于现实世界，是被人抽象出来的，因此，真正的知识是来源于感性经验，是通过直观和抽象而得到的。

小学阶段，根据皮亚杰发生认识论的理论，这一阶段的学生思维处于具体运算阶段，儿童在这一阶段的思维一般还不能离开具体事物的支持。为此，皮亚杰提出儿童的活动对于他们对数学的理解具有重要的意义，教师的责任是提供一个良好的教学环境，提供适当的问题，并给儿童更多的活动与交流的自由，以促进儿童的学习。

既然儿童的思维是一个由具体形象思维为主向抽象逻辑为主发展的时期，那么教师如何在儿童的直观到抽象之间成功地架起一座沟通的桥梁呢？多年来，我一直在思考这个问题，遗憾的是，我认为这个问题始终没有在理论和实践层面上得到很好的阐述。当我看到华应龙老师设计并执教的《三角形的三边关系》的时候，我的这个问题又一次地浮现了出来。让我感到高兴的是，华老师的课在帮我一点点地理清对这个问题的思考，并且为我如下的理论思考提供了很好的佐证。我以为在儿童的直观到抽象之间，不应该是一个"硬着陆"的过程，儿童实际上是需要经历一个半抽象的阶段，这个半抽象的阶段具体则包括表象、语言和联系三个基本的环节。

（一）表象

　　所谓表象，是以物理属性为基础的表征，是基于知觉的表征——关于信息的结构或者外观。建立表象的时候，我们会尽力记住或者再造信息的物理特征和空间结构。大多数心理学家认为，表象以形象的形式存储，这种形象表征的求知方式，是由具体进入抽象的开始。

　　美国著名的教育学家布鲁纳认为儿童的理解需要经历三种表征，从动作表征，到映像表征，最后到符号表征。这是儿童认知发展的程序，也是学生学习过程的认知序列。根据这一认知序列，布鲁纳具体研究了数学学习的过程。布鲁纳建议教师应该按照学生理解力发展的程度来组织数学课堂学习，帮助儿童找出抽象概念的直观基础，根据儿童认知的具体情况一步一步地将直观的认识抽象化，逐步形成学生头脑中的表象，进而形成抽象的数学知识。

　　当儿童能够形成具体物体的思维图式时，例如，学生通过实际地去操作华老师发给他们的纸条，也就是任意地剪断一个纸条，再试图将三段纸条拼成一个三角形，会得出这样一些结果："我发现刚才给我们的两根纸条，如果把短的那根剪断的话就不能围""我发现有的同学剪的位置不一样，如果剪的位置不对就围不成。"这时布鲁纳所说的第二种认知表征——映像表征就产生了，孩子们可以在思维中产生想象的图式，而不用把剪断短的那根的各种情况都来试一遍。在这个环节里，视觉和知觉组织起决定性作用。例如，学生们需要在视觉上进行一个准确的判断，所以华老师在学生们操作之前和学生们先明确了这样一个剪的要求：应该这样剪（图 1），不能这样剪（图 2）。

图 1　　　　　　　　　　图 2

　　知觉和视觉不同，视觉是我们看到的信息，而知觉的一个很重要的特性就是理解性，它常常超越我们所看到的信息，对直接作用于感觉器官的对象和现象的各种不同属性和部分的总和进行反映，所以学生虽然看到的是粗的纸条，却可以把它们理解成没有宽度的线段。正是了解了知觉的特性，所以华老师没有费心、费事地给学生一张画有线段的胶片，而是给他们一根普普通通的纸条，让孩子忽视其宽度，重视其长度，把它"想成"只有长度的线段。通过这样的一个知觉的过程，学生头脑中的表象就可以帮助学生们将他们的思维逐渐"数学化""抽象化"。

（二）语言

这里所说的语言是指数学的语言。学生在表象的基础上，开始需要对经验进行概括，这时他们会借助一定的语言对经验进行刻画。数学的语言包括三种形式，文字、图像和符号。通过数学的语言，可以帮助学生在非正式的直觉的观念与抽象的数学语言符号之间架起一个沟通的桥梁。英国教育家迪恩斯认为数学概念的学习是以递进的方式进行的，并把教授和学习数学概念的过程划分为 6 个阶段：自由活动、游戏、寻求公因子、陈述、符号化和形式化。我以为其中寻求公因子、陈述、符号化这三个阶段就涉及语言这个中介。为了寻找一个共同的性质，学生需要在实例之间进行"转换"或者"翻译"，接着进一步陈述多种具有这种性质的实例，以加深对共同性质的理解和掌握，最后学生需要用恰当的语言来描述他们发现的共同的性质。例如，孩子们通过操作具体的实例，把一个几何直观的特性（能围成）"转换"或"翻译"成了代数的特性（比如，$a+b>c$），从而发现了能围成三角形的三条边满足这样一个共同的性质："两条之和大于第三边。"但这个性质还不完善，所以接着华老师特别抓住了这样的两个实例：一长一短的两根纸条，剪长的就围得成，剪短的就围不成。

通过思考和比较这两个实例，"任意"这个难点就这样在华老师"这样一比较就会发现三角形三边之间有什么关系？""为什么要强调'任意'"？这样"四两拨千斤"的提问和追问中轻松地破解了，孩子们用自己的话说道，"如果不是任意，那么其余的两条边有可能合不上，所以要任意两条边都能合上才行。也就是说三角形的哪两条的和都要大于

第三条边。"。这时孩子们所描述的三角形三边关系"要任意两边之和大于第三边"才不会是看书后死记硬背的结果或参考书上的结论所进行的唯书唯上的反思。可见，从直观到抽象，语言起到了一个至关重要的沟通的作用。

（三）联系

经历了语言的环节，我们可以说学生有了抽象的认识，但学生还没有真正达到抽象理解的水平。比如，利用三角形三边关系去思考三条线段能否围成一个三角形的时候为什么可以只用看较短的两条边之和是否大于第三边；为什么 3 厘米、5 厘米、8 厘米三条线段把 8 厘米的那条剪短 0.1 毫米，甚至更短就能围成一个三角形；"三角形的任意两边之和大于第三边"和我们以前学的"两点之间的距离最短"是怎样的一个关系等。这时学生还必须经历一个联系的环节，把新的知识融入已有的认知结构中去。因为学生头脑中用语言所描述的性质在其整个认知结构中只能看做一个节点，它还与需要与认知结构中代表数学知识的其他节点逐渐建立联系。比如，为了促进学生头脑中新旧知识之间的联系，华老师用了如下一个现实的情境：

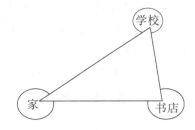

通过从另外的角度来思考为什么三角形任意两边之和大于第三边，华老师不失时机地使学生认识到了"三角形的任意两边之和大于第三边"与"两点之间的距离最短"之间的一致性。这时学生对"三角形的任意两边之和大于第三边"的抽象认识已经从发现转到了证明。而当华老师动画演示从长边上剪掉的部分越来越少，围成的三角形从锐角三角形到钝角三角形到围不成三角形的时候，孩子们对任意两个字的理解就更抽象了，原来，"世界上一切的变化往往就是由于数量上发生了变化，成功与失败就差一点点"。

总之，看到华老师设计并执教的《三角形的三边关系》，我更充分地坚定了这样一个认识，对于处于具体运算阶段的儿童来说，教师的教学必须基于学生的认知水平，要充分利用各种直观操作作为学生学习的基础，在"玩"中学数学，这样才能让学生感受到数学学习的乐趣。而在学生的思维从直观到抽象的过程中，教师需要在两者之间建立起一个沟通的桥梁，帮助学生经历一个半抽象的阶段。通过半抽象的阶段，让学生能够用与他们的认知特征相适合的形象表征的求知方式进行探索（建立表象），用数学的眼光发现其中的空间形式或数量关系，并用自己喜欢的数学语言概括出其中的数学本质（使用语言），在对实际问题的解释、判断与推理中，在师生、生生之间理性的沟通对话中，将数学与现实以及新知识与旧知识融合在一起（加强联系），真正帮助学生达到对数学抽象的认识和理解。

（北京师范大学教育学部课程与教学研究院教授　张春莉）

三、让规律多飞一会

——"规律的规律"教学思考与实践

【课前慎思】

爱因斯坦说："人必须经常思考新事物，否则和机器没有什么两样。"虽然机器有机器的优长，不过，大概是没有人愿意做一台机器的。

我讲《计算器的使用》发现了要教"储存""提取"两个键。徒弟刘伟男设计《计算器的使用》一课，发现了还要教"清除"键，并且创造性地拿来"142857"，让学生练习使用"储存""提取""清除"三个键。在和她讨论教学细节时，我突然来了灵感，想讲一节有关规律的数学课。因为此前的七八年来，我执教的一直是传统教学内容如何改进教学的破与立的课，产生了一些影响，比如，《百分数的意义》《圆的认识》《分数的初步认识》《角的度量》《游戏公平》《分数的意义》《三边关系》……现在，我要尝试一个新创的数学学习内容，免得做"机器"，也是免得老师们审美疲劳。

数学是什么？数学教学在干什么？小学数学教学能干什么？

三次数学危机的故事，让我们明白数学研究的是变化中不变的规律，数学是不断被发现的，并不是铁板钉钉。而我以前的教学往往是把灵动的思维体操变成了刻板的解题操练，使快乐无穷的游戏变成了痛苦不堪的劳役。

我们的数学教学常常把"数学"教死了，把"数学"教成了"绝对真理"，那就不好玩了。比如说，我讲《计算器的使用》让学生计算 8 个 2 乘 8 个 5 等于多少，当学生束手无策时，我捧出了"祖传秘方"，学生算出 1 个 2 乘 1 个 5，2 个 2 乘 2 个 5，3 个 2 乘 3 个 5 之后，悟出了规律，进而，圆满解答了 8 个 2 乘 8 个 5。得胜之后，我便鸣金收兵了。现在想来，我当时没有让学生认识到这个规律是有范围的，10 个 2 乘 10 个 5 就不好使了，是一大缺憾。

有关的规律教学大都存在着这个问题。

"真理向前一步就变成谬误"（列宁语），可是，我们以往为什么不可以让学生越出雷池一步呢？

学习的过程本来就是一个不断"试误"的过程。有些错总是要犯的，犯得越早，损失就越小。童年无小事，人生最早的经历因为写在白纸上而格外鲜明。

昨天，孩子认为世界是不变的；今天，我们帮助孩子跨出这一步；明天，他就会多留一个愿望让自己去想象。世界上没有了偏执，也就少了许多无端的争吵。

任何科学都关心某种变化中不变的东西。生物学关心遗传因子，化学关心元素，物理学关心基本粒子，哲学关心普遍的规律。但是，不变的规律是基本规律，是指一定条件下必然产生一定的结果。因此，规律的内容是包含了它的前提的。我们日常感到的规律，冬去春来，日出日落，总有一天是要变的。数学的特点在于它不肯定"是什么"的问题，它只是说，如果是什么，那么就如何如何。

那么，请规律多走一步的意义何在？可以借用中科院院士、中国统计学会副会长陈希孺先生的一段话来回答——"统计规律的教育意义是看问题不可绝对化。习惯于从统计规律看问题的人在思想上不会偏执一端，他既认识到一种事物从总的方面看有其一定的规律，也承认存在例外的个案，二者看似矛盾，其实并行不悖，反映了世界的多样性和复杂性。如果世界上的一切都被铁板钉钉的规律所支配，那么我们的生活将变得何等的单调乏味。"

让规律多走一步，山重水复之后，又可能柳暗花明。那多神奇，那多好玩。

因此，我制定的和六年级学生一起分享的教学目标是——

1. 了解神奇的 142857，回顾小学阶段所学的有关规律。

2. 再次经历发现规律的过程，体验到规律在范围外不成立，积累数学活动经验。

3. 感受到数学好玩，敢于大胆质疑。

这节课主要的不是让学生"找规律"，而是让学生回顾规律并怀疑规律，感受"规律的规律"。"规律王国也是有国界的"，大概是个不错的说法。

那"规律的规律"是否有点太"哲学"？是否会把孩子们吓怕了呢？他们能接受吗？

是的，"哲学是关于最普遍的规律之学"。哲学，打破砂锅问到底的是：这些规律的根据是什么（本体论）？认识这些规律的过程和方法是什么（认识论、方法论）？还有更重要的是对待这些规律应采取什么样的态度以及为什么应采取某种态度（世界观、人生观）？这三方面在这节课中都有体现。当然，这节课不是研究那些哲学问题，而是让学生感受规律的魅力。"规律的规律"是个好玩的说法，可以让学生享受到哲学思辨的芬芳。

哲学思辨的芬芳，就在于将对话者当作哲学家来对待。而孩子就是天生的哲学家，天才的诗人。

试看学生们课上的表情吧！

如果我看不懂学生的表现，听不明白孩子的话语，那是因为我已经不是孩子，已经老化和退化，不能和孩子们对话了。

【课堂实录】

（一）"啊，怎么会这样?"

师：请看大屏幕，计算下面各题，把得数写在练习本上，看谁反应最快。

（屏幕显示：$142857 \times 1 =$　）

生（众）：142857

师：（惊讶地）怎么这么快？

生（众）：（激动地）乘数是 1 啊！

师：嗯，对！这是一个规律，一个数乘 1，还等于他本身。

第二题：

（屏幕显示：$142857 \times 2 =$　）

生：（思考片刻）285714

师：怎么算的？

生：我是口算的，从个位开始乘起。

师：可以！除了可以用乘法算，还可以用什么方法算？

生：加法，直接用上面的得数，再加一个142857就行了。

师：没错，做对的举手。

（全班同学都举起了手）

师：真好！第三题：

（屏幕显示：142857×3＝　　）

生：（思考片刻，部分学生报出答案）571428

师：真快！怎么算的？

生：（无人应声，片刻之后，更多的同学抗议道）不对！应该是428571。

师：（微笑着）到底得多少？

生：（埋头计算）428571

师：刚才有人算出的答案好像不是这个，你是怎么算的？能不能说一说，你是怎么想的？

生：我是根据前面的规律算的。

师：（惊讶地）啊？

生："142857×1"的时候，结果等于它本身；"142857×2"的时候，结果就是把前面的"14"调到了末尾，是"285714"。所以我想，"142857×3"的时候，结果应该是把前面的"28"也调到末尾，就是"571428"。

师：（惊讶又佩服地）哦，是这样的，真了不起！她已经发现有规律了，那这个猜测怎么样呢？

生：（善意地微笑）猜错了。

师：虽然错了，但是错得很可爱！掌声奖励一下！

（师生报以热烈的掌声）

师：其实学习就是这样！而且不仅是学习，以后的研究也会是这样，需要我们不断地去猜测。我们会有一个猜想，然后……别忘了再验证一下！是吧？

（学生领会地点了点头）

师：好，第四题：

（屏幕显示：142857×4＝　　）

生：571428

师：（惊讶地）咦，怎么这么快？

生：根据刚刚那位同学说的规律，我发现"142857×4"，万位上的数字的是4，四四十六要往前进一位，所以结果的第一位数字是5，然后，后面依次排列下来就是"571428"了。

（学生自发地响起了掌声，教师也竖起了大拇指）

师：厉害，厉害！可能有的同学没有发现，不要紧。不过，现在听了其他同学的发言，你赞同吗？

生：（频频点头）赞同。

师：结果等于多少？

生（众）：571428

师：刚刚他只是说了最高位应该是5，那后面是多少呢？怎么想的呢？

生：（无人应声，同学们陷入了思考）

师：（启发地）5后面是几呢？

生：7

师：7后面是几呢？

生：1

师：1后面是几呢？

生：4

师：为什么是4呢？

生（众）：又转回来了。

师：4后面？

生：2

师：2后面？

生：8

师：8后面？

生：5，不对，没了！

（师生开怀大笑）

师：（微笑地）看来大家都明白了，真好！刚才没有发现这个规律的同学，现在你再回头看看、抬头想想。咦，他们是怎么发现这个规律的呢？我怎么没发现呢？（停顿）哪位同学能说说，你是怎么发现规律的？

生：我观察了 142857 从乘 1 到乘 4 的结果，发现虽然这几个数字的排列顺序改变了，但是这几个数却没变。

（学生自发地响起掌声）

师：说得非常好！怎么才能发现规律呢？首先就要善于观察！从上往下看，再从下往上看，就发现了不同中的相同——结果都是由 1、4、2、8、5、7 这 6 个数字组成；相同中的不同——顺序不同。（许多学生应和道：顺序）

师：没错！这告诉我们什么？（停顿）如果眼睛只盯着一道题目去看，算出"571428"就盯着"571428"看，算出"428571"就盯着"428571"看，那你就发现不了什么。但是，当你回头再去看一下时，（教师手指屏幕，一道题一道题地向上移动），你就很可能有发现了。有了发现以后，就可以有猜想，就像刚刚我们那位女同学一样，非常了不起！

好，下一道题：

（屏幕显示：$142857 \times 5 =$ 　）

生（众）：714285

师：714285，没错！怎么想的？

生："$142857 \times 4 = 571428$"，把 5 移到末尾，就是 714285。

师：为什么要把 5 移到末尾去呢？

生：142857 从乘 1 到乘 5，它的结果应该是逐渐增大的，比 5 大的数字是 7，所以应该 7 开头了。

师：有道理！这也是这列数的一个特点，从上到下，分别从小到大排列，是不是？

（众生点头，表示同意）

师：还可以怎么想？

生：（犹豫地）我觉得我的方法可能不正确，不过我是这么想的：我发现"$142857 \times 4 = 571428$"就是把第 4 位的 8 移到最后，"$142857 \times 5 = 714285$"就是把第 5 位的 5 移到最后……

师：哦，这样的。那"142857×3＝428571"呢？

生：就不行了。

师：（善意地微笑）不过，他很有非常宝贵的怀疑精神。"我说的不一定对"，结果还真不对啊！

（师生开怀大笑！）

师：后面这两个是对的，再往前就不对了。不过，我觉得挺好，学习就是猜，大胆猜测、小心求证嘛！猜不对还可以再猜，是不是？

（学生微笑着点头呼应老师）

生：我觉得因为五七三十五，所以5应该在末尾。

（学生自发地响起掌声）

师：这个想法好，言之有理！计算时，我们可以从个位开始乘的，五七三十五，所以5当然要在个位了。

生：我发现，其实不仅是这一个算式，这一组算式都是这样。一七得七，所以"142857×1"结果的最后一个数字就是7；二七十四，所以"142857×2"结果的最后一个数字就是4。然后，4前面的数字是什么呢？假设它是第二行的话，142857中的28571就排在了第二行，所以就在4前面了，是285714。这一组算式都是这样的。

（学生再次自发地响起掌声，不过似乎没有多大劲儿）

师：不明白就不要鼓掌，刚刚看见有些同学的目光和表情，我就知道你是不明白的，因为我也是不明白。（学生都轻轻地笑了）但是他的水平特别高。我们不明白，往往都是因为我们的水平还不够。（学生再次笑了，有的还点了点头）谁是他的知音，听懂他说的了，给我们解释解释？

生：他的意思就是，比如"142857×1＝142857"，那"142857×2"的时候，结果的第一位数是2，然后就把2后面的数字857都提到14的前面，就是285714；那"142857×3"的时候，结果的第一位数是4，然后既然4后面没有其他数字了，那就直接把4提到前面428571就行了；那"142857×4"的时候，结果的第一位数是5，然后就把5后面的数字71都提到428的前面，就是571428；依此类推都是这样。

生：其实还可以这么想，观察这组结果就会发现，1后面一定是4；4后面一定是 2；2 后面一定是 8；8 后面一定是 5；5 后面一定是 7；7 后面要是再有数字，就会又回到 1。所以只要我们确定了每组算式的最后一个数字，就可以根据这个数字往前推。

（学生自发地响起了掌声）

师：真好，真好！

（教师拿起一张长方形纸条，上面写着 142857，两边对折围成一个圆柱，展示给学生看。随着教师转动圆柱，呈现出不认同的数字：142857，285714 等等）

师：刚才你们说的是不是这样？

生：是！

师：数字前后的顺序是不改变的，但是谁开头呢？（停顿）只要你愿意，谁都可以当第一！

师：刚刚在讨论中，我们提到了两种思路，一个是考虑最高位；另一个是考虑个位，你觉得哪种更好一些？（学生意见出现分歧，有的觉得考虑最高位好，有的觉得考虑个位好。）

生：我觉得考虑高位好，因为高位是从小到大排列下来的。

生：我觉得考虑个位好，末尾得几就写几，不用考虑进位的情况。

师：好，都行，喜欢哪种用哪种。继续，下一题：

（屏幕显示：142857×6＝　　）

生（众）：857142

师：怎么想的？

生：从小到大排列，7 完了就是 8，8 开头后面是 857142。

师：可以，有没有不同角度的想法？

生：从个位想起，六七四十二，个位数字是 2，然后依次向前推，最后答案也是 857142。

师：继续，下一题：

（屏幕显示：142857×7＝　　）

（没有给出答案，叽叽喳喳地开始互相讨论起来，有的同学拿出了计算器开始计算。）

生：（片刻之后，惊讶地）999999

（教师板书：啊，怎么会这样？）

师：刚刚你们的表情告诉我，你们心里是不是在说这句话——"啊，怎么会这样？"

（二）"哦，原来是这样！"

师：等于多少？

生：999999

师：咦？刚才我们好不容易发现规律了，怎么……

生：因为142857乘6时，最大的数字8已经是最高位了，再往后142857乘7的时候，就没办法再按照规律往下推了，所以就不符合这个规律了。

师：有思考，真好！

（教师带头鼓起掌来）

生：如果我们从个位开始观察，就会发现七七四十九，所以"142857×7"的个位数字是9，出现数字9了，也说明它不符合规律了。

生：我觉得还可以这么想，你竖着看这组算式的结果，最后一竖行是741852，倒数第二竖行是517284，其实每个数字分别在每竖行都用了一次，所以"142857×7"的时候，就不会再是上面这些数了。

师：同学们，你听出来了吗？刚刚三位同学的发言，分别从三个不同的角度说明了"142857×7"时，规律改变的原因。真好，不同的角度，不同的思考。给自己鼓鼓掌，你们太厉害了！

（全班响起热烈的掌声）

师：为什么会是这样呢？（停顿）有这样一句话，我想和大家分享——

（屏幕显示"规律的王国是有国界的。"学生纷纷小声地读了起来。）

师：过了国界就不再是这个王国了，是吧？

（学生笑着点了点头）

师：为什么这么神奇呢？有一个故事，请听——

这组神奇的数字，最早发现于埃及金字塔里，埃及人用它来证明一个星期有7天。大家看，从星期一到星期六，都是由1、4、2、8、5、7这6个数字上班，他们每天担当不同的职位，依次轮值一次。到了第7天，他们累了，于是都休息，由 999999 来代班。

（学生恍然大悟。老师板书：哦，原来是这样！）

师：（微笑着）哦，原来是这样！同学们，这个 142857 还有一个很好玩儿的名字，叫"走马灯数"。

（屏幕出示一张走马灯的动画图片）

生：（恍然大悟）哦！

师：这就是一个走马灯，和我们刚刚看见的这个（教师拿出刚才展示过的圆柱），是不是一样的？

生：（频频点头）是！是！

师：刚才我们发现 142857 从乘 1 到乘 7 有这样的奇特的现象，那它乘 8 等于多少呢？

（屏幕显示：142857×8＝　　）

生：（埋头计算）1142856

师：刚刚没算之前，就有同学说，没有规律了。现在算完一看，是不是真是这样？不再是刚才的规律了啊。

生：对！

师：好，第二题，

（屏幕显示：142857×9＝　　）

生（众）：1285713

师：嗯，这个呢？

（屏幕显示：142857×10＝　　）

生（众）：1428570

师：（微笑着）最愿意报这个得数，简单！不过，在报这个得数的时候，除了可以考虑直接在末尾加一个"0"就行了，另外还可以怎么想？你有没有什么发现？

（无人应声，学生们都开始思考）

师：你能不能猜出"142857×11"等于多少？

（无人应声，学生们还在思考。少顷，举手的人开始多了起来）

生：我觉得 142857 乘 11 等于 1571427。

师：来，小伙子，走到讲台前面，你做小老师给大家讲讲，你是怎么想的？

生：（学生走到讲台前，在屏幕上边指边讲）我发现"142857×8"的结果就是把 142857 的个位数字 7 减去 1 变成 6，然后再在百万位上加上 1，就是 1142856。后面的也是这样，算"142857×9"的结果要先看"142857×2＝285714"的结果，把 285714 的个位数字 4 减去 1 变成 3，然后再在百万位上加上 1，就是 1285713。发现这个规律以后，就可以推出来"142857×11"的答案是"142857×4＝571428"这个结果的个位数字 8 减 1 变成 7，然后再在百万位上加上 1，就是 1571427。

（学生自发地鼓起了掌）

师：因此，142857 乘 11 等于多少？

生（众）：1571427

师：你发现了，那 142857 乘 12 呢？

生（众）：1714284

师：怎么想的？

生：我是这么想的"142857×5＝714285"，然后直接用 5 减 1 等于 4，4 写在最后面，1 写在最前面，就是 1714284。

师：好，下一道：

（屏幕显示：142857×13＝　　）

生（众）：1857141

（屏幕显示：142857×14＝　　）

生（众）：1999998

师：真厉害！开始我们算出第一个数的时候，以为没有规律了。但是，后来我们再算几道的时候，发现又有规律了。

生：（点头）是！

师：是怎样的规律？

生（众）：末尾减去 1，前面再添上 1。

师：再想想，刚才我们是怎么发现这个规律的？

（学生七嘴八舌地说着）

生：是根据前面的结果发现规律的。

师：很好！也就是说算第一道题的时候，我们没有人猜；第二道，第三道……

回头看看、低头想想，有想法了，开始猜了。猜的时候，不单单是看到上面的了，还看到旁边的。不仅是从上往下看，还要从左往右看，从右往左看。

师：怎么发现规律的呢？是不是像一首歌里唱的，"上看、下看、左看、右看，原来每个题目都不简单，我想了又想，我猜了又猜，终于发现了……"

（学生开心地笑了）

师：刚刚我们算了 142857 乘 8 到乘 14 的结果，发现有这样一个规律，它的得数可以由 142857 乘 1 到乘 7 的得数变化过来，是吧？

（学生点点头）

师：这是为什么？为什么会有这样的规律呢？

（无人应声，学生们都在思考。少顷，有两位同学举手）

生：我有一个问题，为什么个位依次少 3 呢？

（女生提出之后，老师一愣，不少同学附和，"咦，是的。"）

师：（一一指着得数的个位）不但乘 8 到乘 14 的得数是这样，乘 1 到乘 7 的得数也是这样。为什么啊？

（没有学生应答，师生都在思考。大概 20 秒钟之后，老师说："我想通了！"随手板书：　＋7＝　＋10－3，大多数同学看后都明白了，"哦"了出来。）

师：好，还是回到我们讨论的问题上来，为什么 142857 乘 8 到乘 14 的结果，可以由 142857 乘 1 到乘 7 的得数变化而来？对面的那位女孩，你来说一说。

生：（走到讲台前，手指屏幕）左边的"142857×1"和右边的"142857×8"之间差了一个"142857×7"，也就是差了一个 999999。我们可以先把 999999 看成是 1000000，所以右边的结果就是左边结果加上 1000000 再减去多算的那个 1。

（学生自发地鼓起了掌）

师：这个掌声真好！不过我觉得刚刚鼓掌的人，我也应该为你们鼓掌，说明你们都想明白了，同学一点你就通了！

师：这两列数，对应的乘数相差几啊？

生：7。

师：然后用什么就可以把他们都连接起来？

生：999999。

师：没错，其实就是用乘法分配律来联系的，是不是？比方说，"142857×12"就是"142857×5＋142857×7"是不是这样？

（学生频频点头）

师：还记得三年级的时候，我们做过这样一道题，（教师板书：345＋999），记得？

生（众）：记得！

师：等于多少？

生（众）：1344

师：怎么算？

生：先把999看成1000，加上345等于1345，然后再减1，等于1344。

师：所以刚才那位女同学讲得是不是特别精彩，我提议再次给她掌声！

（师生报以热烈的掌声）

师：看来我们不仅可以发现规律，规律背后的原因我们也可以思考得很明白！根据乘法分配律，我们就可以把这两个规律联系起来了，是吧？

（学生点头称是）

(三)"嗯，不都是这样……"

师：回想一下，我们四年级的时候，除了学过乘法分配律，还学了哪些定律？

生：（七嘴八舌地说着）乘法交换律，乘法结合律，加法交换律，加法结合律，减法性质。

师：还记得当时是怎么学加法交换律的吗？

（屏幕出示教科书上加法交换律的图片。）

生：想起来了。

（学生点头呼应教师）

师：首先我们解决一个问题：跳绳的有多少人？我们发现"28＋17"和"17＋28"是一样的，然后我们有了一个猜想：是不是两个加数交换位置，得数不变呢？后来，我们又写了很多这样的式子，发现都是这样。因此，我们就得出加法交换律。是这样的吧？

生（众）：是。

师：请问，同学们对这些运算定律或性质，是否坚信不疑呢？（教师板书：坚信不疑）

（学生在底下小声议论）

师：男孩，你在说什么？

生：老师你把"移"写错了，应该是"疑惑"的"疑"。

师：哦，不是这个"移"啊。（教师随即板书："疑"，手指黑板，询问道）是这个吗？

生：是。

师：为什么是这个呢？

生：它的意思应该是，坚定地相信没有疑惑。

师：这个"移"不也是指坚定地相信，不改变、不移动的意思嘛？

（学生议论纷纷）

师：究竟哪个对呢？

（无人应答）

师：其实我也不知道！（师生都乐了）留着课下去查一查，好吗？

生（众）：好

师：那么，我们对于加法的交换律是不是坚信不疑呢？（停顿）请看——

（屏幕显示：1－1＋1－1＝）

生：0

师：怎么算的？

生：我就是按照顺序算的，1－1＝0，然后0＋1＝1，最后1－1＝0。

师：可以，按照顺序算完全可以，还有其他方法吗？

生：因为1－1＝0，所以，这个式子就是0＋0＝0。

生：还可以用加法交换律算，1＋1＝2，然后2－1－1＝0。

师：没问题，下一道：

（屏幕显示：1－1＋1－1＋1－1＋1－1＝）

生（众）：0

（屏幕显示：

1−1＋1−1＋1−1＋1−1＋1−1＋1−1＋1−1＋1−1＋1−1＋

1−1＋1−1＋1−1＋1−1＝）

生：（随着屏幕显示，学生边乐边算着）0

师：考验我们耐性的啊。

（师生开怀一笑。当屏幕再次显示"1−1＋1"时，学生倒下一片，教师也被逗乐了。当整个式子出示完后，却出乎了学生们的意外。）

（屏幕显示：1−1＋1−1＋1−1＋1−1＋…＝）

生：（争抢着回答道）不确定！

生：如果最后一个数是"＋1"，那式子的结果就是"1"；如果最后一个数是"−1"，那式子的结果就是"0"。

（很多学生在底下说道：对！）

师：都同意？

生（众）：嗯！

师：这个省略号是什么意思？

生：后面还有无数个。

师：那有最后一个吗？

生：没有。

师：（微笑）没有最后一个，那看来刚才我们同学说的"最后一个是什么的说法"好像不成立了。这道题究竟等于多少呢？我们来一起讨论一下。

师：如果我们用加法的结合律去想——

（屏幕显示：（1−1）＋（1−1）＋（1−1）＋（1−1）＋…＝）

生：0

（屏幕显示：（1−1）＋（1−1）＋（1−1）＋（1−1）＋…＝0？）

师：是不是一定是0呢？（停顿）如果我们这么去想呢，先用交换律交换一下两个数的位置——

（屏幕显示：−1＋1−1＋1−1＋1−1＋1−1＋1…＝）

然后再用加法结合律——

（屏幕显示：−1＋（1−1）＋（1−1）＋（1−1）＋（1−1）＋…＝）

如果这样想下来，应该得多少？

生：－1

（屏幕显示：$-1+(1-1)+(1-1)+(1-1)+(1-1)+\cdots=-1?$）

师：那如果用减法性质去想呢？

（屏幕显示：$1-(1-1)-(1-1)-(1-1)-(1-1)-\cdots=$）

生：1

（屏幕显示：$1-(1-1)-(1-1)-(1-1)-(1-1)-\cdots=1?$）

师：要是这样想呢？

（屏幕显示：$1+1+1+1-1-1-1-1+1+1+1+1\cdots=$）

师：想想，如果我们把最前面的 4 放在这，留着，然后后面是减 4 加 4，减 4 加 4…… 这么想下来，最后等于多少？

生：（犹豫地）4

（屏幕显示：$1+1+1+1-1-1-1-1+1+1+1+1\cdots=4?$）

生：（疑惑地）啊？

师：（微笑）啊？对，你现在是不是在想，"华老师，你是在做游戏吧？或者是在讲故事吧？"

（学生疑惑地微笑）

其实，数学就是游戏，没有游戏就没有数学。这也是在讲故事，故事的序幕是，"当规律遇上了无限，故事就开始了……"（板书：无限）究竟是怎样的结果呢？这样一个式子到底等于多少呢？我也不知道，还是一个谜。

生：（失落地）啊……

师：是，其实还有很多我们不知道的。现在想想，我们学过的这些运算定律和性质，什么时候才适用呢？（停顿）

生：在有限的范围里才适用。

师：（板书：有限）孩子们，世界之大，无奇不有。我打个比方你们就明白了。二年级的时候我们学了乘法，做了很多道乘法题之后，我们得出一个规律：越乘越大。

（学生笑了）

师：为什么笑啊？

生：还有可能越乘越小。

师：没错！那什么时候越乘越大？

生（众）：乘数大于 1 的时候。

师：什么时候越乘越小？

生（众）：乘数小于 1 的时候。

师：以前我们学除法也是，开始的时候我们觉得是越除越小，后来发现什么？

生：还有越除越大的时候。

（教师板书："嗯，不都是这样……"）

师：是不是这样？

生：（边点头边说道）是！

师：再比方说，我们在四年级的时候学习了平行线，知道两条平行的直线怎么样？

生（众）：永不相交。

师：嗯，对。但是，我要告诉你，两条平行的直线在无穷远处，一定会相交。

生：（惊讶地）啊……

生：（抢着说道）我知道，是不是因为他们会有误差。

师：因为有误差所以造成相交吗？可能还不是这个原因。（微笑）咦？这是为什么呢？（无人应答）

师：来，我们再看这个——

（屏幕显示：直角三角形、钝角三角形、锐角三角形）

我们学过三角形内角和等于 180°，当时我们是怎么研究的？

生：量的、撕的。

师：是的。（屏幕显示动画：直角三角形、钝角三角形、锐角三角形三角和内角和等于 180° 的求证过程。随着动画的演示过程，教师说道）直角三角形内角和是 180°，钝角三角形内角和也是 180°，锐角三角形内角和还是 180°。因此我们得出，三角形内角和总是 180°。

但是以后你上了大学就会知道了，三角形内角和还可能小于 180°，还可能大于 180°。

生：（惊讶地）啊？怎么可能啊？

师：那这会儿你心里边是不是在想，"华老师，你今天要和我们讲什么？"

（学生边笑边点着头，教师也乐了）

师：今天这节课，我是不是要和你们说，"孩子们，请不要相信小学 6 年所学的规律。"

（全班同学都开心地笑了）

生：（一名男生，小声地说道）好像是。

（师生开怀大笑）

师：好，好。真的是这个样子吗？绝对不是！今天这节复习课，我要讲的是什么呢？（停顿）世界上的一切，都不是永恒不变的。（停顿）规律的王国也是有国界的，我们需要随时修正、随时调整，不要绝对化，不要做机器人。

（屏幕显示"人必须经常思考新事物，否则和机器没什么两样。——爱因斯坦"学生齐读。）

师：没错。虽然，机器有机器的价值，但是我想，谁也不愿意做一台机器人。

师：上完这节课，你有什么收获？

生：规律不是永恒不变的。

生：以前我觉得数学很精确，我很相信数学的定理。经过这节课，我发现不能绝对化地看问题，有时规律也会变的。

师：对！并不是所有规律都是一直不变的，比方说，冬去春来、日出日落，这些都是规律吧？

（学生点头称是）

师：请问，这个规律是不是也有会打破的一天？

生：会，当地球毁灭的时候。

（学生开心地乐了）

师：对，太阳系的寿命是多少，知道吗？

（无人应答）

师：不知道没关系，回去查一查。当太阳系都没有了的时候，那这些规律还存在吗？

生：不存在。

生：规律无绝对！

师：数学就是这样，研究的是数或者形在变化中不变的规律。（板书：规律。）

（再板书：的规律）规律的规律是什么呢？发现规律的过程往往就是这样，观察，惊讶——"啊，怎么会这样？"；（板书：）猜想，验证——"哦，原来是这样！"；（板书：）追问，怀疑——"嗯，不都是这样……"这个过程和做游戏是一样一样的，有规则，有范围，有悬念。

（本实录由刘伟男老师整理）

【课后反思】

法国大科学家彭加勒在《科学与假设》中说："规律"也是在经常变化的。在这个世界上，唯一不变的，是变。从学生的课后感言中，我们可以清楚地感受到"规律王国也是有国界的"这一个预设的教学目标已经达成了。

《老子》第七十一章云："知不知，尚矣；不知知，病也。"这句话的意思是"知道而不自以为知道，最好；不知道而自以为知道，就是缺点。"现在的小学生知识面甚广，不过往往满足于"我知道"，满足于"仅此而已，岂有它哉"的浅尝辄止。通过这节课的教学，我深深领略到了：最好的学习是求不知，因为兴趣才是最好的老师。我们小学数学教学所能做的和应该做的就是激发和呵护孩子们的数学学习兴趣，积累数学活动经验。

重视学生基础知识的习得、基本技能的掌握，一定没有错，不过，如果在求"不知"的过程中，巩固了"已知"，那是值得追求的教学艺术。这节课可能表达了我对小学数学的认识：数学是我们的玩具，规律更是充满悬念的特好玩的玩具。

著名的大数学家、大哲学家怀特海

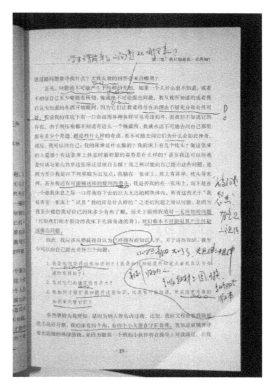

阅读《哲学的邀请》的批注

非常反对教育中的"呆滞的思维",他认为"要使知识充满活力,不能使知识僵化,而这是一切教育的核心问题。"他在《教育的目的》一书中指出:智力发展要经过三个阶段:从学前到小学是浪漫阶段,从初中到高中是精确阶段,大学是综合运用阶段。浪漫阶段是儿童开始体验世界、认识世界、发现世界的阶段,这个阶段儿童将形成关于世界的基本"图式",这关系到儿童是以继承为主还是以创新为主。

怀特海指出,在浪漫阶段"人们所讨论的题目具有新奇的活力;它自身包含未经探索的因果逻辑关系,也以丰富的内容为探索者提供了若隐若现的机会"。142857乘8~14之后,那位女生提出:"为什么个位依次少3呢?"的问题就是师生都"未经探索"的旁逸斜出,这样的"若隐若现"是一种诗意的浪漫,拥有迷人的魅力。那这种"若隐若现"的诗意浪漫,只有在这特别的"142857"中存在吗?"隐"的都要"现"吗?哪些该"隐",哪些该"现"?我们明白"若隐若现"是一种境界,不过现有的教学是否不愿"隐"、不敢"隐"呢?我这节课是追求一种"若隐若现"的,学生主动提出"为什么个位依次少3"的问题我是特兴奋的,那么在学生都不明白的情况下,我要不要兴奋地、好为人师地板书?是否学生自悟,渐悟抑或顿悟的感觉更美?我为什么藏不住了呢?

四、"借人喻数"的魅力

——以教学"平均数"为例

【课前慎思】

众所周知,现在教学"平均数",应该是重视其统计意义的理解而非仅仅会计算。那么,什么是"统计意义"?如果不经历统计过程,统计意义何以彰显?因此,无论新课导入还是巩固练习所要解决的问题是否要摒弃那种似是而非、人为编造的平均数问题,尽量为学生提供熟悉的、现实的、真实的统计题材,利用平均数解释现象解决问题?并且,是学生亲自收集数据,再求平均数,而不是数据事先给出?这可能与所谓的高效课堂的追求有所不同。

要经历统计过程,就需要创设问题情境。怎样的问题情境才是适合的?现有的情境,包括美国、英国、中国台湾、中国香港的教材,大多是用"平均数"来比较数据个数不等的两组数据。那么，一组数据是否也有需要数据代表的时候？那样，是否可以回避学生求总和去比较的习惯性思维而逼着学生另找一个数据的代表？这样，合适的"问题"就显得尤为迫切了。

如果说表征"看一眼，记几个"的问题，可以允许学生用几次中最多的数来代表，因为有关体育比赛就是这样选三次或六次中最高的作为选手的最后成绩。那么，"跨一步，有多长"的问题，似乎就不适宜了，因为《老子》第 24 章有言："企者不立，跨者不行。"举踵的人不能久站，跨大步的人不能长行。因此，用最大的步长来作为代表就不太合适了。再退一步想，学生接受"这个"新的，就一定要舍弃"那个"旧的吗？新的与旧的能否并存共荣？

平均数是那几个被平均的数的代表。平均数具有几个性质，是它特有的，不过，是否有的性质是与中位数、众数相比较而言的？例如，敏感性，一组数据的平均数易受这组数据中每一个数据的影响，在没有讲中位数、众数的情况下，如何凸显？如果在没有比较的情形下，教师自说自话，是否是教师戴着有色眼镜在看平均数，而学生是否只能是矮人观场，人云亦云？因为以前学习的，几个数的和、差、积、商，都是受每一个数据影响的，为什么以前都不讲，现在学平均数就要大讲特讲呢？孩子们的手很小，不该硬要他们抓住一大把的东西。对于小学三年级的孩子，不是大学三年级的学生，是否不该一本正经地系统讲授平均数的性质，而应该让孩子们在玩中学？

1984 年，我刚参加工作，讲"平均数"侧重在"总数量÷总份数＝平均数"数量关系的建立。2001 年，课改后，我讲"平均数"侧重在"移多补少"方法的巩固。2011 年，我在思考：我们通常认为的求"平均数"的两种方法：移多补少，先合后分，究竟哪一种是更为基本的方法？

我们以前讲"平均数"时常常说这样一句话："'平均数'不是真实的数？"这个"真实"是什么意思？是虚假的数？还是虚拟的数？大概说平均数不是"原始数据"而是"统计数据"比较准确。可是对小学生而言，那样似乎太专业了。那适合学生的话应该怎么说？

对小学三年级学生而言，可否给定一个平均数让学生去构造分布？

"平均数"的计算不难，难在理解其意义。因此，在哪个年级教学"平均数"比较适宜？现行教材大多是在三年级学习"平均数"，这大概是因为考虑到"平均数"

2011 年，美国波士顿地铁上读书

与"平均分"的联系。在学生尚未学习小数除法的情况下，自然会遭遇事件和数据不真实的尴尬？因为平均数是小数更能揭示平均数的本质。高兴的是，课标修订版已经把"平均数"移至第二学段。由此看来，现在用三年级学生来研究"平均数"一课的教与学是否有些勉为其难？

既然是勉为其难，为什么还要做呢？为什么不用五年级学生来试试？

综上所思，针对五年级的学生，我制定的教学目标是——

1. 进一步理解平均数的统计意义。

2. 巩固求平均数的方法。

3. 经历问题探究的过程，喜欢数学，喜欢思考。

【课堂实录】

（一）看一眼，记几个

师：孩子，请看大屏幕

　　（逐个出示：车牌号码、QQ 号，看到 QQ 号，有孩子说：快记下来。）

师：这不是我的，别记。

　　（孩子们都笑了，停下笔，继续看屏幕。再出示：电话号码、身份证号码、银行卡号，然后几幅图一屏呈现，出示问题：看一眼，你能记住几个数字?）

师：我们生活在一个充满数字的世界里。哎，要知道看一眼你能记住几个数字，你说怎么办?

生：试试吧。

师：试试吧，真好！试一次还是试多次?

（有同学说试一次，有同学说试多次。）

师：认为试一次的举手。（少数同学举手）认为试多次的举手。（大多同学举手）为什么要试多次? 小伙子，你说。

生：因为它的数字很多，应该要多记两次才行。

师：嗯，多试两次才能得到比较准确的结果。当我们试了多次之后，会得到一组数据。（板书：一组数据）这组数据有可能一样多，更大的可能是有多有少，那么如果有多有少的情况下，试了很多次，你究竟用哪个数来代表你看一眼能记几个数字呢?（板书：代表）

生：把所有数加起来，然后有几个数就除以几，就等于它的平均数，用平均数可以表示看一眼记住的个数。（同学们没有做出评价）

师：同意吗?（学生有的点头、有的说同意）

师：是，同学说完你就评价，同意点头，不同意摇头，也可以直接说，同学回答特别精彩给以掌声，好不好?

（生自发地给刚才回答问题的学生鼓掌）

师：是，特别精彩，当我们得到一组数据之后，找哪个数来代表呢?

生：（齐）平均数。

（板书：平均数）

师：哎，怎么求平均数? 对，先求出总数，也就是先求出和，然后再平均分，有几个数据就除以几。（板书：求和平均）

师：除了求和平均的方法，还可以怎么求?（学生面露难色，教师很理解地）不知道? 不知道咱们就先不说了，咱们试一下。看一眼能记住几个数字呢? 在玩之前，一定要知道游戏的规则。

1. 看一眼，只有 3 秒钟。（读出声是来不及的。）

2. 数字消失了，才可以动笔写在格子里。

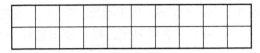

3. 数字再出现时，请在记对的数字右上角打"√"。）

师：明白了？（学生纷纷点头，教师出示下表）

第一次	
第二次	
第三次	
第四次	
平　均	

师：记完之后数一数打对勾的有几个，填在这个统计表里，明白了吗？友情提
醒：眼睛看大屏幕，错过了就不可以再回头了啊！

（屏幕展示第一组数字：1326891545　　3秒后消失）

师：（巡视，看到有部分学生拿笔在记）数字消失了再开始记，不是一边看一边记，
一边看一边记那就不是记而是抄了，哈哈……　　（生会意地微笑）

师：好，核对。

（生核对，有生记住的较多，很兴奋地轻呼"耶"。）

师：记上，第一次你记了几个？（看到有学生在擦改）错的不用擦，留在这儿。

生：我记了8个。

师：跟他一样多的举手。（部分学生举手）记9个的举手。（部分学生兴奋地举
手）记10个的举手。（有几个学生很自豪地举起了手）记7个的举手。（部
分学生举手）6个。（几个学生举手）5个。（举手的学生比较少）4个。
（没有学生举手）3个。（无人举手）2个。（无人举手）

师：两个以下，没有了。看来最少的是5个。

师：（赞许地）很诚实，对，我们要试试看一眼能记住几个数字，因此要尊重
事实。

师：第二组准备。（师在学生中间，有一生在左右探着身子看屏幕。老师发现后
急忙让开）哦，挡住你了，对不起！

（屏幕出示第二组数9280773268　　3秒后消失）

师：好，核对。（生核对）第二次你记住了几个？不交流了，直接填在表格里。
　　继续。
　　（屏幕出示第三组数 5128703947 ，第四组数 8426351693）

师：好了，试了四次了，现在算一算平均数是多少？
　　（生计算，师巡视）

师：前后四人一组交流一下。（学生小组交流，师选了两名学生的板书在黑板
　　上：（6＋7＋6＋8）÷4＝6.75　　　（4＋7＋7＋8）÷4＝6.5）

师：好了，孩子们，现在知道你看一眼能记几个数字了吗？（生欲言又止的样
　　子）

师：声音不响说明有疑问了，是吗？你有什么问题？（生露出胆怯的眼神）

师：（鼓励地）没有吗？肯定有问题。（有一生大胆地举起了手。教师赞赏地）
　　你说吧，孩子。

生：（自信地）为什么会有不是整数的平均数？

师：对啊，为什么不是整数，而是小数了？
　　（学生面面相觑。）

师：哎，你告诉我，你看一眼能记几个数字。

生：我看一眼能记 8 个数字。

师：8 个数字，你算出来是多少？哦，就是 8 个。

生：我看一眼能记 9 个数字。

师：你算出的平均数是……（师没说完，生抢着说：平均数是 7.5。）

师：哈哈……那你怎么说记 9 个数字？

生：最多记 9 个。

师：哦，最多记 9 个。（面向全体学生）算出来是 7.5，那他怎么不说是 7.5
　　呢？这 7.5 代表什么？

生：（齐）平均数。
　　（师转向刚才提出问题的学生。）

师：小伙子，你叫什么名字？

生：（自豪地）叶成浩。

师：叶成浩，真厉害，其实刚才算完平均数，有的人目光告诉我了，有疑问：

哎，怎么会是 6.75 呢？而他把问题说出来了。（师带头鼓掌）应该向他学，孩子，就是要自己提出问题。

师： 想想，平均数会不会是小数呢？

生：（齐）会。

师： 会，为什么？

生： 因为有时候也会除不尽。

生：（反驳说）除不尽，小数为什么不循环呢？

师： 哈哈……（不做评价，笑着面对学生）你说呢？

生： 因为除到那一位的时候正好除完了，不可能写 6.750000…

师： 哦……来，一起算一下吧。

（师生共同计算）

师： 余下的 3 怎么办？

生： 也要除以 4。

师： 3 除以 4 等于 0.75，所以结果是 6.75，对不对？

生：（齐）对！

师： 计算是对的，哎，刚才同学想为什么会出现小数呢？是不是因为余下的 3 个也要平均分到 4 份中间去，（生点头）这样才能让本来不等的这一组数据变得（生齐说"相等了"）。这相等的数才叫（生齐说"平均数"）。

师： 这么想，要保证相等，这 3 不能扔掉吧！哈哈……继续要去分，所以就产生了小数。

师： 哎，同学们，这 6.75 代表什么呢？刚才我们有同学说，6.75，我记 7 个。哈哈……，这 6.75 代表什么呢？

生： 表示这些数的平均值。

师： 对，真好，是代表这组数据的平均值，代表某一次的成绩吗？

生：（齐）不代表。

师：（指着板书的下一道算式）下面这个，检查一下，对不对。（师生共同检查）

师： 一个是 6.75，一个是 6.5，这中间就有差距了，是吧？如果都把它用整数表示，那差距就没有了。（生纷纷点头）这么一想，其实平均数是个很小气的数，特别斤斤计较，差一点点都能反映出来。（生会意地笑了）

师：（手指板书）原来平均数不是代表某一次，而是代表这组数据的整体的水平、平均的水平。所以我们说平均数很多时候会是小数。

师：刚才算出平均数是小数的举手。（大多学生举手）

师：哎哟，这么多，难怪刚才很多同学有疑问，交流时不怎么爽快。再看这样一道题。

（屏幕出示：小明测了4次后的平均水平是看一眼记住6个数字，不计算请回答——如果第5次测试成绩是7个，那么平均数会发生什么变化呢?）

师：（等待片刻）不计算，你能回答吗？男孩你说。

生：平均数会增加。

师：为什么，继续说。

生：因为第五次的成绩比平均数高，所以他会把4次的平均数拉上来。

师：哎哟，"拉上来"这个词用得好啊！同意吗？

生：（齐）同意！

师：但是刚才你们一点表示都没有？也没点头的，也没鼓掌的。（生笑了，并热烈地鼓掌）

师：哈哈……往往我们同学上课都喜欢这样，同学讲完以后，（模仿学生等待老师评价的表情）老师你说呢？（生笑了）呵呵，别老师说，自己想，有问题赶快表现出来，好不好？（生纷纷点头）

师：同意平均数发生什么变化？

生：（齐）拉上来。

师：拉多少，不计算你觉得拉上来后是整数还是小数。

生：（齐）小数。

师：对，还是小数。

（屏幕出示：如果是5个呢?）

生：平均数会减少。

（屏幕出示：如果是6个呢?）

生：平均数不会发生变化。

师：对，为什么？

生：因为它和平均数一样。

师：对，有一个词叫……（师板书：移多，等待学生回忆，学生齐说：移多补少）对，对，平均数是移多补少得来的。当你第 5 次还是这么多那就不用移了。孩子们，这么看，增加一个数据后，平均数有可能会上升、也有可能会下降，还有可能不变。这里有姚明的两组数据，看看哪些是平均数。

（屏幕出示——

2001—2002 年赛季，是姚明在 CBA 的巅峰赛季，场均 32.4 分，19 个篮板，4.8 次封盖。

从 2002 年起，姚明征战 NBA 的 9 年时间里，一共出战了 486 场比赛，场均 18.6 分和 8.9 个篮板，1.9 次封盖。学生阅读，思考）

师：哪些是平均数？在座位上随便说。

生：32.4 分，4.8 次封盖，18.6 分和 8.9 个篮板，1.9 次封盖。

师：同意吗？（大多生同意，也有人在摇头）有没有补充？

师：没错，刚才这些都是平均数，"场均"就是每场平均的意思，还有补充吗？

生：19 个篮板也是。

师：哈哈，刚才我们介绍了平均数很小气，很多的时候是小数，别忘了也有可能是（生齐说"整数"）。

师：好了，孩子们，通过刚才这样一个活动，大家知道了平均数很多时候是小数，因为它是平均得来的，当多了 1 个或 2 个的时候，它要平均分成很多份，那就产生小数了。

（二）比一比，谁上场

师：姚明退役了，做教练了。如果你是篮球教练，遇到这样的问题你会怎么解决呢？（屏幕出示）

如果我是篮球教练

根据两名队员的得分情况，你会选择哪位队员上场？

场次	一	二	三	四
甲	11	12	6	11
乙		11	10	12

（学生看题）

师：明白题目的意思吗？

生：明白。

师：你会安排哪个队员上场呢？如果需要计算就计算在练习纸的背面，请用数据来说话。

（师巡视全班）

师：你贵姓？

生：郑××。

师：郑教练，（生笑）你选谁？

生：我选乙。（师等待学生阐述自己的理由，生继续说）因为他平均数比甲高。

师：乙的平均成绩是多少？

生：乙的平均成绩是 11；甲的平均成绩是 10。

师：这么一比较，根据得分情况，确定应该是乙上场。有没有不同意见？

生：我觉得应该让甲上场。（生没有信心地停下不说了，师给出鼓励的眼神）因为乙第一场好像没有进球，所以应该除以 4，不是除以 3，这样就比甲少了。

师：那乙的平均分是多少分，你算了吗？

生：我……（生吞吞吐吐，周围学生都笑了）

师：哦，你没算，谁来算一下，我觉得他提出了一个很有价值的问题。算一下乙的平均分是多少？

生：（生陆续算出）8.25

师：$33 \div 4 = 8.25$，这么看，谁上场？

生：（齐）甲。

师：还有不同意见，说！

生：乙的成绩不稳定，忽高忽低，甲非常稳定，有两个 11，都在 11 这儿徘徊，除了第三场。

师：同意他的观点吗？他说乙的成绩不稳定，甲的成绩稳定。（生在座位上讨论，大多人摇头不同意）

师：有人摇头，有人点头。行，打住打住，我觉得刚才我们同学提出了个很好的问题，究竟乙的第一场这个符号表示什么？是表示没上场还是表示上场了没得分？

生：（齐）没有上场。

师：如果表示上场了没得分，那就应该除以几？

生：4。

师：他的平均成绩就是——（8.25）

师：如果这个符号表示没上场，姚明不也经常有不上场的时候吗？那人家没上场就不能除以 4，看来现在的问题就是，这个符号到底代表没上场还是上场了没得分？

生：我觉得是没上场，如果没得分写的应该是 0。

师：是，是，（转向刚才说除以 4 的学生）没得分应该是 0，孩子，这是你不知道，没关系！确实，我们约定俗成的，这样的符号表示没上场。如果上场没得分就应该写 0。从刚才这个片段是不是让我们感觉到，平均数是个很本分的人，该除以 3 就要除以 3，该除以 4 的时候就要除以 4，特别讲究门当户对。（生纷纷点头）不能除错了。

师：刚才这么一交流，我发现咱们采荷一小的孩子当年平均数学得非常棒，奖励一下，听个故事。好不好？

生：（很有兴致地）好！

（三）平均出来的牛体重

（出示动画：

1906 年的一天，英国科学家弗朗西斯·伽尔顿在散步时，看到集市上正在举行"猜牛重，赢大奖"的比赛。好几百人在对一头肥壮公牛的体重下赌注，其中有些是屠户和农民，但更多的则是凑热闹的外行人，他们只不过是想碰碰运气罢了！当竞猜奖品分发完毕，伽尔顿找了张纸，记下了所有竞猜者估计的重量，然后准备计算这组数据的平均数。伽尔顿想，这个平均重量与实际重量一定相差很远。因为，外行人占大多数，他们对牛的体重心中无数，猜的重量会很不靠谱。结果，他完全错了。事实上，牛的体重为 1198 磅，而猜测的平均体重为 1197 磅！）

师：听完这个故事，你有什么感想？

生：那些人猜得太准了。

师：呵呵，哎，是那些人猜得太准了，还是……

生：我觉得有的人猜得太高，有的人猜得太低，凑起来就很像了。

（有几个学生带头鼓掌）

师：有人提议鼓掌了，说到你心里去了，是吗？

师：（点头）对啊，平均数就是移多补少得来的，有人猜得比牛的实际体重高，有人猜得低，那最后一算平均数呢……（生呼应"差不多了"。）

师：对，对，这就让我想到一位数学家曾说过这么一句话。

（屏幕出示：数学的研究说明，平均数总是更加接近实际。——马希文）

师：为什么平均数更加接近实际？

生：移多补少的。

师：对，通过这个故事是不是让我们感觉到平均数很奇妙，很有用。（生纷纷点头，还有人忍不住要发表自己的看法）

生：平均数很公平。

师：好的，故事听完了，我们还回到篮球场上来。

（四）猜猜 8 个人的年龄

（出示问题：有 8 个人在篮球场上打球，他们的平均年龄是 12 岁。你能想象一下，这 8 个人的年龄可能分别是多少吗？学生看完题目后就开始动笔了。）

师：对，对，你认为 8 个人的年龄分别是多少，可以在纸上写下来。（巡视）真好、真好，同学们很会动脑筋。（生大多写好了）前后桌四个人交流一下。（生热烈地交流起来）

师：好，谁来交流一下，你认为这 8 个人的年龄分别是多少？（很多学生举起了手）请没发言过的人来。

生：我写的 8 个是 7 岁、10 岁、14 岁、9 岁、16 岁、8 岁、13 岁、9 岁。（师板书并带着学生一起核对是否 8 个人）

师：怎么判断对不对？

生：加起来算一算。

师：对，算一算吧！

（老师信任地扫视着全班，学生很专注地计算着，议论说"不对"。）

师：怎么不对了？

生：现在加起来是 86，而平均年龄要是 12 岁，总岁数应该是 96。

师：（面向全班）96 是怎么来的，知道吗？（生基本都举起了手）

师：真棒，我们数学老师姓什么？

生：（齐）姓殷。

师：殷老师教得真殷实！都知道，不说了。加起来应该是 96，现在加起来呢？

生：（齐）86。

师：怎么调整？（信任地看着给出答案的那位学生）你自己来，我们看他怎么改。

生：加个 10 就可以了。（生将 13 改为 23，有生在笑，认为不行。）

师：小伙子，你来调。

生：我觉得应该把 7 岁的加 10，不然 23 岁的大他们几岁的，太不公平了。（生将 7 改为 17，23 还原为 13。）

师：这样怎么样？平均年龄是 12 岁吗？（生点头）巡视中，我发现有一位同学的表达非常特别，我们一起来欣赏。

生：$6 \times 12 + 1 \times 11 + 1 \times 13$。

生：哦，明白了，他是说 6 个人 12 岁，1 个人 11 岁，1 个人 13 岁。

师：符合要求吗？

生：（齐）符合。

师：能一眼看破，说明你是知音！这个表达非常有数学味道，并且，用上了移多补少的想法。是个创造，了不起！（师生一起鼓掌。）这 8 个人的岁数是多少，应该有很多种可能。（生点头）想知道实际的情况是怎样的吗？

生：（很有兴致地）想！

（屏幕出示 8 人的集体照：华老师 45 岁，3 个学生 7 岁，3 个学生 8 岁，1 个学生 6 岁。学生发出"啊"的惊讶声，大笑之后小声议论，有的学生说："不可能吧。"）

师：哈哈……真的，孩子，华老师当年读书时是学校篮球队的队长，我真跟我的学生一起打篮球的。哎，对不对呢，平均数是不是 12 岁？算一算。（生口算之后，齐声说："是。"）

师：刚才怎么没人这么猜呢？

生：没想到年龄相差这么大！

师：（理解地）没想到有一个年龄特别大的我，是不是？

生：被图片迷惑了。

生：咱们没想到教练。

师：哈哈……是。

生：我想的一般比赛都是小孩子，那才是公平的比赛。

师：他认为有我在就不公平了，是，是。哎，如果没有我加在里面，他们 7 个人的平均年龄是多少？算一算。（生认真地计算）

师：（巡视）除不尽保留一位小数。

生：（齐）7.3

师：请看大屏幕。

（出示：比较两组数据，你能发现什么？

45 岁，7 岁，7 岁，7 岁，8 岁，8 岁，8 岁，6 岁。平均年龄 12 岁。

7 岁，7 岁，7 岁，8 岁，8 岁，8 岁，6 岁。平均年龄 7.3 岁。）

（生观察两组数据，小声议论着。）

师：是不是能够发现，当有特别大的极端数据的时候，平均值只比 45 岁的小，比其他的都大，因此它就不能很好地代表这组数据，是不是？所以我们猜不上。而第二组数据，当没有特别大的 45 岁时，他们的平均年龄 7.3 岁就在 6 岁和 8 岁之间，就能很好地代表这组数据了。

（生们频频点头）这时，你可能就明白电视歌手大奖赛为什么要去掉最高分和最低分了吧。（生们使劲点头）

师：这么看，平均数其实是很好玩的，很幽默，会开玩笑，会忽悠人的。（生笑了并点头）

（五）回顾总结，平均数是个怎样的"人"

（屏幕展示本课的四个活动。）

师：好了，同学们，回过头来看看，这节课咱们做了这样四个活动：我能记住几个数字，如果我是篮球教练，平均出来的牛体重，8个人的年龄。现在，你是不是能回答这样一个问题呢？

（逐字出示："平均数"是一个怎样的"人"？学生惊讶地"啊"了一声之后，笑了，纷纷心领神会地举起了手。）

生：我觉得平均数是一个代表性的人。（板书：代表）

生：我觉得平均数是一个很小气的人，连1都不放过。（板书：小气）

师：是，是很小气的，后面一句话说得好，连1都不放过，哈哈哈。

生：我觉得平均数是个精细的人。（板书：精细）

生：平均数是一个一丝不苟的人。

师：（欣喜地）真棒，跟孩子们上课真是享受。

师：这一大组你们说平均数是个怎样的人？（学生面露难色）

师：（安抚地）行，你们想，你们想！

生：我觉得平均数是个多面的人，它有时候公平，有时候小气，有时候精细。

师：是个多面的人，哈哈哈……。（板书：多面人）

生：我觉得平均数是个幽默的人。（板书：幽默）

生：我觉得平均数是与实际很接近的数。

生：与实际很接近的数也就是很中用的人。（板书：中用）

师：还想说，是吗？最后一个机会。

生：平均数是个很神奇的人。（板书：神奇）

师：确实，平均数是个很特别很特别的人，就像神机妙算的诸葛亮，诸葛亮姓什么？

生：（齐）姓诸葛。

师：对，他不姓诸，姓诸葛，平均数也很特别，平均数呢他不姓平，姓平均。（师圈出课题中"平均"两字，学生理解地笑了。）平均数是个很特别的数，它不是数出来的，而是算出来的，是平均出来的。

下课啦！

（学生们恋恋不舍地收拾着学具。）

（本实录由江苏省海安师范附小刘海玲老师整理）

【课后反思】

通过本课的教学，我清晰地感受到：学过小数除法的学生来学习平均数，对平均数意义的理解就能比较到位了。

借物喻人，是写文章常用手法。今天我尝试着"借人喻数"，效果真好，不但到位而且有情趣。有了这一招，学生不好理解的平均数的意义，抑或，学生心里理解了，嘴上不好表达的平均数，学生说起来就欲罢不能了。

下课之后，有学生问我："平均出来的牛体重是偶然的巧合，还是必然的规律？"我一愣，是啊，有这样疑问的学生可能不止一个。这是我从《读者》杂志上选取的素材，那篇文章的题目叫《群体的智慧》。那我能不能创造一个类似的"猜牛重，赢大奖"的活动呢？那样的话，学生就不只是听到的、看到的，而是自己做出来的，分析过后就会更加信服。

我一定争取试试！

五、大成若缺 大盈若冲

——以教学"圆的认识"为例

【课前慎思】

《圆的认识》一直是小学高年级数学的教学内容，几乎所有的小学数学名师都用过这节课来"吟诗作画"，后生新秀们更是频频用这节课来"小试牛刀"。因此，有关这一内容的课例可谓异彩纷呈。

我在欣赏品味之余，发现自己和同行们对于这节课的处理主要存在三个问题：第一，注重组织学生通过折叠、测量、比对等操作活动来发现圆的特征，不重视引导学生通过推理、想象、思辨等思维活动来概括圆的特征；第二，注重让学生学会"用圆规画圆"，不重视让学生思考"为什么用圆规可以画出圆"；第三，注重数学史料的文化点缀，不重视数学史料文化功能的挖掘。

我思考——"圆的认识"这节课究竟要讲什么？

我思考——圆的特征究竟是什么？曲线围成、没有角、半径是直径的一半，是不是特征？"一中同长"的特征是不是需要组织学生小组合作研究？这是不是为了"研究报告"而组织研究？

我思考——半径和直径是不是应该"浓墨重彩"去渲染？"圆"的概念都没有给出，是否需要咬文嚼字地概括出"半径"和"直径"的概念？揭示两者概念后，让学生从一个圆内各个不同的线段中挑出"半径"和"直径"，有没有哪位老师见过学生有错？学生都不会有错的活动，要不要组织？

我思考——半径和直径的关系是不是教学难点？要不要研究？是否"顾名思义"就可以理解？得出关系后的填表练习，练习的究竟是两者关系，还是乘以2和除以2的口算？我们是不是总是好为人师，以为我们不讲学生就不会？熟能生巧，但熟还能生厌，那熟是不是还能生笨呢？爱因斯坦的话——"取一块木板在上面寻找最薄弱的部位，在那些容易打孔的地方钻开无数个孔"——会给我们什么启发？

我思考——量出半径都相等，就科学、深刻吗？在一个圆内，半径和直径真的画不完吗？画不完就能说明"半径有无数条"吗？"半径都相等"和"直径都相等"

要不要加上前提条件"在同一个圆中或等圆中"？以后再说"正方形的四条边都相等"，还要不要加上"在同一个正方形中"呢？数学上的严谨就是这样的吗？这是不是教学内容上的形式主义？

我思考——圆的画法是应该教，以促进学生更好地学，但应该一二三地教吗？是不是在学生容易疏忽的两个地方"手拿住哪里""两脚之间的距离是直径还是半径"点破就可以了？学生抑或老师画出的不圆，是否就该随手擦掉？那些"不圆"的作品，是不是课堂中的生命体？是否应该珍惜？

我思考——我们的小学数学教学是否应该不仅关注"是什么"和"怎样做"，还应该引导学生去探究"为什么"和"为什么这样做"？这样是不是才凸显出"数学是思维的体操"这一学科特色？是不是应该带领学生经历从现象到本质的探究过程，促使学生养成研究问题的良好意识？"问题是数学的心脏"，我们数学老师是否可以给学生一个问题模式，让学生"知道怎样思维"，让学生掌握作为一种"非言语程序性知识"的思维？

我思考——"圆"的意蕴实在是丰富，借着这么"圆满"的素材，我们是否可以在培养学生批判性思维和突破常规的创新思维上做些文章，引导学生思考"一定这样吗"？柳暗花明、曲径通幽、殊途同归的心理体验，是否更有利于学生的可持续发展？

……

经过一段时间的慎思明辨，我认识到"圆"这一节课应该讲的有价值的东西实在是太多了，有舍才有得，一课一得足矣！

我制订的教学目标是——

1. 认识圆的特征，初步学会画圆，发展空间观念。

2. 在认识圆的过程中，感受研究的一般方法，享受思维的乐趣。

【课堂实录】

（一）寻宝中创造"圆"

（课前教师先把学生的橡皮都"借"走了。）

师（很神秘）：小明参加头脑奥林匹克的寻宝活动，得到这样一张纸条——"宝物距离你左脚3米。"（稍顿）你手头的白纸上有一个红点，这个红点就代表小明的左脚，想一想，宝物可能在哪儿呢？用1厘米表示1米，请在纸上表示出你的想法。

（学生独立思考，在纸上画着……）

师：刚才我看了一圈，同学们都在纸上表示出了自己的想法。（同时课件演示）
宝物可能在这——

师：找到这个点的同学，请举手。（几乎全班举手。）还可能在其他位置吗？（学生们纷纷表示还有其他可能，课件依次出示 2 个点、3 个点、4 个点、8 个点、16 个点、32 个点，直到连成一个圆。）

师（笑着）：这是什么？（板书：①是什么？）

（生有的惊讶、有的惊喜：圆！）

师：刚才想到圆的同学请举手！（十几位同学举手）开始没想到的同学，现在认同了吗？那宝物可能在哪儿呢？

生（高兴地）：宝物的位置在这个圆上。

师：谁能说一说这是怎样的一个圆？

生 1：这是一个有宝物的圆！

（全班同学善意地笑了）

生 2：宝物就在小明周围！

师（点头）：说得真好，周围这个词用得没错！周围的范围可大了……

生（迫切地）：宝物在距离左脚 3 米的位置。

（全班同学鼓掌）

师：是啊，他强调了左脚。这个左脚也就是圆的什么？

生（争先恐后地）：圆心！！圆心！

师：没错，叫圆心。（板书：圆心。）也就是以左脚为圆心。他刚才还强调了，距离左脚 3 米，这个"距离"3 米，知道叫什么名称吗？

生：直径！半径！（教师板书：半径　直径）

师：直径还是半径？

生（绝大部分学生）：半径！

师：现在，用上"圆心""半径"，谁能清楚地说一说这个宝物可能在哪儿？

生：以他左脚为圆心，半径3米的圆内。

师：在圆内还是在圆上？

生（纷纷纠正道）：在圆上！

师：刚才董思纯很精彩的发言，把两个要素都说出来了，是不是只要说"以什么为圆心，以多长为半径"就把这个圆确定下来了？（学生们纷纷点头）

（二）追问中初识"圆"

师：咦——为什么宝物可能在的位置就是个圆呢？——（板书：②为什么？）

生1：因为宝物所在位置是以小明左脚为定点旋转一圈，所以宝物所在位置是个圆。

生2：因为纸条上并没有明确地指出宝物在左脚3米的哪个地方！

师：要圆满地回答这个问题，需要知道圆有什么特征。想一想，圆具有什么特征呢？

生1：圆有无数条对称轴。

师：对称轴是什么？

生1：直径。

生2：圆没有棱角。

师：圆有什么特征呢？有比较才有鉴别。我们可以把圆和以前学过的图形进行比较。（出示正三角形、正方形、正五边形、正六边形和圆。）

生3：圆的半径无论画在哪里它的长都是一样的。

生4：圆不能计算面积。

生（不认可地）：可以的！

生5：长方形、正方形都是由四条直线围成的，而圆是由一条曲线围成的。

生6：圆是个封闭图形。

师：这句话说得很专业！对，封闭图形。

师：孩子们，圆确实具有大家说的这些特点。知道古人是怎么说圆的特征的吗？（板书：圆，一中同长也。）

师：明白这句话的意思吗？"一中"指什么？

生（抢着说）：一个中心点！圆心！

师：什么"同长"？

生（争抢着）：半径的长度都一样的！直径的长度都一样的！

师（反问）：圆，是有这个特征吗？

（学生们认可地点头。）

师（若有所思地）：难道正三角形、正方形、正五边形、正六边形，它们不是"一中同长"吗？（课件出示如下图形。）

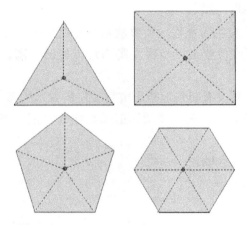

（学生们沉默，紧张地思考着，片刻学生的手陆续举起来。）

生1（手指课件中的三角形）：如果把线连到三角形的边上，那么两根线段的长度就是不一样的。

师（恍然大悟地）：哦——连在顶点上的长度是一样的，但连在不是顶点的其他点上就不一样长了！但是圆呢？

生（纷纷地）：都一样！一样长！

师：是呀，在圆上的点都是平等的，没有哪个点搞特殊！正三角形内，中心到顶点相等的线段有3条，正方形内有4条，正五边形内有5条……圆呢？

生（齐）：无数条。

师：（板书：无数条）这样看来，圆是不是"一中同长"？

生：对！

师（神秘地）：请看——（几何画板演示正多边形边数不断增多最终变成"圆"的动态过程。）

生（惊奇地）：成为一个圆了！

师（笑着）：现在是正 819 边形！

生（情不自禁地）：哇——

师：现在你有什么想法？圆是——

生（争着站起来大声说道）：我认为圆是一个正无数边形！

师（欣赏地）：佩服佩服！用老子的话来说就是"大方无隅"（在课题位置板书：大方无隅。）"大方"就是最大最大的方，猜一猜，"隅"是什么意思？

生（异口同声地）：角！

师：真佩服！不是猜，都知道。这样看来，圆是不是"一中同长"？

生：对！

师（感慨地）：圆真是具有这样的特征！那刚才同学们说的对不对呢？（出示椭圆）它也是由一条曲线围成，没有角。（学生会意）"圆，一中同长也"才是圆的特征，由这个特征能衍生出圆的其他特点来。"圆，一中同长也"，是墨子说的。墨子的发现比西方人早了一千多年……

生（惊叹地）：哇——

师：那就让我们带着这份自豪，学着古人的样子读一读这句话。（学生读）

师："圆，一中同长也"，在寻宝的问题里，"一中"就是小明的"左脚"，"同长"就是 3 米，具备圆的特征，当然就是圆了。"为什么宝物所在的位置是个圆"的问题解决了吗？（学生们频频点头）

（三）画圆中感受"圆"

师：刚才我巡视的时候，发现同学们都会画圆了！会画圆的请举手！（学生们热情地高举起小手来。）画圆一般得用圆规，古人说："没有规矩，不成方圆。"现在请大家用圆规画一个直径是 4 厘米的圆。边画边想：我们是怎样画圆的？（板书：③怎样做？）

（学生们立刻投入地画起来，教师巡视并收集学生不圆的作品。刚展示一幅不圆的作品，学生们都笑起来。）

师：孩子们，圆的样子都是一样的，不圆的样子就各有各的不同。想想这样的"不圆"是怎样被创造出来的？

（学生们热情高涨，争抢着举起手来。）

师（悠悠地）：想——不说——继续欣赏！

（接下来的两幅作品仍不圆，学生会意地、开心地笑了。）

师（疑惑地）：怎么回事？怎么会这样呢？从这些作品中，我们是不是看出画圆并不是件太容易的事。（学生纷纷点头）

（教师出示树枝）

师：树枝，哈哈，原始的圆规，用这个圆规在沙地上能不能画出圆来？

生（异口同声）：能！

师（笑着）：我们小时候都玩儿过。（继续出示圆规）

师：这是我们现在用的圆规。这个圆规的优点当然是两个脚之间的距离可以变化，所以我们可以画出大小不同的圆来。

生（点头）：对！是！

师（疑问地）：但是刚才我们就是用这样的圆规来画圆的，怎么会创造出那些不圆的作品呢？

（学生们争着举手要发表看法。）

师（会意地）：是不是它的缺点也是这两个脚能动啊？

（学生十分肯定：对！）

师：所以，画圆时我们的手应该拿住哪儿才行？

（学生已经迫不及待，很多人站起来举手。）

生1：手应该拿住把柄！

生2：抓住"头"！

师（微笑）：把柄这个词用得很好！形象地说就是抓住它的头！你可别捏住它的脚——

生（笑）：那就动不了了！距离就变了！

师（思考着）：刚才我看到同学们的作品还有点纳闷，大家画一个直径4厘米的圆，那么画出来是不是应该一样大的？但是我看到有大有小。你觉得要圆满地完成这个画圆的任务，圆规两脚的距离应是多少？

生（争抢着）：是半径！半径2厘米。

师：对，圆规两脚的距离就是半径。那现在我也来画一个圆！（画完后）谁能在这个圆上标出一条半径？

生（争先恐后地）：我！我！

师：我们看他是怎样画的？他在找什么？

生：圆心。

（学生画出了半径后，大家不约而同地为他准确的画法鼓起掌来。）

师：他画得多认真呀！谁再来画一条直径呢？

师（请一位没有举手的学生）：虽然没举手，但请你来好吗？

生（有些不好意思）：我不会，我试试吧。

师（风趣地）：不会，试试！想好了试，我们也没黑板擦呦！

（学生画好直径后，掌声响起来。）

师（感慨地）：其实学习也不难，学习就是猜想、尝试！敢于尝试，不就行了吗？

师：半径是一条线段，一端在哪儿？另一端在哪儿？

生：一端在圆心；另一端在圆上。

师：直径是一条怎样的线段呢？同桌互相说说。

生1：两端都在圆上。

生2：还要通过圆心。

师（指着黑板的圆）：这个圆心，一般用字母 O 表示，半径一般用字母 r 表示，直径用字母 d 表示。（边介绍边标注在圆上相应的位置。）

师：半径与直径之间什么关系呀？

生（几乎是喊着）：2倍关系！一半！（教师板书：$d=2r$。）

师：刚才我们研究完了怎样画圆——先确定圆规两脚之间的距离，然后拿住头固定一个点，旋转。我们是不是又应该思考"为什么这样做"呢？（板书：④为何这样做？学生思考，没有人回应。）

师：随手不能画出一个圆，用圆规这样（手拿圆规比划）就能画出一个圆了，为什么？

生1：我们不能准确判断中心点和手上的距离，而圆规是两个点固定了，绕一圈就可以画出个圆了。

生2：因为圆规可以旋转，而手不好旋转。

生3：因为"没有规矩，不成方圆"。

（引得全班开心地笑起来。）

生4：圆规是没有生命的，它可以一动不动好长时间。

师：她说的"一动不动"太重要了！刚才我们在画圆的时候圆心是一动不动、半径是一动不动！不过，除了一动不动，还有动的……

生（热切地呼应）：旋转！

师：对对对，这么一旋转，因为确定了长度，"同长"，确定了圆心，"一中"，没有两个"中"，所以画出曲线上的所有点和圆心的距离都一样长（生点头），这就符合了圆的特点——"圆，一中同长也。"符合圆的特点，当然就是一个圆了。

（四）篮球场上解释"圆"

师（手指板书）：刚才我们通过追问这样四个问题："是什么？为什么？怎么做？为何这样做？"我们一起认识了圆，知道了圆的特征，知道了怎样画圆，还增长了学问。学问，学问，就是要学会去"问"。一般的研究就是追问这样的问题。请继续看——

（出示篮球场画面，生们很兴奋。）

师：是什么？篮球场的中间是什么？为什么？篮球场的中间为什么要做成一个圆呢？看过篮球比赛吗？如果说你没有注意篮球比赛是怎么开始的，你就不能很好地回答这个问题。

（很多学生已经站起身来要争抢着解答"为什么"了，教师并不急于请学生回答。课件播放 NBA 开赛录像。）

师：现在明白为什么了吗？

（生们已经按捺不住发言的欲望了，纷纷高举小手。）

生1：这样才公平！

生2：我帮他补充一下，这样就看谁的反应快，球就归谁了！

生3：（迫不及待地起身）因为圆的半径是处处相等的，所以球员站在圆的旁边是很公平的，他离球的距离都一样！

（生们都赞同地点头，并为他的精彩发言不约而同地鼓起掌来。）

师：其实还是回到圆的特征上来说——"圆，一中同长也。"大家都在圆上，球在圆心，大家离球的距离都一样，这样才公平。再想想，怎样画这个大圆呢？

生（窃窃私语）：拿大圆规！

师（笑）：拿大圆规，超大圆规，谁来画？超人吗？没有圆规能画圆吗？

（生们：能！）

师：怎么画呢？小组商量一下！

（生立刻投入热烈的讨论。）

生1：用两个量角器来画！

（生们立刻反问：有那么大吗？！）

师：想到用量角器好不好？

生（齐声）：好！

师：想到这点真好，用两个一拼起来，沿着边就可以画。不过要画个大圆的话真要找个大量角器呢！

生2（自信地）：我觉得先要量出想要画的圆的半径，然后用一个绳子固定住中心点，再绕一圈就是一个圆了！

（老师用绳子比画画圆，同学们掌声响起来。）

生3：还可以很多人手拉手围成一个圈！

生4：但是不圆啊。

师：但是！但是很重要，不过，我觉得说"但是"之前，应该先说她的创意好不好？首先应该看到别人好的地方，然后再说"但是……"

……

师：（课件出示用绳子画圆）为什么没有规矩也画出了圆呢？

生1：因为它确定了圆心！

生2：还确定了半径！

生3：道理都是一样的。确定了圆心，确定了半径，然后再绕一圈。

（老师竖起大拇指，同学们给予掌声。）

师：是啊，圆心只能"一中"，半径一定"同长"。当我们真正理解了祖先的"圆，一中同长也"，才知道以前听说的"圆心""半径"是多么重要的两个词啊！其实呀，孩子们，没有规矩不成方圆，这句话还是对的！这样画遵照了画圆的规矩。圆有圆的规矩，方有方的规矩，做人有做人的规矩，研究问题有研究问题的规矩。

（手指板书的四个问题）同学们，篮球场上中圈的问题研究完了，你们觉得这样追问研究有意思吗？

学生（齐声）：有意思！

（五）再次寻宝突破"圆"

师：20世纪最伟大的科学家爱因斯坦说——我没有什么特别的才能，不过喜欢寻根刨底地追究问题罢了。孩子们，我要告诉你们，科学家们还喜欢追问这个问题："一定这样吗?"（板书：⑤一定这样吗?）

师（回味地）：请看——"宝物距离你左脚 3 米"，宝物一定在左脚为圆心、半径是 3 米的圆上吗?

（沉静，学生们陷入紧张的思考，没有手举起来。老师出示半个西瓜的图片，很多学生恍然大悟，马上举起手来。）

生 1：宝物也有可能在地下、西瓜皮上。

生 2：也有可能在上面，在树枝上。

生 3：以左脚为球心，半径是 3 米的球上。

师：是啊！现在看，圆是一中同长的，球也是一中同长的。圆和球最大的不同是什么?

生：一个是平面的，一个是立体的。

师：说得真专业！关于球，细致的研究要到高中。不过，在一个平面内，"一中同长也"的就是圆，不是球。

（六）课后延伸研究"圆"

教师引导学生按照前面板书的五个问题来研究身边的圆，最后用课件出示生活中带有各种圆的物品。学生兴奋得久久不愿下课。

（本实录由石雪纳老师整理）

【课后反思】

已经拖课了，学生还是不愿意下课。

师父张兴华满意地对我们几个徒弟说："应龙的这节课，我就七个字——浑然大气铸成圆！"

认识决定行为。备课时，我就觉得半径、直径不要像原来那样教，一问学生"这是一个多大的圆"，学生就会说出"半径、直径"。事实也是这样，就让自己不再思考了。试教后一反思，才发现"宝物在哪儿呢"是个更妙的问题，首先是回答了探讨的问题，其次是凸显了圆心定位置，半径定大小。现在想来，这样问，味道好极了！

正像电影《阿甘正传》中，阿甘妈妈对阿甘说的："要想往前走，就得甩掉过去。"是啊，我今天的教法不就是想"甩掉过去"吗？但甩掉别人的过去容易，甩掉自己的过去就难了。我是这样，听课老师会不会也是这样，而不肯接受我这节课呢？不管那么多了。数学研究者往往是孤傲的，认为只有自己发现的"1"才是对的，我应该再思考，再否定自己，就像硬汉海明威说的"比别人优秀并无任何高贵之处。真正的高贵在于超越从前的自我"。

顿悟：几何画板上显示"正多边形和圆的关系"应该从正六边形开始，这样暗合了刘徽割圆术也是从正六边形开始的，并且解决了几何画板上正三角形不正、看着不舒服的问题，还解决了与前面研究正三角形、正方形、正五边形、正六边形"一中同长"重复的问题。哈哈，反思真好！

在完成了"为什么没有规矩也画成了圆"的追问，我说——是啊，圆心只能"一中"，半径一定"同长"。当我们真正理解了祖先的"圆，一中同长也"，才知道以前听说的"圆心""半径"是多么重要的两个词啊！——之后，看到学生闪亮的眼睛，我心里真舒畅。这样不就把经验、直观与抽象结合起来了吗？数学的抽象首先是一个过程，其次不就是建立一套术语概念系统吗？

……

整体感受——在学生需要教的时候再教，效果就是好。

自己以前多次教过《圆的认识》，为什么没有今天这么享受呢？莫名的，我想起《老子》第四十五章："大成若缺，其用不弊。大盈若冲，其用不穷。大直若屈，大巧若拙，大辩若讷……"

那我"成"在哪儿呢？爱因斯坦曾说："用专业知识教育人是不够的，通过专业教育，学生可以成为一种有用的机器，但不能成为和谐发展的人。要使学生对价值（社会伦理准则）有了理解并产生出热烈的情感，那才是最基本的。"在没有增加新知识点的情况下，上得学生不愿意下课，让学生体验到不同现象背后的本质是一样的，让学生体验到认识事物"特征"的价值，让学生认识圆的"规矩"的同时感受了研究问题的"规矩"，让学生体验到追问"为什么"是一件很有意味的事情……

"花未全开月未圆"，大成"有"缺。那我"缺"在哪儿呢？拖课了，总是不好，那要舍什么？这节课的教学主线是"是什么""为什么"等五个问题，那么是否就该进一步删繁就简？"大方无隅"等可否舍掉？画圆的环节，已经一题多功能了，可否再压缩？

这节课多处引经据典，是否过"度"了？"度"是几处呢？每一处都与"数学"有关，只是"顺手一投枪"（鲁迅语），那老师"顺手"多了，学生是否会目不暇接、"审美疲劳"？

【专家评论】

重温教学的经典力量

教育是什么？数学教育是什么？每一节课似乎都会引发我们对这些本原问题的思考，尤其是当我们强烈地感受到课堂中搏动着的强大教育力量的时候，我们就会不自觉地去寻找这些力量的来源，试图去分清楚究竟是什么力量在改变学生的思维路线，是什么在吸引他们，使他们兴奋、激动和投入，是什么让课堂中的教师充满幸福感……

小学数学，从做题意义上来讲，很简单；但是从奠基意义上说，却很不简单。仰望星空的人，看得到 $1+1=2$ 中的函数思想，看得到试商等"笨办法"中"大智若愚"的一面，看得到如此初等的数学背后长长的思想隧道；有教育智慧的人，会把复杂的东西教得简单，会把简单的东西教得有厚度，会让人从一个概念、一个公式、一个算法中看到整个学科的魅力。——一句话，当教师的眼里有真正的数学，当课堂中有真正的儿童，数学教育就找到了那个撬动地球的支点。

然而，教学常常是疲乏的：课堂时常被形式占据主角，教师时常被他人占据头脑，勇气时常被名利所击退，创造时常被习惯所套牢……数学与儿童就被淡忘了。

唯愿一堂精致的公开课能够使大家重温教学的经典力量，能够唤起我们对什么是数学，什么是教学的追问。

（《人民教育》编辑部　余慧娟）

2007 年，上海公开课后聆听张奠宙先生指导

六、让学习像呼吸一样自然

——以教学"量角的大小"为例

【课前慎思】

关于《角的度量》一课我的问题和困惑是：（1）我们让学生量了各种各样的角，学生感受到了量角的用处吗？量角的大小是屠龙之技，还是生活中必不可少的技能？（2）《角的度量》一课教学的难点是什么？为什么会有这样的难点？量角器的结构很

复杂，量角之前先要认识量角器，那认识量角器的什么呢？怎么认识量角器？关于量角的技能，以往教学中简要概括出了"二合一看""0度刻度线在左边看外圈，0度刻度线在右边看内圈"等话语，为什么学生还是不会量角？（3）我们的教学有三个层次：教知识，教方法，教思想。以前我们只是教了量角的知识和技能，那么这一节课可以给学生什么方法和思想的提升呢？

经过查阅资料，思考消化，和老师们交流，比较选择，最后我决定这样来解决这三个主要问题。

1. 创设怎样的情境？

刚开始，我搜寻生活中的角，发觉生活中的角都不需要量，因为大多数的角是直角。后来发现衣柜里衣领的角就是千差万别的，我很兴奋。进而发现牙刷上也有非常讲究的角，椅子靠背向后倾斜一定的角……经过反复搜寻、思考和讨论，我终于找到了滑滑梯这样既有趣又能引发学习需求的情境。

2. 如何认识量角器？

这节课到底要认识量角器的什么？我回忆起学生拿着量角器手足无措的样子，往往是用量角器的直边和圆弧夹的角比在要量的角上。原来学生找不到量角器上的角！因此，我让学生讨论这是不是角，能在量角器上找到角吗。我大胆地想：能让学生先在量角器上画角然后再量角吗？进而，我再追问："量角的本质是什么？"重合。如果学生在量角器上清晰地找到角了，量角的问题就能迎刃而解。因此，我决定让学生在量角器上画角，再交流有没有不同的角，这样顺势就可以介绍"中心点""0度刻度线""内外圈刻度"1度的角、度数的写法等。

我们提供给学生量的角，往往是开始的几个开口向右，然后才开口向左。现在觉得，那样做是在有意制造难点。先让学生形成动力定型，然后再来费力改变，我们是在干什么呢？因此，我这次的设计，第一个要量的角开口向右，第二个要量的角就开口向左。实践表明：效果很好，大部分学生没有问题，个别学生出现问题正好是难得的资源。整节课上，我没有设计看图读角度，看图判断量角器摆放得对不对等习题，而是从学生的学习过程中捕捉值得讨论的话题。

3. 如何渗透度量意识？

角的大小是一种二维特征，和长度的一维特性有着较大的差异，但作为以数量来刻画特征它们又具有一致性。几经推敲，我决定在一个长方形上做文章，从长度、面积、角度等维度的归纳中帮助学生建立起度量意识，最后用华罗庚的话画龙点睛。

两年前，我上《角的度量》一课，组织学生经历角的度量单位的产生和统一的必要，我享受了学生用直尺成功解决两个角比大小等智慧的方法。但这次我想突破量角这一操作技能课的难题，因此，确定的教学目标是：①认识量角器、角的度量单位。②会用量角器量角。③感受量角的意义，进一步形成度量意识。

【课堂实录】

（一）创设情境，引入课题

师：孩子们请看屏幕。（出示第1个倾斜度比较小的滑梯）玩过吗？

生：玩过。

师：滑梯谁没玩过?!（出示第2个倾斜度稍大的滑梯）想玩哪个？

（大多数同学说："第2个。"老师出示第3个倾斜度比较大的滑梯。"第3个。"大多数同学不禁笑着改变了主意，"第2个"。）

师（笑着）：有人笑了，笑什么？

生：第3个太斜了。

师：这个"斜"字用得很好。

生：第3个太陡了。

师：那这三个滑梯不同在哪儿呀？

生：这三个滑梯有高有矮。

师： 对，有高有矮。还有什么不同呢？

生： 有胖有瘦。

师： 哈哈……是，有胖有瘦。你说呢，小伙子？

生： 有宽有窄。

师：（惊讶状）还有宽有窄。说出的这些都有点像。不过有一个很重要的不同，那需要有数学的眼睛才能看得出来。

（众生：角度！）

师： 哎呀，厉害！是不是这样啊？（抽象出三个角。）

生： 是。

师： 最主要的是因为它们的角度不同。（隐去两个角，留下第二个滑梯的角）那么滑梯的角多大才算合适呢？这就需要量角的大小，是不是？

生： 是。

师： 今天这节课我们就一起来学习——（板书：量角的大小）

（二）自主探究，认识量角器

师： 怎么量角的大小呢？

生： 用量角器。

师：（一怔，轻声问同学）用量角器，同意吗？

（学生异口同声："同意。"）

师：（板书：量角器）都知道啊？那会量吗？

（好些学生："会。"）

师： 先来试试看，好不好？

生： 好。

师： 华老师发的纸片上有一些角，我们先用量角器试着量一量∠1。

（学生尝试用量角器量∠1。）

师：（巡视中）呦，真会动脑子，虽然没学过，有的人还真量对了。有人虽然不会但在动脑子，我觉得也挺好的。小伙子，带着你的量角器，到投影这儿来，把你的方法展示一下（如下图）。

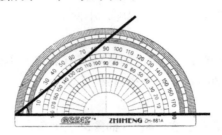

（该生投影自己的量法后，有同学小声嘲笑，老师摇头制止，示意学生解说。）

生：我先用这个尖放到这个角上，然后看这条边。

师：那这个角多大呢？

生：不知道。

师：（摸着学生的头，微笑着说）还没学，不会很正常，但敢于尝试值得表扬。我提议大家为这样敢于尝试的精神鼓掌！（鼓掌）以前我们量长度的时候，就是这样从 0 开始的。这一点你做得非常棒！（热烈的掌声）要量角的大小，他已经想到了用角来比着，真不简单，这个思路是正确的！我提议大家再次鼓掌！（演示的学生在同学们起劲的鼓掌中坦然回到自己的座位。）现在的问题是我们从量角器上能找到角吗？

（有学生指着量角器的一端）

师：这是不是角？认为是角的，请举手。有几位，大部分同学不同意，为什么？

生：（指着量角器的圆弧）这条边不是直的。

师：我们已经知道了角是由一个顶点、两条边组成的（板书：角，顶点，一条边，另一条边），并且这两条边都是直的，都是射线。那现在来看看，（指量角器的一端）这是角吗？

（众生：不是。）

师：这不是角，那量角器上有没有角？角在哪儿？

生：这是一个角。（用手比画一个直角。）

师：这是一个角吗？

生（众）：是。

师：这个角多大呢？

生（众）：90 度。

师：大家注意这个角的顶点在哪里？这个角的顶点就是量角器的中心点。（板书：中心点）这条边上有一个"0"，所以这条线叫作 0 度刻度线。（板书：0 度刻度线）她刚才指的另一条边就是 90 度刻度线。我发的纸片反面印了四个量角器，在第一个纸量角器上面画一个 90 度的角好不好？

（学生安静地画直角。）

师：这个 90 度的角的顶点在哪儿呢？

生：在中心。

师：对！量角器的中心。一条边是这个量角器的 0 度刻度线，另一条边呢，是 90 度刻度线。我们画得怎么样？互相交流一下，欣赏一下。

（学生互相交流欣赏。）

师：在第二个纸量角器上画 60 度的角，尽可能和同学画的不一样，想想怎么画？

（学生安静地画 60 度的角。）

师：（边巡视，边说）不能随手画，角的两条边是射线，必须用尺子。

师：（挑选了 3 位同学画的）好，我们来看看这三位同学画的。（实物投影一个学生画的 60 度的角）同意吗？

生：同意。

师：（实物投影另一个学生画的 60 度的角）这个同意吗？

生：同意。

师：（两个 60 度的角同一屏展示）哎，这两个角不同在哪？

生：不一样是方向，一个向左，一个向右。

师：说得真好！同学们注意到了量角器上有两条……

生：0 度刻度线。

师：一个向左的，一个向右的。找到了吗？

生：找到了。

师：孩子们，我们一起来看这位同学画的 60 度的角。（实物投影展示第三个学生的画法）同意吗？

（"嗯？"学生中发出纳闷的声音。）

师：这个 60 度的角画得怎么样呢？

生：这是 120 度。

师：觉得画的是 120 度的同学请举手。

（绝大多数同学举起了手。）

师：不过，我觉得这个同学画得有道理。这里不是标着 60 度吗？

生：因为从那个右面开始画，应该……

师：请上台来，我想你会说得更清楚。

生：（生走上台）如果从右面开始画，应该看里面的，他看成外面的了。所以他画的是 120 度了。

师：噢，0 度刻度线是表示起点的。从这边开始数，0 度，10 度，20 度，30 度……到这就是 60 度了。如果到这里，那就是 120 度了。看外圈的 60 度，应该从哪边开始？

生：左边。

师：对，从左边开始数，0 度，10 度，20 度，……这么转，转到这是 60 度。如果这条线不改，要画 60 度的角，怎么办？

生：从这边开始。

师：我想刚才举手的人和笑的人跟她想的是一样。佩服！不过，我觉得要感谢这位同学，是他画的角提醒我们：量角器上有两个 60 度，究竟看哪一圈，我们要想一想是从哪边开始的。

（生主动地鼓起掌来。）

师：（课件演示，分别从左右两条 0 度刻度线开始旋转而成内外圈刻度的角。）量角器上有两圈刻度，究竟看哪一圈，主要决定于——

生（整齐而响亮地回答）：0 度刻度线！

师：其实，我们还可以这样想，60 度的角肯定比 90 度的角小，如果画成这样（指 120 度的角），就比 90 度大了。如果要画一个 120 度的角，你会画了吗？

（众生：会！）

师：那就不画了。来，挑战一下，请在第三个和第四个纸量角器上分别画一个

1 度的角和 157 度的角。

生：1 度？（学生纷纷怀疑自己是不是听错了？）

师：对，1 度！

（生画 1 度的角。）

师：画完了吗？

生：画完了。

师：相互欣赏一下，觉得画 1 度角怎么样？

学生：（面有难色）难呀。

师：（笑着说）为什么？

生 1：太窄了。

生 2：难画。

生 3：最小的就是 10 度，怎么会出来 1 度呢？

师：是啊，刚才就有同学说，哪有 1 度啊？有人能到上面来指一指 1 度的角在哪儿？

（一生指一小格。）

师：1 度的角在哪儿呢？请指出顶点、一条边和另一条边。

（学生指 1 度的顶点及两条边。）

师：真棒！（鼓掌）画 1 度的角是挺难画的。水彩笔笔头粗，我看到有同学改用铅笔画了。1 度角画完了，想想看，量角器上有多少个 1 度的角？

生：180 个。

师：是啊，全世界就是这样规定的：把一个半圆平均分成 180 份，每一份所对应的角就是 1 度的角。（课件演示半圆平均分成 180 份的过程）那么，量角器上有多少个 1 度的角？

生：180 个！

我看到绝大部分同学们画的 157 度的角都对了。画 157 度的角要……

生：先找 150 度，再数 7 小格。

师：（展示一个学生的作品）从这里开始数，是 157 度。画得准不准呀？真准！应该给他掌声！

（师生热烈鼓掌。再展示另一个学生的作品，那学生自己在座位上说"我画错了"。）

师：错在哪儿了？

生：我给画反了。

师：你同意他现在的看法吗？

（众生：同意。）

师：157 度的角应该比 90 度大。找到 157 度了，但是他的方向错了，应该从哪
边开始的？现在你会画 157 度的角了吗？

生：会了！

师：请看着我们在纸量角器上画的四个角。它们有什么相同的地方？

生 1：都有一个顶点、两条边。

生 2：顶点都在量角器的中心。

生 3：都有一条边在 0 度刻度线上。

（教师欣赏地频频点头。）

（三）尝试量角，探求量角的方法

师：现在，请大家看着量角器，你看到了什么？

生 1：中心。

生 2：0 度刻度线。

师：（环顾全班，微笑着制止了想说"两圈刻度"的学生。）刚才画了角，你从
量角器上看到了角；现在不画角，你就看不到角了？哈哈，就像一个人穿
了马甲，你认识；他把马甲脱了，你就不认识了？

（众生开怀大笑。）

师：从量角器上能看到角了吗？

（众生：能！）

师：有一双数学的眼睛，我们就能在量角器上看到若干个大小不同的角。那怎么
用量角器来量角呢？想一想，再试着量量∠1 是多少度。

（学生再次量∠1 的大小。大部分同学说"50 度"，也有人说"130 度"。）

师：小组内交流一下∠1 是多少度，我们应该怎么量角。

（生们兴致盎然地交流着。）

师：有人说 130 度，怎么回事？怎么量这个∠1？

（请开始不会量的学生再次到台前量∠1。0 度刻度线没有和角的一边重合好，有些错位。）

师：同意吗？

生：不同意。

师：你哪儿不同意？用语言来提醒她。

生：她那边没对齐。

师：哪儿没对齐？

（生口欲言而不能，想离开座位，上台来指点。）

师：（示意他回座位）哈哈，只能在座位上说。

生：（想了想）把 0 度刻度线和那条边对齐。

（老师在台前配合着指了指那条边，台上的学生将量角器放得很到位了，台下的同学纷纷说："对了，对了，50 度。"）

师：（满意地点点头）你发现刚才她放量角器的时候注意什么了？

生 1：角和量角器上的角重合了。

生 2：角的顶点和量角器的中心点重合。

生 3：0 度刻度线和一条边重合。

生 4：还有一条边和量角器上的边重合。

师：听大家这么一说，我觉得：量角其实就是把量角器上的角和要量的角重合，是不是啊？

（生纷纷点头。）

师：我们量角的时候，一条边和 50 度刻度线重合，0 度刻度线和另一条边重合。这两个重合，应该先重合哪个？

生：0 刻度线。

师：（看到众生同意，满意地点了点头）刚才有人说 50 度，有人说 130 度。到底是 50 度还是 130 度呢？

生：50 度。

师：为什么是 50 度呢？

生：因为是从右边的 0 刻度线开始的。

师：这句话说得多好！这个"50 度"还有一个很有数学味道的写法，有没有人会？（无人应声。）是这样的。（在∠1内板书：50°）这就是 50 度。

（众生：噢——）

师：知道怎么写了？数学就是追求简洁。每人在自己的∠1内也写一个"50°"。

（生写"50°"。）

师：有同学写字的姿势真漂亮！写 50°那个小圆圈应该怎么样？写大了就像 500 了。

师：现在请大家看一看∠2。先不量，估一估，与∠1 比，哪个角大？

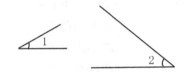

（有的说∠2 大，有的说∠1 大，有的说一样大。）

师：究竟你的判断对不对呢？量一下。

生：（迅速地说）一样大。

师：都量出来了?! 是多少度呢？

生：50 度。

师：回头再想想，刚才为什么有人说∠2 大？

生：因为∠2 的边长。

师：现在你有什么收获？

生：开始以为∠2 大，实际上是一样的。角的大小真的与边的长短没有关系。

师：对，角的大小与所画的边的长短没有关系。当角的边画得不够长，不好量时，我们就可以把边延长后再量。最后，请大家量出∠3，∠4，∠5 是多少度？把度数标在角上。

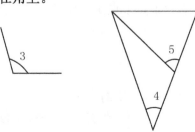

（生安静地量角，标角。）

师：（边巡视边说）同学们心灵手巧，把这三个角的度数准确地量出来了。真佩服同学们，我看到大多数同学量的都是对的。∠3 的度数是 115 度，有同学写的是 116 度，可以算对。因为量角的时候，可能稍微有一点误差，所以相差 2 度，我们都可以认为是对的。有人量得的是 125 度，怎么回事呢？（出示∠3，放上量角器。）

生：他读错度数了。

师：是的，他把量角器和∠3 重合得很好，遗憾的是读错度数了，方向性错误。0 度刻度线在哪儿？明白啦？再看∠4，是 43 度。

生：42 度，41 度。

师：42 度，41 度也是对的。∠5 是 67 度。

生：65 度，66 度。

师：三个角的度数我们都知道了，∠5 大于∠4。不量你知道不知道∠5 大于∠4？

（有的学生说"知道"，有的说"不知道"。教师在∠5 的对边上画出足球球门。）

（生脸上流露出惊喜的神情。）

师：哈哈，足球运动员就知道，他们总是尽可能把足球带到球门前，离球门越近，角度就越大，射中的可能性就越大。德国足球博物馆里就放着一个量角器，表明他们射门角度的精准。

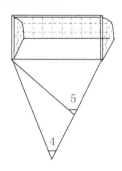

（四）体会量角的用处

师：同学们会量角了，那量角在生活中有什么用呢？（出示学生放风筝的图）玩
　　儿过吗？

生：玩儿过。

师：参加过风筝比赛吗？

生：没有。

师：风筝比赛是用同样长的线比谁的风筝放得高。怎样才能量出风筝的高度呢？
　　能不能用梯子爬上去量，那是个笑话。那怎么比呢？是把风筝线放到地上，
　　（出示两个角度）然后量一量谁的风筝线与地面的夹角大，夹角大的风筝飞
　　得就高。哈哈！

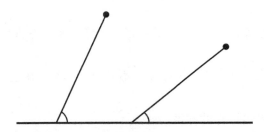

　　（出示椅子图）椅子的靠背总是向后倾的。用于学习的椅子的靠背向后倾斜 8
度，吃饭的椅子靠背向后倾斜 9 度，沙发的靠背一般向后倾斜 11 度左右。

　　（出示课前的滑梯）滑梯的角度多大才合适呢？我请教了 3 位工程师，他们告诉
我：滑梯的角度应该是——（板书 40°～56°）。

（五）总结全课

师：（出示长方形）要知道它的长，怎么办？

生：用直尺量。

师：（出示直尺）1 厘米、2 厘米……4 厘米。要知道它的面积呢？

生：量出长和宽，再用长乘宽。

师：对，也就是用面积单位来量。（出示摆方格的过程。）1 平方厘米、2 平方厘

米……12 平方厘米。要知道这个角的大小呢？

生：用量角器来量。

师：（出示量角器）以前我们说它是直角，现在我们可以说它是 90 度的角。看来，要表达一个数量，先要找到一个度量单位，再数有多少个这样的单位。大数学家华罗庚说过："数（shù）起源于数（shǔ），量（liàng）起源于量（liáng）。"

（出示开始量∠1 时学生不会量时的情形。）开始我们同学这样量角，可以理解，因为以前我们只是量长度，量长度就是这么量的。而量角的大小是要量两边张开的大小。（两手合成一个角，慢慢张开。）现在我们会量角了吗？量角其实就是把量角器上的角重叠在要量的角上。要量得准，就要重合得准。怎样才叫重合得准呢？（师生合作，完成板书。）

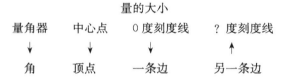

（出示量角器）量角器很有用，但要用好不容易。如果你是量角器的话，你将会对同学们说些什么呢？把你想说的话写出来，好不好？

生：好！

师：下课。

【课后反思】

上完课，有老师问："操作技能性的课还要让学生探究吗？"说实话，我没有特别意识到自己是在组织学生探究。在我看来，教和学是一回事，应当追问四个问题：第一，教（学）的是什么；第二，为什么要教（学）；第三，怎么做；第四，为什么这么做。这一次教《角的度量》，我只是多问了两个为什么，顺着学的路径去思考教的路径。我们的教学不仅仅是要把事件做正确，更重要的是首先要思考做正确的事。其实，学生是天生的学习者，学习就像呼吸一样自然，好为人师的我们往往会好心地做出一些费力不讨好的事。

以前，我们习惯于将问题分解为若干个可以掌握的部分，这种视野狭窄的过程使我们看不到解决问题的整个系统。而当我们先见森林，再见树木，先看到整个系统，再回头进入细节时，我们对各个部分的重要性就有了更好的理解。诚如孟子所言："先立乎其大者，则其小者不可夺矣！"看来，我们小学老师为了更有效地教学生学，真应该"变成小孩子"，习惯于感知性思维，着眼于全局，而不仅是局部。

陶行知先生说："先生的责任不在教，而在教学，而在教学生学。""事怎样做就怎样学，怎样学就怎样教；教的法子要根据学的法子，学的法子要根据做的法子。"现在这样认识量角器，不就是依据了量角器的做法吗？

通过这节课，我认识到教师的教怎样才能有效地促进学：一是要把握"做"的本质，昏昏的教师是教不出昭昭的学生的；二是创设好的情境，调动"学"的兴趣，让学生愿意学；三是学生自主尝试，教师相机诱导，"好风会借力，送生上青云"。上完这节课，我相信了人本主义心理学家罗杰斯说过的一句话——"没有人能教会任何人任何东西。"

弗雷登塔尔说："泄露一个可以由学生自己发现的秘密，那是'坏的'教学法，甚至是罪恶。"以前我们教《角的度量》时，课堂上是少有笑声的，学生几乎成了教师教的附庸和工具，学生在课上的活动似乎是玩偶式的活动。现在的课堂上，学生有开怀大笑，有小声窃笑，还有会意的微笑，学生先试先量，先想先说，正确的地方充分肯定，存在的问题一起探讨，学习活动顺着孩子们学习的天性展开，"教师之为教，不在全盘授予，而在相机诱导"（叶圣陶语）。真是"上善若水"，因物赋形。

以前我们教"角的度量"时，一节课下来，教师教得累，学生学得苦，不少学生还不会量角，量角器都不知道怎么摆放；而今天，学生都会量角了，并且理解了量角的本质。也正因为学生理解了量角的本质，所以变得"自能""自得"了。为什么以前我们那么费力地教，总结概括出"二合一看"等要诀，学生学的效果反而不好呢？上完这节课，我明白了，因为以前的我们"只见树木，不见森林"。我们讲了"角的顶点和量角器的中心重合，一条边和0度刻度线重合，看另一条边所对应的刻度"，但没有讲量角的实质是什么，缺乏整体把握。"二合一看"等要诀，看似简洁，颇得要领，其实这是我们成人的偏好，对孩子来说却是不得要领的，要孩子们想象出这四个字背后的内涵是挺难的。因为孩子们是以形象思维为主，老师抽象概括出的词语反而增加学习的难度，老师附加的认知负荷挤占和压缩了学生生成的认知负荷，所

2006 年，设计《角的度量》一课记下的灵感小纸条

以说我们原来的教法是阻碍了学生自由的"呼吸"。而今天，在学生已进入"洞口"，感觉恍惚若有光的时候，"量角其实就是把量角器上的角重叠在要量的角上"一语点破，是可以为学生的量角操作提供表象支持，促进学生更顺畅的"呼吸"的。

还是老子说得好，"少则得，多则惑"、"不自见，故明；不自是，故彰；不自伐，故有功；不自矜，故长"。总之，一句话："道法自然"！

原来如此。

（本课实录由宋征、赵铂楠老师整理）

【专家评论】

很少人会拿这样枯燥的技能课来做公开课。公开课的一项重要功能就是展示教师的教学水平。技能课先天缺乏这种发挥空间与优势。可是，偏偏有人挑战了它，结果，公开课的另一项更为重要的责任凸显了出来，那就是"深度研究"，就是突破常规，创造教学的另一种可能性。

华老师的这节课，我是认真地听过的。那时候，我有一个强烈的疑问——能否给技能教学来一次革命？把那些单调而乏味的技能教学都变成丰富、厚重而充满思考的课堂，让学生在对概念与原理的深刻理解中学习技能，而不是单纯的记忆与模仿。

可是，许多教师听完后的第一句话便是：很简单的几条规则，告诉学生就行了，没有必要教得这么复杂。

我知道，这样的"革命"，是会充满争议的。这里，愿以华老师的这堂课和刘加霞老师的观点为引子，对技能教学的去向做一个讨论。

（《人民教育》编者按）

2007年，应邀在江苏省教科院"师陶杯"颁奖活动中与专家、老师们互动研讨

七、教是因为需要教

——以"我会用计算器吗？"一课为例

【课前慎思】

传统教学往往教在不需要教的地方，需要教的地方反而没有教。

关于四年级"计算器"这节新授课，依据新的数学课程标准我拟定的教学目标是：会正确使用计算器进行大数目运算；能借助计算器探索简单的数与运算的规律；

经历探索规律的过程，体验转化思想方法的奇妙。

根据"以学论教"的观点，我没有把学生看成一张白纸，教在学生需要教的地方，上出了一节有意义、有效率的课，学生出教室的时候是和进教室的时候不一样的。

以往我们会自以为是地教给学生怎样开机、关机，认识数字键、运算符号键、显示屏，会板书按键的程序框图。其实，这些都不需要教。这样教，并没有起到教学的促进作用。笔者以为在经济相对发达的地区，需要教的，是储存数据和提取数据的方法，以及在使用计算器过程中出现问题的指导上。

【教学实录】

（一）计算比赛，体会计算器的作用

师：（在黑板上贴出一张计算器图片）认识这个么？

生：（齐）认识！计算器。

师：是啊，地球人都知道。那你在哪些地方看到过呢？

生1：售货员那里。

生2：商店，买东西的地方。

生3：会计那里。

生4：家里也有。

生5：妈妈的单位。

生6：我妈妈是干统计的，今天我带的计算器就是她借给我的。

师：能说得尽吗？

生：说不尽。

师：在我们的身边，计算器是无处不在的。那么……（老师的话语停住了，开始板书，和黑板上的图片组成一句话："我会用计算器吗？"）

（在老师板书的时候，每一个学生都随着每一笔板书猜测老师要写的字。）

师：问问自己。

生：（齐读）我会用计算器吗？

师：会吗？

生：（胸有成竹，异口同声地）会！

师：真的会吗？

生：会！

师：（风趣地）那我要下岗了，这堂课不要上了。都会啊？那行，请考考自己，这里有三道题。

①57734＋7698＝　②56÷7＝　③2345－39×21＝

师：看看你自己是不是真的会用计算器，看谁算得又准又快，开始。（学生开始用计算器计算。）

师：第一道题等于多少？

生：65432。

师：第二道题不用说了是吧。第二道题有用计算器的吗？

生：（用了，没用。两种情况都有。）

师：第三道题呢？

生1：1526。

师：还有其他的答案吗？

生2：48426。

生3：1358。

师：不过大多数同学都是哪个答案？

生：1526。

师：究竟哪个答案对呢？

生：我们的1526。

师：大家都认为1526是对的，其实也就是这种做法。（课件出示：③2345－39×21＝2345－819＝1526）

生：其实48426也是对的。不过，可能她的计算器是算术型的。

生2：因为如果是科学计算器的话，应该知道先算39×21，要是普通型的话，按顺序输入就会先计算2345－39的得数然后再乘31，所以等于48426。

师：（恍然大悟）噢，真佩服！大家的计算器可能大多不是科学型的，不是聪明型的，而是傻瓜型的。傻瓜型的算的时候就会按输入顺序计算，算下来的结果就是48426。我很佩服刚才这个同学帮我分析了。其实开始出现这个结果的时候，我们还可以用估算来分析一下，是不是？谁来说说怎样用估算来判断？

生：先把 2345 约等于 2300，然后把 39 约等于 40，21 约等于 20，20 乘 40 等于 800，2300－800＝1500。

师：约等于 1500，不可能等于 4 万多，对吧？所以我们可以把用计算器算和估算结合起来。

再看看第三道题。科学型的计算器知道先乘除后加减，我们可以直接输入最后就得到结果。如果要是普通型的计算器，我们很多同学都会这样记了一个中间的结果，还有其他好办法吗？

生：（绞尽脑汁地思考，还是没有想到其他的方法。）

师：那好，在普通型的计算器上是不是有这两个键："M＋""MR"？知道这两个键有什么用吗？

生：不知道。

师：好，那我就不下岗了，我来告诉你。有了这两个键，即使是普通型的计算器也不用笔来记那个中间结果了。怎么做呢？先按"39×21"，然后就按下"M＋"，计算器上显示结果是"819"，按"M＋"的目的是将"819"储存下来，就是把这个结果记在计算器里面了。然后，再输入"2345－"，再按"MR"就把 819 调出来了。

生：（恍然大悟地）啊！

师：会啦？那试一下。（学生兴致勃勃地开始试验刚学到的方法。）

师：好了，都会算了吧？那练习一道题。20655÷（27×45）＝

生：（很乐意地练习，都得到正确结果"17"。）

生 1：华老师，那个"GT"是什么意思？

生 2：华老师，那个"MU"是什么意思？

师：（想了想）我不知道。

生：（众多学生一声叹息）唉——

师：那怎么办呢？

生：去问您的老师。

师：如果我的老师也不知道，那怎么办呢？

生：（开玩笑地）问您老师的老师。

师：真逗！想一想，有没有办法。

（学生思考了一会儿，一位男生说"看说明书"，众生附和，老师竖大拇指。）

师：那么这几道题做完以后，你有什么想法？有没有学到些什么？

生：我觉得计算器非常实用，而且非常简便，得数也非常准确。

师：非常准确？那刚才第三道题有同学算出"1358"，是怎么回事呢？

生：我觉得可能是按错键了。

师：对啊，也就是说用了计算器并不能保证计算一定正确。首先要正确地输入数字。好，还有补充吗？

生：我认为计算器一般来说比人的脑子要快一些，因为有些同学口算是困难的，比如说 39×21 是不可以用口算来解决的，就可以用计算器很快就可以算出结果。

师：对，就是像 39×21 这种题口算起来比较麻烦，我们就用计算器，那么像第二道题呢？

生：很简单啊！

师：还用不用计算器啊？

生：不用。

师：其实，我们要去判断是否要用计算器。另外，像第三道题是不是告诉我们：要正确地使用好计算器的话，还要了解自己用的计算器是聪明型的还是傻瓜型的。

生：像我们以前对"M＋"、"MR"还没注意呢，现在就不用笔把中间结果记下来了。

师：好了，现在会用计算器了吗？

生：会了。

师：（指向课题）再问一下自己。

生（齐）：我会用计算器吗？

师：会吗？

生：（声音洪亮地）会了！

（二）游戏激趣，感受计算器的必需

师：好，这次声音比上一次高了，有底气了，"我会了"。下面我们用计算器来玩一个"猜数字"的游戏。从"1~9"这 9 个数字中选一个你最喜欢的一个数字，别说出来，想在心里。我最喜欢数字"2"，就输入 9 个"2"，然后把它除以"12345679"。除完以后你只要把结果告诉我，我很快就能知道你最喜欢的数是几。

生：（充满怀疑地）嗯？

师：试一试。

生：（认真地计算起来。）

师：算出来了么？谁来告诉我结果。

生：结果是 2.700000022。

师：好，现在我告诉你，你的结果是错的，你等会可以再重算一遍，看看错哪儿了。

生：72。

师：你喜欢的数字是 8。

生：（惊讶却又很佩服地）对！

师：谁再来试试。

生：27。

师：你喜欢的数字是 3。

生：（同时，有个学生也说出了答案）3。

师：嗯？你也知道了？那哪位会哪位来，我先下岗一会儿。

生 1：我算出来的结果是 45。

生 2：你喜欢的数字是 5。（大家异口同声地说出了答案。）

生 3：52。

生 4：52，嗯？错了！

师：看来你真的会猜！同学们知道诀窍在哪了吗？

生：知道！得数除以 9。

师：真棒！刚才得出"2.700000022"的同学，你再算一遍，也可以重选一个数字试一试；然后想一想错在哪里了。

师：算完了么？有的人错了但可能还不知道问题在哪。请哪位同学来说说。

生：我喜欢的数字是"1"，我输入 9 个"1"然后除以"123456789"，得出来的数字是 0.900000007。

师：谁来帮她分析？

生：屏幕上没有 8，你把 8 给输进去了。

师：其他算错数的同学是不是也把 8 给输进去了？

生：（部分同学有些羞愧地说）是。

师：现在再算一遍。

生：（那些同学高兴地举起手，轻声地对老师说）这回对了！

师：（摸了摸学生的头）看到你的笑容我真高兴，有的时候观察不仔细那可麻烦了。

师：好，算完了吗？这个游戏好玩吗？

生：好玩。

师：玩过之后，有什么收获呢？

生：我知道了计算器不光是帮助人们学习的，也是帮助人们计算的，并且它不是按照一个整的公式，它有的时候还是活灵活现的。

生：自己要把数据看准确，而且操作要精确。

师：说得真好，就是要看清数据，正确输入。

（三）了解计算工具发展史

师：如果没有计算器，能玩这个游戏吗？有了计算器，可以让我们更多地领略到数学王国的奇妙！那关于计算工具发展的历史，你知道吗？我们一起来听个故事好不好？

（课件出示画面并播放录音：在远古时代，人们是用石子计数或者结绳计数的。两千多年前，我国使用的计算工具是"算筹"。一千多年前，我国又发明了算盘使计算的速度加快了。四百多年前，法国和德国数学家发明了可以计算加减乘除的机械计算机。五十多年前，美国人发明了世界上第一台计算机，每秒可以运算 5000 多次。现在世界上运算最快的计算机每秒可运算 1000 万亿次，原来需要几十年时间运算的题目，现在只需要 1 秒钟就可以完成。）

师：听完计算工具发展的历史，你有什么想法？

生：现在的科技飞速的发展，以前比较笨重的计算机发展到台式电脑，现在又从台式电脑发展到手提电脑，让人们更加方便。

师：飞速，这个词用得好！

生：随着世界不断地改变，许多东西也不断地改变，计算机也是其中的一项，它可以给我们带来方便，许多科学家为了给大家带来方便，给大家研究出了更优秀更好的计算机。

师：他的主要意思也就是我们看到计算器功能这么大，其实都是人研究的。

生：我看到计算器的时候我就想起来古代的一个故事，古代的人用结绳计数，有一个徒弟，他的师傅让他买两匹马和一辆车，他就在一根绳子上结了两个疙瘩，在另一边结了一个疙瘩，然后买的时候他就混了，记成两个车一匹马，买下以后就让那匹马拉着一辆车，然后自己拉着一辆车往回走，回去以后师傅说你可不能再忘啦，然后他就去把马和车换了。然后有一次他给混淆了，应该买一斤肉两斤豆角，他又给买成一斤豆角两斤肉了。师傅高血压不能多吃肉，就把肉给放烂了。

师：谁来评价她讲的这个故事？

生：这个故事有点嘲笑古代结绳计数的方法。

师：嗯，好。那你觉得要不要嘲笑结绳的方法？

生：不能嘲笑，因为那也是历史的一个部分。

师：这位同学说得真好！我们学数学，你来看数学的"数"（板书：数），这左边的"娄"其实就像一根绳子打了很多的结。所以刚才那位同学说我们不应该嘲笑结绳计数的方法，我觉得是有道理的。（摸摸讲故事小女孩的头）这个故事讲得很有趣的。

（四）探索方法，发现规律

师：既然人们发明了这么好的计算器，我们就应该更好地运用它。那现在我们都会用了？（手指课题）我们再问问自己。

生（齐）：我会用计算器吗？

师：会吗？

生：会！

师：那我们来挑战一下自己，好不好？

生：好！

师：（板书：22222222×55555555＝）

生：（埋头苦算中……有的在抱怨说计算器容不下，有的很快算出了结果。）

师：谁来说说结果？

生1：1.234567877　E15

生2：1.234568　　E15

生3：1.234567877　15

师：谁还有其他的结果？

生4：$1.234567877×10^{15}$

师：用普通计算器的有没有结果？

生5：E12345678

生6：E1234567876

生7：1.2345678　15

生8：12345678E

师：还有结果？大家不用报结果了，你有什么疑问吗？

生1：怎么会有这么多不同的结果的？

生2：大家用的计算器不一样结果也就不一样。

生1：难道这么多结果都是对的吗？

师：是啊，你说这么多结果，哪个才是对的呢？

生：（迷茫地）不知道啊。

师：那正确的结果究竟是多少呢？你现在碰到了什么麻烦？

生：计算器装不下。

师：那现在我们能不能把正确结果找出来呢？前后四个同学一小组想想办法吧。

　　学生小组讨论了两分钟。

师：商量了，现在找到办法了吗？

生：（垂头丧气地）没有。

师：我告诉大家——这里面确实是有正确的结果。不过，我们看不懂，要等到上高中才能学到，是一种科学的计数方法。其实，这个数乘起来会不会是1点几啊？不会，它是1点几几乘以10的15次方，10的15次方是表示有15个10相乘，其实是我们同学不明白。那我们明白的结果能不能想出来呢？

生A：我觉得用 2×8 的结果乘以 5×8 的结果。

　　（同学们先是愣住了，再是少数学生笑了。）

师：好，大胆的想法！那现在大家一起算一下。

生（齐）：640。

　　　　　（笑的人更多了，声音更响了。）

生A：我错了。

师：哦，他自己就发现错了。不过，我很佩服这位同学，在计算器没法算的情况下，他想到自己动脑子了！

　　（老师带头鼓掌，学生们也鼓起掌来。老师等了十几秒钟，学生似乎仍然不明就里。）

师：那看来我们是山重水复，找不到路了，是吧？

生（齐）：嗯！

师：（神秘的）我有祖传秘方。

生：（惊奇地）啊？

师：想知道？

生：想！

师：组长把那个信封打开，小组每人一张。

生：（恍然大悟地）噢，对！对！（纷纷开始了计算。）

师：好了，算完了吗？

生：完啦！

师：最后结果知道了么？

生：知道啦！

师：咱们来交流一下？2×5 用计算器算了么？

生：没有。

师：22×55 是不是要用计算器啦？

生：是！1210。

师：（板书：2×5＝10

      22×55＝1210

      222×555＝123210）

师：要不要再往下算啦？

生：不要！

师：如果你还没有看出来，你就再往下算一算。算完以后，回头一看，那人却在灯火阑珊处。发现什么规律了？

生：从 1 往后写到因数的位数，再倒过来写，再在最后加一个 0。

师：是不是？

生：是！

师：这个同学说得非常准确。（手指着得数）从 1 开始，开始是几位数就写到几，倒过来再写到 1 再加一个 0，是不是这样一个规律呀？

生：是！

师：算完以后，你现在有什么想法？

生：我觉得看起来这个数字很庞大的，用计算器算有些不便，但是掌握了这里面的技巧这么大数字的题用脑子就可以算出来，说明计算器不一定是非常方便的。

师：说得好，还有不同的想法么？

生：我觉得也可以把这种计算归集于简算那一类的。

师：像简算，好，好，你这么想，行，行。

生：这么大的数据在计算器上却不是正确的，然而用人的智慧却可以算出准确的答案，可以说人比计算器更聪明。

师：说得好不好？

生：好！（鼓掌）

师：计算器的显示屏上结果的前边出现"E"，就是告诉你了计算器算不出来，这个结果是错的。后边出现"E"的，就是科学计数法了。

刚才有个同学问得特别好，他想：为什么是这样的一个规律啊？来，一起把这个结果说出来。

生（齐）：1234567876543210。

师：对呀，太奇妙了！为什么呢？（停顿，学生思考。）我们一起来欣赏后边那位女同学的计算过程。

（投影学生计算过程。）

生：（惊讶地）哇！（惊讶之后又笑了起来。）

师：笑什么？

生1：我笑她太笨了。

生2：我觉得像金字塔似的，斜的。

生3：我觉得列竖式算下来实在是太烦琐了！

师：刚才我们同学说这是个笨方法，但笨方法一是很实用，二是很准确。并且，它能够帮我们解释了为什么像金字塔似的越来越多，而且是对称的，是不是这么一算我们就能解决这个问题了。

生：是。

师：它不断地往前错一位错一位，错到最后中间的最多，几个？

生：8个。

师：现在再看这个算法好不好？

生：好。

师：给我们解释了为什么会是那样一个奇妙的结果。所以有时候笨方法还是很管用的。最基本的往往是最有用的！你看，你不是觉得计算器挺好么？但你的计算器算得出来吗？我们那个女同学她用那种方法算出了结果。

生：其实我这个也不能只说它是笨办法，因为5乘2最后一位是0，然后进位，也就是8个"1"和1个"0"，底下的数是一样的，就不用算了，只是向前挪一位就可以了，然后相加就行了。

师：好不好？

生：好！（热烈鼓掌）

师：是不是很笨啊？是不是每一个都要去乘啊？

生：不是。

师：它一样也是有规律的。并且我们觉得更难得的是，她敢于和善于捍卫自己的想法："我的想法是有道理的，不是特别笨的。"

生：华老师，如果这个数要是再往大扩展的话，用她这种方法就容易糊涂了。

师：是啊，写着写着如果对错位了的话，就算不对了。也就是说方法都是两面的，有好的一面也有不好的一面。就这个算式，我们现在的方法就是简单的。那如果再多呢，这个规律就不是很容易发现的了，我也不想告诉大家，如果你有兴趣课下可以自己去寻找。

师：现在想想这个方法好不好？

生：好！

师：那回过头来看看，刚才为什么你想不到这个方法？觉得难，是不是？（板书：难。）那难在哪儿呢？

生：数太大！

师：而我们现在的方法呢？

生：简单了。

师：（板书：易。）其实这个秘方是我们的祖先老子告诉我的。（课件出示：天下难事，必作于易，天下大事，必作于细。——老子）（板书：天下难事，必作于易）由容易的，我们先发现规律，再用规律去解决那难的问题。行了，孩子们，祖传秘方掌握了？再问问自己。（手指课题）

生：我会用计算器吗？

（五）课堂总结

师：那学完这堂课有什么收获？

生1：计算器里有很多道理需要我们继续学习。

生2：计算器的键盘还需要我们更深入地了解，正确地使用。

生3：我希望以后能制造出有更多位的计算器。

生4：计算器的得数不一定是最准确的，而且要用一点技巧才能算得准确。

生5：天下没有一件东西是十全十美的。

生6：我认为咱们今天学的是计算器，这个计算器咱们到处都能看到，假如说把它当作摆设的话，我认为把它制造出来没什么用处，我们应该在有用的时候去运用它。

师：也就是古人说的那一句话："运用之妙，存乎一心。"关键看你是不是用心来用它。（手指课题）再问一遍自己！

生：（响亮地、自豪地齐声问）我会用计算器吗？

师：这节课，我们一遍一遍地问自己，"我会用计算器吗？"同学们的回答总是"会"，从后往前看，其实都不能算完全的"会"；但从前往后看，确实都是"会了"，不过"会"的水平是越来越高了，真是应了那四个字（板书：学无止境）。

下课。

（本实录由赵铂楠老师　整理）

【课后反思】

上完这节课，我有一个十分鲜明的感受，那就是"教是因为需要教"。

叶圣陶先生有句名言："教是为了不教。"我觉得叶老的这句话可以从教学的过程和终点两个层面上来理解。我认为的"教是因为需要教"是从教学的起点和过程两个层面上说的，对当下的课堂教学是有针对性的。

回忆当初的教学过程设计——

● **关于课题**

在这节课上，我不是问"你会用计算器吗？"而是以不断地追问"我会用计算器吗？"来贯穿全课，体现了学习是学生的自主建构的理性认识和培养学生反思智慧的高度自觉，应然的课堂和实然的课堂达到了很好地一致，我非常满意。

● **关于课始的三道题**

人们在生活中是十分相信计算器的，甚至是"迷信"。但计算器算出来的结果一定对吗？

三道题中加法、减法、乘法、除法四种运算都有，但一题有一题的功能。在组织学生交流完感受后，老师的概括是——

第一，为什么要用计算器？或者说什么时候才用计算器？遇到大数目的计算才用计算器来帮助，并不是所有计算都需要用计算器。

第二，孔子说："工欲善其事，必先利其器。"要真正用好计算器，首先要熟悉你的计算器，它是聪明型的还是傻瓜型的。像第三题，聪明型的计算器，当然可以直接输入了；傻瓜型的计算器，最好要学会用"M+"和"MR"这两个键。

考虑到可能有学生用"倒减"的方法来解决记忆中间数的问题，我设计了一道练习题"20655÷（27×45）＝"，对全班同学是巩固，对提出"倒减"的同学还是醒悟："凡事都是有利有弊的"。

第三，使用计算器时要注意运算顺序，并可以用估算来帮助验算。

● **关于"猜数字"游戏**

借助计算器可以让我们发现一些数和运算的美妙。但一些传统的题材在这节课中我都做了教学加工。不只是一种展示和欣赏，而更多的是一种激发和挑战。

我们熟知的：

12345679×2×9＝222222222

12345679×3×9＝333333333

12345679×4×9＝444444444

……

我把它加工成了妙趣横生的"猜数字游戏"，吸引了孩子的眼球。由乘变除，更加巧妙地彰显了计算器的优势。

在这节课上，我正视并接纳学生学习过程中的差错。课中创设的"猜数字游戏"，由于数位多确实需要用计算器，但正由于数位多，学生可能会把9个"5"输成8个或10个"5"，"12345679"也可能输成"123456789"。"计算器算的也会错？"分析错因的过程就是学习使用计算器的过程。

我用计算器尝试了学生可能出错的各种类型，以便自己心中有数，但在执教过程中，又不是直接指出学生错在何处，那样就剥夺了学生自己"反省"的机会。想到郑板桥的"难得糊涂"的名言，课上的我装糊涂，学生报出"2.700000022"时，我愣住了，好像被难住了，过了一会儿才说："你算错了"，给学生的印象是老师思考后做出的判断，应好好"反省"。板桥先生说"由聪明而糊涂难上加难"，看来也不一定，只要把学生放在主体的位置上，做老师的就好"糊涂"了。

● **关于"挑战题"**

根据大家熟知的"宝塔数的美":

$$1\times1=\qquad1$$
$$11\times11=\qquad121$$
$$111\times111=\qquad12321$$
$$1111\times1111=1234321$$
$$11111\times11111=123454321$$
$$\cdots$$

我加工成了"22222222×55555555＝?",可以说是苦心孤诣。这样的题更富于挑战性,恰到好处地渗透了"化难为易,化繁为简"的转化思想,同时让学生领略了数学的美妙。学生在解决这样有挑战的问题时,可能会想出竖式计算,老师再结合竖式

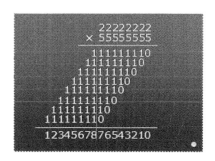

可以引导学生初步认识到"宝塔数"美的原理。

另外,我还设计了一道"试一试:999999999×999999999＝?",以巩固"化难为易,化繁为简"的转化方法。

整节课从看清数据、准确输入,到灵活选择算法,再到借助计算器解决计算器不能直接解决的问题进而超越计算器,在这拾级而上的过程中巧妙地运用了学生的差错资源。在解答"挑战题"时,那位男生说:"2乘5再乘8",同学们先是愣住了,再是少数学生笑了,我带着同学们一起算,"80",笑的人更多了,声音更响了。

我再说"不过，我很佩服这位同学，在计算器没法算的情况下，他想到自己动脑子了！"并带头鼓掌。

由于课上生成了一些没有预期的环节，"试一试"没有时间展开了。但下课时，学生看到我关机露出了"试一试"的题目，不依不饶硬要做。学生的兴趣已被激发，他们"祖传秘方"在手，很想小试牛刀了。

学生解出这道"挑战题"后，我打算用华罗庚先生的"善于退，足够地退，退到最原始而不失重要性的地方，是学好数学的诀窍。"一段话来总结的，虽然他的这段话说得浅显易懂，但深刻实用，我对本家也很有感情，我更想让学生尽早知道被外国人十分尊崇而很多中国人并不知晓的我国第一位哲学家"老子"的言论。这样就选择了普适性更强的"天下难事，必作于易，天下大事，必作于细。"两者都用的话，叠床架屋并不好。

● 关于课尾的总结

按照陈省身先生"数学好玩"的思想，我觉得小学阶段的"计算器"就是玩具，整节课就是玩计算器的。因此，最后的结语，开始的设计是改古人"玩物丧志"为"玩物生智"。后来回顾全课，三读课题，学生每一次说的"会"都是真话、实话，但每一次都是高一个层次的，所以板书"学无止境"更好。一是更适切，二是学生更明白词语的含义。

这节课不完全是预设的，而是在课堂中有教师和学生的真实的、情感的、智慧的、思维的、能力的投入，有互动的过程，气氛相当活跃。

需要进一步思考的——

上完这节课，一位听课老师兴奋地夸奖之后问我"这节课是新授课还是活动课？"新数学课程标准上不是说了"数学教学是数学活动的教学"吗，老师为什么会问出这样的问题？

在听完"计算工具发展的历史"后，那位女孩讲了一大段故事，我是否应该打断？怎样打断？在不知后事如何、没有打断的情况下，我该如何应对？我该不该板书"数"？那个故事讲得真的"很有趣"吗？如何评价？

【专家评论】

运用之妙，存乎一心

"运用之妙，存乎一心"，出自岳飞语。华应龙老师在这一课结尾说的这句话，道出了我们对这节课的最大感想：要在课堂上将自己的"才华"运用自如，需要"用心"——用心设计每节课，用心思考每个问题，用心做好教育。

由这句话，我们的思绪已脱离了这节课，而是徜徉在对华老师一贯教学风格的回味上。其实，华老师带给我们的绝不仅仅是一堂好课，他让我们分享了他对数学教学的"用心"思考。

一、寻找源于学生的数学学习"大智慧"

一些老师可能会想，不就是让学生会使用计算器吗，这还不容易，开机、关机、认识数字键、运算符号键、显示屏，会根据程序框图按键，学生一教就会。其实，这些都不是教师教会给学生的，学生本来就会，于是他们在教学伊始就胸有成竹地齐声说"会"，意思是告诉老师这些都不需要教。如果我们还是一厢情愿地从零开始，恐怕自己都觉得有点"没劲"。

真的就不需要教了吗？华老师的回答是，在经济相对发达的地区，需要教的，是储存数据和提取数据的方法以及在使用计算器过程中出现的问题。其实还不止如此，学生在这堂课中逐步学习了如何运用计算器探索规律，如何合理地使用计算器，如何将计算器与心算、估算、推理相结合，这些已脱离了计算器的具体操作，构成了数学学习的"大智慧"。

"教是因为需要教。"我们一直在说，教学设计要"备学生"，但要真正基于学生设计课堂教学，又谈何容易。这需要心里存着"教学要真正促进学生的发展"的理念，需要拥有较为丰富的心理学知识和经验的积累，需要对所教内容有深刻的把握，这样才可以将学生的原有基础和可能发展有机地联系起来。也只有这样，课堂教学才会既有意义、又富有效率。

二、学生的创造基于教师的独具匠心

教学过程是师生共同体验生命价值的过程，而这必将是一个师生共同创造的过程。从这节课中我们不时可以看到学生的精彩表现，从开始对"聪明型"计算器和"傻瓜型"计算器的对比，到最后"我们要在有用的地方使用计算器"，孩子用最自然的语言真实表达了自己的理解和感受。

学生的创造基于教师的独具匠心。每一个活动的设计，甚至是每一个活动的反馈语言，都体现出华老师的"良苦用心"。就说开始呈现的三道题目吧，蕴含着多重的价值：第一，鼓励学生自己尝试使用计算器，暴露学生的认知起点。第二，使学生产生学习新的操作的愿望，教师在需要教的时候提供"强有力"的帮助。第三，将计算器与估算、心算等相结合：简单的计算不必使用计算器，估算能够帮助我们发现计算器使用中的错误。确实，人不能被"机器"所限制，而应该比"机器"更聪明。一个活动多种目标和谐统一，既体现了教师的创造，也展示了教师深厚的教学功底，更是教师对所教内容数学内涵的深刻思考。

三、让数学教学变得深刻

小学阶段是否应该使用计算器一直是个有争论的话题。很多老师担心学生使用计算器会产生依赖心理，从而降低他们的运算技能。那么，计算器的作用是什么呢？如何合理地使用计算器呢？华老师用这节课的教学设计给出了自己的回答。

首先，这节课体现出计算器的作用不仅在于能够进行复杂的运算，更重要的是，学生可以借助它解决更为实际的问题、探索更加富有挑战性的规律。课堂中那些有趣的规律深深吸引着学生，而学生们精彩的想法和发言更深深地打动了老师。

这节课还渗透了华老师对"计算器价值"的另一个深刻思考：使用计算器，并不意味着淘汰传统的笔算。我们的教学要教会学生能够决定什么时候需要计算器，能够选择使用估算、心算、笔算、计算器等多种方法进行计算，并且判断答案的正确性和有效性。虽然，机器代替了大量的计算，但对机器的使用者来说，聪明地设计合理的算法与解释结果将变得更重要。华老师的教学帮助学生意识到："我们需要根据问题情境选择适当的运算方法"。如果一个近似答案就足够了，那么他应该进行估算。如果需要精确答案，那么必须选择合适的程序。许多问题通过心算就可以解决；如果有些计算不太复杂，那么应该利用笔算解决它们；对于比较复杂的计算，应该使用计算器。

在这节课上，我们享受着学生的创造和华老师的冷静思考。它真实地传递给我们这样一个理念：数学教学是基于学生的，是富有创造的，是内涵深刻的。而这一切，需要教师用"心"去追求。

（北京教育学院　张丹，教育部基础教育课程中心　刘坚）

八、单位，让分数更好玩

——"分数的再认识"教学创新

【课前慎思】

1. 要不要讲"单位'1'"？

在三年级初步认识分数之后，不同版本的教材都会在五年级再次安排认识分数的相关内容。新世纪版小学数学五年级上册教材第 34～36 页，"分数的再认识"；人教版小学数学五年级下册第 60～64 页，"分数的意义"；苏教版小学数学五年级下册第 36～37 页，"认识分数"。在西南师大版、青岛版、河北版的五年级下册小学数学教材中也都安排了"分数的意义"这一学习内容。

除新世纪版外，其他版本教材几乎都有差不多的表达："一个物体、一个计量单位或由许多物体组成的一个整体，都可以用自然数 1 来表示，通常我们把它叫作单位'1'。"

以前我们觉得"单位'1'"是一个重要的概念，"1"从表示数量上的"1 个"到看作"一个整体"，"1"对学生来说甚至对数学来说，都发生了"质"的飞跃。这也应该是分数的意义或者分数再认识要体现的重要内容。分数的初步认识是"1 个"平均分为若干份，而分数的再认识则是"一个整体"平均分为若干份。如果不讲"单位'1'"，怎么体现出是分数的再认识？

分析起来好像就是这样。事实上，我们教学分数问题时，常常让学生先去找"单位'1'"，这有助于学生解决分数问题。

不过，在一年级认识数"1"的时候，是只讲一只萝卜是"1"，不讲一筐萝卜是"1"吗？退一步说，一年级老师没有讲，三年级学生看到三筐萝卜还不知道用"筐"来回答有多少萝卜，一定是一只一只地去数吗？一定要等到五年级老师讲了才明白？

学生在三年级初步认识分数的时候，会不会出现根据小组内男女生人数，进而说出一个分数呢？是学生本来就没有，还是我们压根就没有放手？

学生是天生的学习者，学习本来像呼吸一样地自然。学生顺其自然就可以认识的，我们为什么要人为地截成几段呢？是为了构建严密的学科课程体系？还是为了彰显教师的不可或缺？

教育是解放，不是压迫。

"分数的再认识"究竟应该认识什么？

"单位'1'"的概念究竟要不要揭示？"1"是重要的计数单位，是学生所熟悉的。分数，从本质上说是表示两数相除的结果，使得四则运算以及法则畅行无阻；在生活中，分数主要的是表示部分与"整体"的关系。而"整体"这个概念，学生是熟悉的，也是非常容易接受的。现行教材中，用"单位'1'"的地方基本上都可以用"整体"来表达。

那么，没有"单位'1'"这一概念，对学生后续学习有没有影响呢？我专程请教了北大附中张思明博士。他告诉我，初中、高中都没有这个概念，重要的是学生没有分数单位的思想，这一点妨碍了学生对有关分数问题的圆满解答。这样，我们就可以理解了为什么询问大学生的时候，他们都不知道"单位'1'"这个概念了。

我们是否也该思考：学生不能很好解答分数问题，是不懂得"单位'1'"，还是不明白分数的具体意义，不具有单位意识，没有分数思维？以前的先找"单位'1'"的解题步骤，表面上是找到了"单位'1'"，实质上是不是在让学生回头再看看题目，去理解分数的意义？

我查找《辞海》，没有找到"单位'1'"这个词条，而从"单位""单位制""单位能耗""单位吸水量""单位面积产量"等词条，让我深深感受到"单位"意识的重要。

我幡然醒悟：单位其实就是"1"。教材上的那句话因此可以改为——"一个物体"、"由许多物体组成的一个整体，都可以用自然数1来表示"，都可以看作是"一个计量单位"。

当然，作为教材，这句话也可以不说。只要设计出合适的问题情境让学生体验到，如果要用自然数1来表示"由许多物体组成的一个整体"，那么1的后面就要换上一个新的单位。比如3"只"变成3"筐"，单位不同，数量就不一样。

看来，"单位"是重要的，"1"是重要的，"单位'1'"是不重要的。可以不讲"单位'1'"，但要重讲"分数单位"。

2. 怎样讲"分数单位"？

"把单位'1'平均分成若干份，表示这样一份或者几份的数，叫作分数。表示其中一份的数，叫作分数单位。"这是教材中对"分数单位"的表述。我们以往对"分数单位"的教学往往轻描淡写，一笔带过，满足于学生能够解答"一个分数的分数单位是什么，它有几个这样的分数单位"一类填空题。

单位，是度量中规定的标准量。那么，如何加重分数单位的教学分量呢？怎样的题目可以承载？哪些环节可以"回眸一笑"？

在教学"分数初步认识"的时候，我创造出了"大头儿子的难题"的情境，那么在教学"分数的再认识"时，是否可以朝花夕拾呢？

华罗庚先生曾经说过："数起源于数，量起源于量。"度量可以很好地将分数理解为分数单位的累积。怎样发展一下，更好地体现——有单位才有度量，才有沟通与交流？从非标准单位到标准单位，反映了人类的进步与统一。如果，我把这节课定位在认识分数单位的基础上，进而认识分数的意义，那么，用领带度量沙发的长是不是比较合适的选择？

学生已经学过分数，这样的领带量沙发的问题情境是否没有难度？是否是从三楼退到二楼，再上四楼呢？可以说这样的问题学生都会知道用分数表示，可是什么分数呢？需要思量的：分母是多少呢？是 7 个 1/3，还是 7 个 1/8 呢？既可以用上已学的知识——写一个分数，要考虑分母和分子分别是多少，又提出了今天这节课需要解决的问题——7 个 1/8 是多少。这是一个结合点，也是一个生长点。同时，这个环节可以解决孩子关于对折三次是平均分成多少份的错误认识，并揭示解决这样问题的方法。"顺手一投枪"的事情，一石三鸟，何乐而不为呢？

那学生已经是五年级了，已经长大了，是否不再需要故事情境、不再喜欢动画表达了呢？我们记住的往往是故事，是画面，而不是条文。即使地老天荒，我们仍然喜欢听故事，何况他们还是儿童？儿童都是生活在童话故事中的。"我真的好想再活五百年"，我们老师可以让自己慢慢地变老。

可能有人质疑：这个情境是人为编造的，生活中不可能像这样用领带去量某个东西的长。真是这样的吗？没有尺的时候，人们怎么测量？怎么交流长度？建造金字塔时法老的"腕尺"就是测量的工具。买履的"郑人"拿一根草绳就当成一把尺。

可能有人质疑：这个情境用的时间太长了吧？是的，这个情境的播放费时2分5秒。那么，我们要思考：评价一个情境的优劣，是要考量它的思维含量和育人价值，还是要计量它的时间长短和话语多少？我们为什么要急急匆匆地直奔知识目标，而不能让学生慢慢地欣赏、慢慢地长大？

过重的学科数学的理性，是否让我们的孩子不堪承受数学之重，妨碍教育数学的学习？选择"密位"，而弃用学生熟悉的"时分秒"就是基于这样的考虑。那么，会不会有老师认为"有必要找这个我们老师都不懂的素材吗"？选择电影《集结号》的片段，完全是巧合、幸运。我在网上百度"炮兵，目标，方向"，碰巧看到一条说《集结号》中炮兵的说法非常专业……哈哈哈，我的目的，当然不是想让学生掌握"密位"，而是借助这样学生感兴趣的陌生的题材，真正思考起来，明白：第一，不同的需要产生不同的单位，我们可以根据需要创造单位，方便我们去数。第二，同一个整体，平均分的份数不同，单位就不同。第三，单位的背后往往有个分数。

3. 分数的意义是什么？

我再思考：学生会背诵——"把单位'1'平均分成若干份，表示这样一份或者几份的数，叫作分数"这句话，或者会依样画葫芦地说出有关一个分数的一句话，是否意味着学生理解并掌握了分数的意义？我们的教学是重在体会分数的意义，还是重在体会分数形式化的"概念"？2010年10月19日，凌晨5点左右做梦后设计的猪八戒吃西瓜的题，是否能很好检测学生对分数意义的理解？

"分数的再认识"的教学，当然是在"分数的初步认识"的基础上，那是否就该在原有的基础上进一步加深？三年级"知其然"，五年级"知其所以然"，可能是应该追求的。三年级时，知道了用分数表示需要"平均分"，可是为什么呢？三年级时说分数要强调是"谁的"几分之几，可是为什么呢？

分数是相对于"1"的概念。弗赖登塔尔说，"分数"是个代数概念。这一点，我们当然不用讲给学生听，但是否可以在游戏中渗透给学生呢？

为什么要有分数？生活中为什么比较少地见到分数？从单位的角度来看，分数很好玩，很有智慧。既然分数这么好玩、这么可爱，为什么生活中很少看到分数呢？

一支铅笔的长是8厘米，没有分数啊？原来，是先定义一个单位，比方"厘米"。什么是厘米，就是"$\frac{1}{100}$ 米"。如果只以"米"作单位，铅笔的长度，我们只有说是 $\frac{8}{100}$ 米。看来生活中不是没有分数，而是单位把分数藏了起来，要看到分数，需要一双慧眼。

什么是分数？我们能否给学生一个简单而通俗的说法？2010 年 10 月 19 日午饭前我悟出的一句话——分数就是先分后数的数，是否合适？是否自恰？

……

经过一段时间的思考，我确定的教学目标是——进一步认识分数，认识分数单位，感受到单位的价值，理解分数的意义，体会到数学好玩，进一步喜欢数学。

【课堂实录】

一、分数解决难题

播放动画——大头儿子的难题。

旁白： 天热了，小头爸爸到商场买凉席。到了卖凉席的柜台，他遇到麻烦了……于是给他的大头儿子打电话。

小头爸爸： 儿子，我忘了量床的长了，你找把尺子量一量床有多长。

大头儿子： 噢！

旁白： 大头儿子在家里找来找去，就是没找到一把尺子，怎么办呢？（停顿）突然大头儿子想到了个好主意。

大头儿子： 爸爸，你今天打领带了吗？

小头爸爸： 打领带？哦，真是个聪明的大头，快量吧！

旁白： 大头儿子拿来一根爸爸的领带。他用领带一量……嘿，巧啦，床正好是两个领带长。

大头儿子： 爸爸，床是两个领带长。

小头爸爸： 儿子真有办法！我知道了。嗳，儿子再量一下沙发的长吧！

旁白： 大头儿子再用这根领带去量沙发。唉，沙发没有一个领带长。怎么办呢？

师： 沙发没有一个领带长，怎么办呢？你有办法吗？

生： 用分数来表示。

师：好主意！怎样创造出分数呢？继续听——

旁白：大头儿子把领带对折来量，唉，沙发比对折后的领带长一些。大头儿子再想办法，他将领带再对折，量了三次，还是多一些。大头儿子把领带再对折，一量，巧啦，沙发正好有 7 个这么长。大头儿子真高兴啊！可是，他再一次碰上难题了。

大头儿子：（自言自语地）床是 2 个领带长，现在我怎么跟爸爸说沙发是多少个领带长呢？

师：想，真好！把你的答案写在练习纸的背面。

　　学生思考，教师巡视。

师：有什么困难？

生 1：对折几次？

生 2：对折 3 次。

　　多数学生依然没有动手写答案，还在思索。

师：已经说了对折 3 次，很多同学还在思考，思考什么？

生：那一节多长呢？

师：把一根领带对折 3 次，是把这根领带的长平均分成了几份呢？

　　大部分学生说"3 份"，有的说"6 份"，也有的说"4 份"，还有的说"8 份"。

师：现在我们也遇到了难题，你有什么办法解决？

生 1：华老师，能把您的领带借我用一下吗？

师：（一边解开领带一边说）好好好，如果没有领带呢？

生 2：我拿这张纸把它对折 3 次之后再数有多少个块儿。

师：不可思议，这么好的回答，怎么会没掌声呢？

　　众生一片掌声。

师：是呀，很多人已经在尝试了。

　　教室里安静了一会儿，立刻有人惊呼："8 份！"其他学生表示认同。

师：（满意地微笑）那沙发是多少个领带长呢？

生：沙发是 $\frac{7}{8}$ 个领带长。（板书：$\frac{7}{8}$）

师：还有不同答案吗？刚才我看到有同学写的是——（板书：7 个 $\frac{1}{8}$），同意不同意？

有的学生同意，有的学生不同意。

师：为什么同意呢？

生：因为 7 个 $\frac{1}{8}$ 加起来之后，分母不变，就是分子相加起来，7 个 1 就是 7，所以还是 $\frac{7}{8}$。

师：这就是说，7 个 $\frac{1}{8}$ 就是 $\frac{7}{8}$，所以两个回答都是对的。

二、学生提出问题

师：现在大头儿子遇到的问题解决了。看来同学们对分数掌握得挺棒（板书：分数），这节课我们进一步认识分数。关于"分数"你还有什么问题呢？你觉得这节课要解决什么问题呢？

生 1：除法。（板书：分数与除法的关系？）

生 2：我想知道有没有分子比分母大的分数？（板书：分子＞分母？）

生 3：为什么有真分数、假分数之分？（板书：为什么真、假？）

生 4：分数的意义是什么？（板书：是什么？）

生 5：分数是谁发明的？（板书：谁发明？）

师：孩子们的这些问题都很有意思，我们慢慢来思考。

三、认识分数单位

师：如果我们要量这间教室的长用什么做单位？（板书：单位）

众生：米。

师：要量一支铅笔的长用什么做单位？

众生：厘米。

师：要量一粒米的长用什么做单位？

众生：毫米。

师：单位不同，尺子就不一样。创造一把尺子，其实就是创造了一个新的单位。所以大头儿子在家中没有找到尺子，用领带创造了一个单位。请回头看，刚才我们说沙发是 $\frac{7}{8}$ 个领带长，$\frac{7}{8}$ 里有 7 个 $\frac{1}{8}$。这里 $\frac{1}{8}$ 就是一个单位。它很特别，是分数，所以叫分数单位。（板书：分数单位）

$\frac{7}{8}$ 的分数单位是什么？

众生：$\frac{1}{8}$。

师：下面这些分数的单位是什么呢？（课件出示——）

说一说下面每一个分数的分数单位是什么？

$$\frac{3}{4}、\frac{4}{5}、\frac{3}{7}、\frac{5}{7}$$

学生猜测着说出分数单位，教者板书：$\frac{1}{4}$ $\frac{1}{5}$ $\frac{1}{7}$ $\frac{1}{7}$

师：刚刚同学们在说分数单位的时候有一两个不同的声音，那没关系的，因为我们是在学习吗，是猜的。现在我们看，分数单位有什么特点？

生：分母不变，把分子变成 1。

师：一般的人观察分数单位的特点会说"分子都是 1"，那当然对，但是没有说分母。而我们这位同学把分子、分母都说了，概括得特别好，应该再次给她掌声！

四、体会单位价值

师：请回头来看，把一根领带对折一次就创造了一个分数单位是什么？

生：$\frac{1}{2}$。

师：对折两次呢？

生：$\frac{1}{4}$。

师：既然 $\frac{1}{2}$、$\frac{1}{4}$ 也是一个分数单位，那么刚才量沙发长的时候为什么不用这两个单位来量，而用 $\frac{1}{8}$ 来量呢？（展示分别用 $\frac{1}{2}$、$\frac{1}{4}$、$\frac{1}{8}$ 量沙发的画面。）

生：因为如果用 $\frac{1}{2}$ 来量的话量沙发就会缺一点儿，如果用 $\frac{1}{4}$ 做单位的话沙发还是缺一点儿，只有用 $\frac{1}{8}$ 做单位量沙发才正好。

师：用 $\frac{1}{8}$ 做单位的时候刚刚好数，刚好几个？

众生：7 个。

师：用 $\frac{1}{2}$ 做单位呢？

众生：一个多点儿。

师：用 $\frac{1}{4}$ 做单位呢？

众生：三个多点儿。

师：看来，用 $\frac{1}{2}$ 和 $\frac{1}{4}$ 做单位不能正好数出来。而用 $\frac{1}{8}$ 做单位，刚好可以数出来。

由此看来，我们可以根据需要创造单位，创造合适的单位，方便于我们数出来。孩子们，炮兵创造的单位，可以帮助我们加深这一认识。

炮兵为了精确表达打击目标的角度，创造了一个单位——

众生：度。

师：（板书：度）对，上学期我们学过表示角的大小用"度"做单位。"度"是怎么规定的呢？

几位学生异口同声：把一个圆周平均分成 360 份，一份就是 1 度。

师：（频频点头，出示：一个圆周平均分成 360 份的图。）看来"度"的背后有一个分数——

众生：$\frac{1}{360}$。

师：（在把一个圆周平均分成 360 份的图上出示一个 6 度的角。）那这个角是多少度呢？

学生表示看不清楚。

师：我们可以来数一数，1、2、3、4、5、6。这个角多大？

生：$\frac{6}{360}$。

师：说得真好，是一个圆周的 $\frac{6}{360}$，用我们前面学的度作单位就是——

生：6 度。

师：6 度背后有个分数就是？

众生：$\frac{6}{360}$。

师：可是，炮兵创造的单位不是"度"，请看电影《集结号》中的片段（播放视频，字幕显示炮兵指挥的口令。）炮兵创造的什么单位？

生：标尺。

师：（微笑摇头，出示投影）标尺不是表示角度的。"向右 0—75，向左 0—03"，这儿用上了他们创造的一个单位叫——密位。

众生：密位？

师：（神秘地）密位是怎么规定的呢？

生：不知道。

师：（出示：$\frac{1}{6000}$）想想：密位是怎么规定的？

学生独立思考，前后四人小组交流。

生：把一个圆周平均分成 6000 份，其中的一份就是 1 密位。

学生自发点头、鼓掌。

师：（再出示：1 密位 $= \frac{6}{100}$ 度）这个 $\frac{6}{100}$ 度是什么意思呢？

学生开始自发地讨论。

生：把 1 度平均分成 100 份，取其中的 6 份就是 1 密位。

师：你发现密位和度相比，怎么样？

生 1：密位更密。

（全班同学会心地笑了。）

生 2：很密很密。

师：我们前面学习量角的时候，已经感觉到 1 度是很小很小的了，现在我们知道还有比它更小的。不过，为什么要这么精密的单位呢？

众生：更精确！

师：为什么要更精确呢？

生：因为离得很远，如果开始差了一点儿，后面就要差好远了，所以才要密位。

其余学生频频点头。

师：有一个成语很好地表达了这个意思，有谁知道？

生：差之毫厘，谬以千里。

师：佩服，佩服！（出示：差之毫厘，谬以千里）。其实还有一个原因，这样，即使微小的调整，也可以用整数表示出来。

通过"密位"，你对单位有了什么新的认识？

生 1：原来只知道 1 度已经很小很小了，现在又来一个密位，把 1 度分成 100 份，其中的 6 份就是 1 密位，也太小了。

生 2：发现有好多奥秘，单位的背后有分数。

师：还有一点，单位都是根据需要创造出来的。

生 3：我发现能根据需要创造出很多单位。

师：是的，比如说重量，我们知道有吨、千克、克、毫克、克拉等单位，这些单位都是根据需要创造出来的。

五、表示分数意义

师：刚才，我们从单位的角度进一步认识了分数，你对分数的意义掌握得怎么样呢？请拿出课前发的练习纸，想一想，圈一圈。

下面的分数表示什么意思呢？

①下面有一些五角星，请圈出它的 $\frac{4}{6}$。

②下面有一些月饼，请圈出它的 $\frac{2}{3}$。

③下面有一些苹果，请圈出它的 $\frac{3}{4}$。

学生独立练习。

师：完成的同学想一想，你是怎样表示出这个分数的？先干什么，再干什么？（待全班同学都完成了，老师组织）先看第一题，圈了几颗五角星？怎么圈的？

生：先数有几个五角星，然后再把它除以6，然后再数其中的4份。

师：把6个五角星平均分成6份，每份是几个？

生：1个。

师：1份就是？

生：$\frac{1}{6}$。

师：要表示 $\frac{4}{6}$ 呢？

众生：取出4个。

师：数出4个，4个 $\frac{1}{6}$ 就是 $\frac{4}{6}$。咦，圈的为什么一会儿用4表示，一会儿用 $\frac{4}{6}$ 表示呢？

生1：用4表示是说要圈出4个五角星，用 $\frac{4}{6}$ 表示6个五角星里圈出4个五角星来。

生2：圈出4个是按照单体来想，就是4个。$\frac{4}{6}$ 是把这6个看作一个整体，就占其中的 $\frac{4}{6}$。

师：回答得真棒！因为关键是把什么看作"1"。如果把一颗五角星看作是1，圈的就是4；如果把六颗五角星看作是1，圈的就是 $\frac{4}{6}$。看来把什么看作"1"不一样，结果就不一样。

第二题，圈了几个月饼？

众生：6个。

师：有没有不同意见？怎么圈的？

生：先平均分成3份，取其中的2份。

师：第三题，圈了几只苹果？

生1：12 个！

众生：错了，9 个。

不少学生疑惑地坚持，但声音很低：12 个。

师：不可思议，谁来讲为什么圈 12 个。

生1：我看到要求是圈出 $\frac{3}{4}$，可以把 16 个苹果平均分成 4 份，然后取这样的 3 份。我认为要圈 12 个。

这个时候，认为圈 12 个的学生理直气壮；认为圈 9 个的学生也不甘示弱。有几个学生伸长了脖子，去看别人的练习纸。

生3：老师，总数不一样。

众生惊呼上当，看着老师笑。

师：哈哈哈，华老师有意地和大家开了个玩笑。发的练习纸是不一样的，最后一题不一样。

学生微笑着，脸上的表情："老师您真坏！"

师：笑过之后，有什么收获？

学生前后 4 人交流。

生1：想要圈几个就要看分母，他让你分成几份，再看分子，他让你表示几份。

生2：我明白了整体不同，虽然他给你的分数相同，但是圈出来的也不同。

众生鼓掌。

生3：做事要有自己的原则，不能跟着别人跑。

生4：只要自己认真思考过了，就要敢于坚持。

师：说得多好！华老师还想和大家分享一句话，与自己不同的回答，不一定是错的，要站到对方的角度看一看、想一想。

咦，整体不同，圈出的结果也不同，怎么都表示 $\frac{3}{4}$ 呢？

众生：因为都是平均分成 4 份，取了 3 份。

师：（满意地微笑着）下面这道题是我做梦想到的，看看我们班上哪位是大头？

（课件出示——）

猪八戒吃一个西瓜的 6/7，用了 1 分钟。这样，他吃完这个西瓜还要用多长时间？

学生思考。

生 1：他吃完西瓜还需要 10 秒钟。把西瓜平均分成 7 份，吃了其中的 6 份，用了 1 分钟，还剩 1 份……

生 2：他吃了 $\frac{6}{7}$ 个西瓜用了 1 分钟，可以想，他吃了 6 瓣用了 1 分钟，1 分钟有 60 秒，用 60 秒 ÷ 6，就是应该用 10 秒钟吃完。

生 3：把 $\frac{6}{7}$ 想成 6 个 $\frac{1}{7}$，还有 1 个 $\frac{1}{7}$。6 个 $\frac{1}{7}$ 用 60 秒，1 个 $\frac{1}{7}$ 就是 10 秒。

师：如果不说 10 秒，直接用"分"表示，怎么想？

生：$\frac{1}{7}$。

众生：$\frac{1}{6}$。

师：吃 6 个 $\frac{1}{7}$ 是 1 分钟，吃 1 个 $\frac{1}{7}$ 就是 $\frac{1}{6}$ 分钟。看来同学们学得非常棒，都是大头！（学生们微笑。）最后奖励大家一个故事——池塘里有多少桶水？（多媒体播放故事）

从前，有个国王在大臣们的陪同下，来到御花园散步。国王瞧着前面的水池，忽然心血来潮，问身边的大臣："这水池里共有多少桶水？"众臣一听，面面相觑，全答不上来。国王下旨："给你们三天时间考虑，回答上来重赏，回答不上来重罚！"

大臣们用桶量来量去，怎么也量不出一个确切数据。眨眼之间，三天到了，大臣们仍一筹莫展。就在此时，一个小孩走向宫殿，声称自己知道池塘有多少桶水。国王命令那些战战兢兢的大臣带小孩去看池塘。小孩却笑道："不用看了，这个问题太容易了！"国王乐了："哦，那你就说说吧。"

师：（环顾全班，暂停播放）有没有人能说？

一生举手：如果桶和水池一样大，就是一桶水；如果桶是水池的 1/2 大，那就是两桶水；依此类推。

有的学生微笑着等待，有的学生恍然大悟的神态，有的学生一脸的不明白。

老师不加判断，继续播放故事。

小孩眨了眨眼说："这要看那是怎样的桶。如果和水池一样大，那池里就是一桶水；如果桶只有水池的一半大，那池里就有两桶水；如果桶只有水池的 1/3 大，那池里就有三桶水；如果……""行了，完全正确!"国王重赏了这个小孩。

师：我们是不是也应该奖赏刚才就想明白的同学?

学生们鼓起热烈的掌声。

师：为什么大臣们都没想到呢?

生：大臣是正向思维，我们是逆向思维。大臣死扣那桶，没往桶多大那里想。而小孩转变了一个思维方式，他想桶有多大，而国王也没给他看桶有多大。

师：那个桶其实就是个单位。创造了一个单位，就好数了。

生：大臣们只注意到了有多少水，小孩儿注意到了桶有多大，所以大人想不出来，小孩儿想出来了。

师：池塘里有多少桶水，取决于用多大的桶做单位。

六、总结照应

师：今天这节课真的很有意思! 我们从大头儿子的难题开始来讨论分数的意义。现在，(指着板书"是什么?") 静下心来想一想：分数是什么呢?

生 1：分数就是把一个整体平均分成几份，表示这样的几份的数。

众生点头认同。

生 2：分数就是用自然数和小数表示不出来的数。

生 3：分数是把一个数平均分成几份。

师：是啊，简单地说，分数就是先分后数的数。(同学们会心地笑了，老师在课题"分　数"中间加箭头，成了"分→ 数"。)

(指着板书"怎么做?") 怎么做出一个分数呢?

众生笑着说：先分，后数。

师：对，先分，分之后就确定了分母，就创造了一个单位。现在明白了三年级初步认识分数时老师为什么要强调"平均分"吗?(停顿) 如果不平均，谁来做单位呢?(学生们像长大似的点点头) 然后再数，就是数有多少个单位，也就是确定分子。

（指着板书"为什么？"）那为什么要有分数？

众生：用自然数表示不出来的数。

师：简单地说，就是因为没法数了。分之后，就可以数了。最后和大家分享我本家的一句话，华罗庚先生说："数起源于数，量起源于量。"数和量都离不开单位。从单位的角度来看，分数很好玩，很有智慧。

（指着板书"谁发明？"）谁发明的呢？

众生没有反应。

师：（坦诚地）我也不知道。

一名女生：我知道，是人发明的。

师：哈哈哈，佩服，佩服！我怎么没想到呢？（指着板书）还有一些问题没解决，老师课件都准备了，但是时间已经超过了，不能再讲了。

学生一片遗憾的声音。

（本实录由易玫老师整理）

【课后反思】

我询问学生的收获，不少学生说道："学了这节课，我明白了生活中需要测量的时候不一定都要用尺子。"当时的我是欣欣然的，因为这是我当初设计时就追求的副产品。

……

上海世博会的主题是"城市，让生活更美好"，通过这节课的思考和实践，我觉得是"单位，让分数更好玩"！

其实，"分数是先分后数的数"和传统的"把单位'1'平均分成若干份，表示这样一份或者几份的数，叫作分数"是一致的，并不矛盾。"分数是先分后数的数"，这样的表达乃是一种简单的丰富——"分"，就是创造了一个单位；"数"，就是数有多少个单位——这样，从单位的角度来理解分数的意义，更给力，更有后劲。

当然，这样的教学很有些"不走寻常路"的感觉。不过，鲁迅先生说过："其实地上本没有路，走的人多了，也便成了路。"

我不需要说："走自己的路，让别人说去吧！"因为我们都在路上，没有看客，大家都在思考；我也不需要说："走自己的路，让别人无路可走！"因为教学研究没有最好，只有更好；我也不需要说："走自己的路，让别人跟着自己走！"因为我们没有办法保证自己所走的，就是一条唯一的正确的道路；我需要说的是："走自己的路，让别人走得更舒服！"因为我的课并不完美，但我的课一定会引起大家的思考，思考我们做出的选择，思考我们的价值判断，思考我们的功力提升，让学生觉得数学真的很好玩。

"沉舟侧畔千帆过，病树前头万木春"的景致虽说有些凄美，但我很是向往。

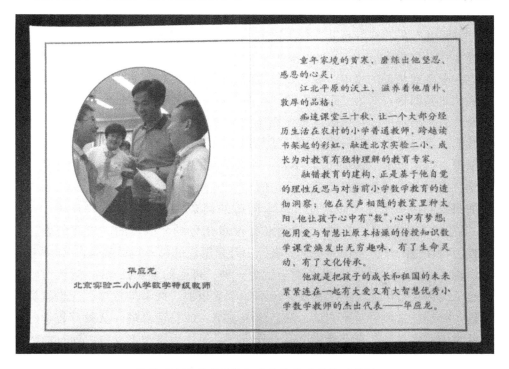

首届"明远教育奖"评委会给华应龙的颁奖词

【专家评论】

"好玩儿"，可以是一种教学追求吗？

华应龙关于这节课的认识和理解则用了"单位，让分数更好玩儿"这样一个题目。在我的印象中，小学时学分数并没有好玩儿的感受，有的是"要命"的感受，再加一个"单位"，就更不好玩儿，甚至于更"要命"。但说实话，我真的喜欢"好玩儿"，于是我把这节课"读"完了，而且反复读了很多遍：既希望我能够作为一个研究者能够深入分析"好玩儿"，更希望我能够作为一个"儿童"确实能够感受到好玩儿。

对这节课，我想提取两个问题进行分析：一是教育哲学层面的，教学可以或应该追求"好玩儿"吗？二是教学实践层面的，如果可以，那么我们应该追求一种什么样的"好玩儿"？

好玩儿，是一种贴近生活、贴近儿童的说法，也是一种日常用语的表达。华应龙用"好玩儿"或"更好玩儿"作为这节课认识或思考的基点或坐标，所体现的价值选择实在是"胆大妄为"。在我国的教育学或教学论术语中，基本上没有"好玩儿"这一概念或相近的术语。教学是很正经、很严肃的事（我们大概不会像法国思想巨人伏尔泰那样，认为"正经"和"严肃"是一种疾病的表现），要么就是传授知识，要么就是培养能力，要么就是形成态度甚至于品德、道德、人格之类。教学实践中我们不是追求教学有效或高效，就是追求教学智慧、教学幸福、教学灵动、教学创新等。追求教学"好玩儿"，不是一种低层次的要求，就是一种迁就儿童的低水平教学。好玩儿，究竟有没有意义和价值？

如果我们换一个与"好玩儿"基本同质的词来表达，应该是"有趣"或"乐趣"。关于"有趣"或"乐趣"，哲学家有很多充分的、积极的、正面的表达。威尔·杜兰特在他的传世巨作《哲学故事》中开篇所说的第一句话就是："哲学包含着一种乐趣。"古希腊的柏拉图认为哲学就是一种"可爱的娱乐活动"，近代哲学家怀特海也认为如果哲学无法追求真实，还不如享受乐趣。数学与哲学、逻辑有极大的相似性，曾经被古典哲学家们认为是经验领域唯一的普遍真理。从教育哲学的视角看，儿童中心主义的教育家杜威说得十分明确，他认为教学不仅可以而且应该追求"有趣"和"趣味"，因为"有趣"与"欣赏"紧密相关，使教学进入了审美状态。杜威在《我们怎样思维》一书中说：对一件事物的"充分经验"和"心领神会"，被这件事物打动了心、抓住了心，处于一种兴奋的状态，可用"欣赏"一词来表达，"欣赏"使事物价值增高，不欣赏使事物贬值。欣赏满足了人的内在需求，一种与理智和美感紧密联系的深层需要。

如果我们从"有趣"或"乐趣"的视角审视"好玩儿"，好玩儿确实比较好玩儿，甚至十分好玩儿。玩儿，是儿童的天性，可以说儿童就是在玩儿中学习、在玩儿中成长的。"好玩儿"与"教学"本来是两码事，教学本身并不一定意味着好玩儿。现实中很多教学不好玩儿，一本正经，索然无味，辛苦、艰苦甚至于痛苦。但如果我们能够使教学具有"好玩儿"的品质，追求好玩儿的乐趣，获得欣赏的价值，就不仅能够适应儿童的需要，满足儿童的需求，使儿童愿意学习、喜欢学习甚至热爱学习，更能够引导儿童的"玩儿"、提升儿童的"玩儿"，使儿童学会有意义、有品质的玩儿。真正去除功利化的教学与学习，使教学和学习变成一种"玩儿"的过程，具有一种"玩儿"的纯粹乐趣和欣赏价值，这不就是回到儿童身心发展规律和教育规律本身吗？这不就是对教学的更高品质、更高境界的追求吗？

但如何使教学好玩儿，如何使数学教学好玩儿，如何使分数教学好玩儿，我以为华应龙面对着艰难的挑战。分数是比整数更为抽象的概念，分数意义的认识所涉及的核心概念"单位"的认识更为抽象，抽象得离感性的"好玩儿"极为遥远。那么，"数来数去数分数"这节课真的做到了"好玩儿"吗？阅读和欣赏这节课，我形成了以下三个连续的判断，以确证这节课确实"好玩儿"。

一是以学生喜欢的方式从头"玩儿"到尾。

整节课运用了五个教学片断引导学生"玩儿"分数。第一个片断是讲故事，让学生一起想办法帮助大头儿子用领带量沙发；第二个片断是专门引进的，研究和讨论了炮兵的"密位"概念；第三个片断是学生动手做一做、圈一圈、议一议；第四个片断是让学生做一道猪八戒吃西瓜的题目；第五个片断是奖励学生一个量水池的故事。

从形式上看，可以说是从头玩儿到尾，从故事开始，以故事结束，用了小学生最喜欢的"作文"方式，即首尾呼应。不仅告诉我们数学课可以讲故事，而且可以讲得很好，也间接印证了一个道理：人世间的一切都可以看作叙事。故事无疑是人类最古老也是孩子最喜欢玩儿的方式之一，但孩子更喜欢的是成为故事的主角，在参与玩的过程中推动故事情节的发展与深化。显然，华应龙对孩子心理十分熟悉，在把握学生心理时十分准确，两次讲故事的过程中，均在关键处停顿下来，让学生参与进来成为主角，使学生成为推进故事发展的主导因素，成为解决问题的主体，而不是被动地"看"故事、"听"故事。这样一种叙事和处理的方式，不仅是学生喜欢的方式，而且是学生自我建构、自我教育的过程。

二是以超出学生想象和预期的方式玩儿出"乐趣"、玩儿出品位。

仔细研究，这五个片断每一个都有一个关键点和出彩点，既合情合理，又出乎意料，因而能够抓住学生的心，使学生动心并开心。这里的"开心"，不仅是高兴的意思，而且是伴随着视野开阔的那样一种惊喜，这又赋予"玩儿"以教育学的意义和价值，从而获得学习的"乐趣"和"品位"。如大头儿子量沙发这个片断，最精彩的是用生活中一件不起眼的领带作为度量工具所产生的超出预期的效果，不仅使学生感到数学与生活紧密相关和相连，会给他们留下极为深刻的印象，也从过程的角度提供了超出他们的想象的数学方式和方法的理解。再如引进《集结号》炮兵术语"密位"概念，将1度划分成100份取出6份就是1密位，对学生而言完全超出了学生的生活经验和想象，但却是能够理解的陌生概念，一定会给他们留下很深的印象，并加深"差之毫厘，谬以千里"的认识。再如圈五角星、圈月饼、圈苹果的训练，看上去是教师与学生开的一个小玩笑，玩儿的是一个"小伎俩"，但也玩儿得非常"激烈"和"紧张"，不仅要求学生从自身的角度，还得从他人的角度去思考问题（因为不同的学生所圈的总数不一样），也同时教会学生相信自己、坚持自己正确观点的态度和立场，有趣味也有品位。什么是会玩儿？这就是会玩儿，能给学生带来知识本身和思考本身的乐趣和价值，带来所谓的思维、智力和想象面临挑战的乐趣，达到了"玩儿"的较高品位和境界。

纵观这节课，我以为不仅对学生而言，他玩儿出了乐趣和品位，对教学而言，也玩儿出了乐趣和品位。他根据玩儿的顺序，形成了一种独特的课堂教学结构，总共六个部分，前五个片断每一个片断都有一种玩法，每一种玩儿法就是一个教学环节，既具有连续性，也具有异质性，因而保证了这节课在"统一性"基础上的"多样性"，最后课堂总结，连缀起来就是完整的教学过程。华应龙完全把课堂教学结构必须"起承转合"的套路和模式给放弃了，给我们耳目一新的感受，使我们获得了一种教学创新的"惊喜"感，让我们沉浸在杜威所说的"欣赏之中"，被打动了心、被抓住了心，没有任何不自然、不应该的感受，似乎本应如此：好课就该这么上。

三是在潜移默化的玩中教出数学思维的普遍性和深刻性。

让数学好玩儿不容易，让数学课好玩儿不容易，但让数学好玩儿后还是数学，让数学课好玩儿后还能够充分体现数学学科的特点，使学生充分理解数学并深刻认识数学思维的普遍性和深刻性，就更不容易了。我以为华应龙这节课的成功不仅在于好玩，更在于玩儿得深入和深刻。其功力不仅体现在带领学生玩儿上，更体现在带领学生以数学的方式"玩儿"，使数学课玩儿得极为"数学"，甚至于课堂中所运用的非数学材料（包括故事和动画）在他的神奇魔力下都变成了数学。

在课前慎思中，华应龙告诉我们这节课首先要解决的问题是要不要讲单位"1"，他通过广泛而深入的研究后，得出结论是："单位"是重要的，"1"是重要的，"单位'1'"是不重要的。可以不讲"单位'1'"，但要重讲"分数单位"。说到底，单位就是一。这是分数现象背后的普遍规律，也是这节课的教学的重点所在，更是学生掌握的最大难点。因此，这节课的五个片断和五种玩法始终贯穿着"单位"的认识和理解，始终强调着"单位"和"一"的教学，从而使学生能够认识"单位"、理解"单位"并进而能够创造"单位"。我相信，通过教学，学生普遍建立起了以"单位"为核心的分数思维方式，能够较好地掌握分数背后的普遍规律。

课前慎思的第二个问题是怎样讲分数单位，华应龙的结论是：一是要加重"单位"教学的分量，不能再一笔带过；二是采用孩子喜欢的故事和动画的方式，从而有助于学生的认识和理解，而好的故事是有梯度和难度的，是能够达成"一石三鸟"多种目的的。针对讲故事要耗费更多时间的问题，他提出了一个重要的观点：即"我们为什么要急匆匆地直奔知识目标，而不能让学生慢慢地欣赏、慢慢地长大?"

于是他选择了一种"慢教学"的过程：不慌不忙地从折领带开始，引入单位即分数的认识和理解；进而说到电影《集结号》炮兵的"密位"概念，以加深对单位的理解，根据需要可以创造单位；让学生圈一圈，而且要圈出不同的结论，从而认识到总量不同单位也不同；再让学生做一做猪八戒吃西瓜的题目，巩固、拓展和深化单位的认识和理解；最后，用皇帝量水池的故事，逆向思维提出"桶的大小"的问题，一池水是单位"一"，一桶水也是单位"一"，用一桶水的单位去量一池水，分数就自然出来了。精彩绝伦的结尾故事：让学生深刻体验到每一个"单位"的后面都可能有分数的影子。于是我们认识到，五个教学片断是如何逐步深入地揭示出"单位"和"一"的丰富而完整内涵，是如何引导学生一步步走向思维和智力的丰富、完整和深刻的。"慢教学"其实就是一个不断丰富认识和体验、不断深化认识和体验的过程，"慢"才能丰富起来，也才能深刻起来。

在经历了这样一个完整的教学过程和探究过程之后，课前慎思的第三个问题"分数的意义是什么"就自然呈现出来了，每一个学生都能够自然而然、简洁明了地说出这节课华应龙想让他们说出的重要结论：

先"分"后"数"即分数。

（江苏省教育科学研究院 研究员　彭钢）

2002 年，观摩德国小学生夏令营

他，为我们打开了一个方向

关于分数的教学，我们常见的教材编排和教学思路和苏联 20 世纪 40 年代前后的做法颇为相似，都是在三年级教学分数的初步认识，五年级教学分数的意义。教学分数的意义时，使学生从直观形象地认识分数，上升到掌握抽象的分数意义，主要体现在以下几个方面：一是要使学生认识到分数是一个抽象的数，任何一个分数都是对单位"1"而言的，已经和具体的量脱离。二是要使学生认识到分数单位是随着分母的变化而变化的。由于对单位"1"等分的份数是不固定的，所以分数的单位也是不固定的，它随着等分的份数的变化，作相应的变化。三是要使学生认识到单位"1"和分数单位是两个不同的概念。单位"1"是指进行等分的一个整体，分数单位则是某一个分数的单位。

这样的分数教学，"几十年如一日"地持续到现在，并被广泛接受。然而，华应龙老师却对"学生不能很好解答分数问题，是不懂得单位'1'，还是不明白分数的具体意义，不具有单位意识，没有分数思维？以前的先找单位'1'的解题步骤，表面上是找到了单位'1'，实质上是不是在让学生回头再看看题目，去理解分数的意义？"等问题进行了深入思考。其实，其根本原因就是学生未能真正理解分数的概念，没有形成完善的认知结构，解题时或许还存在按固定程式"生搬硬套"的迹象。台北教育大学张英杰博士以及一些英国、美国学者的研究成果已经证实了这一点。基于以上认识，华老师设计并执教的《分数的再认识》一课，则为我们对于分数的意义的教学与研究打开了一个新的方向。

一、道法自然，让学生形成完善的数学认知结构

教师在数学教学中必须具有把握全局的战略思想，要了解数学知识本身固有的结构体系、数学教科书的编排结构和儿童原有的数学认知结构及其发展趋向、发展规律，用全面的、联系的、发展的眼光把握教学内容，精心设计好每一节课，才能有效促进学生的数学素养的提升。华老师《分数的再认识》这一课，很好地把握了以上几个方面。

1. 依托数学知识的内在结构

在儿童学习各个数学知识时，教师要帮助孩子弄清知识的来龙去脉与纵横联系，这是学生形成完善的认知结构重要支撑。

首先，我们应该知道测量和度量是得到分数的基本来源（分数的初始概念由此而来），那是把分数作为度量长度、重量、体积、时间等这些量的一种工具。比如我们把一个取定的单位（如用"米"作为长度单位）加以等分，从而得到各种分单位（如米的十分之一就是"分米"、百分之一就是"厘米"、千分之一就是"毫米"）。换言之，我们的做法就是把度量的问题转化为计数的问题，首先就是选取一个度量单位，作为其他量来比较或参照的标准。于是，把原单位 n 等分引进一下分单位，用 $\frac{1}{n}$ 来表示；如果一个确定的量正好含 m 小单位，就用符号 $\frac{m}{n}$ 来表示。$\frac{m}{n}$ 就是被我们称为"分数"的新数。若干世纪后，数学家采取了具有决定意义的步骤，即：把分数脱离了度量，作为一个单纯的数。另一方面，为了使除法总能施行，也必须引入一种新的数——分数，这是分数的第二个重要来源。此外，等分物体不能整除也得用分数来表示，也需要引进分数。

华老师新课伊始，通过播放《大头儿子的难题》，先引导学生思考"沙发没有一个领带长，怎么办呢？你有办法吗？"学生根据已有的认知经验知道可以"用分数来表示。"接着，引导学生发现"沙发是 $\frac{7}{8}$ 个领带长"。在关于引导学生认识"分数单位"时，华老师又让学生认识到"单位不同，尺子就不一样。创造一把尺子，其实就是创造了一个新的单位。所以大头儿子在家中没有找到尺子，用领带创造了一个单位。请回头看，刚才我们说沙发是 $\frac{7}{8}$ 个领带长，$\frac{7}{8}$ 里有 7 个 $\frac{1}{8}$。这里 $\frac{1}{8}$ 就是一个单位。它很特别，是分数，所以叫分数单位。"华老师对这些关键概念的处理，不仅紧扣数学的本来面貌，而且使学生学得轻松愉快，真正体现了教学的"深入浅出"。后面，华老师提出了"分数就是先分后数的数"，更是将这一教学思想发挥到了极致。

2. 把握数学教材的编排结构

数学教材是为了促进学生的有效学习，将无限的数学知识浓缩为有限的学习材料的一种范式。它是依托数学知识体系，以促进学生的发展为出发点，以便于学生学习和教师教学为落脚点，将数学知识经由教育形态的加工、组织而成。所以，教师实施教学前，要充分了解教材的编写意图，把握其关键所在，并根据学生实际和自身特质，合理对教材进行"再开发""再加工"，以实现教学的最优化。

华老师通过对新世纪版、苏教版、西南师大版、青岛版、河北版等不同版本教材的对比研究，发现在五年级数学教材"分数的意义"部分，除新世纪版外，其他版本教材几乎都有差不多的表达："一个物体、一个计量单位或由许多物体组成的一个整体，都可以用自然数 1 来表示，通常我们把它叫作单位'1'。"（其实，苏联和目前中国台湾的部分教材也是这样安排的）华老师的认识并未就此打住，他通过对分数意义的深入思考，进而发现"单位"是重要的，"1"是重要的，"单位'1'"是不重要的。可以不讲"单位'1'"，但要重讲"分数单位"。

华老师这样的处理，在数学上也是有理论根据的。因为，作为自然数"1"的现实模型可以是一个苹果，也可以是一筐苹果。这个苹果和这筐苹果都可以平均分为若干份，用分数表示其中的一份。所以说，这里研究的单位"1"就是自然数"1"，所以也就可以不必再区分了，只要学生具备了"整体量"的概念就可以了。此外，我们在计算"$\frac{1}{3} + \frac{2}{3} = 1$"时，也没有去强调这里的"1"是单位"1"呀！

3. 完善儿童的数学认知结构

现代认知心理学认为，学生学习数学的过程实际上是一个数学认知的过程，在这个过程中学生在教师的指导下，把数学知识结构转化成自己的数学认知结构。奥苏伯尔提出，有意义学习过程的实质，就是符号所代表的新知识与学习者认知结构中已有的适当观念建立非人为的（nonarbitrary）和实质性的（substantive）联系。

"非人为的"联系，即新知识与认知结构中有关观念在某种合理的或逻辑基础上的联系。在数学知识的学习问题上，"非人为的"的联系一般是依托数学知识自身的结构来实现的，前面已经有所论述。但，值得一提的是华老师在引导学生巩固提升所学知识时，让学生讨论分数"是什么""怎么做""为什么"的教学环节，则是在学生体经历了分数概念的"再创造"的过程后，对整个过程的梳理和反思，这里处理充分实现了新知识和学生已有认知结构的非人为的联系。"实质性的"联系，是指新的符号或符号所代表的观念与学习者的认知结构中的已有的表象、已经有意义的符号、概念或命题的联系。华老师这节课上先是引导学生思考"沙发没有一个领带长，怎么办呢？你有办法吗？"学生得出"用分数来表示。"这是因为学生在三年级已经学习了"分数的初步认识"，虽未形成真正意义上的分数概念，却已经具有的分数的"前科学概念"。接着，学生得出"沙发是 $\frac{7}{8}$ 个领带长"时，华老师追问："还有不同答案吗？刚才我看到有同学写的是——（板书：7 个 $\frac{1}{8}$），同意不同意？"学生交流后得出：因为 7 个 $\frac{1}{8}$ 加起来之后，分母不变，就是分子相加起来，7 个 1 就是 7，所以还是 $\frac{7}{8}$。这样孩子自然地将原有的认知和今天需要学习"7 个 $\frac{1}{8}$ 是多少"有机结合了起来。这样，新学知识和学生原有的认知结构中的已有的表象、已经有意义的符号、概念就形成了实质性的联系了。在学习分数单位时，华老师先引导学生回忆"米""厘米""毫米"这些长度单位，也是出于帮助孩子进一步完善认知结构中有关知识间的纵横联系。

二、万法归宗，让学生深刻掌握数学知识的本质

分数这一数学知识，因内涵的丰富、意义的多元，决定了其表征方式的多样化。这给教师教学和学生学习造成了不小的难度，国内外学者的相关研究已然证实了这一点。但是，一切事物万变不离其宗，华老师把握了本质、尊重了规律、抓住了主要矛盾的主要方面，一切问题也就迎刃而解了。

1. 紧扣概念的数学本质，正确理解分数的意义

分数一词来自拉丁文的"fangere"，它的原始意义是分开，通常用来描述一个被分开的整体的各个部分。根据 Dickson，Brown，Gibson（1984）等人的观点，作为数学概念的分数具有下列五种意义：（1）是全部范围中的部分；（2）子集和整个集合的比较；（3）数在数轴上的点；（4）除法等分除的商；（5）比较两个物体或测量结果的大小。

华老师这节课上，"用领带量沙发的长度"就是让学生用分数表示测量的结果；另外，"密位"的介绍以及圈出五角星的 $\frac{4}{6}$、月饼的 $\frac{2}{3}$、苹果的 $\frac{3}{4}$ 等则是用分数表示"部分—整体"的关系。早在 1901 年，苏联就有《算术课本》首先讲"从测量到分数"，然后讲"由除法到分数"。20 世纪 60 年代，日本著名数学家小平邦彦编写的《算术》课本，则是在三年级通过介绍均分"一个整体"，在四年级通过"度量"来解释分数的意义。其实，华老师的这样处理是有一定道理的。因为，有学者研究表明，12 岁左右的学生对于通过数轴、除法、比等几种形式来理解分数的意义还是十分困难的。

那么，对于分数的意义的教学最要紧的是，教师要能从以上各种关系归纳出，分数就是表示两个数（量）之间的一种关系。这两个数（量），其中一个是标准，也就是单位量；另一个则是去比较的数（量）。有了这样的认识，学生将来去理解弗赖登塔尔所说的"分数"是个代数概念就不困难了。如 $\frac{4}{5}$ 可以理解为 $5x = 4$ 的解，因为方程也是一种关系，这样就降低了理解的难度。甚至，还可以去理解莱什提出的分数作为"算子"的解释。同样 $\frac{4}{5}$ 可以考虑成 4 对 5 的机器，一个长度或基数为 5 的输入，产生一个长度或基数为 4 的输出。华老师正是将这种分数表示了一种关系

的思想体现到了他的教学之中，比如"池塘里有多少水"的教学安排。

2. 围绕概念的丰富内涵，全面展现分数的表征

Dreyfus 和 Eisinberg（1996）认为能够根据问题情境，弹性的运用适当的数学表征，如具体操作的、图表的、符号的等具体或抽象的方式，并且在单独的表征系统之内以及各个表征系统之间灵活的转换，是发展数学思考和培养解决问题能力的基本要素。也就是说数学表征在数学学习的过程当中占有相当重要的地位。

Lesh 等人（1987）由沟通的观点将数学表征分为以下五种：现实情境（experience-based "scripts"）、具体操作物（manipulatable models）、图形（pictures or diagrams）、符号（written symbols）、语言（spoken languages）。

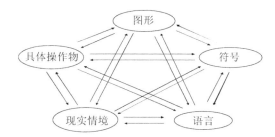

华老师在课上，通过为学生创设"量沙发"的现实情境、让观察"度"和"密位"的图形、让学生进行圈出五角星的 $\frac{4}{6}$ 等多种具体操作、解释"7 个 $\frac{1}{8}$"和"$\frac{7}{8}$"的关系，以及让学生讨论分数"是什么""怎么做""为什么"等各种数学表征，从不同侧面促进了学生对分数概念的理解，同时也提升学生的相关数学素养。

3. 强化概念的形成过程，突出分数的关键因素

（1）对单位量的认知。单位量又称为"整体量"（the whole），分数的"部分—整体"概念是一个整体等分后，记录其中被指定的部分与全体的关系，单位量就是"部分—整体"中的"整体"，处理分数问题首先必须具备单位量或整体量的概念。华老师在分别给学生 16 个和 12 个两种不同苹果数量的作业纸，让学生圈出"$\frac{3}{4}$"。学生对比后发现，把 16 个苹果平均分成 4 份，1 份是 4 个，3 份就是 3 个 4，即为 12 个；把 12 个苹果平均分成 4 份，1 份就是 3 个，3 份就是 3 个 3，即为 9 个。这

样处理，学生对单位量的认识和对分数概念的理解也自然加深了。

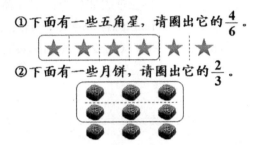

（2）具有等分割的概念。等分割是指将一个单位量等分成数个等量的部分，在小学阶段单位量等分割是引进分数概念的重要步骤。例如华老师在让学生做"分苹果"练习的同时，安排了这样两道题目：

①下面有一些五角星，请圈出它的 $\frac{4}{6}$ 。

②下面有一些月饼，请圈出它的 $\frac{2}{3}$ 。

通过这样的练习，特别强调了"等分割"的要求，也就是每份都相等，而且没有剩余。"猪八戒吃西瓜"那道练习，则从另外一个视角对此加以突出。

（3）理解部分与整体的关系。在连续量的情境中，单个物体经由分割活动将原单位量加以等分割后，产生数个（q 个）相等的新量，以 $\frac{p}{q}$ 来表示其部分量的个数（p）和等分割后的总个数（q）之间的关系。在离散量的情境中，则是以 $\frac{p}{q}$ 来表示部分物体个数的量（子集 p）和所有物体总数（集合）之间的关系。此时 $\frac{p}{q}$ 即是以两量并置的方式呈现的分数符号表征。华老师在"水池里共有多少水"的教学环节，引导孩子得出了"如果桶和水池一样大，就是一桶水；如果桶是水池的 $\frac{1}{2}$ 大，那就是两桶水；依此类推。"这里的教学安排，极大地挑战学生的思维，同时更有力地加深了学生对部分与整体的关系的深入理解。

（4）单位分量及单位分量累加。由等分割活动将原单位量等分成数个相等的量，以所得的一分量作为新的单位，进行合成活动，此新的单位即为单位分量。以此单位分量累加的结果来表征其等分割后部分的量。华老师这节课上，把这个知识点作为重点强调的做法是很正确的。他在"用领带量沙发"的环节，强调"7 个 $\frac{1}{8}$ 就是 $\frac{7}{8}$"；在出示"1 密位 ＝ $\frac{6}{100}$ 度"后，让学生讨论这个 $\frac{6}{100}$ 度是什么意思；以及在后面的作业纸上圈圈、"猪八戒吃西瓜"等都反复强调了这些知识，以加深学生的认识。

三、静水深流，让学生充分感受数学的精神、思想和方法

日本数学教育家米山国藏认为，对学生而言，作为知识的数学，通常在出校门后不到一两年，很快就忘记了，然而，不管他们从事什么工作，那些深深地铭刻于头脑中的数学精神、思想方法、研究方法、推理方法和着眼点等，都随时随地发生着作用，让他们受益终身。

事实上，几乎整个数学都是研究精神的产物，致力于发现发明的产物。那么，整个数学中，就应该充满了研究、发现的着眼点、方法和法则。可是，教材中往往都仅仅提供数学研究、发现、发明的成果—数学知识。所以，即使很好地理解了教材上的内容，也几乎不能触及数学研究的精神、思想和方法，不能培养其具有创见性、开拓性的思维。这就需要我们广大数学教师，把潜在于教材中的这种精神、这些方法提炼出来，使之明确化。华老师的这节课有很多做法为我们提供了有益的启示。

在"大头儿子的难题"这一教学环节中，华老师利用学生已经知道的"米""厘米""毫米"的来由，引导学生运用"类比"的方法，创造了分数单位"$\frac{1}{8}$"，进而创造了分数"$\frac{7}{8}$"。

在"密位"的教学环节，华老师的本意不在于让学生掌握"密位"的概念，引入"密位"知识仅仅是个载体，其目的关键在于为学生对分数概念的理解提供更丰富的感知经验，更在于让学生在经历"密位"的创造体验中，感受创造的价值，触摸由创造度"类比"出创造密位的研究精神和相关思想、方法。

再看"池塘里有多少水"的教学环节，学生的精彩回答，并非偶然，也不是学生说的"大臣是正向思维，我们是逆向思维"那么简单。学生创造分数的能力虽然离不开对数学知识的正确理解和对数学本质的深刻把握，更离不开对数学创造的精神、思想和

方法的深切体验。种瓜得瓜，种豆得豆。试想，如果没有前面教师的不断引导和强化，学生的思维火花怎有燃起的可能。我想，教师将无限的知识浓缩成有限的教学内容，通过教学有限的内容让学生掌握探索无限世界之本领的魅力就在于此吧。

华老师的《分数的再认识》这节课，引导学生在掌握数学知识、形成良好的数学认知结构的同时，触及了数学本质的深处，更深切感受了数学精神、思想和方法的魅力。他是一个有思想的实践者，和实践中的思想者。他，为我们打开了一个方向，这个方向是分数教学发展的一个方向；这个方向是数学教学研究和实践的一个方向；这个方向是一线教师专业成长的一个方向。

（江苏省扬州市广陵区教育局师资培训中心　汤雪峰）

思考，让教师更智慧

每次听华老师的课，总会被触动，然后迫使我进入沉思之中。无论大家对他的课的整体设计还是局部处理有什么不同见解，但得到共识的是华老师是一个富有智慧的教师。这又不由使人联想，智慧的源泉来自哪里呢？聪明、经验、学识……这些是重要的，但我认为，不懈、审慎、深刻地思考无疑是其中最重要的。

一、对于分数"意义"的追问

对于分数意义的教学，我也一直存在着一个困惑，戏称为"分数教学中的悖论"：一方面，在"分数意义"的课堂学习中几乎看不到学生的困难，大多数的学生都能够熟练地说出"把单位 1 平均分成几份，这样的一份或几份的数叫作分数"；但另一方面，在后来分数的运算和解决问题中学生却出现了不少的困难。这里不妨举一个案例，在异分母分数加减法学习之前，一位教师对自己的 6 位学生（2 位比较优秀的学生、2 位中等水平的学生、2 位比较困难的学生）做了学前访谈，访谈的问题是："$\frac{8}{9} + \frac{8}{15}$ 等于多少，你有什么办法？"其中有 1 位学生正确回答了问题，而另 5 位学生则遇到了比较大的困难。下面是几个有代表的发言：

生 1：$\frac{8}{9} + \frac{8}{15}$ 不能确定如何相加。因为学过的同分母的分数可以把分子直接相加减，但没学过分子相同的情况分母怎么办。

生 2：因为分子相同，只要把分母相加就可以了。

生 3：表示 9 份中的 8 份，$\frac{8}{15}$ 表示 15 份中的 8 份，所以是 24 份中的 16 份，结果是 $\frac{8}{9}$。

　　思考学生的"困难"，可能的原因是多样的，比如分子相同的"迷惑"，但不可否认的是学生对于分数意义理解的不全面。当我们询问这些学生时，他们都可以比较准确地背诵上面提到的分数定义，但遇到这个问题时却需要把分数看成"分数单位的累积"，$\frac{8}{9}$ 是 8 个 $\frac{1}{9}$，$\frac{8}{15}$ 是 8 个 $\frac{1}{15}$，因为分数单位不一样（或者说：平均分的份数不一样），所以需要先统一分数单位，即通分。

　　这个案例不由引人思考，为什么会说出分数是把"把单位 1 平均分成几份，这样的一份或几份的数叫作分数"，但却不能把分数看成单位的累积呢？看来，学生对于分数的理解需要多种角度，也就是需要整体把握分数理解的维度。有研究表明，学生可以从比、度量、运做、商的角度来理解分数[①]。比如对于 $\frac{8}{15}$，既可以将其理解为 8 份与 15 份的关系，还可以把它看成 8 个 $\frac{1}{15}$ 的累积、8÷15，以及 8÷15 的商。也许有人认为它们都可以从上面的分数的定义得到，但对于学生来说这并不是一个自发的过程。由此可见，虽然我们可以对理解分数的角度、角度的名称与内涵提出不同意见，但无论如何从"单位"的角度来认识分数，把分数看成是"单位的累积"这一点是重要的，也是我们在分数意义教学中比较忽视的。

　　关于这一点，华老师敏感地感觉到了，并且在课前慎思中明确地提出："华罗庚先生曾经说过：'数起源于数，量起源于量'，度量可以很好地将分数理解为分数单位的累积"。在此基础上，华老师进一步把教学目标定位为"感受到单位的价值"，于是有了一个有趣的课题"单位，让分数更好玩"。所以说，教师的专业敏感无疑是非常重要的。

　　为了达到这个目标，华老师设计了如下的几个层面：

①　张丹：《小学数学教学策略》，第 50 页，北京，北京师范大学出版社，2010。

第一，用领带度量沙发的长，体会分数是单位的累积，初步感受单位的作用。"刚才我们说沙发是 $\frac{7}{8}$ 个领带长，$\frac{7}{8}$ 里有 7 个 $\frac{1}{8}$。这里 $\frac{1}{8}$ 就是一个单位"。"创造一把尺子，其实就是创造了一个新的单位。所以大头儿子在家中没有找到尺子，用领带创造了一个单位"。

第二，通过创设角度、密位等，使学生再次体会单位与分数的联系，并在此基础上，体会单位的广泛存在，感受不同的需要产生不同的单位。"第一，不同的需要产生不同的单位，我们可以根据需要创造单位，方便我们去数。第二，同一个整体，平均分的份数不同，单位就不同。第三，单位的背后往往有个分数"。

第三，在解决问题的过程中，体会寻找单位在解决问题中的作用。以下这个片断是我感兴趣的：

师：下面这道题是我做梦想到的，看看我们班上哪位是大头？（课件出示——）

猪八戒吃一个西瓜的 $\frac{6}{7}$，用了 1 分钟。这样，他吃完这个西瓜还要用多长时间？

学生思考。

生 1：他吃完西瓜还需要 10 秒钟。把西瓜平均分成 7 份，吃了其中的 6 份，用了 1 分钟，还剩 1 份……

生 2：他吃了 $\frac{6}{7}$ 个西瓜用了 1 分钟，可以想，他吃了 6 瓣用了 1 分钟，1 分钟有 60 秒，用 60 秒÷6，就是应该用 10 秒钟吃完。

生 3：把 $\frac{6}{7}$ 想成 6 个 $\frac{1}{7}$，还有 1 个 $\frac{1}{7}$。6 个 $\frac{1}{7}$ 用 60 秒，1 个 $\frac{1}{7}$ 就是 10 秒。

师：如果不说 10 秒，直接用"分"表示，怎么想？

生：$\frac{1}{7}$。

众生：$\frac{1}{6}$。

师：吃 6 个 $\frac{1}{7}$ 是 1 分钟，吃 1 个 $\frac{1}{7}$ 就是 $\frac{1}{6}$ 分钟。看来同学们学得非常棒，都是大头！

从上面的回答中不难看出，学生开始自觉地寻找"单位"解决问题，无论是寻找 1 份，还是 $\frac{1}{7}$。其实，学生对于"单位"还是有其敏感性，下面是我在听"分数除法"一节课中的精彩发言：

师：根据你的学习经验，你们认为 $2÷\frac{2}{3}$ 应该怎么算？

生：2 可以化成假分数 $\frac{6}{3}$，然后用 $\frac{6}{3}$ 再除以 $\frac{2}{3}$，等于 3。

师：怎么结果就等于 3 了？

生：6 个 $\frac{1}{3}$ 除以 2 个 $\frac{1}{3}$，结果是 3。

师：你是怎么想到的？

生：因为 2 和 $\frac{2}{3}$ 的单位不一样，先统一单位。

在上面的片断中，学生自然地把数看成了"单位"的累积，当遇到了单位不统一的时候需要先统一单位。但面对学生这样的精彩，教师却采取了忽略的态度，因为他看上去似乎不符合"除以一个数等于乘以它的倒数"的方法。看来，我们不仅仅需要鼓励学生从多种角度来理解分数，教师在这方面也需要共同学习。

第四，在对什么是分数的讨论中，再次从"单位累积"的角度理解分数，并将其与"部分与整体的关系"加以联系。"对，先分，分之后就确定了分母，就创造了一个单位。现在明白了三年级初步认识分数时老师为什么要强调'平均分'吗？（停顿）如果不平均，谁来做单位呢？（学生们像长大似的点点头）然后再数，就是数有多少个单位，也就是确定分子"。

在我看来，教什么确实是需要反复琢磨的。而从单位的角度来认识分数无疑是理解分数的重要角度。也许有人会提出疑问，这节课其他的理解的角度似乎涉及不多。其实，每位教师不是只见学生一节课的，学生对于分数意义的理解需要一个长期的过程，作为老师需要从一个大单元的角度来设计分数意义的教学，是不可能"毕其功于一役"的。这节课给了我们一个不同的视角。

二、概念定义和"概念图像"的慎思

这节课与传统不大一样的是似乎没有看见"单位 1"的影子，这固然与这节课侧重"单位"的定位有关，其实也许与另外两个问题有着密切的联系。

第一个问题，为什么要强调"单位1"。在《数学教育热点问题系列访谈录》中，史宁中教授谈到"分数的数学含义"时提出："最重要的分数应该是真分数，它代表一个事物或一个整体的一部分，其本质在于它的无量纲性"。所以，真分数刻画了部分与整体的关系，而"单位1"实际上是对于整体（看成1）的刻画，无疑"整体"是重要的。

第二个问题，没有出"单位1"的名称就没有对于"整体"的认识了吗。这不由使我想起郑毓信先生在《国际视角下的小学数学教育》一书中谈到的概念定义与概念意象。在书中指出："数学概念的心理表征在大多数情况下并非相应的形式定义，而是一种由多种成分组成的复合物……所谓的'概念意象'就是指与所说的概念直接相联系的各种心理成分的总和，包括心智图像、对其性质及相关过程的记忆等"。也许，我们对于文中的个别文字还理解不深或者理解有一定偏差，但不难看出我们常说的理解一个概念与会背这个概念的定义是不相同的。如前文所述，"单位1"的作用是使学生体会"整体（看成1）"，如果教师安排了合适的活动使学生体会到此，以及体会到分数刻画的"关系"，似乎是否出现这个名词，以及让学生去背诵"单位1"的那一句话，就变得没有那么重要了。

正如华老师所思考的："学生会背诵——'把单位1平均分成若干份，表示这样一份或者几份的数，叫作分数'这句话，或者会依样画葫芦地说出有关一个分数的一句话，是否意味着学生理解并掌握了分数的意义？我们的教学是重在体会分数的意义，还是重在体会分数形式化的'概念'？"这里所用的"形式化的一句话"和真正理解"分数的意义"也许就是上面提到的"概念定义"和"概念意象"吧？从这个意义上说，这节课上虽然没有出现"单位1"的名词，但对于"整体"的体会还是比较丰富的。下面就是两例：

片断1：

师：数出4个，4个 $\frac{1}{6}$ 就是 $\frac{4}{6}$ 。咦，圈的为什么一会儿用4表示，一会儿用 $\frac{4}{6}$ 表示呢？

生1：用4表示是说要圈出4个五角星，用 $\frac{4}{6}$ 表示6个五角星里圈出4个五角星来。

生 2：圈出 4 个是按照单体来想，就是 4 个。$\frac{4}{6}$ 是把这 6 个看作一个整体，就占其中的 $\frac{4}{6}$。

师：回答得真棒！因为关键是把什么看成"1"。如果把一颗五角星看作是 1，圈的就是 4；如果把六颗五角星看作是 1，圈的就是 $\frac{4}{6}$。看来把什么看成"1"不一样，结果就不一样。

片断 2：

　　学生前后 4 人交流。

生 1：想要圈几个就要看分母，它让你分成几份，再看分子，它让你表示几份。

生 2：我明白了整体不同，虽然它给你的分数相同，但是圈出来的也不同。

　　众生鼓掌。

　　……

师：咦，整体不同，圈出的结果也不同，怎么都表示 $\frac{3}{4}$ 呢?

众生：因为都是平均分成 4 份，取了 3 份。

从上面的片断中，"$\frac{4}{6}$ 是把这 6 个看作一个整体，就占其中的 $\frac{4}{6}$"，"如果把一颗五角星看作是 1，圈的就是 4；如果把六颗五角星看作是 1，圈的就是 $\frac{4}{6}$。看来把什么看成'1'不一样，结果就不一样"，"因为都是平均分成 4 份，取了 3 份"。这些不都是对于"整体""部分与整体的关系"的"概念意象"吗。从这个意义上说，我们就多少可以理解华老师的"慎思"了："而'整体'这个概念，学生是熟悉的，也是非常容易接受的。现行教材中，用'单位 1'的地方基本上都可以用'整体'来表达。当然，作为教材，这句话也可以不出。只要设计出合适的问题情境让学生体验到'由许多物体组成的一个整体'"。当我们把对于"单位 1"的理解内化于学生的具体认识之中时，一定要或者不要、学生说不说出来都显得不那么重要了。

三、"长时间思考一个问题"的习惯

每次看华老师的教学设计，我特别爱看他的"课前慎思"，从这里不仅能看到他对

一个问题的最终看法，并且能够看到他背后的理由，更重要的是能够看到他的思考路径，这也许是对自己启发最大的。当我们常常感叹于"为什么他能想得到而自己不行"的时候，我们似乎更应该询问自己"他是怎么想到的我能不能自己试一试"。

从华老师的思考路径中不难看出作为一个有智慧的老师的显著特征：具有长时间思考一个问题的习惯。从文中"我专程请教了北大附中张思明博士""2010 年 10 月 19 日午饭前我悟出的一句话"等话语中，我们可以体会到华老师思考的曲折、思考的执着，当然更有思考后的快乐。

那么，进一步，智慧的老师又在思考着什么问题呢？我想有两个是最基本的。

第一，所教内容的教育价值。即考虑内容背后蕴含的"大"的想法，以及对于人发展所具有的价值：包括所学知识和方法的应用价值，知识探索、形成或应用过程中的思维价值，学习过程中对于人的情感态度价值观形成的价值。也许只有这样，才能将知识组织起来成为有条理的"思想"，而使人变得有"力量"。正像华老师所思考的"评价一个情境的优劣，是要考量它的思维含量和育人价值，还是要计量它的时间长短和话语多少？我们为什么要急急匆匆地直奔知识目标，而不能让学生慢慢地欣赏、慢慢地长大？"下面仅举两个似乎与分数主题联系不大的几个片断：

片断 1：

师：有什么困难？

生 1：对折几次？

生 2：对折 3 次。

　　　多数学生依然没有动手写答案，还在思索。

师：已经说了对折 3 次，很多同学还在思考，思考什么？

生：那一节多长呢？

师：把一根领带对折 3 次，是把这根领带的长平均分成了几份呢？

　　　大部分学生说"3 份"，有的说"6 份"，也有的说"4 份"，还有的说"8 份"。

师：现在我们也遇到了难题，你有什么办法解决？

生 1：华老师，能把您的领带借我用一下吗？

师：（一边解开领带一边说）好好好，如果没有领带呢？

生 2：我拿这张纸把它对折 3 次之后再数有多少个块儿。

师：不可思议，这么好的回答，怎么会没掌声呢？

众生一片掌声。

师：是呀，很多人已经在尝试了。

教室里安静了一会儿，立刻有人惊呼："8 份!"其他学生表示认同。

片断 2：

师：为什么要更精确呢？

生：因为离得很远，如果开始差了一点儿，后面就要差好远了，所以才要密位。

其余学生频频点头。

师：有一个成语很好地表达了这个意思，有谁知道？

生：差之毫厘，谬以千里。

师：佩服，佩服!（出示：差之毫厘，谬以千里）。

片断 3：

学生前后 4 人交流。

生 1：想要圈几个就要看分母，它让你分成几份，再看分子，它让你表示几份。

生 2：我明白了整体不同，虽然它给你的分数相同，但是圈出来的也不同。

众生鼓掌。

生 3：做事要有自己的原则，不能跟着别人跑。

生 4：只要自己认真思考过了，就要敢于坚持。

师：说得多好! 华老师还想和大家分享一句话，与自己不同的回答，不一定是错的，要站到对方的角度看一看、想一想。

无论是"有什么解决问题的办法""差之毫厘，失之千里""只要自己认真思考过了，就要敢于坚持""与自己不同的回答，不一定是错的，要站到对方的角度看一看、想一想"，看来与本课主题关联不大，但这些不也是学生成长中需要学习的吗？当然，华老师对本课主要内容的教育价值也有自己的思考，这在前面已经提到，这里就不赘述了。

第二，学生是如何思考的。"学生是天生的学习者，学习本来像呼吸一样地自然"。确实，我们的学生对于分数到底是如何理解的，他们的"概念意象"是什么；他们在解决问题时到底是如何思考的，是不是一定要依靠"单位 1"的"拐杖"，这些都是需要我们进一步研究的。我们不妨在课堂上或者课外询问学生他们是如何理解分数的，在此基础上再与书上的定义对照一下，也许你会发现学生的说法已经体现了分数的本质，或许会更丰富、更自然。

正好前几日，与二年级的儿子有了下面的一个对话：

我：一个蛋糕（正好儿子的同学过生日）平均分给 2 个人，每个人得到多少？

儿子：一半，$1 \div 2$，是 $\frac{1}{2}$（以前他与父亲曾经讨论过这个问题，知道 $\frac{1}{2}$ 就是 2 份中的 1 份）。

我：如果把你分到的一半再平均分成 3 份，每一份是整个蛋糕的几分之几？

儿子：（用手比画着思考了一会）6 份中的 1 份，$\frac{1}{6}$。

我：如果是 4 个苹果平均分给 2 个人，每个人得到 4 个苹果的几分之几？

儿子：$\frac{1}{2}$。

我很惊奇：为什么还是 $\frac{1}{2}$ 呢？

儿子：2 个是 4 个的一半呀。

可爱的二年级的小男孩。

最后，还是回到华老师自己的话："走自己的路，让别人走得更舒服！"华老师的路不一定是唯一的，也许不一定是最合适的，但他给我们打开了思考的空间：

——分数的意义到底指的是什么？可以帮助学生从哪些角度来认识分数？

——学生对于分数的"概念意象"是什么？他们在解决问题时到底是如何思考的？

——如何合理地进行单元设计，使学生不断体会分数的意义，不断体会"单位"的价值？

——教师专业成长的关键是什么？

……

思考，让教师更智慧；思考，让教师更幸福。

（北京教育学院教授　张丹）

九、发现问题即是收获

——以"台湾长什么样子"为例

【课前慎思】

2013 年春节前夕，学校组织"国学润心田"课题组核心成员参访台湾。临行前，我去西单图书大厦买了一本《畅游台湾》（清华大学出版社，2012 年 5 月第 1 版）的旅游指南书。

一放寒假，我们就登上了飞往台湾的飞机。在飞机上，我打开了《畅游台湾》，看到介绍台湾地理位置的文字——

台湾本岛南北纵长约 395 千米，东西宽度最大约 144 千米，海岸线长约 1139 千米，面积约为 3.6 万平方千米。

我翻遍全书，没有找到台湾的地图。于是，我就想："地图上的台湾长什么样子？"

我在书的空白处写出了算式

$(400+150) \times 2 = 1100$

$400 \times 150 = 60000$

哦，1139 千米与 1100 千米相比，说明台湾长得近似长方形。估计结果应该比实际的大，现在反而小了，说明了什么？有好多的凹凸。

3.6 万与 6 万相比，说明台湾长得很瘦小。$6 \times 0.6 = 3.6$，台湾实际面积只占那个长方形的 60%。结合海岸线的长，台湾长什么样子呢？

我心中有一个谜。

到了台湾，看到珍珠奶茶都是"第二杯半价"；台湾的水果特好吃，水果干大多是"买 5 包送 1 包，买 10 包送 3 包"。联想到 2013 年第 2 期《读者》上的《买的哪有卖的精》，我想是不是可以上一节课，让学生明白这样推销的好处？

在诚品书店，我看到了真诚品读的人们的可爱。这和在西单图书大厦的感受是一样的。不一样的是，西单图书大厦的环境，拥挤而窘迫，是书的仓库；诚品书店的环境，雅致而闲逸，是书的家园。不管是在西单图书大厦，还是在诚品书店，我买书都是来也匆匆，去也匆匆。相比之下，我理解了一句话："不要着急买东西，花时间去了解，去欣赏，才是对物品的尊重。"

我买了5本杂志，每本99新台元；买了一本《超译尼采》，350新台元。分别相当于人民币多少元？哈哈哈，在台湾，知识比较值钱。

在去阿里山的路上，导游提醒大家吃晕车药，说盘山路的拐弯角度很大，有的要转180度。哈哈哈，车子要"转180度"，怎么转？

……

似乎一趟台湾之行，我感受到了很多数学素材。

2013年1月29日，在淡水渔人码头，我打开购买的杂志，上面有时小平撰写的《走访小学探寻芬兰教育高质量之谜》，文中说——

"芬兰再一次获评为世界教育最佳国家……"Paakkanen校长释疑说："他们希望老师们不是只站在讲台前宣讲，而是激发学生，让学生们对学习感到兴奋，自己愿意寻求知识和思考不同事物背后的原因。'让学生体会到学习的乐趣、学习的重要，老师们应该鼓励学生自己发觉学习是一件美好与重要的事情。'学生们不是为他人而学习，不是为父母、老师或者名声和荣誉而学习，而是源于他们自己的渴望和热情，而这种内在的动力是稳定和持久的。"

我在空白处批注："这最重要！"

"学习是一件美好与重要的事情"，有这样内在动力的学生，一定是最棒的。而我们的教学"应该鼓励学生自己发觉学习是一件美好与重要的事情"，是不是带着学生思考我思考的问题，从头到尾地思考，是一件美好的事情？

一节课就40分钟，载不动许多"思"。先上一节"台湾长什么样子"吧！

我思考：这节课的价值？

在知识传授上，这节课可以帮助学生感悟图形的周长、面积和形状之间的关系：周长一定时，面积可以大也可以小；面积一定时，周长可以很长也可以较短；周长和面积都一定时，图形的形状并不唯一。这节课还可以让学生把数感画出来，练习估算，让学生体会到估算的价值。

在方法点拨上，这节课可以让学生明白：独立思考后的合作交流，要"求异存同"，思索不同之处，完善自我，走向大同，最后达到"求同存异"，明白根据这4个数据是不大可能准确地画出台湾的样子的。保罗·弗莱雷说："真正的教学是打开思维。"这节课还可以让学生明白：一句话正说与反说是不一样的。一个长 3 厘米、宽 2 厘米的长方形的周长是 10 厘米。周长 10 厘米的长方形的长和宽不一定是长 3 厘米、宽 2 厘米。

在滋润生命上，这节课可以让学生体悟：岛大人小，人大岛小；把事情看得很大，人就小了；做人要追求大格局。2001 年，在国家级培训班上，我崇拜的魏书生先生送给我的"处天外遥望地球很小，居体内细察心域极宽"，对我的帮助极大。因此，我想借这样的机会布道给学生。这节课还可以让学生体悟：不要迷信他人，自己独立思考更重要！教的最高境界就是培养学生的批判意识。当我们为学生种下了批判的种子，也就为学生带来民主的阳光，旷日持久，学生们就会以开放的心态、对话的方式面对世界。

我思考：这节课的课题？

直接出示"台湾长什么样"的课题，那么缺失了学生自己发现问题、提出问题的际遇。

什么课题呢？

是"面积＝长×宽？"或者"面积≠长×宽"？或者"当面积不等于长乘宽……"？

是"把数感画出来"？还是用老子的"反者道之动"来做课题？

并且，学生自然而然地知道这节课的有关知识，我尊重；学生听说我要上什么课而上网去查看，我不愿意。

我思考：这节课的场景？

这节课可以和几年级的学生分享？虽然三年级就学习了长方形的周长和面积，但"3.6 万平方千米"学生可能不理解。并且，在画图过程中，平行四边形、三角形、梯形的面积计算都可能需要。在讨论过程中，也要用上"三角形两边之和大于第三边"。五年级？还是六年级？

学生接触到话题后，可能是什么样子？他们能自己解决吗？下课时，学生们兴奋吗？会欲罢不能吗？

【课堂实录】

一、发现一题

师：我们小时候都喜欢画画，是不是？

生：（齐）是！

师：今天，我们要上一节特别的数学课——画数学。没听说过吧！就是请你把对数学的理解画出来。这就考查你的想象力了，考查我们五（3）班的同学能不能把小学阶段所学的知识综合地用起来。我想，每个同学都能表现得很好，没问题的。

生：（七嘴八舌）对！

师：（满怀信任地看着大家，投影台湾的风景图片）请看大屏幕，哪儿啊？

生：故宫。

师：对，台湾的"故宫博物院"。台湾故宫里的宝贝也很多。这是它的镇宫之宝——

（再依次出示翠玉白菜、101大楼、阿里山、日月潭等图片。）

生：（惊喜地叫道）日月潭！

师：（微笑着）很亲切，我们语文课上学过。

生：对。

师：没有去过台湾的，请举手？想去吗？

（只有2人没举手。）

生：（笑了）想。

师：今年寒假，我去了台湾，第一次去。去之前，我兴奋地去西单图书大厦买了一本《畅游台湾》（出示该书）。为什么买这本书？这是我的习惯。去哪个地方旅游，我就先买一本专业的书看一看。当我们对某一个地方有些了解之后，就可以慢慢地欣赏它。出发之前，很忙，没能看书。一上飞机，我就打开了书。看到介绍台湾地理位置的文字——

台湾本岛南北纵长约395千米，东西宽度最大约144千米，海岸线长约1139千米。

看完了，你有什么问题？

生：为什么不告诉台湾本岛的大小？

师：想到"面积"了，真好！还有不同的问题？

生：为什么每个都是"约"，不直接说"是"那个数呢？

生：我解答一下刚才那位同学的问题，因为不可能非常准确给它量了，应该是慢慢算的。

师：（颔首赞赏）明白"南北纵长"什么意思吗？

生：南北纵长就是说台湾岛从最南边到最北边的长度。

生：为什么说东西宽度时用"最大"的，而说南北没用"最大"？

师：好问题！知道"海岸线"是什么意思吗？

生：我觉得就是指这个岛的周长。

师：台湾是个岛，四面环海。海和岸相交的那条线就叫海岸线。还有什么问题吗？看了这段文字之后，我想的问题是——地图上的台湾长什么样子？（板书课题："台湾长什么样子"。）根据这些数据，你觉得台湾长什么样子？

生：我觉得应该是细长细长的细条，比较窄。

生：台湾是一个椭圆形。

师：怎么不说是圆形呢？

生：如果是圆形，南北和东西就一样长了。

（自发地响起了鼓掌。）

师：当时，我在这本书的最下面，空白的地方，写了这样一个式子。（板书：$(400+150) \times 2 = 1100$。）

生：您好像写的是台湾岛的周长。

生：我觉得您把 395 约成了 400，把 144 约成了 150，把 1139 约成了 1100，用它的南北纵长加上东西宽度，然后乘 2 就是这个的周长。

师：知音！这么一算，我就觉得台湾长什么样子？

生：我觉得您认为台湾应该是一个长方形。

师：真是这样的。不过，我又发现了问题。我是把 395 看作了 400，把 144 看作了 150（在"400"和"150"的上方对应板书"395"和"144"），也就是说都是多算了，算出的周长应该比海岸线长，而实际上呢？

生：短。

师：（在"1100"的上方板书"1139"）这说明什么？

生：说明台湾岛不是一个长方形。

生：不是一个很规范的长方形，可能有的地方凸出来，可能有的地方凹进去。

二、绘画两章

师：（带头鼓掌）如果现在请同学们在纸上画出台湾长什么样，你觉得要先画什么？

生：（齐）长方形。

师：长画多长？

生：4 厘米。

师：宽画多长？

生：1.5 厘米。

师：如果长画 8 厘米，宽呢？

生：（齐）3 厘米。

师：大家能这么快地回答上来，非常棒！我真给大家准备了这样的长方形，请在第一个长方形中画出台湾的样子。

（学生们兴致勃勃地画将起来。教师巡视中说："画图谁不会，不过要把你对数的感觉画出来还是有点难度的。"学生们听后，画得更起劲了。）

师：现在，请三位同学带着你的作品到前面来，和我们分享一下。第一位，杨明星。

杨明星：（投影自己的作品。图 1）

师：要不要请杨明星解释一下是怎么想的？

生：（齐）要。

150 千米

400 千米

图 1

杨明星：通过老师讲解，我认为台湾岛应该要比长方形大出一些，但是它也不是完全都是大出一圈，于是我多加了一些凹凸部分。这样我就想能够把台湾岛画得更像。

生：我不同意你的话，通过老师给的资料我们知道了，台湾岛的长是 395 千米，宽是 144 千米，长方形的长和宽已经是有点大了。应该是再往里画一点，不能突出了。

生：谢谢，我会吸取教训。

（同学们被她可爱的样子逗笑了。）

师：刚才大家的互动非常精彩，不过我要提醒一下，评价别人的时候先肯定别人好的地方，然后再说哪儿不好。

生：台湾岛南北是 395 千米，而长方形的长是 400 千米，所以不能画到外面去。

师：你这是说好还是不好？

（同学们善意地笑了。）

生：（接着说）150 已经比 144 大了。

师：你看得很准！我们先说好的，有没有哪位同学说说杨明星作品好的地方。

生：我觉得杨明星画得好的是她没有把台湾岛画成一个非常正规的长方形，而是把那些起伏的地方都给画上了。

师：还有呢？

生：我觉得杨明星考虑到了海岸线不是 1100 千米，但是她没有想过她如果在内部多设一些弯曲，它的海岸线也是会变长的。

师：杨明星这么画非常好的地方，第一，台湾岛不应该是一个规范的长方形，而是有些弯曲的，这更合乎实际。第二，她考虑到了台湾岛海岸线的长要比长方形的周长要长，所以画到框外面去了。海岸线要比长方形的周长长，可以往外画，也可以往内画。她只是疏忽了南北纵长是 395，东西宽度最大 144，因此必须在这个长方形范围内画。她不成功的尝试，正好提醒了我们。掌声感谢她！

居森齐：（图 2）

师：看看居森齐这个作品，你觉得怎么样？没发言过的人主动来评价。

生：我觉得他画的还是挺不错的，他做到了南北不超过 400，东西不超过 150，他又画得比周长长一些。我觉得他画得挺好。

师：还有不同意见。

生 3：居森齐，你旁边画的小岛指的是什么？

居森齐：一开始我没有想过可以画出框外，我就想了一个办法就是

图 2

再画一个小岛，来增加它的周长。

师：哦，他画小岛是为了增加海岸线长度的，有创意！

（全班同学都善意地笑了。）

生：他这个小岛不能算，介绍中说是台湾本岛的海岸线长。

师：看来大家都明白了。刚才大家评价得也很好，先肯定了他画得好的地方。他这么画南北纵长和东西最长都考虑到了，特别地，他考虑到了海岸线的长，他画的这个小岛提醒我们，现在研究的就是台湾本岛。掌声欢送居森齐回位！

师：最后一位，有请刘若晨——

（刘若晨投影作品后，图3，同学们不由自主地发出不理解的"嗯——"）

师：看看刘若晨的，要不要解说？

（刘若晨摇头表示"不用解说"。）

师：谁来评价？

生：我觉得他这个画得还是比较好的，他考虑到了要增加一些海岸线，所以画了一些弯曲。我给他建议，刚才说了南北纵长是395千米，他这个南北纵长已经到了整400千米。

（刘若晨举手示意要解释，老师同意后，他用教棒指着最底端，意思还有一点空隙。全班都笑了，他自己也笑了。）

生：我觉得他有一个问题，改成了椭圆形，我觉得它的海岸线应该是减少了，而不是比长方形的周长多。

师：弯曲是为了增加海岸线的长度，这么一弯曲有没有增加？

生：（齐）没有。

师：为什么没有增加？谁能够用上四年级所学的知识来解释？

生：我觉得他没有增加海岸线的长。（走到台前，指着说）假如说我们把刘若晨画的这一块，还有这个角连在一块看，稍微有点像一个三角形，但是三角形两边的和应该大于第三边，所以这个弯曲之后，海岸线反而短了。

图4

生：（自主走上讲台）先把它这一块换成一个正方形给取下来（画出了图4），然后变成了这样，然后四个正方形合在一起，然后这是一个圆（最后成图5），这个正方形的周长肯定比这个圆要大。

师：不同的方法都说明了，这么弯曲没有增加海岸线的长。掌声！

图 5

看来台湾长什么样子，细细研究起来，很有意思的话题！现在你觉得：要在这个长方形中画出台湾的样子，需要注意什么问题？

生：我觉得需要注意的第一个就是不能超出长方形边框，否则的话面积会大；第二个就是一定要弯曲，增加周长，否则的话还是不比1139千米的长。

（同学们纷纷点头赞同。）

师：这两点概括得真有水平，佩服！下次注意把话说准确就更好了。第一，不能超出长方形边框，否则南北纵长和东西最宽就不符合了。第二，要有弯曲，否则就不比1100千米长。

现在大家知道怎么画了，请在第二个长方形内再画一个。

（学生们第二次画图。）

师：我选择尹博祥的作品（图6），请比较他的两次作品，你有什么发现？

生：他第一个画出去了，第二个做一些调整，从南到北，他还空了一点，非常好。

师：我们从博祥这两个作品中，是不是感觉到：每一个不完美都是一种提醒，是一种指引，把我们向前推进了一步。

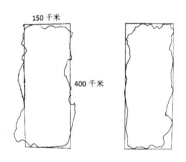

图 6

刚才有同学问台湾岛的面积，有了，请看——

台湾本岛南北纵长约395千米，东西宽度最大约144千米，海岸线长约1139千米，面积约为3.6万平方千米。

看到这个面积，你在想什么？

生：395×144等于多少？（有同学动笔列竖式计算起来。）

师：哈哈哈，我没有为难自己（板书：400×150＝60000）。

（同学们佩服地叫起来，"哦——估算"。）

师：从一年级开始，我们就学估算。不是题目要求你估你才估，当遇到特别不好算的时候，就要主动想"估一估"能不能解决问题。长方形的面积是 6 万平方千米，而实际面积是 3.6 万（在"60000"上方板书"3.6 万"，手势示意学生比较这两个数）。

生：差不多一半。

（在老师欣赏的目光下，学生们纷纷抢答。）

生：0.6 倍。

生：60％。

生：3/5。

师：六六三十六，数感真好！现在有了台湾的面积，你能不能在第三个长方形内，把台湾的样子画出来。

（学生们饶有兴致地画图。）

师：很多同学已经画完了，现在请你反思一下，你画的台湾样子要不要调整？如果要调整就在第四个长方形中再画一个。

（大部分学生都在调整。）

师：我们一起欣赏徐佳璐的（图 7）。为什么要调整，能看出来吗？

生：因为他考虑到了面积，不过后来又忘了周长了。

师：讲得真好，先说优点，再说缺点。他首先考虑到面积是整个长方形的 3/5，考虑到了东西最宽，遗憾的是忘了海岸线的长，忘了南北纵长。调整后，注意了面积和南北纵长，丢了东西。哈哈哈，这是我们做事情常常犯的毛病：顾此失彼。

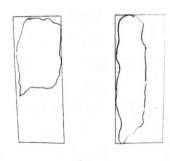

图 7

现在要根据四个数据来画，还是挺有趣的。再看一个——

从宇轩：（出示图 8）

生：他可能是南北东西都考虑到了，周长也考虑到了，但面积是 3/5，我觉得他画得偏大了。

（同学们都点头赞同。）

师：刚才有同学想把这个长方形平均分成 5 份取 3 份来画，其实随便分，只要保证画出的每一块都是 5 份中的 3 份，那么画出来的台湾岛面积就是整个长方形的 3/5。这是什么道理？

生：乘法分配律。

师：心有灵犀！再看一个（投影马新宇的作品，图 9）

（同学们认为他把四个数据都考虑到了。）

图 8

师：想知道地图上的台湾实际长什么样子吗？

生：（齐）想。

师：当时我在飞机上，也特别想验证自己的想法。可是把书从前翻到后，都没找到台湾地图。下了飞机，一看，原来是这样（投影、放大祖国版图上的"台湾"），像一片芭蕉叶。

生：马新宇画的真像！

（学生眼睛里盛满了成就感。）

图 9

师：因为我在飞机上反复研究了地图上"台湾的样子"，所以我在畅游台湾的时候，发现到处都有"台湾的样子"（出示手提袋、冰箱帖、钥匙链等纪念品，上面都印有台湾地图）。在台湾有很多这样的纪念品，真可爱！台湾的样子时时刻刻在告诉我们：叶落会归根！

三、回眸三问

师：千金难买回头看。看看自己画的台湾的样子，比较一下几幅图，你有什么感受？

生：不要顾此失彼。

生：有时估算就能解决问题。

生：要善于调整。

师：是啊，做事情往往不会一步到位，能不断地调整，就会接近完美。如果有时间的话，我相信，大家都能画出台湾的样子，是吗？

生：（信心满满地齐答道）是！

师：再看看地图上台湾的样子，再看看这四个数据，你能发现什么问题吗？

生：我感觉海岸线的长比长方形的周长小？

（有学生呼应，"是的"。）

师：能大胆地怀疑，真了不起！我们向你学习！（全班自发的掌声响起。）非常珍贵的问题。这是怎么回事？

（老师皱着眉头，学生们也歪着脑袋在想。）

师：（看没有学生回应，教师像揭晓谜底一样的神情）上网，百度地图，搜索"台湾"。请看——

（随着分辨率的调整，大家看到平滑的海岸线变得参差不齐，看到的海岸线越来越长。）

生：（齐）哦——

师：（出示雪花曲线）这是什么？（图 10）

生：（齐）雪花。

师：怎么画出来的呢？请看——（动画展示雪花曲线形成过程）雪花曲线告诉我们：在有限的面积内，周长可以无限长。

（学生们露出信服、满足、好奇的表情。）

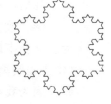

图 10

师：由于时间的关系，我提一个问题，好不好？一个图形确定之后，它的周长和面积就确定了。反过来想，一个图形的周长和面积都确定了，能不能确定它的形状？自己想办法研究一下。

生：（指着台湾地图上左下方凸出的一块）把这一块平移一下，现有的四个数据都没有变，而形状变了。

师：漂亮！举一个反例，就能说明。

（在老师带领下全班鼓掌。）为了看得更清楚，我们在方格图上来研究（依次出示图 11，教师追问"什么变了？什么没变？"）。

比较后两幅图，我们发现：南北纵长和东西最宽，周长和面积都确定了，形状并不能确定。

有时候，肯反过来想想，是一件挺有意思的事情。

现在我们知道了，根据这四个数据是不能确定地画出台湾样子的，只是有可能画出来。因此，我们祝贺马新宇，他真幸运，这个钥匙链就奖励给你了！
（马新宇领回钥匙链，把玩 3 秒钟后抬头，刚好接住同学们羡慕的目光。）

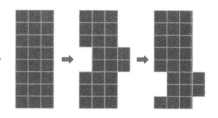

图 11

师：你还有什么问题？

生：这四个数据不能画出台湾的样子，那台湾地图是怎么画出来的？

生：台湾的面积不等于长乘宽，那台湾的面积是怎么得到的？

生：南北纵长是南北的垂直距离，还是最南、最北两个点连线的长？

生：台湾岛占中国大陆的几分之几？

生：我在想这一节课为什么偏偏选台湾岛让我们来画？

生：我在想这节课到底想告诉我们什么？

师：（看着学生，微笑）根据四个数据，画出了台湾的样子是收获；知道根据这四个数据，不能确定台湾的样子，也是收获。这有些像爱迪生找灯丝失败 1000 多次的故事，有人说："爱迪生，你失败了 1000 多次，不用再试了。"而爱迪生说："不，我成功了！我成功地知道这 1000 多种材料都不能做灯丝。"我去台湾发现了有趣的数学问题，因此有了今天这节课；你发现了今天这节课的问题，因此使这节课变得更有价值！发现问题即是收获。下课。

（本实录由刘伟男老师整理）

【课后反思】

后面是下课后，五（3）班的第二拨学生追着我讨论有关问题的相片。

现在回想起来，上这节课的感觉还是那么的美妙！打开了思维，学生就兴味盎然，欲罢不能了。

这节课属于"综合与实践"领域。这样的数学课，研究得很少。《数学课程标准》（2011 版）指出，这是一类以问题为载体，以学生自主参与为主的学习活动。这节课的成功演绎，源于我特别关注了以下三个方面。第一，问题由教师提供，但由学生发现。第二，带着学生经历整个过程，就像讲了一个完整的故事。并且关注过程中学生灵动、丰富的表现。第三，关注了数学知识内部、数学与其他学科、数学与学生生活实际的整合。这样学生经历的就是一节有生命的、有温度的数学课。

下课后，有老师问我："为什么不画北京或南京长什么样？"

其实，"叶落归根"，不是我刻意为之。为什么"画台湾"？是因为我去台湾有了故事，我很想和学生分享这个故事。教学就是一种分享，一种有追求的分享。这追求就是打开学生思维，帮助学生积累发现问题、提出问题、分析问题、解决问题的经验。

下课后，有老师问我："学生真不知道地图上的台湾长什么样子吗？为什么不基于学生已有的认识？"还有老师问："到课的最后，大部分学生都没有画出台湾的样子，您怎么看？"

我到我校六（4）和六（2）班做了调研，请学生画出记忆中的"地图上台湾的样子"，不用查找资料，5分钟完成。经统计，分别有4个、3个学生画得有些像，占9.5%和7.0%。对各式各样的地图，具有过目不忘智能的人有，但不多。并且，画出台湾的样子，不是我要达成的目标。认识到根据周长、面积等四个数据不能确定台湾的样子，反而是我追求的，有意味的。"到课的最后，大部分学生都没有画出台湾的样子"，那就对了。如果都画出来了，反而是不可思议的。

学生现在还没有"命题""逆命题""否命题""逆否命题"的概念，常常认为正说反说都一样。我要借着这个有意义的"任务驱动"，鼓动、等待学生大胆质疑，敢于批判，渗透"尽信'师'，则不如无'师'"的思想。这是我学着孟子说的，孟子说："尽信'书'，则不如无'书'。"

下课后，我问我自己："如果课上没有找到近似台湾样子的作品，或者，全班没有一个学生画得像的，怎么办？"

是的，那样的话，后面的质疑环节就少了力度。真遭遇了的话，那么说出下面这句话，是可以找回一些力量的，因为学生会给出肯定的回答。"如果时间允许的话，相信大家不断调整，是会画出台湾样子的，是吗？"

【专家评论】

想方设法教数学

笔者在 2013 年底的一次教研活动中听了北京第二实验小学华应龙老师的一节课，内容是引导学生想象台湾岛的形状。教学内容的设计源于华老师手头上的一本《旅游指南》书。

教学生想象不能凭空，华老师从《旅游指南》中选择了条件数据：台湾岛南北纵长 395 千米，东西宽度最大约 144 千米，海岸线长约 1139 千米，面积约为 3.6 万平方千米。

这堂课的内容不简单，要求凭借这些数据来想象台湾岛的形状。要求学生对所提供的数据进行再加工，数形结合、讨论分析、确定计算方法，甚至运用数学的最值原理进行图形分析，更需要动用个人想象力。总之，华老师为学生设计了较大的思考空间，再通过高超的教学引导，学生的智慧确实被激发出来了，历经由初步到深入之间三个水平的跃升，从课始的与实际相差甚远，到课尾的与实际非常接近这样一个过程，在全班同学的共同努力下基本描绘出了台湾岛的形状。这是一堂激发出了学生智慧潜能的课，不是一步到位，而是分步提升，真正调用了学生已有的知识，还利用现有的数据条件进行了有趣的课堂讨论，是充满了智慧的数学课，学生的数学思考能力得到了切实提高。这堂课也充分说明，教师若要使学生得到智慧的启迪，自己首先要有一些不受拘束的想象，从题材选择开始设计好课，使学生真正从数学的学习中获益。

总之，像华老师这样讲数学，是应该被提倡的。华老师的教学实践与王元先生倡导的数学教学思想是相通的，需要大家积极追求与探索，从国内外已有或现有的好经验、好思想、好方法中寻求好的数学教学路子，想方设法教数学，把数学教得容易一些，使学生通过数学学习掌握一些讲道理、求原理的能力，培养出理性的、拥有追求正确思维习惯的中国公民。

这样教数学，要求是否太高了？不！不高！中国的数学教育就应该是这样的，之前的一百年间，曾有过傅种孙这样的中国数学教师，他及其他的许多同人或弟子们就是这样教数学的，今天的数学教师难道不能做到吗？1930年9月8日，大卫·希尔伯特在哥尼斯堡的退休演说中的最后一句话是："我们必须知道，我们必将知道。"这句话应该通过数学教师传播给所教的每一名学生。对此，我想说的是："我们必须做到，我们必将做到。"

（《中小学数学》常务主编　方运加）

社会反响

一、沃土之上尽展才华

国务院参事、国家督学、中国教育学会副会长、北京第二实验小学校长　李烈

尊敬的各位来宾、各位同人：

上午好！

首先，我代表全校 3900 名师生对在座的各位来宾表示热烈的欢迎！

刚刚听了华应龙老师的主题报告，一会还要观摩他的课堂教学，对于他化错教学的思想与实践，自有各位应邀而来的专家评点，作为他的校长，我更愿意在这里与大家分享他给予我的专业素养方面的印象点滴。

华应龙"南'龙'北调"至今已整整十年了，虽然如今的'龙'已在全国小学数学界享有盛誉，并且已过不惑之年，但在我眼中，他依然年轻，我还是习惯于称他为"小华"。在我的印象里——

1. 小华酷爱读书且笔耕不辍

当今社会，人们工作负荷大，节奏匆忙，最匮乏定神阅读。而小华自我认识他起，给我最深印象的，就是他真正是坐拥书城，手不释卷的酷爱读书之人。读书已经成了他的生活习惯，并享受其中。他惜时如金，博览群书，能引经据典，一语中的。他在各种报纸杂志上发表的 500 余篇文章、主编或参编的 20 余本教学用书、已出版和即将出版的三本个人专著，也大多是在一个个夜灯下、一段段上下班路上、一次次外出讲学旅途的飞机、火车里的零碎时间写下汇集而成的。

2. 小华善于思考且创新不断

读书造就了小华善于思考的品质。这种思考甚至表现为一种执拗，一种锲而不舍。体现在数学教学研究中，他极少专注于结果的成功与失败，却常常对过程中的"意料之外"心生欢喜。研究，琢磨，废寝忘食，直至豁然开朗。这样的周而复始，塑造了小华的独特：既有数学名师的缜密、严谨，又有语文名师的浪漫才情。如此这般的独特，成就了他数学教学的独树一帜。

小华课堂教学总能产生一个强大的气场，这是所有亲临他课堂的人的共同感受，有亲和力，有他营造出的与孩子们平等的师生关系，我以为，还有的是他满腹经纶后散发出来的知识的妙趣横生，总能将孩子和老师们凝聚在一起，屏息凝神，享受在"情理之中，意料之外"的快乐里。

来京前的小华，已是当地小有名气的特级教师，来京后，地域的不同、文化的不同所带来的办学要求的差异，课堂教学的差异，都对小华的教学思想、教学实践提出了新的挑战，而他，不仅很快战胜了挑战，并且不甘于现状，极富创新精神。有些课经过大家研究，都已经设计得很精致了。但小华依然愿意再挑战这样的课，他秉持我校"以学论教"的理念，求新求异，绝不重复，提出疑问，重新寻找突破口。小疑则小进，大疑则大进。所以，大家对小华的课总是充满期待。

学校的研讨活动中，李烈校长的指导高屋建瓴，启人深思

3. 小华教艺精湛且开花结果

近些年来，小华在全国各地讲学时常说，他到北京第二实验小学后，教学的思想、视野和方法都发生了质变。我不避讳，很客观地认可这一点。北京、西城、实验二小，的确使小华升华了，教艺跃上了理想的境界。就连饮食习惯也发生了明显的变化，现在的小华不仅依然爱吃糖果、米饭，也已经钟情卤煮、炸酱面。这种南北方的有机融合昭示出这位年轻的"首都基础教育名家"旺盛的生命力：兼容并蓄，蓬勃发展。他现在的课既含南方教育的细腻、精致，又有北方教育的大气、扎实，再插上实验二小崇尚开放的教学思想的羽翼，越发充满了行云流水般的灵动。

小华对课堂教学的驾驭能力强，留给学生的空间大，空间大则生成多，生成多则彰显教师的教学功力。小华对学生生成问题处理的机智，怎一个"妙"字、"绝"字了得！

尤其是在课堂教学中对"差错资源化"的开发，非常独到。他不仅率先研究实践，硕果累累，初步整理出了"化错教学思想"，而且作为主管教学的校长，带领我校的数学教师团队开展"差错资源化"小课题研究，青年教师正在小华的带领下苗壮成长，共同继续丰富和完善着数学教学中的化错思想以及二小"生本、对话、求真、累加"的课堂文化。

以上仅仅是小华专业成长中的点滴，尽管是几块碎片，但却折射出数学特级教师、年轻的数学教育名家华应龙充满教育才智的光芒。

小华让我品出了一个词：精致。我们每个努力的人都可以成为一件精致的艺术品。期盼从事基础教育工作的年轻人都能像小华一样日臻精致，这样我们就不仅能获得事业的快乐，更能使自己的生活丰富多彩，整个人生放射出独特的光辉。

作为小华的校长、老大姐，我在为小华的成长高兴的同时，还充满期待。期待他有更大的作为，期待他在基础教育这片沃土上尽展才华。

最后，由衷地感谢西城区教工委、教委为小华召开这次研讨会，给予了他新的平台与力量；感谢教委和教育学院西城分院的诸位领导会前多次的悉心指导；感谢来自教育部、北京市、西城区及小华家乡的各位领导给予我们的厚爱；感谢多年来始终支持和关注实验二小发展的各位专家真知灼见的引领；同样感谢在座的所有来宾和媒体界的各位朋友们，传递给我们的信任与热情！

谢谢大家！

2012 年 4 月 26 日

二、优秀教师无不把学生当作学习主体

中国教育学会会长、北京师范大学教授　顾明远

参加今天西城区教委举办的"华应龙数学教学思想与实践"研讨会，听了华老师《融错课堂 求真育人》的教学思想汇报，也观摩了他的课，我很受启发。华老师

是北京第二实验小学的一位特级教师，在他身上有许多光环，代表着他在小学教育方面的成就，今天的研讨会，对华老师来说，具有教育家成长道路上的里程碑意义。

对华老师的教学思想和教学经验，我也是刚刚接触，所以对其认识也只能是初步的。当我初次看到融"错"教育这样的说法时，一下子还不能理解，什么叫作融"错"教育？看过他送给我的一些资料后，我逐渐理解了。其实，华老师的融"错"教育，与其他许多优秀教师的教学经验都有一个共同点，或者说一个共同思想要素，就是始终把学生当作学习的主体。早在 20 世纪 80 年代，我在主持编写中师《教育学》时，就提出了"学生主体"的教育思想。当时讲，学生既是教育的客体，又是教育的主体。对这样的提法，那时还是很有争议的，当然，现在大家已经接受了这个观点，并且已经写入国家的教育文件中。《国家中长期教育改革和发展规划纲要（2010—2020 年）》指出："要以学生为主体，以教师为主导，充分发挥学生的主动性，把促进学生健康成长作为学校一切工作的出发点和落脚点。关心每个学生，促进每个学生主动地、生动活泼地发展，尊重教育规律和学生身心发展规律，为每个学生提供适合的教育。"

虽然在教育理论界对学生是学习的主体或者说是教育的主体这种思想，已经没有什么疑义，但是将其落实在教育实践中，体现在教师、家长的教育行为中，仍然存在较大的距离。把学生当作学习的主体，核心是尊重学生，具体表现为爱学生、爱孩子。那么，怎样才算爱学生、爱孩子呢？像虎妈、狼爸、鹰爹那样"教育孩子"的行为，我认为就不是真正爱孩子。老师只是重视学生知识学习、眼睛盯着学生成绩的做法，也不能说是真正爱学生。父母也好，老师也好，都希望孩子将来有幸福的一生，而不是幸福一时，那么什么是幸福的一生？关键是要让孩子拥有健全的人格。家长爱孩子也好，老师爱学生也罢，首先就要培养孩子健全的人格，理解孩子，相信孩子，尊重孩子，尊重孩子的意愿，尊重孩子的需要。我觉得华老师的融"错"教育充分反映了这一点。华老师把课堂教学中的差错融化为一种教学资源，相机地融入后续的教学过程中，促进学生全身心地融入创造性学习活动中，感受到学习数学的乐趣。华老师认为，有差错，才有真正的学习，才有实质性的学习活动发生。有融"错"，才有我们期待已久的主动学习、独立思考、创新活动的发生；有融"错"课堂，才有学生快乐健康地成长。华老师这个"融"字用得好！融者，不是排斥错误，把错误和成功对立起来，而是把出错作为一种学习的资源，成功的资源，融入到成功之中。这是一种理念境界，也是一种教育艺术。

进一步而言，融"错"，就是允许孩子犯错误，错误是成功之母，每一个人都会有错误，所以我一再呼吁不要评三好学生，现在我听说实验二小不再评三好学生了，这个事情我是鼓掌的。为什么说不要评三好学生呢？因为孩子是会犯错误的，他的发展不是线性的，而是曲折的，现在要连续三年三好学生才能保送，这对于学生来说，不是加一个紧箍咒吗？我曾经跟一个三好学生交谈过，学生说评了三好生以后，就能够约束自己的行为。我说不该做的事本来就不该做，而所谓的这种行为约束，无非就是要学生听话，要学生表现出老师期待的好行为。要是这样的约束，那么我们何谈培养学生的创新精神？

总之，华老师所践行的融"错"教育，以及他对孩子的理解、对数学的理解、对课堂的理解，都蕴含着深刻的哲理，我们学习华老师的教学经验，重要的是要深刻把握和理解他的经验中所蕴含的哲理。

（这是作者 2012 年 4 月 26 日在"华应龙数学教学思想与实践"研讨会上的讲话，2012 年第 8 期《中国教育学刊》卷首语）

三、读华应龙

华东师范大学终身教授、中国教育学会副会长　叶　澜

各位老师、各位同行：

今天让我点评华老师，其实是不合适的，真正能够点评的人是专家团队，因为他们有很多合作研究，他们对于华老师的理解远远比我要深。我不熟悉数学，很少去听数学课，更少听北京的小学数学课。在这个会之前，我跟华老师没有过交往，李烈校长请我来参加这个会议，我是抱着这么一个目的，华老师的名字我知道，小学这么一个有名的教师，他怎么教学，我想对于我来说这次是一个很好的学习机会。再有一个，因为北京第二实验小学是一所著名的学校，我也想看看这所著名的学校，就这样答应来了。

华老师还是很聪明，他寄了两本书给我，我就做了一些事先阅读和学习，想通过学习多知道他一些。

今天我要讲的不是针对这节课的点评，我说的是"读华应龙"。看了他的书以后，我有一个感慨，要读懂一个老师的课恐怕要读懂一个人。自然，光从文字方面是不够的，但是他的文字好像是能够让人更加清晰地读懂他。在读书过程中，我读出来一些东西可能不一定对，但确实是我读出来的。

从华老师的人生来看，他是一个不服输的人，是一个善于从挑战当中实现自己发展的人，也是一个善于抓住发展时机的人。他是一个比较清醒知道自己需要什么，可以怎么去实现自己需要的人。从书里面还可以看出他的个性，他是有非常积极心态的人，是一个比较率直的能够在自己文字当中直抒胸怀的人，是自信的而略带狂气的人，也是一个精力充沛的人，一个好学的人。

书中还有一些案例，从案例上来看，他是非常喜欢学生而且能够读懂学生的人，是一个热爱数学和潜心研究数学的人，也是一个有底蕴的人。在今天的课上，他是自如的人，是一个追求课不惊人誓不休的人，一个具有自己教育思想和教学风格的人。

华应龙的书有一点像他的课一样具有鲜明特征。昨天他去机场接我，我们就一路聊过来。今天又看他的课，这节课看下来，包括他自己刚才的报告都表达了自己的教育追求。他把自己的风格概括为"融错"，而且在这个"融"字上面做了很大的文章。

我觉得教学风格不是一下子可以说明白的，用"融错"概括他的教学风格似乎还不够。我一直在琢磨到底怎么去体会和理解，他作为名师、基础教育工作者、北京数学领域带头人，用什么东西可表达他的风格？这让我想得很苦。今天早晨突然明白了，悟出来了，可不可以用两个字概括他的教学追求和教学风格？这两个字就是"求化"，"化"就是化解的化。我觉得可以从几个方面说：

第一个"化"是努力将自己对人生对数学的领悟化到数学教学当中，他把数学和他的人生化为一体，所以他喊出了"我就是数学"，这个听起来有一点狂气的话，但这是他自己愿意把一生跟数学化在一起的表达。

第二个"化"就是在数学教学过程当中，把"趣"字化为严谨的"思"，他从"趣"入手唤起"思"，又以"思"升华"趣"。前面的"趣"是有趣，后面一个"趣"则是对数学对科学这种研究的"趣"，那是一种升华的"趣"。从"有趣"开始到体会发现创造那种"乐趣"。

第三个"化"是他把人文生活，中国传统文化有意义有价值的东西，他自己领悟了的东西，化到他的学科教学当中，使他的数学教学呈现一种人文的关怀。

第四个"化"就是将课堂当中学生在学习过程当中呈现的各种各样的资源化成教的资源，把学的资源化成教的资源，通过教把学生思考领悟引入到新的层次，再化为学生真实的学。今天我看到这堂课不断在从学开始到教，再从教开始，又化到再一个层次的学，最后他又把一些没有解决的问题留到课后学习。所以，在他那里教与学不是谁先谁后，谁定谁，而是互化的一个过程。

第五个"化"是他把难化为易，把易化为深入，把点化为面，把每一节课化到学生的精神生命成长当中，他承担起了一个教师应尽的责任，这就是对学生成长的点化。

我并不是说华老师的"化"已经是尽善尽美。"化"是一个无止境的过程，万物都可以互化，教育的过程就是一个朝着教育目标不断的实现和转化的过程。另外，有别才能有化，如果没有区别的话，就不会有转化。比如说刚才的课，题目《猜想之后》，他非常注意科学猜想和学生学习当中猜想的关系，但是我想有关系的同时可能还要考虑区别，科学的猜想和教育猜想有什么区别？刚才老师拿出来的题目是学生作业当中的问题，做错的地方，那么已经学过的东西错了以后，我们再说它是怎么猜想，这是不是跟猜想本意有一点误差？我们可以说他是怎么想的，问他为什么会出现这样的问题。今天的课好就好在不仅把这个误差呈现了，而且是进一步地对这个误差是从哪里发生的，为什么会出现这样的误差等问题，让学生从数理意义上把它搞清楚了。这就是教学所谓猜想和科学的猜想的区别。

学过的错和没有学过尝试的猜想，两个错之间应该有区别。一定要关注差别，不注意差别的话，可能"化"就会有问题了。

我觉得像这些问题，就如华老师的课一样，给大家留下了空间。他的研讨课给我们留下思考空间，也为华老师今后发展留下了思考空间。我相信我们只要有意于"化"，着力于"化"，那么就会渐渐走进教育本身，因为教育就是一个转化的过程，没有转化就没有教育。当然，这个"化"还有很多的内容。我相信华老师继续向前，他可以走到教学中出神入化的境界。

因为看华应龙的书，我觉得"华应龙"三个字跟"化"有一点缘，"应龙"出处在屈原《天问》："河海应龙？何尽何历？鲧何所营？禹何所成？"在古代神话里面，

"应龙"是一条带着翅膀的黄龙，它是帮助大禹治水的，他用他自己尾巴画的江河让洪水得以疏通。还有一个说法是"应龙"是蓄水行雨的，它战胜蚩尤，杀了夸父，然后到南方去了。华应龙恰是从南方来的。大禹治水和他父亲鲧最大的差异就是他不用堵而是用疏，恐怕教育也不能用堵，要用疏。

华应龙到了北京，我希望他把我们北京教育上如果有的沙尘暴化成雨水，春风化雨！开个玩笑。

（根据会议录像整理，经叶澜教授审阅）

四、"和谐"——华应龙教育教学艺术之精华

中国科学院心理研究所研究员、博士生导师　张梅玲

华应龙，一位年轻的数学特级教师，39岁的他被推荐为首批"首都基础教育名家"。他现任北京第二实验小学副校长，主管教学和科研，兼职数学教学工作。学生们特别喜欢上华老师的课，并赋予他"疯狂数学"之美名。

由于工作上的联系，我与华应龙相识。他给我的直觉印象是，他是一位身体壮实、见人说话总是面带笑容、既热情又朴实的男教师。和他接触让我感到他生命活力很强、时代气息很浓，但他前进的脚步又较稳健。近三年来，我听过华应龙老师的几节课，也曾与他一起到外地去讲课，这样就有了更多的机会让我了解这位幸运的年轻人。他今天的成功应该说来自于他的勤奋，他勤快地读，勤快地写，勤快地思考，勤快地实践，勤快地交流。真可以说是成功是奋斗的结果，奋斗才是成功的秘诀。

最近我又读到了《中国教育报》上刊登的由该报记者李建平撰写的"华应龙教育教学艺术系列报道1—8"。一个又一个简短、真实、生动的教学情境，不仅让我更深刻地认识到教育教学工作的确是一门艺术，是一门让你享受美的艺术，它让你享受到简单中的不简单，享受到平凡中的伟大的哲理之美；让你享受到纯朴、真实、珍贵的教师的爱和学生的情；让你享受到当今课堂教学中师生生命活力之涌动……而且更引发了我的思考——"华应龙教育教学之魅力何在？华应龙教育教学的个性

是什么？……"思考的结果是，我认为可以用"和谐"两字来描述和理解他的教育教学艺术之精华。

"和谐"是一个古老的命题。我国古代思想家孟子提出并论证了"天时不如地利、地利不如人和"。古希腊哲学家毕达哥拉斯认为，整个天是一个和谐。19世纪法国空想社会主义者傅立叶曾经提出过"和谐社会"这个概念。当今我们提出的"和谐社会"是强调以人为本的社会，主要是指人与人之间关系的和谐。本文中的"和谐"主要是指学校课堂教学中诸多因素与课堂教学有效性因素之间的和谐。华应龙正是从他精湛的教学艺术和健全的人格魅力促使课堂教学中诸多因素处于一种和谐的关系和状态。正是这种和谐带来了课堂教学的活力——师生的全面的、和谐的、可持续的发展。

一、"理"和"文"的和谐

数学是一门符号性的学科，是属于理科性的，但华应龙在其数学教学课堂中总让你会感觉到这些枯燥、抽象的1、2、3、4、＋、－、×、÷的符号会显示出其主动性、真实性和丰满性，也就是显示出"理"和"文"的和谐结合。

首先，这体现在他对抽象数学概念的引入十分重视学生的生活经验，即某个数学概念的引入尽量从学生的生活实践出发，如为"分数"概念的引入，他设计了小头爸爸买凉席，大头儿子用领带作工具测量的情境；又如"百分比"的概念是根据学生喜欢踢足球的实际由借点球的进球率来引入的。这样既能激发学生的学习兴趣，又能让学生感觉数学就在自己身边；这样才能有效地达到课程标准提出的"知识和技能，过程和方法，情感、态度和价值观"三位一体的教学目标。

其次，它体现在华老师在课堂教学中十分重视对学生的人文关怀，他在课堂教学中把每个学生都亲切地称呼为"孩子"，他把教师对每个学生的爱落实在对每个学生的尊重上，尤其是对课堂上和作业中做错题的学生他是那样的宽容，因为华应龙正在致力于探索人文化数学教学模式——"尊重、沟通、宽容、欣赏"。这促使他的课堂教学充满着师生的情和爱与时代的气息。

最后，应该指出的是，他的数学教学有很个性化的亮点，即数学人文素材及东方文化的有意识而又自然的渗透。如数学分数、负数等概念时，他善于给学生呈现数学概念的发展历史；又如在"我会用计算器吗？"这一节课的教学中，他不仅介绍了计算工具的发展史，而且在"挑战自我"的环节中还给学生出了一道：22222222×55555555＝？的题，让学生独立尝试解决。学生在尝试中碰到了这样那样的困难，大家感到这题目"难"（板书），学生都迫切需要得到老师的帮助，这时华老师请学生打开装有"祖传秘方"的信封："我相信你——算完这三题后就会明白的：1个2乘1个5，2个2乘2个5，3个2乘3个5，能算吗？试试看！"学生在探索中得出答案后，体会到难的题可以化为易的题，从而找到了思路。此时此刻，华应龙就很自然地介绍我国古代哲学家老子的话："天下难事，必作于易，天下大事，必作于细"。这一哲理对学生可以说是一辈子都会有用的。他在课堂教学中所体现出来的深厚的人文底蕴，得益于他自小培养的爱好读书的好习惯。他告诉我古代哲理方面的书他大约读了100余本，直到现在他临睡前必须读1小时左右的书。今年他试着执教新课程中"神奇的莫比乌斯带"这一新课。他在备课中就此内容参阅了20多本书，对华应龙的读书真可以用"学富五车"和"学以致用"这两句成语来概括。正因为他好读书，所以他获得了较深厚的人文文化底蕴，这也就为他今天课堂教学中创设的"理"和"文"的和谐结合打下了扎实的基础。

二、"学"与"教"的和谐

学生的学习过程，就其实质来说，是一种把外部的知识结构转化为个体内在的认识结构的过程。这样转化可以看成是信息的加工过程，也可以看成是学生对知识的建构过程。由于学生年龄小、认知水平不高等因素，所以学生在建构过程中需要教师给以引导和帮助。

华应龙的教学设计很明显地体现出"以学论教"的理念，这首先体现在他的教学设计的引入总是设法从学生的经验出发，或是给学生一个适当的先行组织者，以便学生主动建构。

其次，在学生的探索过程中，教师不仅确保学生有足够的时空，而且十分重视开放环境中的选择、调控、升华和激励（详见《中国教育报》华应龙教育教学艺术系列报道之三：《"导误"导出真探究》和系列报道之四：《评价不是筛子而是"泵"》的案例1和案例2）。教师对学生启发、引导的每一步，最终总是为学生的有效建构服务的。从这个意义上讲，华应龙也是一位想学生所想、急学生所急的为学生服务的服务员。

最后，华应龙"以学论教"的理念还体现在他能恰当地处理课堂上教与学过程中的预设和生成的关系。教师的预先备课可以看成是一种预设，预设是课堂教学有效性的必经之路，但预设的更高境界是生成，如系列报道之四中［案例2］，兰兰同学所讲述的解题过程，华老师耐着性子让她说，当她说到 $0.2 = \frac{2}{10} = \frac{1}{5}$ 时，有的同学禁不住笑出声来；当她说"分子与分母同时乘以20等于20%"时，华老师说："哎呀，真了不起！"随着华老师的称赞，同学们鼓起掌来。这是多么精彩的生成篇章。华老师的教学没有到此停止，他要充分利用学与教过程中师生共同的生成性情境，把它作为既真实又生动的课堂教学资源，使之为本节课的教学目的服务。华老师接着说："大家看，兰兰同学运用小数的意义把小数化成分数，再根据分数的基本性质进行约分，接着又一次灵活运用分数的基本性质，将分数巧妙地化成了百分数……我都没有想到这么好的复习小数、分数与百分数互化的例子"。他的这一番话把课堂教学中的生成资源作了一个升华——小数、分数百分数之间的关系。这个升华也应该是这堂课复习课要达到的目标。从这个教学片断，我们可以看到，在华应龙的课堂教学中"学"与"教""预设"与"生成""基础和创新""过程与方法"是如此的和谐。这种和谐应该来自华应龙的苦练。他特别喜欢打篮球，也可以说是一名篮球运动高手。他在打篮球投篮的过程中体会到投篮凭手感，而手感是靠一遍一遍地反复地练习来积淀的，为了练就过硬教学基本功，提高自己的课感，他创造性地开始了"自我评课"。他一边上课，一边给自己的课录音；课后一边听录音，一边反思，请同行指教，并坚持写课后反思。功夫不负有心人，世界上怕就怕"认真"二字。

三、师与生、生与生人际交往的和谐

课堂教学活动我们也可以把它看成是教师与学生、学生与学生之间的多边交往活动。因此，课堂教学从实质上说，是通过师生之间和生生之间的互动来完成的。在华应龙执教的课堂上，你经常可以听到师生朗朗的笑声、自发的掌声和华老师的"谢谢"之声；你经常可以看到课堂多边交往中生生之间、师生之间既有热烈的争辩又有善意的宽容。这种师生之间、生生之间的交往行为充分体现了他们之间和谐的人际关系。课堂交往中人与人和谐的人际关系，也应该是影响课堂教学有效性的重

要因素之一。

这种和谐的人际交往氛围，首先来自于华应龙老师对每一个学生的尊重。对一位教师来说，尊重每一个学生是一种爱、也是一种责任。用他自己的话来说："因为我懂得并做到了尽可能地去尊重每一个人，所以我总是生活在阳光之中"。他认为，理想的教学应该是平等的对话式的交流、师生之间的相互请教。因此，他的课堂教学处处可以体现出对学生人格的尊重、对学生选择的尊重、对学生劳动的尊重。耐心地倾听每个学生的发言、细心地启发、热心地赞扬，对华应龙来说，已形成了一种教学的习惯行为。例如，在山东蒙城实验小学，借班上《分数的初步认识》这节课时，有一位看上去很胆小的男孩用一张长方形的纸片表示出 $\frac{3}{5}$ 的意义，巡视时华老师问他："$\frac{3}{5}$ 表示什么意思？"男孩说："表示 5 份中的 3 份，"老师夸了他，又说："这 5 份是怎么分的？"男孩说："平均分。""对了！"在交流阶段华老师有意让这位看上去很胆小的男孩展示一下。声音有些颤："$\frac{3}{5}$ 表示 5 份中的 3 份，平均分。""他说得对吗？"同学们齐答："对！""是，他说得对，并且说得非常特别，特别强调了'平均分'！"华老师用很是欣赏的目光看着他，小男孩的神态没有了胆怯，生出几分自豪。看得出华老师很满足，进而用期待的目光看着他。"你能把两句话合成一句吗？"那男孩有些激动，声音明显地高了许多："把 5 平均分成 3 份。"同学们笑了。有一位快嘴的同学把正确的说法说了出来。华老师请这位同学重新说一遍。这位男孩说对了，老师和同学们报以热烈的掌声。然后华老师说："谢谢那位同学，是他提醒了我们：$\frac{3}{5}$ 不是把 5 平均分成 3 份，而是把一个东西平均分成 5 份，取了其中的 3 份。"这种师生之间的和谐的交往，均是出于人与人之间的尊重。

其次是华老师对学生的宽容，尤其是当学生在课堂上答错题时，华老师总会从中找到肯定之处，让每个同学既能勇敢地站起来表达，又要让他能体面地坐下，以保护每个孩子的自尊心。

最后，华应龙对课堂教学中发生的一些问题能有正确的归因，并能真诚地接受同学的批评。如有一次他让同学在计算器上完成一个任务，同学们正在操作，华老师又开始讲了，但一看大多数同学还没完成作业，他马上带有抱歉的语气说："是华老师太着急了，留的时间不够，再加两分钟。"又有一次，两位同学指出了华老师上课时讲错的地方，第二天他能当众承认自己的错误，并表扬他俩善于独立思考的精神，还赠两张名片给二位同学 。名片上写着："敬赠我的一题之师！"一位如此尊重同学的老师，他肯定会得到同学们的尊重。彼此能尊重，人们之间的交往肯定是和谐的，而和谐的交往又是交往有效性的保证。

四、课堂环境的和谐

课堂环境是学生在学校学习和生活的主要场所，是学生成长的重要的微观生态环境，课堂环境一般认为应包括物理环境、社会环境和心理环境三个方面。物理环境主要由教学时的自然环境、教学设施环境、教学时空环境等构成。社会环境主要包括师生和生生的人际互动环境（包括学生之间学习竞争和学习互助）。心理环境也可以说是一种心理气氛，主要是指课堂活动中群体在共同活动中表现出来的占优势的、较稳定的群体情绪状态、教与学的动机水平、人格因素等。课堂诸方面环境的和谐是达到教学和谐的基础。在华应龙课堂教学的物理环境方面，我认为他在教学过程中对信息技术、媒体的应用不仅注意了学生的童趣性，更关注于应用的适时和适度。在社会环境方面，他特别重视人际交往沟通中的尊重、理解和宽容；在社会环境方面，他重视学生对数学知识本身内在动机的激发和自身的全身心地投入。

他的课堂教学，总的来说，给人一种自然和真实的感觉。自然的、真实的，那也就是和谐的、美的，这样的教学才称得上是艺术的。

华应龙在同龄人中确实是一位幸运儿。今天的成功既凝聚了他自身的智慧和辛劳，更体现了大家（领导、同事、朋友、老师、学生、家长）的关怀、鼓励和指导。拿他自己的话来说："我没有什么特别的能耐，只是特别的幸运，遇上了好老师、好同事、好领导、好学生、好学生家长！"每一个人都应该如实地反思昨天，自信地面对今天，理智地展望明天。

在结束本文时，我最想对华应龙说的话是：用自身的和谐发展去创造和谐的教学，以达到促使每个学生和谐发展的目的。

五、华应龙的"化错教学"析

北京师范大学教授、中国小学数学专业委员会副理事长　周玉仁

　　我曾有幸欣赏过华应龙老师的多节数学课，而且多是随堂听课。他课堂教学的最大特色可以用两个字来概括，就是"自然"。课上，他把自己完全置身于学生之中，他和学生的对话是那么坦然、真诚、幽默和平等，就像和老朋友在"聊天"那样，让学生在这种春风化雨的课堂氛围中"不知不觉"地学到了数学知识，感悟到数学思想和方法，体验到数学世界的美妙。支撑华应龙"学习像呼吸一样自然"教学风格背后的理念，正是他所主张的"化错教学"。

　　课堂差错乃是在互动情境下，学生和教师在学与教的过程中所产生的不正确的想法、说法和解法等。化错是指教师把课堂差错有意识地融化为一种教学资源，为达到预期教学目标服务的。唐代大诗人杜甫诗云："楼雪融城湿"；而华应龙的"化错教学"则是"差错融人进"，此"人"不仅指出差错的学生本人，还包括他的同学群体乃至于老师。

2001年，辽宁师范大学，与周玉仁教授合影

华应龙把"化错教学"分成"容—融—荣"三个阶段。化错不是容错,但是容错是前提,教师首先要为学生提供出错的契机。化错是核心,教师要善于捕捉那些稍纵即逝的信息,把有价值的错误"无痕地"放大作为生成的教学资源,让全班学生面对,通过辨析互动,最后形成正确的共识。化错则是提倡一种精神,鼓励学生要独立思考,不怕出错,因为"错误是创造的开始"。

"化错教学"可以从现代心理学、教育学的有关理论中得到诠释。例如,美国著名的人本主义心理学家罗杰斯曾一针见血地指出:"我们甚至'期望'学生犯错误,因为剥夺他们犯错误的权利等于限制他们自由去选择的意愿。"我国著名数学家、原北京师范大学校长王梓坤院士认为:在教学过程中,我们应有意识地将要揭示的概念,要证明的规律纳入"待解决"的问题序列之中,将学生的学习过程设计成对这些问题的"再发现""再解决"的创新活动的过程,让学生在经历探索所走过的弯路,岔路和纠偏的过程中,受到创新思维方法的启迪,从而增强创新能力。

华应龙的课,的确由于化错而更精彩。

我衷心期望,华应龙的"化错教学"在理论上进一步升华的同时,在实践上能逐步推广。

六、一个智慧型教师的教学改革探索

——对华应龙数学教学特色的初步解读

北京师范大学教授、浙江师范大学杰出教授　裴娣娜

随着我国教育改革的深入发展,在中国大地上涌现出一批智慧型的教师,他们的教学观念、教学特色以及在教学研究方面取得的卓越成就,正在重新书写具有中国特色的教学理论,需要我们满腔热情地去学习、挖掘和提炼。

华应龙老师是一位小学数学特级教师,早在10年前我曾看过他的极富特色的数学研讨课,经过多年的探索与实践,形成了他精湛的教学艺术和进行小学数学教学改革的基本思路。基于对杰出教师教学观念与教学特色的学习与解读,参阅有关他所执教的教学实录以及他撰写的文章,围绕华应龙老师在小学数学教学改革方面形成的思路与特色,谈谈我对他的数学教学特色的几点初步认识。

一、批判与反思：基于对现实把握的敏锐的改革意识

华应龙老师数学教学特色首先是基于自觉的理性反思的改革意识。一个具有强的生命力的数学思想的孕育形成与发展，关键在于它必须对当前数学教学改革中重大的理论和实践问题做出回答，哪怕是在某一个或几个方面，这就需要通过不断反思实现对目前小学数学教学实际的透彻把握从而找准改革的切入点。这种反思，无论在哪个层面进行，都意味着对原有不合理的思维方式和行为方式的挑战，意味着对自我的超越和突破。

反思什么？改革什么？

一是对小学数学教学现实存在问题的反思。以新课程理念为指导，基于对目前课堂教学教与学的行为分析，华老师认为目前教学处理中的问题主要是：注重组织了学生操作活动而忽视了理性思维活动，注重了学生操作技能训练而忽视了学理性，注重了数学史料的引证而忽视了对史料内蕴文化功能的挖掘。

二是对教学内容的选择及知识点确立的反思。在《圆的认识》一课设计中，他大胆质疑："曲线围成、没有角、半径是直径的一半"，是不是圆的特征？半径和直径的关系是不是教学的难点？是否一定要强调"在同一个圆里"，……构成这些质疑问题的标尺，是他对当前教学内容存在的形式主义的批判。

三是对教学价值功能的反思。华老师不是以"知识、能力、价值观"三维目标去进行简单的剪裁和取舍，而是从学生发展需求和已有发展实际水平出发。他认为，在数学教学中，应该带领学生经历从现象到本质的探究过程，促使学生养成研究问题的良好意识，让学生掌握作为一种"非言语程序性知识"的思维。也正是从学生发展这一目的观出发，他从反向思维的角度提出：学生都不会有错的活动，要不要组织？熟能生巧，但熟是不是还能生厌、熟还能不能生笨？那些"不圆"的作品，是不是课堂中的生命体？是否应该珍惜？……

正是通过反思，使华应龙老师不断积累教学智慧，提高反思能力，从而站在一个更高的起点上实现他对当前数学教学改革发展问题的把握，并使研究有很强的现实性和针对性。

二、教学设计与实施——数学发展性教学特色的展现

现代教学观的核心在于促进学生的发展，这一点通过新课程改革在观念层面上已取得共识。特别应该看到的是，当人们聚焦于对学校教学"发展"的内涵、发展的内在机制，以及如何促进发展等问题进行探讨时形成了不同的思路、策略和方法，从而促进了不同教学风格和教学特色的孕育和形成。我们正在触摸时代发展的脉络，这就是：通过众多的学说、风格和特色将托起学科的现代发展。

某种教学特色的形成，主要是通过确立的一系列基本命题加以展现。华老师结合数学学科特点，从观念和行为两个层面展现了他发展性教学的基本教学特色。

1. 教师要在心灵深处平视学生。只有做到用"儿童的大脑"去思考，用"儿童的眼光"去对待，用"儿童的情感"去体验，用"儿童的兴趣"去爱好……才能在与孩子交往的过程中找到接触点和共振点。华老师认为，关键是在开放的课堂中，当学生异口"异"声各抒己见时，教师要善于倾听，善于发现学生问答中有价值和有意义的内容，及时对学生的观点加以提炼和概括，在学生困惑时，给予延迟评点，让学生经历"头脑风暴"而受到启迪。

2. 对每一个孩子"尊重、沟通、宽容和欣赏"。针对传统教学中否定评价过多，伤害了学生自尊心的做法，华老师做到：批改作业不打"×"，不打"优"以下的等级，作业订正后仍可得"优"。如书写认真，解法特别，还可加一至五颗星。而对那些学困生，好不容易考了58分，老师会送几分给他，帮助他跨过"60"分大关，特别是，对给自己提出过不同的解题思路，纠正一时疏忽的学生题签"我的一题之师"的留言。华老师倡导要蹲下来和孩子对话，他认为，理想的教学应该是师生平等对话式的，只有教师的大气，才能真诚鼓励学生放飞想象的翅膀，拓展心灵空间。

3. 引导学生自主探索，亲身实践，将科学的求真与艺术的创新相结合。华老师认为，数学教学应体现教学的文化性，这种教学文化性，不仅表现在作为一种计数文化，强调基本的思维方式、思维方法，而且表现在理性的艺术和理性的精神，这就是：坚持探索、富于创新的独立人格，标新立异、不墨守成规的批判精神，以及富于灵感、敢于挑战权威的怀疑精神。这种教学文化性，是一种品格，不是靠对知识的解释、理解以及逻辑推论，而是通过师生协商、互动的方式共同实现对文化的理解与建构，关注的是一种合作、对话和探索的现代课堂教学文化的营造。正是通

过科学与人文的整合，实现学生个性化与社会化的发展。

4. "课堂因差错而精彩"，让学生充满自信和学会反思。华老师精辟地论证了差错彰显教学的价值，提出教师和学生都要欣赏和接纳差错。他认为，差错提示正确的本质，差错可能成为正确的先导。华老师不仅从学生的出错中看到了教学中存在的问题（如对单位"1"渗透的忽视），更重要的是，充分挖掘学生错误的教育价值。如在复习课"审题"中，巧设几个陷阱故意让学生出错，引导学生经历自我反思否定的过程，从而培养学生的审题意识、良好的学习习惯，以及对自我、对他人的赏识。因此，华老师的结论是：正确的，可能只是模仿，错误的，却可能是创新，差错成就了教育的智慧。

5. 教学的生命力在于"刷新"。"刷新"，指的不是教学花样的翻新，而是指教师所经历的一种建构性与生成性的教学设计过程。在"可能性"一课中，对人们十分熟悉的"摸球"这一教学设计，华老师四易其稿，通过不断的反思与实践，不断的感悟与体验，从而有效地提升课堂教学实际效果而不断追求卓越。

三、突破与超越：对数学教学改革基本问题的理性思考

基本教学特色的形成，在深层次上体现的是对数学学科发展以及数学教学改革基本问题的理性思考。作为在教育实践中成长发展的教师，华老师没有停留在直觉的把握和经验的感悟上，基于实践又高于实践，以敏锐的学术意识，从理论上思考数学教学的基本问题，从而对自身形成的数学教学思想不断进行验证、充实和完善。

1. 对数学学科本质的重新思考。华老师将数学视为人类历史文化中的一种创造性活动，他认为，数学不仅有系统、严谨、准确的语言表达，而且与生活实际相联系，数学应是抽象数学符号与学生的生活实践相结合。特别是，他从自己多年的教学实践中体悟并提出：应把数学作为一种自乐自娱的一种游戏。理由是，游戏激发了许多重要的数学思想的产生，游戏促进了数学知识的传播，游戏是数学人才发现的有效途径。华老师认为，如果课堂教学去掉枯燥，尽情去玩，倡导创造，体验规范，那么给学生的感受将是：数学好玩，数学就是符号的乐园。近年来，对数学学科本质的重新认识已形成了几种不同观点，华老师这一独特的看法有助于开拓我们研究的思路。

2. 关于教学设计的教育价值。华老师针对传统教学对教学过程特殊性的过分强

调而堵塞引导学生独立"探索"未知的弊端，提出课堂教学不仅要教知识，而且要教学生学会思考问题的意识和习惯，教学过程要充分展示数学知识、思想和方法以及思维过程，让学生领悟生活和数学的关系，在思考、实践活动中通过探究学习，获得成功的体验。

正是从展现教学设计的发展价值功能这一思路出发，华老师的课堂教学进程设计体现学生发展这一主线，从而突破了教学模式的方法论局限而使教学呈现丰富多样性。如在"圆的认识"一课中，华老师精心设计的教学过程是：（1）创设情境（寻宝物），观察发现（圆心与半径）；（2）学生讨论（圆的特征："一中周长"）；（3）动手操作，体悟概念；（4）提出问题；（5）分析数学思维方法与过程，引导学生按照"是什么？""为什么？""怎样做？""为何这样做？""一定这样吗？"五个问题进行有序的思考；（6）问题引申；（7）结合生活实际，激发探究热情。这一教学设计，使我们认识到，关于数学概念的学习，不仅有提供直观→概念意义→概念形象→概念，也存在直观→概念形象→概念意义→概念这一途径，如何变通运用，在于教师的教学智慧。而在"神奇的莫比乌斯圈"一课中，教学进程为：创设情境，形成问题——提出猜想，认真求证——介绍应用，创造与欣赏。引导学生经历了一个从猜想到验证、从模仿到创造、从抽象到具体的学习和思考过程，不仅让学生理解猜想、求证的科学方法，同时体验到了数学之美。

3. 关注学生数学活动经验的积累。基于"教育是建构人生的价值和生活方式，实现生命价值和人生意义的一种活动"的认识，学校教育是师生之间独特的社会生活体验过程，数学学科的学习目的之一，是要使学生获取数学活动经验，数学活动经验是学生在特定的学习环境中或某一学习阶段通过经历理解社会实际问题的"数学化"过程，体验数学知识的内在联系性，并获得研究问题的方法和经验，而学生数学学习的过程正是建立在经验基础上的一个自我再创造过程。

4. 让学生经历数学概念的学习过程，让学生学会数学的思考和表达。数学、数学教学的本源在于数学知识、思想、方法与思维、兴趣、情感、审美的完美结合。学生的数学学习，是一个不断提出问题、分析和解决问题的过程，是学生自身进行数学活动的过程，因此华老师在指导学生进行学习的过程中始终注意创设体验和处理现实问题的机会，使学生参与和理解学习数学的过程，引导学生经历数学和探索数学的过程，学习用数学的思维方式分析和解决问题，从而培养学生的数学意识，分析性思维、创造性思维和实践性思维的良好品质。

最后要说明的是，一个有生命力的教学思想和教学特色，其内涵是极为丰富的，它应是开放的，不断生成发展的，同时需要人们从多角度不断去理解和认识。我们期待华老师在今后进一步的探索中，不断取得新的认识成果。

七、他是数学学科虔诚的传教士

民进中央副主席、全国政协副秘书长、中国教育学会副会长　朱永新

因为是江苏老乡的缘故，我们有许多共同的朋友，与华应龙老师有过许多次交流。但是，好友见面，把酒言欢，更多的是聊教育，聊人生，很少聊到他心爱的数学。

听过华应龙老师的讲演，走进过他的课堂，读过他的《我就是数学》等著作。但是，只不过是随意翻阅，浅尝即止，不敢说把握了他数学教育思想的精髓。

所以，当应龙兄让我为他的新书写些文字时，我的确有些为难，而且一拖再拖。直到前天应龙发来短信：本周必须交稿。

好在他同时发来我在他们学校的一次会议上对他的数学教学思想进行的即席点评。那次点评我使用了三个关键词，倒是基本总结了他给我的启发。

第一个关键词，是自信。《我就是数学》是他的一本书的书名，充满了"舍我其谁"的自信与担当。只有自信的老师，才不会怕自己犯错，才不会怕学生犯错，才会说："作为教师，我们一定要树立一个观念，学生不是我们的对手，而是帮助我们缔造课堂生活的另一只手。在课堂上，正确的可能只是模仿，但是错误的一定是创新。当出现不一样的东西时，孩子一定是动脑筋了，不管是正确的还是错误的，都是课堂上的生命体，都是应该尊重的。"他之所以能够"化错"，是因为他对孩子学习能力、对孩子发现历程有一种信任，对自己所教学科的根本信任，我觉得他就是他所教这个数学学科虔诚的传教士。如果没有这样一种自信，我想他不敢说出"我就是数学"这样的话。

第二个关键词，是文化。真正的学科教师，绝不是简单的知识"搬运工"，而是通过广泛阅读，对学科文化、学科历史、学科哲学有着深刻理解的人。我认识许多

优秀的数学教师，如李烈老师、夏青峰老师、周建华老师等，很多都是有文化情怀的人。华应龙也是如此。他说："你是带着你所了解的数学世界走进学生的，而不只是一种数学教材。这样你才会感到数学教学的生动与多样，学生的数学学习、数学思考也才可能丰富多彩。作为数学教师，你必须借助数学这个通道，引导学生去感悟世界的奥秘，而不仅仅是数学知识本身。数学的好玩、学数学的有趣，也就在这里。"正是基于对数学教育这样的理解，华应龙教授给孩子们的，已不再是单纯的数学知识，而是整个数学文化。

　　第三个关键词，是发现。华应龙的数学教学思想，基于发现，基于创新。他深谙学习的基本规律，带领学生像数学家发现数学那样学习和创造。他在介绍自己的"化错"教学理论时曾经说："在这样一种化错的教育中，积淀下来的就是孩子创新的人格，在学习的过程，他不但掌握了知识，而且还养成了敢于尝试的良好习惯，错了、失败了，他会去分析，然后再不断地探索。这种教育能帮助孩子磨炼出百折不挠的意志品质。"所以，帮助学生在发现数学规律、数学原理的过程中，成为勇于尝试，不畏错误的人，才是他的目标。记得叶澜老师在评价他的数学课堂时曾经说："'融错'这个概念的确很难反映华应龙数学的思想，太小了，太窄了。"我也有类似的想法。其实，发现是"融错"的基础和源头。

　　在华应龙老师的课堂上，我们经常可以看到这样的风景：他一直是在背后，学生们始终在前面。他是一个促进者，一个帮助者，一个提问者。他的课很平实，很平静，不像一些老师的课堂那样华丽、热闹。但我们都可以感受到，学生的内心波涛汹涌，思考热烈深入。学生在尝试错误中走向成功，是一个持续积极思维的过程。从这个过程中，学生不断发现数学的美丽，教师不断创造教学的精彩。

　　时间过得真快。这位叫作华应龙的老师，18 岁就想做一名好老师，29 岁就想成为一名特级教师，36 岁就想成为一名数学教育家。他一步一个脚印地实现着他的人生梦想。下一步，他又会带给我们怎样的惊喜呢？

　　我们期待着。

朱永新

2014 年 8 月 19 日晨写于北京滴石斋

八、化错教学将改变我们的课堂

中国教育科学研究院院长、教育部基础教育课程中心主任　田慧生

我大华应龙老师几岁，可以说，在事业上，我是看着他成长的。1995年，他还在江苏省海安县做老师的时候，我就听过他的课。十几年过来了，这条龙从南方来到北方，成为一条名扬首都基础教育界并在全国小学数学教育领域颇有影响的"矫龙"。我为他的成长而高兴，也为"化错教学"从江苏农村走出，在全国名校——北京第二实验小学长大、成熟，进而走向更大教育舞台而由衷高兴，深表贺忱！

我谈几点认识与理解：

一、尊重规律，才能提振儿童创造勇气

教育有很多秘诀，而这很多秘诀又可以归结为一点，那就是尊重规律，它其实是一个"公开的秘密"，也是一种知易行难的事情。应龙的教育艺术可谓炉火纯青，在这艺术的背后，"藏"着的其实就是这么一个简单的秘密。正所谓"大道至简"。小学数学教育的规律是什么，在哪里？应龙对此自然"烂熟于心"，他只紧盯一条，那就是，学生学习是会犯错误的，有些错误可以实现价值转化，成为有益的学习资源。我们也有一些老师并不承认这一规律，他们怕学生犯错误，怕学生的错误有碍于成绩的提高以及自我良好教学形象的树立，所以总是有意无意地防范、绕过或掩饰错误。他们的这些努力往往使得学生胆怯保守，畏首畏尾，这或许提高了解题的正确率，却也掐灭了他们原有的创新思维火花，导致"得不偿失"的教育效应。华应龙不是这样，他鼓励学生犯错误，犯有价值或者美丽的错误，并常以"错得好"的话语"怂恿"他们探新路，出奇思，所以他的课堂上，学生总是信心满满，勇气十足。信心和勇气恰恰是创造思维火花的"氧吧"，有了它，何愁学生没有奇思妙想，创造能力。我特别希望广大老师学习华应龙尊重规律的教育心理与教育行为，为孩子们创造勇气的呈现与表达而尽情地"鼓与呼"。如此的师生、这样的课堂多了，"中国创造"就有了前途和希望。美国《时代》周刊说，中国现在什么都可以制造，但什么都不能创造。我们有理由寄望于中国的未来。因为我们有越来越多像华

应龙一样尊重规律的老师涌现！

二、葆有童心，才能洋溢民主教育气息

童心是最可宝贵的，教育不能让孩子们丢失了童心，不能总让人们发出无奈的喟叹："童心去哪儿了?"而有童心的老师，才能呵护、滋养和"发育"孩子们的童心。华应龙就是一个永远的"童心葆有者"，是一个不断长大的儿童，有时甚至就是一个"大顽童"。教师的童心与教育的专制、教学的霸气格格不入，华应龙的童心使得他所在的教室、他所生活的每一个教学空间都那么富有平等对话、民主磋商的教育气息。在一定意义上，"教室里的民主"是未来社会民主的胚胎乃至基石，我们不可小觑它。小而言之，它有可能使我们课堂固有的师道尊严的传统文化发生改变，而代之以有利于创新人才萌芽的新型教学文化；大而言之，将有利于民主人格和民主社会的诞生与成长。这也将是学校教育对社会文明、社会文化的一种有力反哺与有益回馈。

三、善于等待，才能助成错误"孵化"智慧

教育是慢的艺术，慢的艺术需要我们有足够的爱心、耐心、细心和恒心去助产，去培植。不允许孩子出现错误，实际上就是要剪除他们应有的一段成长经历，让他们走成功的捷径；就是急功近利之为、躁进冒失之举。教育要善于等待，教育就是一种等待的艺术，在等待中，"有价值的错误"才有机会"崭露头角"；也只有在等待中，真正的学习智慧才有时间和空间"孵化"出来。华应龙老师不是一个"急性子"的教育人，他最善于等待，并在等待的过程中，静听花开的声音；在等待的过程中，和学生一道"焐"出了可爱的思维"雏儿"，也"悟"出了美丽的智慧"甘果"。教育中的"等待"就是这样，一方面瞄准了高远的教学目标、教育目的；另一方面又时时回到真实学习行为的起点，也回归了教育教学的本真。

四、守正出新，才能赋予事业不竭动能

华应龙所守的"正"，在有些人眼里却显得有点"奇"。是的，他着眼并由此着手的是课堂以及学生学习行为中的错误，让错误成为教学的立足点、课堂的生根点和智慧的生长点，这和很多"直奔正道""不走弯路"的教学方法不一样，确乎有点

"奇"。但归根究底，它是"正"的，"正中"儿童学习的规律、思维教学的"命门"，因此，当属一种"奇正合变"的教学艺术。当然我这里说他"守正出新"，主要指的是，他一直守着"化错教学"的"正道"，二十多年来如一日，矢志不渝，不离不弃，唱响、唱亮了作为一名著名特级教师的教学主张、教学风格；另外，又与时俱进，不断嬗变，从"容错"到"融错"，再到今天的"化错"，不断有新意，不断结新果，不断呈新象，从而使个人事业不断获得新的、最大的动能。

这么多年来，我看着华应龙"长大"，今后也愿意看到他时时龙翥教育蓝天的矫健身姿……

九、功夫在课外

《人民教育》总编辑　傅国亮

华应龙老师，是我们《人民教育》杂志的金牌作者。我跟华老师也是好朋友。今天研讨华老师的教育教学思想，向他学习什么呢？换句话说，华老师给了我们什么样的启示？总的启示是：功夫在课外。我们今天看到他这么精彩的课堂，其实他有课堂之外的功夫，才成就了他的精彩课堂，成就了他的魅力课堂。我想说，向他学习三点。这三点并不是华老师的全部。

第一点向他学习什么呢？向他学习感悟人生。一个人不管他从事什么职业，感悟人生这是最深刻的东西，其他那些东西都是技术性的。华应龙老师有一些经典的说法，几位专家都讲过了，第一个"我就是数学"，还有一个"一生就做一件事"，这些实际上就是他对人生的感悟。我最看重他的什么文章？人民教育杂志发的文章，三审时我这个总编辑每一篇文章都看。华应龙老师有一篇文章给我印象十分深刻，叫作《篮球，我的导师》。当时我看了受到震动，或者说我的心灵受到了净化。我印象最深是他写到后面，他说他教他儿子打篮球的时候，玩一个花样差一点把自己闪了。所以他说了，人过40就是篮球下半场，不可再玩花样了，这个感悟对我震动很大。我觉得，一个人如果能够及时感受到这些东西，他对人生参透了。

所以向华应龙老师学习，如果再看他那本书的话，我建议第一篇应该看的是书中的这篇文章《篮球，我的导师》。从这篇文章看起，才真正能够了解为什么华应龙能够成功，他为什么能够成为出色的教师？而不是那些课例，当然课例也是很重要的。我建议向他学习的话，应该先从这一篇文章开始学习。

第二点向他学习什么，向他学习博览群书。这是文化积淀，是智慧的积淀。我看华应龙老师给我们《人民教育》写的稿子，包括他的一些文章，我就感觉到他的积淀非常深厚，他接触了古今中外大量的书籍，包括今天讲课引证的卢梭等等的，刚才李烈校长也特别提到这一点。跟华老师接触以后，扑面而来一个强烈的印象，就是这个人喜欢读书。2000 年的时候，我在《人民教育》卷首语上写过一篇文章，题目叫作《让读书成为习惯》。我认为，一个人他要想有所作为必须广博地读书，如果没有书的积淀，想成为出色的人物，除非是出现奇迹。而且，我要强调不管你读古今中外，你要去读经典，这是读书的一个要点。读书成为习惯，不是说五花八门的书都看，杂书可以看，但是你一定要明确，一定要去读经典。我想到一个经济学家的话，他说读博士的时候，有一次参加研讨会。回去以后，导师就问他，你干吗去了，回答我去参加一个研讨会。导师马上把脸一沉，说："以后少与俗人聊天，要与伟人对话。"这个伟人是指什么呢，就是指的经典。从此，这位博士更加专注地去读经典，成为中国一位著名的经济学家。

第三点向他学习什么呢？学习勤于写作。听李烈校长介绍，华应龙老师大概发表了 500 多篇文章，还有三部著作，有两部今天已经拿到了，还有一部正在出版，包括其他由他主编的东西就更多了。我想说的是什么？就是说，写作是一个整理你的思想、你的见解的最有效的办法。因为有一些东西有一些感悟似明似暗，如果你不写的话，它就溜过去了；如果你写的话，在写的过程当中，你可能还会把它碰撞的提高。有时候你想到这个思想、见解，你一写的话，甚至比你初想的时候更加的精彩，写作就是这样一个妙不可言的生成过程。

写作，是成就一个人最有效的办法之一。所以我想说这样一句话，不会写作永远成不了名师。为什么我们了解华应龙？很大程度上是因为他的文章，如果他不写作的话，不发表，不出书，恐怕就没有今天的会议。

我就讲这三点看法，姑妄言之，谢谢！

十、华应龙——小学数学教育的智者

国家督学、江苏省教科所原所长　成尚荣

华应龙的数学课，有独特的色彩和光亮，有丰富而深层的意蕴。很喜欢，很赏识。常常想：我在华应龙现在这个年龄，能这么设计吗？能这么研究设计吗？能这么去呈现吗？能这么去表达吗？答案是否定的。不过，我并不难过，相反，很高兴，因为，有华应龙这样的一批年轻人，我们国家的小学数学教育才有希望，中华民族的小学教育才会站立在国际对话的平台上。因此，应把华应龙当作与世界小学数学界进行交流和研究的对话者，而且是优秀的对话者。

2009 年，应邀参加江苏省教科院的"第二届教育家论坛"执教观摩课并参与研讨

一直在寻找一个词来概括华应龙的教学特色，表达我对华应龙教学的总的认识，但是，十分困难。这是因为，他美丽的侧面太多了，所再现的色彩丰富，所蕴含的意义又很深。不过，我想也许用一个普通的、很流行的词来表达，倒可能是最合适的。这个词就是：智慧。

实际上，不能小看、轻看"智慧"。可以这么去判断：人类一切最优秀的文化都是智慧的结晶，都是智慧，自古以来杰出人物都是智者。华应龙的小学数学教学正是人类文化的田野里开出的一朵鲜亮的花，华应龙正是小学教育界的一位智者，一颗越升越高的星星——老实说，这并不过分。

自知者明，知人者智。华应龙首先对自己有一种清醒的认识。比如，他对生活中的"我"有发现："我的年历上没有星期天，没有节假日，有的只是一天五六个小时的睡眠，深更半夜，烛泪将尽，常常是和衣而睡。一觉醒来，踏踏步，暖暖身子，继续看书……沉浸在教育教学的王国。"黎巴嫩诗人纪伯伦说得好：人是一支队伍；有的人因队伍走得快而离开队伍，有的人则因队伍走得慢而离开队伍。显然，华应龙是离开队伍的一位领跑者。华应龙的成长告诉我们，智者首先是一位辛勤的刻苦的开垦者、耕耘者，不付出，哪来的智慧？华应龙还告诉我们，生活中处处有智慧，如何认识生活、对待生活，实质是在如何认识自己、对待自己，其间生长出智慧。比如，他竟然把生活中的打篮球和自己的成长联系在一起，把篮球当作自己的"导师"，而且产生了一种美丽的遥远的想象："庞加莱猜想"。一个有想象力的人，一个善于联想的人，是有智慧的。从华应龙的课上，你可以发现，他一直在现实的教育场景中去进行教育想象，因而充满着激情，充满着"梦幻"般的色彩。

更为重要的是，华应龙对学生的认识。他对学生的认识更多是一种发现。他发现了学生的什么呢？他发现了学生是"尧舜"。这种发现是基于儿童心灵的发现，是基于儿童最伟大之处——可能性的发现，所以，他说，"人皆可以为尧舜。"他告诉我们，教育教学本身就是一种"可能性"，一切奇迹都可以在课堂里发生，其背后的哲理是：人，尤其是儿童就是一种创造性、超越性存在。不过，儿童的可能性常常被许多现实性的东西遮蔽着，久而久之，可能性的光芒会消退，会消失。唯有智者才能洞穿现实性，去发现可能性。华应龙在课堂里的挥洒自如，与学生心心相印，热情而又幽默地对话，正是他在尊重学生的前提下，独特的慧眼发现了儿童的独特之处吗？你别看华应龙身材可以说是魁梧的，但他的教育身姿是低的，他伟岸的身躯里有一颗勃勃跳动着的"童心"，他的教育姿态最美丽。

对人的认识和发现固然是智慧的，对教育教学的认识当然也是一种智慧。我们日复一日、年复一年地生活在"教育""教学"中，但是未必理解什么是真正的教育，什么是最好的教学。华应龙却有深层次的体悟。认为应该像农民种地那样教书。

他说，要像农民那样不误农时，要像农民那样调整，因地因物制宜，要像农民那样耐心等待，不做揠苗助长、贻笑大方的事，要像种树那样"能顺木之天，以致其性（其性）"，要像农民那样不责怪庄稼，而是反思自己……而这一切不能不说与他是农民的儿子、在农村生活过有关。农民的情思、农业的情结、农村的情怀，让他像一位智慧的农夫在田野里耕耘。如今在现代都市生活，但他永葆农业教育的品格，更显他的难能可贵。

理解教育教学，离不开对学习的理解。华应龙的课堂教学，我认为，最成功的，是他把学生真正推到教学的核心地位，"让学习像呼吸一样自然"。只有学生主动地去学，积极地去学，只有学生在教师的指导下学会学习，创造性地去学，才会"像呼吸一样自然"，学生才会享受学习，体验到学习数学的幸福。在华应龙的课堂里，学生兴奋、有激情，思维活跃、有创见，这和学生获得主体性的真切体验是分不开的。此外，学习像自由呼吸一样，还意味着，学习不是技能的训练，而是智慧的生长、是思维的发展。华应龙把教学、把学生学习的真谛巧妙地把握在自己的手里，教学像清溪那么欢畅地流淌，像是登山一样踏级向上，去高峰欣赏更远大的美景。这是一种智慧，是一种大智慧！

智慧的核心是创造。华应龙是一个创造者。他从不满足，没有教学重复的感觉，他从不会去"重复昨天的故事"，船票是新的，摆渡是一次出发。在华应龙那里，抵达是又一次出发，每一次出发都是新的抵达。华应龙之所以能创造，其中有一点特别重要，那就是他既有学科专业，且很丰厚，又有学科数学专业，且个性化，更为重要的是，他把学科知识与学科教学知识结合在一起，统一在一起，因而得心应手，驾驭自如，其间充满着创造。

2009 年，南京，聆听成尚荣先生点评

华应龙这位智者的背后实质是他的文化底蕴和哲学功底，是他思想的深度与高度。一位小学数学教师，能有如此功力，其成为智者，其课堂是智慧课堂是不难理解的。一次上课，听课的既有数学教师，又有很多语文教师和其他学科的教师。他对大家说：也许你们听我的数学课还是有意思的。结果，所有听课的教师都说，华应龙的课的确有意思。这种有意思，实质是一种有意义。

华应龙的这句开场白绝不是戏言，相反是一种自信，自信中又饱含着真诚。这种自信是他实力的自然流露和生动体现。他在语文教师们面前不仅表达了对"教学文化"的理解，还表达了对"教学文化"和"课程文化"的理解。这不仅与他对数学本质的深刻认识和准确把握分不开，也与他丰富的文化素养和全面良好的知识结构分不来。不难想象，华应龙也是一位优秀的语文教师，不妨把他看作是教学文化、课程文化的研究者和智者。

也许以上这些只是华应龙的一个侧面。即便如此，也让我们看到了华应龙智慧的结晶和深意。真的，不夸张地说，华应龙已站到了与国际小学数学教育界对话的平台上，用他的课，用他的研究与实践，表达他数学教学现代意义的认识和发现，生动而形象、准确而又深刻阐发着中国数学教学及基础教育的文化传统和新的追求。总有一天，华应龙会登上国际小学教育的舞台，去传播中国的教育智慧。我们完全相信，而且乐观地期待着。

十一、华应龙的普遍意义

江苏省教育厅基础教育处处长 研究员 特级教师，教育部基础教育课程改革专家组专家，国家语文课程标准研制组核心成员　陆志平

华应龙在小学数学界影响越来越大，成为小学数学教坛上一颗耀眼的新星。而我以为华应龙不仅可以称为一位杰出的小学数学教师，而且可以称为一位杰出的人民教师、年轻的教育家。华应龙的意义已经超出了他所处的学段和学科，每个学段、每个学科的教师都可以从他身上得到启发。

我不是从事数学教学的，但是，我很有兴致地研究了华应龙的几十个课例，因为，我不由自主地被这些课所吸引。

我以为华应龙的课到达了挥洒自如出神入化的境界，充满智慧，充满创造性。一段小故事、几个啤酒瓶盖、一副扑克牌、几个足球队员，在他那里都是绝妙的素材，都能变成一根魔杖，魅力无限。因而，学生们喜爱他的课，因为抽象枯燥的小学数学，变得那么生动有趣引人入胜。同伴们喜爱他的课，因为原来看似简单得不能再简单的小学数学，变得那么富有内涵美不胜收。专家喜爱他的课，因为他的智慧根源于先进的教育理念，充满了灵气却又是那么大气，而不是耍耍小聪明、玩玩小噱头。

我以为，这样的创造性正是表现在将新课程倡导的教育理念转变成了日常的教学行为。在他那里，数学真正成为人人需要的数学，人人喜爱的数学，人人身边的数学，人人自己的数学。教育理念转化为教育行为的过程是一个创造的过程，这个过程对于每一个人来说，都是艰难的，然而华应龙做到了，而且了无痕迹。教育理念并不是挂在他的嘴上，而是体现在他的每一个教学设计之中。他的每一个教学设计、每一个教学细节，都渗透了科学的教育理念。明明看来只是一个数学问题，可是仔细推敲，支撑它的却是教育公平、却是教育民主、却是数学与生活的联系、却是对人的尊重、却是对美的追求……难怪张奠宙教授认为他的教学案例可以作为经典，刘兼教授说他是"运用之妙、存乎一心"，而资深记者李建平的系列介绍更是赞赏有加。他几乎到每个省都上过公开课，他的每一堂公开课都是好评如潮，可以说是火遍了大江南北，而这些课在华应龙那里却很是平常。他几乎每堂课都能让你拍案叫绝，又能让你会心一笑。你会说亏他想得出来，但你也会说确实合情合理。你会感到妙不可言，而又回味无穷。其实，这就是教学的智慧，就是创造性，毫无疑问，这对于每一个学段、每一个学科的老师都是十分需要的。

华应龙的创造性来源于大通而后大有。大家都知道他勤奋好学，他认真钻研数学，认真钻研教育理论。但是，大家未必知道，他是农民的儿子，15岁那年他是孤零零一根扁担挑着行李，在泥泞的小路上步行几十里到如皋师范读书的，可是你想不到，他却从农民的种地悟到了为师之道，从教之道。在如皋师范他是篮球队队长、毕业后又带学生篮球队，谁也说不清龙腾虎跃的球场、变化莫测的篮球启发了他多少数学的智慧。师范毕业后他自学了大专、本科，可那是中文专业，而并非是数学，然而，中文的自学却又给他增添了宝贵的学养和睿智。我们每个人都有丰富的学习生活和社会经历，而能像华应龙一样打通的不多，在他那里每一种经历都是一个矿藏，都是一份财富。哪怕这种经历是痛苦，这种经历对于专业似乎是无用的。我想只有对生活无比热爱的人才能有这样的生活态度，也才能享受生活的赐予，才能大通而后大有，也才能有那样敏锐，那样智慧。

华应龙的创造性来源于他对他小学教育事业的挚爱，他爱他的学生，爱他的小学数学，他充满激情。为了他的孩子们，为了他的事业，他愿意殚精竭虑，千方百计，因而，他富有亲和力，一进他的课堂，就会被他感染、被他吸引，试想，这样的教师怎么会教不好学生呢？如果你研究一下华应龙，你就会理解他为什么会那么崇敬斯霞老师的童心母爱。还是华应龙自己说得好："当今社会，信息多元、知识激增、学习终身，我们教师凭什么能够执掌人类的教鞭？'惟吾德馨'"！

十二、见证"华应龙现象"

江苏省海安县教育局教研室副主任、特级教师，华应龙的师父 陈今晨

华应龙，从江苏海安走向北京第二实验小学，继之成为首批"首都基础教育名家"的年轻人，如今进入了我国当代小学教师队伍出类拔萃的极高境界。作为与之相处二十多年，见证了他的成长，对有这位名流同行作为朋友，我感到由衷的高兴。

我了解华应龙，了解他的成长。至今我清楚地记得，他第一次给我提交自己的教研习作时的腼腆；他参加县、市、省优质课评比时反复修改教案的执着；他负责学校教学工作时，每天清晨在校门口迎接师生、家长的长期坚持……这些都给我留下了难忘的印象。他日常生活中与时间赛跑，争分夺秒地工作、学习，连上厕所都一路小跑的奔忙身影；他注重学习，以书为友，邮购书籍的张张汇费底单在案头的窗边飘拂；他善待学生，与学困生交知心朋友，和他们一起玩球、下棋时的亲切、宽容，面带真诚的微笑……这些真实的生活镜头，都使我时时为之感动。

我与华应龙的长期结友，除了共同的小学数学教研兴趣之外，他的广交朋友及浑身散发着的一股锐意进取、自强不息的不同凡响气息，是促成我们持续交结的主要原因，也是我们当年践行教育局领导于十七八年前超前地提出的"培养自己学科的特级教师"工作要求，选定他作为我县小学数学学科教研业务联系对象的主要原因。

他处世立身严于律己，修身第一。平时除了做好正常教学工作外，他抓紧学历进修，由中师到大专、本科、硕士课程，一步不放松。他积极参加县、市、省组织的多次重大教研活动，和江苏教育报刊社组织的一年一度"教海探航"征文活动，遇赛必参，参必全身心投入，志在追求一流。他把反思教学，研讨教材教法，提升业务境界作为矢志不渝追求的目标。他努力进行教学实践，用创造性的劳动，构建自己的教学园地，积极撰写教学经验体会，向业务报刊投稿，与同行交流，同时也不停顿地完善着自己的教学认知结构，夯实了小学数学课程实施的根基。他至今已发表数百篇文稿，参加过苏教版和北师大版两套国标小学数学教材的编写、辅导工作。教学、进修、参与教研活动，教学述著四位一体，紧张、劳苦组成了他生活的主旋律。

他善待周遭，善于思考，勤于学习。除了读书之外，他坚持向校内外同事学习，向一切熟识的人学习，向自己的教育对象学习。他虚心地从学生的课堂发言中汲取改进教学的营养，对给自己提过不同的解题思路、纠正一时疏忽的学生题签"我的一题之师"的留言。他甚至以物为师，从自己爱好的篮球活动中，提炼出事理相通的人生启示，转化、吸纳为自己做好教学工作，提升个人人格境界的精神储备。真是无比高明的求师善学者！

他对待教学殚精竭虑、精益求精。他教数学、论数学，却能从"乌鸦喝水"的语文传统课文中，推导出体积变化的计算方法，把数学与语文等其他学科整合在一起。他上数学课讲"莫比乌斯圈"，能从组织操作演示中，引导学生的知识视野向着多变的立体空间延伸。他在学生的解题出错中巧设认知冲突，生成教学过程的精彩，激活学生潜在、沉睡的数学求知欲。他精心设计的数学认知过程，使学生体会"天下难事，必作于易，天下大事，必作于细"的人生哲理。其至意外的负伤，戴帽进课堂的自身穿戴修饰，也成为巧妙设计数学教学启示的自然资源。苦心孤诣，呕心沥血，无意中的有意，有心中的无痕，于中可见一斑。

十年前，当我将他业务高速发展、人格快速成长的事例概括为"华应龙现象"在无锡郊区的教研活动中首作推介时，我当时只是强调了他的勤奋好学和教学精益求精。其后，我通过他的成长、发展个案，多次在县内外公开教研场合大声疾呼，坚持认定年轻老师，通过十年左右的努力，完全可以成长为一个出色的有所作为的好教师。今天，我们审视"华应龙现象"，我更觉得热爱教育，热爱学生，志存高远，锲而不舍，提升自我，为自己所教的每一个学生的健康成长奉献自我，才是"华应龙现象"的不竭原动力。

因此，华应龙现象既是独特的，是与他的个人的特殊经历和长期带有个人印记的独特努力分不开的；然而华应龙现象又是具有普遍性的，任何追求进取的教师，只要像他一样的努力，都是可以在业务工作中快速发展，大有作为的。华应龙教学生涯的快速成长，还凝聚了社会和时代的促进因素。因此，"华应龙现象"既是他个人创造的，又是振兴中华的时代呼唤和素质教育的教改实践合力锻造的成功产物。每一位学习华应龙同志的教育同行，都应更为珍惜当今改革开放的好时代，把握每一个教育教学的任务挑战，在不断战胜困难中，时时刷新自己的业务水准，成就工作的、也是个人的辉煌业绩。

我对华应龙同志是熟悉的，但又是陌生的。我还不了解他的丰富的精神世界的全部。我了解他的过去的教学经历，但不能审视他现在的全部工作成就。我曾给予他的发展提供过一些有益的帮助，但这种帮助是我的工作职责的本分，任何尽职的教研员都会对渴望业务发展的同行给以微薄的支持。更何况我从与华应龙的相处中获得了更多的帮助，学到了许多工作、学习、处事、为人的教益。我们之间有过争议，有过误会，但更多的是友谊。华应龙——我的朋友、我的同志、我的老师，愿你沐浴在祖国新一轮课改的春风里，长空搏击，行得更高，飞得更远！

华应龙现象——我永远有待解读的名师成长之谜。

十三、应龙，一个创造教学禅意的人

江苏启东市教育局教研室副主任，著名特级教师　蔡宏圣

执教《我会用计算器吗》，华老师说："教是因为需要教"；执教《角的度量》，华老师说："让学习像呼吸一样自然"；执教《分数的再认识》，华老师说："单位，让分数更好玩"……每一节课，都犹如一个标本，从极平淡中、看似空无道理中偏偏点出独到而又普适的智慧来。一线老师们便在课毕醍醐灌顶：哦，原来是这样的！这样的情形，不得不使人联想到一种意境：禅！

听华老师的课是这样的感觉，读他的文字亦是如此。

　　每个教室，每堂数学课，无不出现着学生的学习差错。正因为见得太多了，便也似乎理所当然，不曾有人思索过错之于教育的意义。但华老师说：差错是一种特殊的教学资源，错对于学习，犹如沙粒之于河蚌，分泌汁液包容它，反而可以培育出珍珠来；他又说：放弃经历错误也就意味着放弃经历复杂性，远离谬误实际上就是远离创造，过度的防错、避错，对学生的成长是一种伤害；他还说：一名学生出错，对于整个班级来说是一种贡献，对于个人来说是一段很荣幸的经历。错是错，错不是错，错还是错，谁敢说司空见惯中点化出的哲思，不是禅的意境呢？

　　我知道，不少教师在读后啧啧称道的同时，会感叹道：容错、化错、荣错的道理说得真好，但……言下之意，华老师是大师，他们是普通教师，他们有充分的理由行走于避错、压错的教学习惯里。随堂课里，要赶教学进度，以错为资源，教学即时生成，来不及教学怎么办？公开课里，要呈现光鲜的教学效果，难得的一次公开课上砸了怎么办？化错，随堂课里要拷问普通教师的实践智慧；公开课里，要拷问普通教师的教学勇气。谁愿意不断地生活在这样的拷问中？因此，有了理由，避错压错似乎就名正言顺、堂而皇之。不过，赶进度难道就是把该讲的讲完，而学生犯不犯错，和己无关吗？要光鲜的教学效果难道就是掩盖住可能的磕磕碰碰，教得顺畅光鲜吗？由此看，所谓的充分理由，其本质是目中无人（学生），以教为本！

　　《人民教育》今年的13～14合刊出了"尝试教学法"的专辑。邱学华先生的尝试教学，成就于20世纪80年代，在当下重新品读它，是意味深长的事情。尝试教学作为"以生为本"思想的一种表达，近20年来，众多教学改革中最引人注目的那些成果，都可以从"尝试教学"那里找到渊源。从已成就功名的江苏洋思模式、山东杜郎口模式，到上海静安教院附属学校的后"茶馆式"教学；从各地草根研究中提出的先学后教、多学少教到以学定教，从教师课堂里的学情分析、学材设计到导学案、预学单，无不显示着我们的课堂酝酿大变革，从以教为本转变为以学为中心。学，是教之前的独立思考，"错"准确地诉说了学生认知结构中的不到位之处；教，是学之后的精准帮助，不收集"错"，不讨论"错"，不解决"错"，教就是不帮助学生发展。化错，放在这样的时代背景下，它无疑是课堂是否开始转型的试金石。与此同时，我们还可以看到，无论怎样的"以生为本"的教学探索，其在文化上都倡导着宽容，学为中心就是允许学生不受干预地自由思考，就是允许犯错。因此，化错的教育主张可以纵横于各种以生为本的教学探索中，成为它们的必要补充和有机组成部分。

至此，我们可以理清楚了：化错，如果在以教为本的教学模式中还只是少数名师所追求的话，那在以学为本的教学模式中，将是绝大多数教师应该做的。

在以生为本的课堂转型不断深入的境地里，"错"必然会越来越成为课堂中教师关注的焦点，真心践行化错教学的队伍也会越来越壮大。不过我预见，当那个时候，华老师又会自己脱离这支队伍，去寻找和站立到更前沿的教学领地。因为，他一个人就是一支队伍！

十四、寻宝者华应龙

南京师范大学附属小学 特级教师　贲友林

写"华应龙"，对我来说，这是一件比较容易的事。

掐指算来，与华应龙的交往已近二十年了。记得我 1990 年刚刚走上讲台的时候，他在海安墩头工作，而我在海安大公，知道他的名字是在《江苏教育》中看到他的文章。也许是因为同为农村小学数学教师的缘故，他也就逐渐成了我心中的"星"。没有料到，几年之后，我和他先后走进海安实验小学，我们成了同事，成了挚友，用他的话说：彼此之间发现对方有缺点，我们可以毫不忌讳与掩饰地指出。2002 年，他去了北京；2005 年，我来到南京。一南一北，地理空间的距离，并没有扩大彼此之间的心理距离，我们依然保持着心灵的默契。于是，我尝试从记忆中拾起几粒珍珠，由此串联成文稿勾画出华应龙。不过，当我下笔时，我才发现这是一件难事。

我又尝试寻找一些关键词：智慧、认真、勤奋、执着、谦逊、随和、友善、乐群……这些，好像都是对的，又好像都不具个性。面对美不胜收，却找不到词汇来描述那份感觉，心中不免多了几分怅然。此刻，我感觉到我思维的笨拙无力、语词的荒芜苍白。我好像只能感叹：写"华应龙"，真难！

我的头脑中回顾着与华应龙的交往，回顾着他的文章，他的课堂。"圆的认识"一节课浮现在眼前。

上课伊始，他设计了这样的问题：宝物在距离小明左脚 3 米的地方，宝物在哪里？左边、右边，前面、后面……随着学生的回答，屏幕上的显示与学生的思考同步。点，由少到多，进而由点渐渐连成线，圆，进入了学生视线。拉开圆的教学大幕这一出，已经满含教学意韵。而在课堂即将结束的时候，他又一次提问：宝物在哪里？这时，大脑已经被激活的学生，思维指向由平面走向立体，他们发现，宝物在以小明的左脚为球心、半径为 3 米的球面上。学生的认识不断地延展，我们的思考也不断地充盈。

他的课堂，就是这样引导学生不断在被挑战的场景中寻觅、发现"宝物"。而他自己，也在不断将"宝物"尽揽怀中。他是一位不折不扣孜孜不倦地寻宝者。宝物在哪里呢？

我随手翻开手边的一本他借给我的书《爱与成功》。这本书，是他和我一起去山东淄博参加全国赛课时在当地新华书店买的。当时，他让我读书中的文字，以平静的心情参加赛课。书中的文字，已经难以一一回忆，但其中的观点与想法，却记住了一些。时隔五年，我又想起了这本书，于是向他借阅。在春节他和我都回老家海安之际，他把书送到我手中。手捧《爱与成功》，我看到书的扉页上贴了一张纸，是从一张报纸中撕下的一角，旁边还密密麻麻写满了他的感悟：把学生当人看，把学生当孩子看，把学生当自己的孩子看，一所这样对待孩子的学校，能不尽心尽力为学生的未来着想吗……

也许，这是被人扔弃在桌边、墙角甚至于地上的一张报纸，在大家的眼中，就是一张废旧报纸而已，而他，排沙拣金。你惊讶，宝物总是被他发现！宝物总是青睐于他！你感叹，生活中不是没有宝物，关键是你有没有发现宝物的眼睛。

他不慎在校园中摔了一跤，头磕破了，只能戴着帽子上课，然而却成就了他的一次有关中括号的经典的教学案例。正如他说："脑袋上加个帽子和算式中加个括号是一样的，都是因为有着某种需要，帽子和括号都有着特别的功能！"磕破脑袋，是无意的；但把磕破的脑袋给"用"起来，却是有心的。看似风马牛不相及的事物，他用智慧与敏感搜寻出联系。捕捉这一联系，来自于他前一天乘坐飞机下降过程中的脑中灵光一现，于是他赶紧从飞机前排后面的口袋中抽出垃圾袋，在那个垃圾袋上记下了这一教学创意。

他教学计算器，课始、课中、课末，三次通过提问引导学生反思："我会用计算器吗"学生的回答，由肯定到迟疑乃至于否定，进而再走向肯定，他们体验着充满挑战的数学学习之旅，体验着思维进展成功的收获之喜。而在课中，当学生面对一道复杂的算题但用计算器进行计算出现"问题"时，他神秘地告诉孩子"祖传秘方"——老子语："天下难事，必作于易；天下大事，必作于细。"那感觉，道是疑无路，忽然又通，走过去，展现在眼前的是一幅令人陶醉的迷人画面。

教学可能性，他在课中自己创编了一则故事，让学生在饶有情趣的情境下，运用"可能、一定"进行分析、判断。虽然这让他费了两天的工夫才编成，但他一直不满意其中的缺憾之处。有一天，他看中央电视台的《今日说法》，突然悟出撒贝宁讲的故事可以"拿来"一用。于是，他将录像剪成两段，孩子在笑声中生动、准确地完成有关可能性的分析。用一个现成的故事，把"可能""一定"很好地串了起来，听课教师纷纷感叹"神来之笔""点睛之笔"。

这真是，一切皆成文章。他的文章，他的课堂，让我享受着华氏智慧、华式智慧。当我在给他的邮件中谈及"华氏智慧""华式智慧"后，他回复邮件，让我说说"华氏智慧""华式智慧"。我一时难以找到合适的语词。与丰富的内容相比，语言，竟如此的贫瘠。

当同行们啧啧赞叹乃至于拍案叫绝的时候，我想起了鲁迅所言：就是"这一个"，我又想起来他曾做过的一场报告题目——《"我怎么没想到？"》他留给同行们更多的期待，更多的惊喜。因为，他的每一次，都会让你有新的发现，产生新的思考。他的课堂，不重复他人，也不重复自己。这些，是否可以借用来诠释"华氏智慧""华式智慧"呢？

不过，当我们惊奇于他"众里寻他千百度。蓦然回首，那人却在，灯火阑珊处"，别忘了他"昨夜西风凋碧树。独上高楼，望尽天涯路"，别忘了他"衣带渐宽终不悔，为伊消得人憔悴"。

2008年正月初三的晚上，回到海安的我和他相约交流。当我来到他的房间时，他正在电脑前敲打着键盘。他告诉我，大年三十晚上写了一篇东西，正月初一晚上又写了一篇，这会儿正在修改呢。"你看看，说说想法，提提意见。"我们的交流，自然是从他的文章开始。两个月后，《追飞机》一文发表于《人民教育》。也许，只有我知道，这篇文章形成于除夕之夜。别人在尽情享受着春节的快乐，他笔耕不辍，在他的世界中寻找着自己的快乐！

发展源于问题，思考源于困惑。在教学"角的度量"之前，他自我发问：量角的大小是屠龙之技，还是生活中必不可少的技能？学生感受到了量角的用处吗？学生学习的难点是什么？为什么会有这样的难点？以前我们教了量角的知识和技能，那给学生怎样的方法和思想的提升？……十多个问题一股脑地在他的脑中盘旋。一度，手足无措，寝食不安。但他，对问题不抛弃不放弃，被"问题"痛并快乐着。茫茫的煎熬，让他生成了大胆的想法：让学生先画角，再量角。这一突破教材编写思路的创造性教学处理，收到"巧动一粒子，活了全盘棋"的效果。课堂教学耳目一新，酣畅淋漓。

他，钟情于问题引领思考，常常在无疑处生疑。更难以想象的是，一节课结束，他往往会"纠缠"于一个或几个问题，坚持不懈地思考。也许正是他这执著地"多想一想"，也就有了多一点的收获。一次他在南通上课，课前师生交流时一位女生因为他的一句话而"质疑"："您这不是打击我们成绩好的人吗？"全场师生哈哈大笑。在大家的眼中，这是一则教学花絮而已。而他，"一年时间，一个女孩的声音，一直在脑海里回响"（引自华应龙文章）。他反复玩味：学生的质疑说明了什么？教师到底该怎么处置？教师究竟该怎样应对？面对学生的质疑又想到些什么？……于是，《人皆可以为尧舜》记录了他的感悟、感动与感谢。

我常常接到他的电话，收到他的邮件，他把他的想法原原本本地与我交流，而我在交流过程中一次又一次地感受：会看风景的人，是在平常人都在走马观花的时候看到从大家眼前流走的风景；会看风景的人，是在大家烂熟于胸的景区中看到在大家眼中没有任何影像的风景。他，看到了他的风景，甚至从一粒沙子里看到一个世界，从一朵花里发现一个天堂。

华应龙的实践，我们可以耳闻目睹；而他的思考，我们需要静心领悟。华应龙一直用保罗·弗莱雷的话激励自己："我不能替别人思想，没有别人我也无法思想，别人也无法替我思想。"是的，华应龙的教学实践与他的教学思想并驾齐驱，相得益彰，正是因为他首先把"思想"作为动词，继而才使"思想"成为名词。宝物，是"思想"孕育出来的。我们当像华应龙一样，做有思想的教师，做生命挺立的教师。

写到这里，我长吁一口气，文章，可以算写成了。转念一想：不对，华应龙他自己的页面在不断更新中，我怎么能写出此时的他呢？我的此刻停笔，只是暂时的一个中断。我，还要继续点击、链接、解读，刷新对他的认识，这样我也获得不断长进的动力。

十五、引导者华应龙

北京第二实验小学校长助理　　施银燕

最初接到邀请，让我写一写"我眼中的华应龙"，我答应得非常爽快。华老师的成就自不必说，对我而言，他是领导、兄长、朋友、老乡……这么多年的交往，还愁没东西写吗？

但是，真要动笔，却十分困难。不是无话可说，而是记忆里许多零零星星的画面扑面而来，这些零星的琐碎家常似乎也没有耀眼的光环笼罩。随后我释然：不熟悉的，能打动人的是才气；而天长日久，吸引人的是存在于细节之中的人格。然后再次提笔，我发现我陷入了另一个困境：我坚持不了一贯"冷冷"的旁观者的笔调，我不时地想感叹一番。我努力尽可能只陈述事实，而少发表观点，于是有了以下的文字。

他是位老师，一位十分出色的老师。

对我而言，他更是人生的导师。而这一点却是我在最近这些日子不断回忆思索之后才意识到的。从来，我只把他当成朋友，可以信赖的朋友。

他是名特级，又是你的领导，你怎么能这么没大没小地和他平起平坐？

因为他也称师父张兴华为师父？因为同是南通老乡的缘故？也许这些都不是主要的。周围的一群人，他的学生、下属，我们大家都和他平起平坐。

朋友交往，打电话是常事，打不通也挺正常。手机不在身边，正在上课，没电了……我自己就经常有这些十分充分的理由让别人头疼不已。华应龙老师的手机，好像没有打不通的时候。偶尔有接听被拒绝的时候，不久就会有回电："我刚在开会，什么事？"电话接多了，麻烦自然增多了。当然，他从来不把它当成麻烦。每次被求助，好像都能让他很开心。

在我做论文为选题苦恼时，他把他思考多年的"错误资源"推荐给了我，他的想法建议以及他多年积累下的资料一股脑儿传给了我。连续多天的长途通话让我对这一课题有了兴趣也充满了信心。最后的论文得到了答辩老师的一致肯定，之后吴黛舒老师（叶澜教授的弟子）还对我说，我的论文是她唯一一口气读完的！我很开心地向华老师汇报，没想到他却对我说"我们一起合作，真正沉下来，把这个课题好好做一做！"我奇怪："现在开题？我都觉得可以结题了！"可不是吗？答辩通过学位证书拿到论文也都发表几篇了。"原来更多的是一些朴素的观点和对现状的思考，现在我们要做的是在自己的教学实践中提炼出一些可供参考的东西"，他的一席话让我颇觉惭愧，在我觉得可以画句号的时候，华老师却认为研究刚刚开始。在他的带领下，经过三四年的潜心研究，随着"课堂学习差错资源化"不少精彩的课例和华老师的系列报告的面世，该课题在全国小学数学界引起了不小的反响。我万万没想到此时华老师还坚持"下一步要深入进行理论学习，经验成果需要系统化，真正能够在为数学教育留下点什么"。铁杵成针，水滴石穿，从小到大，我们听过不少这样的故事，如今我们也在拿这些故事对我们的学生进行着空洞的说教，华老师却用他持之以恒的执着，无声地为我们书写着新的教育故事。

假期中，要做一个关于学生评价的调查，需要搜集历年的试题。看了一下日历，估计华校长的腿伤还没全好，试探性地发了一个消息，结果很长时间没有回音，心里责怪着自己的鲁莽，手机响了，居然是华校长办公室的电话。"已经发你邮箱了。""您的腿好了？""绷带拆了，拄着拐可以走，没事！"轻描淡写的语气更让我感动。像这样，毫无保留也不求回报地帮助别人似乎是他的本能。说不求回报似乎也不太确切，他也有"交换条件"——他会问你调查进展得如何，可否让他"学习"；当他听了你一节研究课让他评课时他会限你三天之内把实录反思整理出来；当他把一本好书借给你后如果保持原样还回去是过不了关的：你必须在上面随便涂鸦……

我没意识到他是导师，因为他好像从来也不教我什么，相反，他常常向我们"请教"。

我要去参赛，忐忑不安地备了一节《尝试的学问》，试教时不太有底气，等着他的拍板。他却只是告诉我要充满自信，不要轻易改变自己。随后，他亲自上了一节反过来让我来评。就是这种角色的互换生成了更多的灵感，和他一贯的风格一致，他会提问、会商量，而不是直接简单地告诉你怎么做。他的论文、随笔、备课……我和周围的其他老师都能在第一时间看到，我的邮箱里至今还存有不少来自华校长"请指教"的邮件，我们谁都敢"说三道四"，无论是新毕业的大学生，还是在教海挣扎数十年依然默默无闻的老教师，大家的意见都能得到十二分的尊重，他是真心地敞开接纳呵，因为我们所说的似乎都能"启发"他产生新的想法，甚至有时我都觉得一无是处的言论在他看来也是有价值的"我主张我就有充分支持的教育申辩能力很重要"。如果说"不耻下问"在别人那里是出于礼貌或者表现的姿态，对华老师而言却是发自内心的真诚态度。谁会拒绝做这样的"指教"呢？为了能和他对上话，能"指教"一二，你不得不去学习，去思考。当然，看他的文章的确是种享受，当我们对他文章、备课中的精彩之处拍案叫绝的时候，他会一五一十地坦诚告知从困惑到顿悟的思路历程，"鸳鸯绣罢凭君看，不把金针度与人"，能够反其道而行之者，拥有的绝不仅是不断超越自己的信念信心，更重要的是与人分享的大度智慧。说来也怪，随着不停地"指教"，总觉得只能当二流教师的我对讲台平添了几分热爱；原来靠不断点击着"字数统计"挤出规定字数的我，渐渐地洋洋洒洒上万字也不太费力了。

"好老师引导学生会不露痕迹"，王尚志教授反复强调的一句话，我是深深理解了。做人、做学问，有华应龙老师的引导，何其幸矣！

十六、睿智、勤勉和无私

北京第二实验小学第五党支部书记   崔蕾

记得曾经有位诗人从禅语中悟出了这样的两句诗，"千江有水千江月，万里无云万里天"，我很是喜欢。它描述了一种广阔的情怀、一种高远的境界。不知道为什么，看到这两句诗我总会想到一个人——华应龙校长。

华校长是我的领导，但在内心深处我却更愿意把他看作是我的良师益友。如果非要用几个词语来描绘他的话，我的脑海中会飞快地闪现出睿智、勤勉和无私。

说他睿智，我想这是所有认识他的人的共识吧！套用现代的一句流行语，他真是"太有才了"！

不知道你有没有听过他的课，"出租车上的数学问题""角的度量""圆的认识""我会用计算器吗"……几乎所有的人听后都会发出同一声感慨，"我怎么没想到呢"？

我想这样的独具匠心源自他的思考，他始终在思考，思考"教是因为需要教"的问题。因此他课堂上的每一个环节的设计都是多种目标的和谐统一，既体现了教师的创造，也展示了教师深厚的教学功底，更是教师对所教内容数学内涵的深刻思考。

我想这样的与众不同还源自他的用心，正如一节课的课尾他说的这句话——"运用之妙，存乎一心"。的确，要想在课堂上将自己的"才华"运用自如，需要"用心"——用心设计每节课，用心思考每个问题，用心做好教育。

我想这样的大家风范更源自他的博学，在他的课堂上常会有先贤的名言警句出现，如孔子的"工欲善其事，必先利其器"，华罗庚先生的"善于退，足够地退，退到最原始而不失重要性的地方，是学好数学的诀窍"，老子的"天下难事，必作于易，天下大事，必作于细"……而对于这些富有哲理的佳句的理解，并不是他平铺直叙的灌输，而是在他巧妙的设计和不露痕迹的引导中学生自己体会到的。他的课始终都不是教师直接的"给予"，而是唤醒；与之相适应的是，学生不是被动接受，而是感悟、生成，像奔腾在学生体内的血液般自然。正是这样的课堂让我明白了什么是真正的教育。

再说他的勤勉，是因为这样智慧的一个人又特别刻苦勤奋。无论多忙，他都会挑灯夜读、笔耕不辍。他读的书早已破了万卷，他写的文章更是神来之笔，使人爱不释手。

他不仅自己爱读书，他还会带动身边的人爱上读书。记得我在准备全国比赛期间，曾经一度焦头烂额，特别困惑。当时华校长推荐我看书，还找出重点章节要求我精读划批，并且还要我读后和他交流读书心得。那时我特别不能理解，比赛都迫在眉睫了，哪有闲情读书？嗨，硬着头皮读吧！读着读着我读出了味道，读懂了他的苦心，他是希望我跳出眼前的小圈子，站在巨人的肩膀上换个视角来重新思考。也正是华校长的言传身教使我真正理解了这句话，"竹林再密溪水也可以流过，山峰再高白云也可以飘过"，我想我再也不会用"忙"来做借口而忽略读书了。这真的是一生受益呀！

他勤读、勤写的同时还在不断地勤思。为了思考一节课的一个环节，他常常要冥思苦想很久，即使是在吃饭、睡觉的时候。听说，有些精彩瞬间就是在他入睡前突然想到又从床上爬起来赶快记录下来的。

那还是在帮我准备全国比赛时，他在外出的飞机上想到了一个很好的问题情境就帮我随手记录了下来。当我拿到那张小小的广告纸，看到背面密密麻麻的文字时，我的心中充满了感动和钦佩！

　　最后一定还要说说他的无私。

2007 年 11 月，大足石刻，带队观摩全国教学大赛

　　他在帮助我备课的过程中，付出了很多的心血和智慧，但他却从不计较个人得失，不计较名利。当然不仅仅是对我，对我身边的很多老师都是如此，他都给予过很多无私的帮助，默默无闻的搭台铺路。一位教坛大家也能如此甘为人梯，实在是了不起！

　　其实我只是想用三个词六个字来形容我眼中的华校长，但却没想到洋洋洒洒的写了这么多。即便如此，我仍觉得没有写出我心中的崇拜和感激，不如就此停笔吧。希望你也能有机会结识他、走近他，那时自然就会有你心中的华应龙了……

十七、隐形的翅膀

江苏省海安县实验小学副校长、特级教师　许卫兵

学长华应龙老师大我三岁，也高我三级——1984 年我跨进江苏省如皋师范学校大门时，他正好师三毕业走上工作岗位，成为海安农村村小的一名普通教师。

我和他的真正相遇却是在 10 年以后。1994 年，我到张家港参加江苏教育报刊社组织的"东渡杯·教海探航"征文颁奖大会时，正好遇上华应龙老师作为特邀嘉宾出席颁奖活动。其时，华应龙在省内外已经颇有名气了，和《江苏教育》的编辑们很是熟悉。虽然我和他平时都在一个县区，但真正见面的机会很少。那几天，我倒是和他有了比较多的接触。他向我一一介绍《江苏教育》编辑部的几位主任，还专门向数学编辑徐正康老师推介了我。颁奖活动的最后一个夜晚，刚参加完晚饭后的联欢活动，一个内线电话拨到了我的房间。我一接，原来是徐正康老师叫我去他房间坐坐。虽说在那几天的活动中与徐正康老师有过几次照面和招呼，但与他单独的会面还是没有，更何况我只是一个无名小卒。我怀着既激动又紧张的心情来到徐正康老师的房间后，他先是请我入座，然后谈起看到我写的征文时的感觉和评委会的意见，也让我谈谈写参赛征文的思路和构想。接着又聊起华应龙老师的勤奋和他对我的推介。也正是从那个时候开始，我和《江苏教育》、和"教海探航"结下了不解之缘。现在回想起来，得感谢华应龙老师的"牵线搭桥"。

从张家港分手后的第二年暑假，华应龙老师从他所在的乡镇调到了我所在的海安县实验小学任副校长。当时的海安县实验小学已经是 50 多个班级、3000 多名学生的规模了，华应龙老师除了任教一个教学班的数学外，还要负责全校的教育教学和教育科研，在校园里整天看到的都是他忙碌的身影。当时就心生疑虑：他到底有什么法宝能使得他在如此繁琐的忙碌中还能有那么多的文章发表，有那么多的研究成果？他有什么"隐形的翅膀"？

时间很快就到了 1997 年的春节。因为教育局在县城兴建了教师新村，我们学校分到了其中的一幢楼，而且我和华应龙老师正好在一个楼道。年初一的早上，我到他家里给他拜年。他在书房里接待了我，原来他早上五点就起床坐在书房看书了。

华应龙老师的书房很是简朴，但靠着整整两堵墙壁的书橱里全是书，《江苏教育》《中国小学数学教育》《小学教学》《小学数学教师》等杂志按照年序都装订成册整齐地排放在书橱的顶上——因为书架里面的空间全部被书占领了，粗略估计一下，不在 1000 册以下，足见华老师对书的热爱，难怪他会被评为海安十大藏书家。从这里我也找到了《江苏教育》数学编辑都很敬佩华应龙老师勤奋的注解。

爱藏书的人一定爱读书，华老师也是这样，但他读书的时间都是挤出来的。从闲聊中得知，因为白天工作的繁杂，很难有合适的读书时间，华老师的读书时间大多是在深夜或凌晨，而且天天如此，年年坚持——正月初一的早上也不放过。华老师以他自己对读书的热情感染着我们，就是他 2002 年调到北京第二实验小学后，我和其他好几位朋友还经常收到华老师从北京购赠的书，摆在我案头的《美国课程标准解读》《教育新理念》《数学的思想、方法和运用》等就是华应龙老师调到北京工作后寄给我的。据了解，现在还经常收到他购赠书籍的我校教师都在 20 人左右。书是人类进步的阶梯。华应龙老师读书的热情也深深地感染着我们，读书，成了我校教师研修和专业发展重要方式，也成了我们很多年轻教师快速成长的"隐形的翅膀"。

华应龙老师不仅爱读书，而且将书读得活，特别是他读书后的融通能力特别强。作为一位全国知名的特级教师，很多老师都在研究他成长的秘诀。但是，对于如何做一名好教师，他没有透露谜底进行直接的回答，而是在"向农民种地一样教书""篮球教我做老师"等类比性的文章中，他将为师之道娓娓道来。尤其是在他的课堂，大气、灵气、博古通今，视野开阔，充满睿智和情趣，引领着我们在小学数学教育的园地里前行。

我终于看到所有梦想都开花/追逐的年轻歌声多嘹亮/我终于翱翔用心凝望不害怕/哪里会有风就飞多远吧/……我知道我一直有双隐形的翅膀/带我飞/给我希望……

在我们眼中，华应龙老师总是在不停地飞，从乡村到县城到京城，从普通教师到特级教师到基础教育名家，越飞越远，越飞越高！

隐形的翅膀有着无穷的力量！

十八、"三感"华应龙

江苏省南京市长江路小学党支部书记 特级教师　周卫东

打开电脑，想写点关于华应龙的文字，半天竟没写出一个字。不是"无米下锅"，恰恰相反，而是满脑的素材不知从何下手，不知如何才能把那份对他不凡经历的感受之情、对他教学艺术的感悟之意表达清楚并进而使自己满意？

感觉其人

与华应龙相识久矣。20 世纪 80 年代末，我还在一所乡下的中心小学工作，当时教师专业成长的途径很窄，只有诸如《人民教育》《江苏教育》《小学生数学报》等几类报刊，可看着看着就发现了苗头，差不多过一段时间、有时甚至是连续地出现"华应龙"的名字，特别是发表在《人民教育》上的那篇《不妨听听自己的课》一文，更是成为我专业成长途中的一名"导师"。

后来，华应龙这个名字逐渐进入了我的视线，有关华应龙的文章我首先读，有关华老师的信息我特别凝神……有人跟我说起华应龙，我总是自豪地如数家珍，一一道来。

华老师的家乡与我的家乡只有一河之隔，且我的姨母与姨父（都在海安县墩头镇做教师）与他是同事。每每与姨父姨母谈起他，他们总是一脸的敬佩，说华校长有着比较曲折的经历，家境贫寒、父亲早逝；他们说，他教过小学也教过中学、做过教导主任、副校长也做过行政干部（镇文教助理）；他们还说，可能正为这些广泛的阅历与不凡的经历成就了他今天广博的学识与豁达的气度。

由于多次在一起参加学术交流活动，我对他了解得更为透彻与深入了——

我羡慕他有着广泛的爱好和强壮的体魄，篮球是他的至爱并尊为"导师"，春寒料峭的时日他也常常只穿着一件衬衣。

我敬佩他对阅读的痴迷。在海安实小工作期间，就是因为藏书过千册而被评为为数不多的"海安县十大藏书家"；工作之余，他每每徜徉在书海里，书店里，碰到可心的书，他吃不香、睡不着；他读书时间大多是在深夜或凌晨，而且天天如此，年年坚持——正月初一的早上也不放过。

他"血液里有颗'不安宁'的种子,像含羞草,一碰就哆嗦"(大画家吴冠中),钟情于教育事业,他放弃了众多人梦寐以求的进入政界发展和到省教育报刊社工作的机会。在任教育助理期间,他还在一所村小代着一个班的数学课(这恐怕在全国也是罕见的),竟还代表那所村小获得江苏省优质课竞赛的一等奖!

他为人坦诚,毫无矫揉造作之感。他的文中丝毫不掩饰自己贫寒的家境和在县会教中获三等奖的经历;与台下老师互动时,"他先是一愣"的姿态和"对这个内容我没有研究过,真不知道!"之类的坦诚告白我们似乎经常见到,这种与惯常所见的一些讲学中的"自圆其说"与"故弄玄虚"相悖的姿态,让我们叹为观止!

感悟其课

很有幸,在活动现场,我学习了许多华老师执教的观摩课:《平行四边形的面积》《莫比乌斯圈》《你用计算器计算吗?》《审题》《中括号》《角的度量》《大成若缺认识圆》……毫不夸张地说,他的课说堪称经典实不为过,他的反思文章也大多成了我收藏夹中的珍品。

在一遍又一遍的观摩、欣赏之余,我用学习的姿态去揣摩,用研究的眼光去审视,从而看到了小学数学课堂教学的另一番天地——原来,数学还可以这么教!

知识,不再是他教学的唯一。《孙子定理》《莫比乌斯圈》等课,使我们看到,华老师的课堂决不刻意让学生只是掌握某个知识点,形成某种技能,而是重在活动,重在体验,重在过程,重在参与。而他基于"死于习惯"(黑格尔)的高度警觉、而旁逸斜出精心打造的《审题》一课,引来了学生那张张涨红的小脸和直抵心灵的大呼"上当",他们收获的与其说是重温了部分数学知识,毋宁说是对学习习惯严重"缺钙"的及时匡正。

课堂,成了他与孩子相遇的地方。"甜蜜柔软的新鲜空气,像花儿一般地在孩子的四肢上开放着"(泰戈尔),在华应龙的课堂上,泰翁的这句名言得到了最好的诠释。他习惯地称学生为"孩子",而这两个字只有在他嘴里才听起来那么自然与妥帖,决不矫情与造作。"我不知道""我有祖传秘方""圆的样子都是一样的,不圆的样子就各有各的不同""踢球的11个,赢球的13亿"等华氏语言幽默风趣,极具亲和力和文化的韵味,打动了学生也打动了老师。更有那多次伴随着下课的钟声学生不肯离去的场景,就如同那上演的动漫片,让孩子们欲罢不能,流连忘返。

错误,在他看来成了教学的最可贵资源。华老师对"差错资源"跟踪研究了十多年，形成了自己的独特认识并彰显于他的课堂。《平行四边形面积》一课中，学生认为"平行四边形的面积是用长乘宽时"，他顺驴下坡，巧妙"误导"；教学《圆的认识》一课，为使学生深刻认识到画圆的关键处，他在课前"借"走了学生的所有橡皮；为研究学生差错根源，他收集了若干学生的错误实例……华老师认为，学生是成长中尚不成熟的个体，教师要从正面看待学生的学习差异，要从科学的角度理解学生的各种差错，要用发展的眼光理解这些差错，要允许、认同、接纳、利用学生的差错。

大气，让他的课堂永远充满着无穷的张力。他展示的课堂，大都是别人不敢啃的硬骨头，而正是这些内容恰恰成全了其课堂的磅礴与大气。"清水出芙蓉，天然去雕饰"，决不拘泥于一城一池的得失，有如北方人的豪爽，又如水墨画的洒脱。司空见惯的《中括号》一课，当我们多次不厌其烦地向学生讲述运算的种种规则、熟记条条法则时，华老师让我们见证了"再创造"思想的完美体现及苏格拉底"产婆术"的现代演绎；《角的度量》一课的教学则折射出华老师对学生学习心理的准确把握及学习过程的深度参悟，从而"使学习像呼吸一样自然"。

感受其文

林林总总地，也不知读了多少篇华应龙的文章。总体感受是，华应龙的文章很耐读，似一股洗涤焦灼躁动的精神清泉，很清、很淡，很纯净，很悠长，诸如《篮球，我的导师》《赶飞机》《擦黑板》《年年、月月、日日》《惠芳老师的眼睛》……；又似一位智者在娓娓地讲述，浅浅地微笑，是智慧的独白，也似一本语重心长的"教科书"，诸如《所有的判断都是统计学》《让学习像呼吸一样自然》《差牌妙打》《教育助理是减负的第一责任人》……

人的灵魂是怎么获得的？周国平先生说："通过往事"。华老师的许多文章正试图"通过往事"来寻找灵魂的方向和归宿。

真的很喜欢他的《篮球，我的导师》！他巧妙自然地把人生的成长与篮球比赛实现了种种嫁接，以比赛规则来暗喻生活规则，让读者在"身临其境"的比赛场景中来触摸自己的心路历程。

尽管华老师的"幸运，流畅得像荷马的诗句"（培根），但他没有甘于现状、自满自足，而是以"苦痛、欢乐、失败、成功我都不问，男儿的事业原本要昼夜不停"（歌德）来自勉，努力追寻着、实现着"板凳甘坐十年冷，文章不写半句空"的理想境界。

生活不都是很顺的。面对别人的打击，他认为"人家在牺牲自己的人格去帮助你、锤炼你呢""你应该用石灰精神激励自己，越是泼冷水，越是热气腾腾。"

华老师是位值得深交的朋友。帮助别人时他这样理解："如果你帮助了别人得到他想要的，你就能得到一切你想要的！"（华盛顿父亲）。别人帮助他，他又是另一番理解："人家帮你永远不忘，我帮别人莫记心上"（华罗庚）。

是的，"通过往事"使他获得了灵魂的皈依和境界的攀升。

我常想：有时，思想像一种野草，在低洼处"独舞"——真正有智慧的人可以从小细节中看到大景观。

华老师的许多随笔就是如此，让你从故事中悟出深道理，从小事情中总结出真智慧。诸如《赶飞机》《差牌妙打》《擦黑板》等，文章中描述的种种经历，让人读出了他"余秋雨式"的文风，读出了他不凡的经历和独特的思维视角，更读出了他智慧中的思想。

华应龙是一位数学老师，更是一位杰出的数学老师。他所有的专业文章中，我读得遍数最多的莫过于他发表于《人民教育》上的暑期新课程辅导文章——《所有的判断都是统计学》，初读惊讶，八九页纸，够长的，如让我来写，要一个月、两个月？再读叹服，恐怕再长时间也未必写得出！通篇内容对我而言，是如此的专业与精深。

如何理解 C. R. 劳先生关于"所有的判断都是统计学"？小学阶段的内容中，究竟是"统计与概率"还是"统计＋概率"？学生凭经验就能判断，还要做实验吗？学生在实验中是"操作工"还是"探究者"？……这些点击率极低、不为教师关注的问题都能找到答案。

此外，《华老师，您误导》一文，老师导出的是学生的"错误"，而这种可贵的"错误"却引出了学生的真探究，引出了潜能的开发，引出了独特个性的彰显。《评价不是筛子而是泵》一文，更让我们读出了课堂评价的核心：对学生的参与做出评价外，更重要的是要保护学生参与的积极性，及时肯定孩子发言中的合理成分。以这种低起点，小目标，快反馈的评价，来激发学生的兴趣，拨动孩子的心弦……

行文至此，我想起韦伯在其著名的演讲《政治作为一种职业》中的所说，"有资格将手放在历史舵轮上的人必须具备三种素质，一是对事业炽热的热情；二是对实现目标的神圣感和现实的责任感；三是冷静的判断力和洞察力。只有将情、意、知协调在一起的人，才有资格做政治家"，是的，教育家不是政治家，但教育家也应该是将自己的手放在历史舵轮的人。透视华应龙其人、其课，我们不难发觉，"对事业的热情，对实现目标的神圣感、责任感，判断力和洞察力，把情、意、知结合在一起"，不正是他当前所追逐的目标吗？期盼，华应龙能早日成为我国基础教育界的教育家。

十九、我们班上的特级教师

江苏省南京市拉萨路小学分校语文教师　王嘉乐

与华校搭班是十多年前的事了，那一幅幅温馨、美好的画面至今定格在脑海里，回想起来，记忆就会暖暖的。

2000 年的那天下午，海安实验小学行政楼楼梯口，遇见华校，他左手捧书，右手翻着书页，边走边思考着什么……我招呼声"校长好"，华校笑眯眯地抬头应着，擦肩而过。忽然，刚上两级楼梯的他，回头侧身叫住我，"嘉乐，今年打算跟你一起搭班，一起学习。"

一时间，我显得很兴奋，"太好了，向您学习，以后请您多指教！""嗳，好，嘉乐真谦虚。"

年少的我，显得又惊又喜，要知道这样近距离学习的机会真是太难得了。只记得那天我走向教学楼的脚步，格外得轻松愉快。

这班一搭就是两年，只要有空闲，我就会和华校的徒弟一起坐在他的数学课堂上（尽管我是教语文的），他与孩子们之间那些智趣的小故事也就悄悄地留在了我的记忆中了。

● 华校"下岗"的故事

都说一年级的孩子小，难沟通。华校来到了一年级，开门见山，就和孩子们聊上了："小朋友们，我姓华。现在呀，你们每个人都可以向我提问，想了解我一些什么？"

教室里小手如林，谁肯放过这种机会呢。

"华老师，你为什么姓华?"

"他爸爸姓华呗。""小东西"们纷纷抢嘴了。

"你多大了?"

"猜猜看?"

"20。"

"猜年轻了，再猜!"

"40。"

"老了。"

"那就 35 吧。"

"这还差不多。"

"华老师，你结婚了吗?"全班哈哈大笑。

"我儿子在上五年级了。"

"哈哈哈，肯定结婚了，要不然怎么会有儿子啊。"

"聪明，推想得到答案。"

……

平常人看来傻得好笑的问题，华校却还饶有兴致地陪着这帮稚气的"小东西"尽兴地聊着。

最前面一桌的李智存，满脸严肃地站起来，"华老师，你是不是下岗了?"

华校愣了一下："为什么你觉得华老师下岗了?"

"我听别的老师叫你华校长，你不待在校长办公室里，是不是你下岗了，所以到我们这边来上课了。"

"噢，原来如此。那华老师得好好做好校长的工作，也要教好课，免得真的下岗，哈哈。"

……

下岗的故事还在延续着。

教学生写数字"4"，大概是现在的写法比以前讲究了，撇折与一竖之间的顶端要空着，而华校习惯连着。有学生指出，华校表扬其观察细心，并表示一定好好练写。又一堂数学课上，华校前半堂课一直注意着"4"的书写，课末布置作业时，却又忽略了，一学生站起，"华老师，'4'字又写得不漂亮了。""好，从今天开始，老师回家练'4'字，一定将它写漂亮。免得真要下岗，哈哈。"

华校要对全校上一节公开课，教语文的看数学是外行，别的我都没在意太多，但整整一节课，华校写的那"4"字，用孩子的话说，可漂亮了，我暗暗佩服。课结束时，华校问学生可有收获，一一说过之后，金小宇忽然站起，"华老师'4'字写得非常漂亮了，一个都不错，华老师，你再也不会下岗了。"教室里笑声四起。事后，我才知道了，华校那几天每天都练写"4"字呐。

● 葫芦里卖的"迁就"药

一年级的孩子，纯真可爱，童言无忌。开学一个多月，同学之间熟悉了，跟自己的老师也亲了，课堂里的气氛更是活跃。孩子们非常喜欢回答问题，每次答对之后，他们就怀揣着满满的自豪感坐下，那感觉绝对不亚于凯旋归来的将军，真是可爱。那天刚下数学课，我早早地来到教室，发现华校正侧着身子跟谁在谈话，再看那边，卢伟诚小朋友眼皮搭着，嘴巴噘着，满脸的不愉快，"华老师，我对你有意见！"

2000 年，海安实验小学与我的一年级学生一起玩儿

"是吗？我有什么地方做得不对吗？让你对我有意见啦！"

"今天的数学课，你看我举了多少次手，你怎么不喊我回答问题？"

"哦？是吗？不喊你回答问题，真的是华老师不对。华老师真的没喊你回答吗？"

"只回答了四次，你数数看，我举了多少次手？举了十一次，才被你喊了四次。"

呵呵，真是可爱极了！一堂课被喊发言四次，六十三人的班级，应该算可以了。

"噢，只喊了你四次，那真是华老师没考虑到，积极举手发言，多好的孩子，你的建议华老师采纳，下堂课一定多喊你，好不好？"华校边说还边摸着他那毛茸茸的小脑袋，"小脑袋"乐滋滋地回了座位，做起了下节语文课的准备。

我纳闷了，华校这不是明摆着迁就孩子嘛，应该让孩子明白还要顾及他人啊，教育不该是这样。

一整天，我都在琢磨着华校的"迁就"教育。

第二天，带着几分好奇，下课后我故意没走，继续批改着学生的作业。这于昨天而言的"下堂课"终于来到了。

华校笑眯眯地准时出现在课堂上。"小脑袋"看到华校站在讲台前，两眼闪亮闪亮的，哈哈，他没忘掉昨天华老师的承诺，有好戏看了。课一开始，只要有问题抛出，"小脑袋"便高举着手，华校果不食言，一连喊他四次回答，"小脑袋"乐坏了，因为这些问题对于他而言太容易了，他是个聪明的孩子。这次过足了发言的瘾了吧，瞧他在位置上乐得。第五个问题来了，他举手时胳膊肘儿端端正正地支在桌面上，华校故意走到他旁边，微笑着看着他，"请谁呢？"我悄悄地观察着"小脑袋"，哈哈，他一手遮着额头，一手对着华校作摇手状，华校忙问："怎么啦卢伟诚？不会？"

"不是的，你喊别的小朋友回答吧，你总是喊我，我都觉得不好意思了，别的人都还没有机会回答呢，呵呵，我不好意思了。"

"真是个好孩子，知道考虑别人了。"

"这些题目都很简单，我，我知道自己会，我要等着回答更有难度别人都不会的题目。"

"好一个挑战自己，咱们击掌为定。"

小手击大手，全班都笑了。

改作业的我也笑了，我明白了华校"葫芦里卖的什么药了"。

● **那场美丽的雪仗**

金色的秋天与我们挥手告别，冬天悄悄地来临了。

记忆中，那天的雪下得特别大，地面上、房顶上、树枝上全都白了，那是一个纯美无瑕的世界。

那时候，孩子们与华校相处的感情也已非同一般了。华校每次出去开会学习，都会预先跟孩子们请一下假，告知去哪儿，干什么，啥时回来。孩子们也都会很听话地在约定好的时间里等待着他的归来。

那个飘着大雪的下午，孩子们个个翘首以盼，等待着他们亲爱的华老师。当华校的身影出现在走廊的时候，孩子们笑着叫着围向他，有撒娇着抱着脖子的，有亲热地拉着衣褶儿的，有从背后跳着试图趴在他背上的，仅仅两天的时间，孩子们都嚷嚷着，"想死我们了。"

华校说，这是你们上小学第一次看到雪吧……孩子们欣喜万分，要求打雪仗。华校二话没说，拽着最小的韩知玖小姑娘的手，冲向了雪中的操场。

那一刻，雪花儿飞舞得更快乐了，小操场也活了。操场上，华校成了小朋友们的"活靶子"，因为孩子们太喜欢他们的华老师了，所有的爱都变成了雪团儿飞向了他，腿上、背上、头上、衣管里、领口处，遍身开花……华校还在哈哈地乐着。

那个冬天的下午因这场雪仗而显得温热无比，大家的记忆也像花儿一样，美丽而芬芳。

● **大连飘来的信**

2001年秋天，华校去大连参加国家级培训班学习三个月。

刚走的那些日子，孩子们天天都在念叨着华老师，想大连是个什么样的城市呀？华老师在那边生活还好吗？华老师在大连天天都学习些什么呀？

日子一天天过去了，大概半个多月。那一天，传达室的保安拿着大连来的一封信，站在我们二（6）班门前，我们的孩子沸腾了。他们兴奋地围上前来，看着信封，笑着，叫着，"华老师的信，华老师的信"。随后又都乖乖地回到座位上，个个腰杆儿挺得笔直，眼神儿里满是喜悦，期待着我给他们念信。拆开来看时，我几乎惊呆了，整整8页纸，班上63位小朋友都招呼到了，一个不落。当我读着信，念到哪个小朋友的名字时，孩子的嘴角都会洋溢着幸福的笑，没念到的孩子一脸渴望的表情，终于等到自己的名字出来时，又长长地舒一口气，很满足的样子。写到这儿，我忍不住要附上一段儿这封动情的信。

亲爱的孩子们：

你们好！我来大连一晃已经两个星期了，我非常非常的想念你们，你们在家……

可爱的小王蓉，这些天你可曾听老师的话，还是那样喜欢在老师的办公室门前学小猫叫吗？金小宇，你是个很懂事的孩子，不惹妈妈生气的好孩子，上课可要认真听讲啊！徐翔，我可爱的宝贝，你曾跟我说，你最喜欢吃学校做的肉馅的包子，所以，当我看到你吃肉馅的包子的样子时，我就情不自禁地想起小猪猪了，哈哈，好好地听老师的话，等我回来时看你的卷子，一定要比上次有进步啊！小海峰，你也是啊，上课要多多举手发言。吴迪、翔宇，你俩是班长，平时可要多多关心班上的事哦，做好老师的小助手。葛亮，你的口算能力是一流的呀，好好练着，华老师答应你的挑战赛。知玖小姑娘，胆儿比以前大些了吧，等华老师回来，再陪你拉手跳台阶好吗？吉京，你像只快乐的小海豚，好样儿的，爸爸妈妈在北京，你跟外婆在一起，非常听话，真是爸爸妈妈的好女儿，外婆的乖外孙女儿。小顾霖，听说你读过很多书，都会写日记啦，而且天天写，多好的习惯呀，回来后，如果你允许，我想欣赏欣赏。张洵小朋友，你的进步真大，现在你不但开口说话了，上课也能开口发言，继续保持啊。吴杭，听说你还到少年宫楼里"探险"半天的，是吗？哈哈，你有好奇心这非常好，但要注意安全，也不能耽误学习啊……

● **迟来的约定——"海陵之秋"**

"海陵之秋"这个特殊的日子，圆了华校的一句承诺。

2002年春节过后的那个学期，当华校告诉我和孩子们他要去北京教学时，我们都吃惊了，这消息来得太突然了。王俊炜问："北京是很远很远的地方，华老师，那你什么时候再回来教我们？"华校笑着说："一定还会回来再教你们的。"

华老师去了北京。

2006年，这帮孩子已上六年级了，毕业班了。华校应邀到校讲学。他要求用原来教过的那班学生来做观摩课。会场的舞台上，华校的小弟子们，端坐着，一如当年的课堂，仿佛时光又回转到几年前，美得让人晃眼……

"神奇的带子"数学课开始了。

华校依然那般风趣幽默，先变魔术，小家伙们眼睛都看直了。接着，看带子，研究带子，做带子……展示带子，华校亲切地喊着他们，带着他们遨游在"带子"的海洋里。遇上难思考的问题了，卢伟诚高举着手，华校走过去："卢伟诚，这是个有难度的问题，你来……""呵呵呵……"当年的"小脑袋"笑了，别的孩子也都会心地笑了。

课快结束了，华校总是要留给孩子们一些思考。长带子剪成很短很短的纸片，让哪位同学试试这根"带子"。台上台下的老师都笑了，明摆着，"刁难"孩子们呗。

"唱对台戏"的依旧是他——王俊炜，只见小家伙扯下华校手中的纸片，一步上前，对着所有听课的老师，"各位老师，你们看清楚了，这充其量只是一张纸片，它的长和宽没有多大的区别，不能称为纸条，所以华老师的这张纸片什么时候都不能做成莫比乌斯带的，我们不能上他的当，哈哈哈……"

哈哈哈哈……

笑声中，课结束了。孩子们潮水般涌向华校，他们有好多好多的话儿要跟他倾诉……

二十、由一封弥足珍贵的回信想到的

北京第二实验小学学生家长　张俊杰

记得孩子上四年级的时候，有一天放学回家，进门就嚷："爸，我要写信，华老师让我们每人给他写一封信。"说完拿出稿纸就写。信写完后，征得孩子的同意，我看了一遍。信里竟然写了华老师一大串"缺点"——爱拖堂、太在乎自己的名声……（当然是孩子的观点），意见还满"激烈"，最后还缀上一句"但愿这封信不会毁坏我们的师生感情。"说心里话，作为家长的我挺紧张的，就建议孩子把信改一改。可孩子却说："华老师让我们写真话的，家长不要干涉！"

隔了两天，华老师回信了。厚厚的 6 页，华老师的亲笔信。

亲爱的嘉芮：

您好！（不能用"你好"了，看了你的信，我十分敬畏您了，所以得用"您好"。）

虽然周一我特别忙，明天还要参加一个非去不可的会，会议的准备工作还没有做好，但是我还是铺纸提笔给您回信，因为我发现您的目光似乎要从我的目光中寻找答案——"那封信有没有毁坏我们的师生感情呢？"是吗？……看了您的信我从心底里感到高兴，我们嘉芮与我说心里话了，我们嘉芮的文笔真好，我们嘉芮的见识真深，让我这个父辈的人，让我这个特级教师汗颜。我没想到我的一句气话，会给您带来那么大的伤害！道歉，对不起！……嘉芮你能帮我想想（关系更近了，应用"你"，是吗？）当时是什么事让我说出那句话的？我都忘了，帮我回忆回忆好吗？……下面，我要说你了：聪明、伶俐、见识过人、能说会写。可是上课有些开小差，做作业时不够投入，使你没能充分展示你的才智。课上别埋头，眼睛看着老师，多发言啊！作业全对，你会有更好的心情投入其他……

握手！

你的朋友，接到批评特别高兴的人——华应龙

2004 年 5 月 24 日

孩子和我的确被这封信感动了。没想到一封老师布置的通信作业，竟受到了华老师这样的重视；没有想到华老师对一个学生的意见，是这样的真诚、谦逊；没想到华老师对一个 10 岁的孩子，是这样的平等、尊重。

激励——千方百计激发孩子的学习兴趣

华老师给孩子数学作业的批语可谓一绝：

"我十分喜欢的嘉芮又回来啰！"

"嘉芮，'122'怎么变成了'116'的？当时怎么写的？错得好！得，告诉我让我提醒其他同学，好吗？"

"嘉芮，还有更好的方法吗？"

"唉，没能一遍对！"

"再想想！"

"有创意！"

"嘉芮，棒！祝贺！"

……

仅以上几例就可以看出，这些批语是华老师针对孩子每一次作业的情况，用心在与孩子交流，激励孩子学习数学的兴趣。

沟通——主动反馈孩子的学习情况

华老师在百忙之中把孩子的学习情况通过电话、邮件、校园网上发帖等形式及时反馈给家长，并指导我们家长培养孩子学习数学的兴趣。记得有一天夜里，已经10点多钟了，华老师从办公室打来一个电话，兴奋地告诉我们家长，嘉芮的数学考试全对，而且是全班的唯一一个全对的学生。针对我们对孩子学习数学缺乏灵气的担忧，华老师明确提出嘉芮是有数学天分的，家长一定要多鼓励孩子，积极培养孩子对数学学习的自信。

华老师是孩子们心目中的好老师，华老师虽然现在已经不教嘉芮了，但每每谈起四年级的生活，她莫不谈起华老师，每每谈起华老师，莫不谈起那信和作业的批语。因为，这些让孩子从老师身上感受到了真诚、尊重和平等，体验到了学习数学的兴趣和快乐。

我想，这应该就是名师的风范，这就应该是实验二小的风格吧！

二十一、只因一路上有您

江苏省南通师范第二附属小学　柳小梅

沐浴着晨辉，川流在上班的人群中，我快速地计划着自己的一天。心情如这天空一样明净，看着路边的行道树如此挺拔，那矮小的花草也争着露出笑靥，我深吸一口气：生活真好！想着今天的我能得到孩子的爱戴，家长的信任，领导的培养，耳边送来刘欢荡人心扉的歌声："那一天我不得已上路，为不安分的心，为自尊的生存，为自我的证明。路上的心酸，已融进我的眼睛；心灵的困境，已化作我的坚定。在路上，用我心灵的呼声；在路上，只为伴着我的人；在路上，是我生命的远行；在路上，只为温暖我的人…"感动与感恩从内心深处一点点扩散。师父阳光、乐观、豁达、智慧的笑颜在我心头映现，师父指导我成长的一幕幕犹在眼前：检查"功课"时的紧张，进步后的鼓励，或委婉或直接的批评……尤其是面临人生道路上的"拐点"，因了师父的影响，才有了我和数学教学研究的缘分。我情不自禁地给远在北京的师父发去短信：成长的路上幸福于有您的指引！

一次选择：向左走向右走

1998年9月，海安实小。刚走上工作岗位的我参加了开学第一次会议。当我听到自己被安排担任五年级（1）班数学教学后，脑子一下子懵了：我在实小的实习科目可是语文呀！无助和委屈的眼泪夺眶而出。华老师那时是海安实小负责教学的校长，课务是他安排的。在老校长瞿树烈的点拨下，第二天我来到华老师办公室。华老师向我表达了歉意，并表示一个月后可以帮我调整过来。因为我是毕业于南通高师五年制大专班，他以为是不分科的。我却说：在数学上我可是什么都不懂，请您做我的师父吧！就这样，1998年9月10日，"青蓝合同"的签订会上我就成了华老师两个徒弟中的一个（我的师兄仲海峰求学期间就拜了师）。一个月后，师父征询我的意见，我却不愿意再改过来了。说一个月就已经体会到数学教学有多少乐趣，那是假话，但我却觉得师父的数学课堂特别神奇，令人向往，我在师父带领下特别有干劲。缘于师父的人格影响，我踏上了数学教学之路。

此后，便有了我们师徒三人经常互相听、评课的点点滴滴。我也在这其中跌跌撞撞地成长。

1999年我参加南通市思品教学比赛。这是我第一次参加大型比赛。师父的长项是数学教学，但我的思品教学备赛却在师父的指导下拉开帷幕。从课题的选定，到课件制作的把关、请专家指导，师父都亲自参与。还记得课件要从《良心》影片中选一个片段，师父到电影院转录，请专业制作的老师编辑，到电台配音……，记不清占用了他多少个休息日。我更是在师父这次全方位的指导中学到了不少"真经"。举一个小小的例子，

2007年，在新加坡听课

就说师父是怎样调教一个新手赛前保持良好状态的吧：把课的大环节浓缩在一张纸上，一目了然；鼓励自己不要紧张，想最值得自己自豪的一件事；进赛场之前，把拿粉笔、拿教具等细微的准备工作按顺序列好写在教案的左上角，进了场地后就能从容冷静……大到一个环节，小到一句评价，品位决定了高度。因为师父手把手的指导，那次的思品教学比赛，我获得南通市第一名的好成绩并被推到省里参加比赛。

我是幸运的，第一次的"磨课"经历刻骨铭心，第一次的备赛积累终身受益。因为有师父的一路相伴，我能从一个相对高度出发，因为有师父的一路相扶，我能自信地站在一个新的起点上。而机遇就像是一层层的台阶，只有登上了第一层，才有了登上第二层的可能。2000年我又在师父指导下参加县、市数学教学比赛都获一等奖。从此，开始了我的数学成长之路。

后来，我来到情境教育的发源地——南通师范第二附属小学工作，师父也调到北京第二实验小学。我不能经常面对面地聆听师父的指导了，但我能时时感觉到师父那热情的鼓励和期盼，师父自己的成长更是对我的一种鞭策。2006年，我执教的《用字母表示数》一课获得江苏省数学教学比赛一等奖，2007年所上的课例被中央教科所作为示范课随教材发行，师父都及时给予了关注。

虽然人生的坐标自己描画，但向左走向右走的路口，我得益于师父的引领。

一种习惯：执着、专注

师父是一个追求完美的人，所以他很关注细节。回忆几年和师父的共处，被鼓励的时候当然不少，然而我最难以忘怀的却是为数不多的几次"当头棒喝"。记得工作第二年的一次试教，我代表年级组上考核课《圆的周长》。我想，反正是试教嘛，也没当回事。上完课我来到师父办公室，这是我第一次见到师父的脸色如此难看，评课的其他内容在我的记忆中已经模糊，这一句却终生难忘："……太随意了，随手就这么一画，这不像是我华应龙的徒弟！"那失望的眼神我至今一想起来都能掉眼泪。因为，我读懂了那让人心痛的眼神中包含着师父多少的期盼啊！从那以后，这眼神一直鞭策着我要严谨，要追求细节上的精益求精。

师父是一个爱读善思的人。他家的书特别多，却不怎么外借，而让我们几个徒弟经常到他家去看。每一次的"借阅"都让我见证师父的勤奋，都会让我们在自惭后奋力跟上。暑假我们会看到他搬一个小凳子坐在门外静静看书；春节，几个年轻人玩牌，他主动做负责茶水的服务工作，在一边看书；他的许多书都有着密密麻麻的边注；他能为一个内容查阅 20 多本书……"抓紧"，是师父对我们说得最多的两个字，他这么要求我们，却比我们中谁都做得更好。师父更善于思考。记得他曾说：在反思的过程中，不论对自己的每一次否定是不是正确，置身其中，首先能感受到的是一种执着和专注精神，一种永不满足、不断进取的精神。所以我们见到了"纸量角器"、"戴帽子上课的老师"这一个又一个智慧的做法。刘加霞博士曾撰文赞赏师父的"思考力"。在我眼中，师父能一次又一次地超越自己"已成名师"的高度，正是缘于师父执着于内心、专注于思考的习惯。

一个观念：幸福是什么

凡是听过师父报告的老师一定都能感受到他对教师自身培养高尚情操的追求。师父经常用一些名言和他自己处理问题的方法教育我们——

"我帮别人，莫记心上。别人帮我，永生不忘。"（华罗庚）

"处天外遥望，地球很小；居体内思察，心域极宽。""改变自我，天高地阔；埋怨环境，天昏地暗。"（魏书生）

……

生活中的师父乐观、进取、大度、宽容。他惜时如金为朋友的事却总是倾力而为。集农民的朴实真诚与智者的爽朗幽默于一身，因而师父的人缘极好，朋友各行各业。

所以，我眼中的师父作为一个在教育教学上颇有成就的名家，却不同于普通的特级教师——既具有书斋学者的深度而又不失平民首席的亲和力，既具备融化他人的激情而又能坚守内心深处的一片宁静。在他身上，动与静，"出世"与"入世"是那样的和谐统一。

这看得到的差异是因为那看不到的差异：师父的幸福观。记得师父曾对我们几个徒弟说过：希望我们追求事业上的进步，也要追求家庭的和谐美满，这才是完整的幸福。

生活是一杯美酒，香甜苦辣尽在其中。一个在情感、事业、修为之间可张可弛、温暖自己也温暖别人的人才能在一种平和却充满内在激情的态度中体验人生，这样的人生才是最和谐的！撇开只做苦行僧的"修行"，处在任何高度首先都是一个人。我们很自豪于师父的这种胸襟。

著名作家毕淑敏曾说："衰老很重要的标志，就是求稳怕变。"《神奇的莫比乌斯圈》《百分数的意义》《"孙子定理"》《角的度量》《大成若缺认识"圆"》……从风格到题材，一次次挑战，一次次突破，师父的尝试一次次促成小学数学界的"浪花朵朵"。今天的文字中"……"这个符号用得很多，那是因为我笨拙的文字无法承载对师父的感激与敬仰，千言万语浓缩成一句祝福：祝师父活力永驻，幸福一生！

二十二、朋友在彼岸

江苏省张家港市教育局教学研究室　陈惠芳

朋友在彼岸，我常常这样想。

触摸着鼠标，才惊觉时光犹如轻羽般在耳畔悄然飞去。认识华老师几年了，与他的交流并不十分频繁。偶尔打个电话，除了手机短信，差不多都是通过邮件传递信息，话题大多为了某节课、某篇文章而展开。我经常沉浸在阅读和倾听的快慰和温暖里，每每读信、回信，既有思想观点的碰撞，又有吸收提升的"副作用"，与他的交流，既可以在文字里取暖，也时时在洗涤自我的心灵与情感，更可以拥堵自己许多懒散的借口。说心里话，那些能吸引我、影响我乃至引发我共鸣的恐怕就是他的这些想法、创见、火花、抑或是为人之道。

他说：课堂因化错而精彩！

"课堂没错会怎么样？如果课堂上一个错也没有，这样的课还需要上吗？这样的教学是无意义的。课堂是学生出错的地方，出错是学生的权利，帮助学生不再犯同样的错误是教师的义务。"聆听华老师讲述"课堂因差错而精彩"，我的思维开始漫游……

几年前，我读到成尚荣老师《教室，出错的地方》一文。文中谈道："既然如此，我们的教学不要刻意去求顺、求纯、求完美。其实，出错了，课程才能生成。就是在'出错'和'改错'的探究过程中，课堂才是最活的，教学才是最美的，学生的生命才是最有价值的。"听着想着，我惊喜地发现，不同的时间、不同的地点，不同的提法，两位专家如出一辙，思考的角度竟然是一致的。

更为巧合地，我原来工作的学校，1998年起就开展了"让每个孩子追求成功"

的课题研究，我们积极推行赏识教育，鼓励教师发现孩子的优点和长处，关注孩子的点滴进步，善待孩子的错误，给孩子写优点卡，欣赏每个孩子的与众不同……这些做法与华老师的观点竟也不谋而合。因此，聆听他的讲座时，对他的诸多想法感同身受。

回忆着他执教的"审题"一课，有这样一个细节：

师：现在请大家继续说最后一题（小红的房间长 4 米，宽 3.2 米。她爸爸准备把南内墙刷上彩漆，这面墙上窗户的面积是 2.8 平方米。算一算，小红爸爸至少需要买多少千克彩漆？（每平方米大约用彩漆 0.4 千克。）只要做出答案，和大家交流了，就有了收获，谁来汇报？

生 1：4×3.2＝12.8（平方米）

12.8＋2.8＝15.6（平方米）

15.6×0.4＝6.24（千克）

（其他同学笑了，看出来第二步好像不对）

师：哦，先别说人家错了，还有不同想法就大声说出来。

生 2：4×3.2＝12.8（平方米）

12.8－2.8＝10（平方米）

10×0.4＝4（千克）

师：好！孩子，还有不同答案吗？很好！那究竟第一个答案对，还是第二个答案对呢？

生齐说：第二个答案对！

师：我们肯定不比人多，不比声高。我们只要比较第一个与第二个不同在哪里？看得出来，这也是一个本领。

生 3：他们解题中的第二步不同：上面是加，下面是减。

师：对，区别就在这里。那究竟应该是加上 2.8 还是减 2.8，减还是加呢？

生 4：应该是减，因为窗户上不要涂漆，应该用减法。

师：说得真逗！窗户上不要涂油漆，所以要用减法。那这题应该选哪个结果呢？

生（齐声说）：应该选第二个。

师（故意放慢速度问）：第二个答案是对的？

生 5（充满自信地）：我认为这两个答案都不对！因为题目里"小红的房间长 4

米，宽 3.2 米。要求南墙刷上彩漆。"这样就必须知道房间的高，而题目里没有告诉我们，所以我认为这两个答案都是错的！

（发言精彩，全班学生主动鼓掌！）

师（微笑着）：佩服，真佩服！我有两层佩服；一是发现刚才大家做试卷时，他只做了第一题，后面没有做，我猜他在认真审题了；二是发现在大家声音这么高，意见这么集中的时候，他有勇气站起来发表自己的想法，这是很不容易的。掌声！请大家为他鼓掌！

小小的一个插曲，成了课堂的点睛之笔，缘由何在？因为华老师始终相信：让差错显露出珍贵，错了之后更有价值的展开！学生的智慧哪里来？不就在观察、比较、思考、辨析中来！当孩子在交流中、争辩中做出判断，大胆而自信地表达自己的想法，又何愁学生不是真正明白了！

由此，不难理解，在华老师的数学课上，当学生回答问题出错时，常常会听到华老师大喊一声："错得好！"在他的课堂上，学生会叫板："华老师，你误导！"，甚至会怒气地说："华老师，你在耍我们！"……

用巴赫金的观点来说，课堂是有很多种"声音"相遇的地方。他的一个经典问题是："是谁在说话？"当初看这段话时，不甚了解。现在明白了，华老师的高明之

2012 年 2 月，应邀到山东枣庄三中做报告

处，就在于课堂上善于挑起"事端"，引发学生争论、思辨。"课堂里应该是谁在说话？"主角当属学生。

堪称"心灵导师"的克里希那穆提在《一生的学习》中说道："教育的功用在于培养完整的人，因而是具有智慧的人。""智慧是对于根本事物，现在存在的事物的了解能力；而所谓教育，便是在自己以及别人身上唤醒这种能力。"所谓的教育是什么？真正的数学教育又是什么？华老师用他的行动告诉我们：课堂，应该是启迪智慧，润泽孩子心灵的地方！

他问：我的课让你很失望吗？

2007 年 11 月 3—4 日，我有幸参加了由《人民教育》编辑部在南通高师二附小举办的"张兴华与他的弟子们——一个名师团队的展示及其构建成因专题教研活动"。1 日晚上，知道华老师将和张齐华老师共同执教新课《圆的认识》，就给华老师发短信说：两兄弟同题异构，似乎是一场 PK 赛，我充满了好奇，怀着一份惊喜在等候。华老师幽默地回信说：好的，等着鼓掌吧！我笑了，看来好戏在后头！

那天走进会场，翻阅着会议手册：

"我发现我们对于'圆的认识'这节课教学内容的处理，主要存在以下三个问题……"

"我思考——'圆的认识'这节课究竟要讲什么？圆的特征究竟是什么？小学数学教学是否应该不仅关注'是什么'和'怎样做'，还应该引导学生去探究'为什么'和'为什么这样做'……"

细读了华老师的"课前慎思"，别有一番滋味在心头。第一个上场的就是华老师，由于匆忙从重庆赶来，他忘记课前给每个学生发放课上要用的 A4 纸，学生没带练习本，一上台就出现了状况，所有听课的老师都在密切关注着他怎样应对今天的意外。

只见华老师充满歉意地说："同学们，实在对不起！今天我犯了个大错，就像一个战士上了战场——"学生们会意了，一起帮忙说："忘了带枪。"

幽默的话语化解了突发的尴尬，华老师一边示意老师去拿纸，一边让学生向来自全国各地的老师们介绍自己的学校、班级或自己……孩子们自信的介绍着，气氛融洽了。

课始，华老师创设了问题情景："小明"参加头脑奥林匹克寻宝活动，得到一张纸："宝物距离你左脚 3 米。"华老师请学生在头脑中想一想，宝物可能在什么地方。学生在纸上纷纷表示自己的想法。"除了你找到的这个点，宝物还可能在什么地方？""为什么宝物的位置就成为一个圆？"围绕这个思维触点，整节课由此生发开去……

正如我所期待的，教学设计很大气，课上得很出彩。晚饭后，我收到了华老师的短信，"惠芳小妹，怎么不说话，我的课让你很失望吗？"寥寥数语，让我感动良久。原来他已到机场，正回北京。我马上复信说：很有收获，认真梳理后会跟你细聊。

回家后，我先用三个晚上写了近万字的学习体会——《名师团队：从你美丽的流域》，得到了许多网友的好评，也得到了华老师的充分肯定。接着，整理《圆的认识》学习心得。围绕对象感、学科感、文化感三方面，我以《精彩于"方""圆"之间》为题写了篇小文章。华老师说我思路不错，还提了不少建议。我又以《入乎其内，出乎其外》为题重新进行撰写。华老师说：如果把握好"方""圆"之间精彩在哪里，文章一定有新意。于是，我一边听取他的备课设想，一边结合听课体会，数易其稿。文章刊发在《中国教师报》，华老师也很开心。而我的快乐更多来源于写作过程中与他深层次的交流与探讨，彼此视界的融合与沟通。

对此，我真正体悟到："高质量的友谊总是发生在两个优秀的人之间，友谊的质量是双方互相由衷的欣赏和尊敬。因此，重要的是使自己真正有价值，配得上做一个高质量的朋友，这是一个能够形成高质量友谊的首要条件。"也许，有一种朋友，不早也不晚，恰好就在这一天，最恰当的时候，彼此遇见，并且惊喜，于是所有的语言都显得太过苍白，只能轻轻道一声："噢，原来你也在这里！"

我以为：他为数学而来！

朋友在彼岸，我告诉自己说。

端坐在窗前，敲击着键盘，在飘荡着夏日香气的季节里，看着蓬勃生长的藤蔓，许多过往的故事在我的回忆中温柔地淡入淡出。忽又发现，朋友在彼岸，但感觉近在咫尺，世界原来真的可以很小。今天，倘若在百度里输入"华应龙"三个字，就能搜索到关于他的几千条信息。如：

华应龙，首批"首都基础教育名家"，北京教育学院兼职教授。曾在《人民教育》《中国教育报》《中国教师报》等省级以上报刊上发表了 400 多篇文章，中国教育电视台多次播放其教学录像，中央电视台、《人民教育》做了专题报道，《中国教育报》推出了"华应龙教育教学艺术系列报道"……

毋庸置疑，今天的华老师已经是教育界一颗璀璨的明星，他的成功使我想到《王永庆全传》里读过的一个故事：王永庆是台湾最知名的企业家，是白手起家的典范，也是年青一代心目中最崇拜的创业英雄，被誉为台湾的"经营之神"。有一次，一个学生向他请教："您的成功，到底是勤奋重要还是运气重要。"王永庆答："我负责任地告诉你，年轻人，我用一生的勤奋就是为了证明我的运气比别人好……"其实，一切的幸运，都在自己的掌握之中！解读他的成功密码，不难找到个中答案。

怀揣一颗感恩的心："当年的我们，以高出重点高中的分数跳出了'龙门'，真是喜不自禁，发自内心地感受到——我是幸福的！""我十分幸运，读书的时候，遇到了好老师，他们给我积极的心态，拼搏的精神；我非常幸运，工作以后，遇到了好同事，他们给我帮扶，为我加油；我特别幸运，偶有成绩之后，就遇上了好领导，他们给我以赏识，给我以舞台，我没有什么特别的能耐，只是特别的幸运……！"朴素的话语，道出了华老师的为师之道，时时怀揣一颗感恩的心，就能感受生活的美好，品味人间的温暖，饱享职场的幸福！

2009 年 12 月，召开"融错教学"课题研讨会

涵养一个生命的场:《周易》语:为教育生命的持久,每一位"仁师"都得涵养一个生命的"场"。这个"场"以学养、经验和阅历为轴,"场"面流动你的气息、情趣,站立你的个性、人格,弥漫着书香、激情……是的,看他的报告,文字、图片、音乐、视频、电视剧插曲;听他的讲座:"大成若缺,其用不弊;大盈若冲,其用不穷""道法自然""人皆可以为尧舜",《老子》《庄子》《易经》《阿甘正传》《数学文化史》……从远古到现代,从传统到时尚,引经据典,诙谐风趣,富含哲理、诗意、思想,更见数学的精、气、神!

再听:"踢球的 11 个,赢球的 13 亿",从"百分数意义"经典的开场白,到"分数初步认识"中的"大头儿子与小头爸爸""角的度量"创设孩子们玩滑梯的教学情景……每每欣赏这些别出心裁的设计时,我们是否更能触摸到精彩背后的东西——也许数不清的节假日,我们娱乐生活,尽情享受,而华老师却手捧书本,燃烧激情,沉浸在数学教育的无限曼妙中。没有长期的阅读积累、没有丰厚的底蕴,何来课堂上的恬静与超然,又怎么使那些单调而乏味的技能教学变成丰富、厚重而充满思考的课堂呢!

坚守一份事业的情:"多年的篮球生活,让我学会了与人交往,懂得了交往的首要前提是尊重。在球场上,尊重教练,尊重伙伴,尊重对手,尊重裁判,尊重观众。在工作中,尊重领导,尊重同事,尊重学生,尊重学生的家长,尊重一切与自己有关和无关的人。"对事业的执着追求,对数学课堂的忠实坚守,成就了洒脱、大气、豪放,独具个性的华老师。

难忘那篇《差牌?妙打! ——脑袋磕破后的笑声》,让我们看到一位充满机智的华老师,把尴尬的事件变成有趣的资源,把课上得使学生悠然心会。能巧妙发现帽子和括号的联系,是否源于他一贯地追求活动和教学内容有机联系有关?

《退步原来是向前》,华老师从农民的插秧联想到了数学课堂教学,给人启发;《让学习像呼吸一样自由》,引领我们追问所谓的技能教学,是否游走在沉重与轻盈之间?

《为生命喝彩》,华老师又独家揭秘:若要到达不曾拥有的富有,就得走一条一无所有的路;若要成为不同于现在的你,就得走一条不是现在的你的路……

研读他的案例、随笔、论文,深邃隽永,灵性无尽,亮点频闪,让人由衷赞叹,很多文章的内涵非我辈能够妄加穿凿!

　　审视他的课堂，激疑布惑，诱导学生向着未知领域探幽发微，把他们带进"山重水复疑无路"的困境，然后微笑前行，大胆放手，巧拨暗示，再让他们收获柳暗花明又一村的愉悦……

　　是的，华老师为数学而来！从村小到实小，从南通到北京，从默默耕耘到教育专家，在二十多年的时间里，实现了人生一个又一个的跨越，无疑给了我们引领和示范。我不知道，当今众多的教育名家、名师、特级，有多少人能像华老师一样，真正的"以生为本"，让数学也"疯狂"起来，拥有精深的理论视野，深厚的教育理论功底，精湛的课堂教学艺术，倘若没有，如何敢舍我其谁的频频展示自己的"精彩"，又如何敢充满自信地到处传经布道？

　　朋友在彼岸，他时时让我惊醒。

　　波兰尼在《默会之维》里说了句很有名的话："我们知道的比我们说出来的要多"，怀特海在《思维方式》里说了类似的话："我们经验的东西比我们能够分析的东西要多。"今天，我斗胆借用这些大家的话，很想说：真实的华老师，其成长的故事比我所了解的要多，比我写的更要精彩得多，成功得多！

二十三、华应龙，一位有文化自觉的教师

中国教育报记者 杨桂青　实习生　侯亚文

　　"上出一堂好课后的感觉，就像初恋般迷人。"在一堂酣畅淋漓的数学课后，北京第二实验小学副校长、特级教师华应龙笑眯眯地说，"初恋像一首诗，很含蓄，心里有很多话，却不讲出来。"

　　华应龙常会有这种"感觉"，每上一堂课，他都有自己的追求，都力求实现一个理想。而每一堂课，他几乎都能收获到意外的惊喜。这也是国务院参事、北京第二实验小学校长李烈经常夸他的。

　　听过华应龙讲数学课的人有一个同感，那就是，他不只是一个数学老师，他的数学课不像单纯的数学课，"听华应龙的课，像看春晚赵本山的小品一样充满期待！"

　　对此，华应龙说："我一直在思考，数学课怎么能上出文化的味道？我想，老师首先本身是文化人，是学科的一个符号，对本学科应该有相当的了解，如果这点做

得不够的话，就会把数学讲死了。"

华应龙，是一位有文化自觉的数学教师。

自觉地理解数学文化

1997年，费孝通在北大社会学人类学研究所开办的第二届社会文化人类学高级研讨班上第一次提出"文化自觉"这个概念，它是指生活在一定文化历史圈子的人对其文化有自知之明，并对其发展历程和未来有充分的认识。

作为数学教师，华应龙深谙数学的历史文化。

华应龙曾上过一节复习课《规律的规律》，他打破教材原有的涵义，不是带领孩子回顾和巩固规律，而是来怀疑和打破规律。华应龙说："我这堂课的主题就是'请规律再往前多走一步'。告诉孩子，'两条平行的直线在无穷远的地方一定相交'，'三角形内角和可能等于180°，也可能大于或小于180°'。"这些远远超出了教材的范围，甚至和小学阶段的数学内容形成了矛盾，不仅孩子们感到困惑，一些听课老师也无法接受，他们认为，数学就是真理，是就是，不是就不是，是确定的。"当孩子向我提出疑惑时，我会告诉他，世界上的一切都是变化的，都是有范围的，可能在这个范围里是对的，跨越了这个范围就是不对的。所以我们看问题不可绝对化，要随时接受修正。"华应龙说，"在这堂课中，我以'规律的王国也是有国界的'作为结束语。课讲完了，孩子们意犹未尽，老师也感到震撼。"

课后，有些听课老师问华应龙为什么要这样来设计这堂课。这实际上涉及数学课的文化含量问题。华应龙说："从数学教学来看，要做一位优秀的数学教师，一定要有很高的视野，一是要跳出小学数学看数学，二是要跳出数学看数学，三是要用哲学的眼光看数学。数学教师要跳出数学看数学，要想上出具有文化味道的课，数学教师本身对数学专业是要有一定基础的，并且要有一定的文化素养。"

这是华应龙在数学文化方面的自觉。

华应龙说，就数学史来看，数学的发展经历过三次危机，这三次危机促进了数学的不断发展。数学的第一次危机是毕达哥拉斯悖论，人们一直认为，"万物皆数"，但 $\sqrt{2}$ 的出现表明，这样的数是无法用两个整数的比表示出来的，因此产生了"无理数"这个概念。第二次数学危机是芝诺悖论，比如说，即使是跑得最快的运动员是追不上一只乌龟的，假设运动员与乌龟相距 110 米，两者同时开始跑，运动员追到 110 米乌龟开始的点时，乌龟已经往前跑了一段，运动员再往前跑时，乌龟就又往前跑一段。如此下去，运动员是永远追不上乌龟的。这次危机带来的是微积分的出现。第三次数学危机是罗素悖论，又叫理发师悖论，即理发师只为不给自己理发的人理发，那他是否给自己理发？对此人们不能做出一个准确的判断，这促成了集合论的诞生。从这条历史的线索看下来，数学是在不断地发展。即使是小学的数学课堂，也要让孩子们大概了解到，规律的王国是有国界的，往前跨越一步，可能是谬误。这种对待数学规律的态度，就是一种哲学态度，是对事物持有怀疑的态度。哲学家、数学家笛卡儿说"我思故我在"，就含有这样的道理。

自觉地点化生命

每一种学科都隐含着一种记录生活的方式。那么，数学观察世界的方式、思考问题的思维方式，对于孩子认识世界、感受生命有什么重要意义呢？数学的智慧，给孩子一生的发展会奠定什么样的基础呢？

一个叫张嘉芮的孩子把华应龙的数学课称作"疯狂数学"，现在她已经上高中了。有一天，华应龙要准时下课，同学们不让下课，张嘉芮说："我们上的是疯狂数学。"这种疯狂是一种"思维疯狂"。华应龙说："上数学课，我是带着孩子们玩儿，但玩儿里有我对数学课的追求。这主要表现在三个层面，第一层面是传授知识，第二层面是启迪智慧，第三层面是点化生命。"这里面隐含着华应龙对数学课堂文化的一种自觉意识。

华应龙说起 2007 年 11 月在江苏省南通师范第二附属小学五年级四班上过的一堂数学课。

开始，华应龙让同学们自我介绍，其间，发生了这样一幕：

生：我叫董思诚，今年 11 岁，生日是 8 月 9 日，星座是狮子座，天天都过得很快乐，虽然成绩不算太好。

华应龙说："爱迪生、爱因斯坦上小学时成绩都不好。"

一个女生憋不住了，不高兴地说："您这不是打击我们成绩好的人吗？"

华应龙笑着问那位女生："你怎么说我打击你了呢？"

"您说爱迪生、爱因斯坦，诸多名人成绩都不好，是否意味着成绩好的人就没有前途呢?"女生说。

……

为了保证完成这节课的教学,华应龙打住了继续探索的念想,可他一直在心里想着,怎么去回应那位女生。

课到尾声,在解决不用圆规怎么画一个大圆时,成绩不算太好的董思诚别出心裁地回答:"可以先确定圆心,画一个很小的圆,然后一米一米地扩大,一直扩大到比较合适的地方,然后把它用油漆画下来。"华应龙情不自禁地夸奖道:"创造!创造!我想你将来会像爱迪生那样去创造!来,给他掌声!"全班同学善意地笑了,和听课的老师一起报以热烈的掌声。华应龙继续说:"这让我想到一句古话:'人皆可以为尧舜',每个人都可以做得很棒很棒。当然,原来成绩好的,一样可以做得很棒!"

后来,华应龙不断地想起这堂课。2008 年 8 月 6 日,华应龙打电话给董思诚,问他在干啥,他说准备去补课,"补补,应该的,成绩不好嘛!"华应龙能听出他语调中的坦然和积极应对的心态。这不正是成功者必备的心理素质吗?华应龙又提到了他画大圆的方法,董思诚说:"这不算什么,很奇怪的方法,幼稚!"听到这里,华应龙眼前展现出一幅画:海滩边,一个小孩毫不犹豫地把自己垒起来的城堡一下子推倒了。"我相信他会有更大的创造。"华应龙说。

6 天后,华应龙又拨通了质疑他的那位女生的电话,女孩还记得他,但上什么课已经不记得了。她说:"只记得我突然冒出一句'您这不是打击我们成绩好的人吗',还记得您说的成绩好的会更好。"

正是这堂课让华应龙悟到,教学要成功,不仅要传授知识,而且要启迪智慧,更要点化生命。华应龙说:"我们是不是应该让学生尽早地认识到成绩优劣都能成功,而不是眼睛只盯着考试成绩?我想,这不管是对成绩优秀者,还是对成绩不佳者都是一种价值引导,引导学生生命成长的价值。"

华应龙的思考还没有结束,一个声音"逼迫"着他继续思考下去:"既然成绩优劣都能成功,那学生还要苦学干什么?苦学其实是一种儿童游戏,表面上看是为了考试成绩,实质上是为了达成一个游戏目标,以体味和补充人生历练,积淀为不懈拼搏的精神元素。"

李烈说:"在华老师的课堂上,我们看到的不是'年纪轻轻的博士和老态龙钟的儿童'，而是有着学习的天性，拥有原始稚嫩的语言与独特且宽广敏捷的思维，敢想、敢说的活泼的孩子。"

自觉地以传统智慧解决教育教学问题

为什么一个小女生一句偶尔冒出的话，让他回味了那么久，还让他后来又回访了这两位学生，思考了那么多关于教育与生命的问题，并不断深化着对这些问题的认识呢？

华应龙把握住课堂的每一个纹路，不放过每一个育人机会，轻松应对课堂突发情况，课堂师生对话像小品，机智、幽默，并能贯通古今，用古人的道理来解决今人的问题。李烈经常说："我们小华对中华传统文化的领悟，功底深厚，古人的话语随手拈来，是那么从容、自然。"

华应龙对传统文化特别是教师文化，也有一种自觉。

华应龙从老子那里学习为师之道。

他迄今已经读过诠释《老子》的20几个版本。他说："作为小学数学老师，我一边看一边在思考。老子有三宝：'慈''俭''不敢为天下先'，我觉得就是在教我们怎样做老师。做老师首先要慈悲为怀，当我们把孩子看成是天使时，我们就生活在天堂；当我们把孩子看成是魔鬼时，我们就生活在地狱。"华应龙由此还引申出："一般乖孩子都是牺牲了自己的自尊和尊严，来迎合老师的。孩子有孩子的世界，教育不是培养乖孩子的，而是要培养他的自尊，建立孩子与成人之间的相互尊重，让他们尊重彼此世界里的规则。"

从老子的"俭"里，华应龙悟到："老师说话要尽可能少，刚刚做老师的时候不会说话，话自然少；做了几年，话多了说不完，那是在灌输；经历过一段时间的成长后，我现在觉得，教师的话还是要少。真正的一节好课，就像是初恋的感觉，就是心里有但是不讲，话说尽了就没意思了。"

从老子的"不敢为天下先"里，华应龙悟到："教室里就是我们的天地，老师不要抢在学生前面。学生能发现的让学生发现，学生能概括的让学生概括，学生能尝试的先让学生去尝试。好的教学不是防微杜渐，不是未雨绸缪，而是亡羊补牢，让孩子在尝试之后、体验之后，老师再做一些点拨的工作，或是给他一个方向性的引导。"

华应龙说，有时，老师也要学会"装傻""偷懒"。这是从孔子那里学来的。有时在数学课上，孩子的回答可能存在漏洞，但华应龙有时不去指出来。一次，一个女孩的回答有问题，听课的老师问华应龙是不是没看出来。华应龙说起了 $3×8=23$ 的故事。相传，孔子的得意门生颜回有一天到街上办事，看到一家布店门口有两个人在吵架，卖布的要向买布的收取 24 块钱，但买布的说："一尺布 3 块钱，8 尺布应该是 23 块钱，为什么要我付 24 块钱？"颜回连忙上前纠正，买布的人不服气，要找孔子去评理，并声言如果输了，就把人头给颜回，如果颜回输了，就把头上的冠送给他。两人找到了孔子，孔子问明情况，对颜回说："颜回，你输了。"后来颜回疑问其故，孔子问他："到底是生命重要？还是帽冠重要呢？如果我说 $3×8=23$，你输的只不过是一顶冠；如果我说 $3×8=24$，他输的可是一条人命呢！"这虽是传说，却也折射了圣人的智慧。

华应龙说："本来上数学课女孩参与得就很少，好不容易有一个女孩站起来回答问题，我肯定不能去打击她的积极性。老师糊涂点儿学生会更聪明。我主张要当一个会'偷懒'的优秀教师。"

教师最美的生命传奇

华应龙的生活中到处都是数学。

他总想写一篇《享受地铁》的文章，记一件事。有一段时间，华应龙乘坐地铁上下班，来回都在人流如潮的高峰期。一次，他在人群的拥挤下，和走在前面的一个小伙子左脚碰左脚，右脚碰右脚，而且接二连三地发生碰撞，惹得小伙子不得不回头。小伙子正要发怒，却变出了笑容，因为华应龙说了一句："我俩还挺合拍的啊。"周围的人都笑了。

他用"合拍"这个概念成功地化解了一场"摩擦"。

出门坐车，选择乘坐方式，他运用起"倒推"的策略。

上班时选择的不同线路，穿越小区时走过的转角，他悟出"拐点"是至关重要的。

他说："热爱生活，热爱数学，看所有的事儿时，都可以从数学的角度来考虑。"

他总是把对生活的热爱，迁移到数学课上，迁移到孩子身上。这是一种生活中的自觉。

　　他说:"热爱生活,热爱你的学科,热爱你的学生。只有满足上述条件,你的课才充满生活的情趣。而教学本来就是人学,若没有情趣,没有人的味道,数学就是些字母、符号、数字,是'冰冷的美丽'。只有热爱生活才可能用饱含深情的目光去拥抱生活。"

　　他说,小学数学就像玩具,就是让孩子们能把数学当作符号数字,在这之间做游戏。游戏有规则,但是对结果又是不可知的、充满悬念的。在一次课上,华应龙给每个学生一个信封,信封里装着两根纸条,让孩子用这两根纸条拼成三角形,这就需要把其中一根分成两段。结果,有的学生拼成了,有的学生拼不成。其实,华应龙当时有意造成一种不公平,信封里有两种纸条,一种是两根纸条一长一短,一种是两根一样长,根据"三角形任意两边之和都大于第三边"这一定理,两根纸条一样长的是拼不成的,一长一短两根纸条的,把长纸条剪开可以,但是剪短纸条则不成。"有的孩子最后发现是我跟他们开了个玩笑,这时我就会说:'其实,动脑筋想想,成功失败都是收获,学数学要我们闭上双眼睁开第三只眼。把眼睛闭起来,动脑筋思考……'"

　　他喜欢电影《阿甘正传》,喜欢电影开始的那个镜头:那个羽毛,飘啊,飘到哪儿去,有时,他就把自己的数学课堂当电影,把这个镜头用到 PPT 里,孩子们没想到,数学课也可以这样美,这样富有智慧。

　　他喜欢王菲的《传奇》,认为做老师要争取创造一个传奇,让本来很聪慧的孩子能够很好地发展下去,让一些孩子从"丑小鸭"变成"白天鹅"。华应龙曾教过一个孩子,先天兔唇,内心闭锁,"我给他上了一个月的课,他没有正眼看过我一次。"华应龙从此开始注意观察这个孩子,并想去改变他。经过几天的观察,华应龙发现他喜欢小动物。思考了整整两天后,华应龙开始"出手"了。一天下课后,孩子正在玩儿小虫子,他就走过去说:"我有一个跟你长得一样的地方。"孩子看了华应龙一眼。华应龙的人中处也有个疤,那是小时候学步摔的。他对华应龙说:"我也是。"华应龙说:"你像达尔文。"一边说,一边把藏在背后的《达尔文传》借给他看。一个星期后,孩子的爸爸打电话说:"华老师,太感谢你了,我儿子回来就看书。"这个孩子毕业考试数学考了 96 分,家里让他去读民办初中,本来是想让他读完六年级后就开店做生意的。

　　斯宾诺莎说:"幸福不是美德的报酬,幸福是美德的本身。"华应龙常常想,帮一个人的过程本身就是幸福的。"对一位教师来说，不去戕害学生，不去妨害学生的成长，而是去扶持他一把，帮他从一只'丑小鸭'变成'白天鹅'，就是最美的传奇。"这是教师最美的文化自觉。

二十四、他拾回了课堂的灵魂

福建省福州一中校长、全国著名特级教师 李 迅

人们之所以好奇于孩子们听华应龙的课竟不愿意下课，好奇于华应龙的课为何总有些与众不同，大约源自华君课前的慎思、课中的求索和课后的反思；源自华君才学浑然、文辞秀丽、读书悟道；源自华君童心未泯、稚趣时存、把玩数学、求得真知。

让我们一起跳出华君的课，去看看他对两节公开课的感叹吧。

执教老师用双面胶将一个木制的教具粘在黑板上。当一学生上台板书演示时，斜上方的教具突然擦着孩子的肩掉落下来，老师顿显慌乱。教室里出奇地静，老师也很快镇定下来，弯腰拾起教具，用足劲将教具摁压在黑板上。教具被牢牢地粘住，直至下课也没有再掉下来。这节课相当精彩，好评如潮。但上面的一幕在华应龙脑海里挥之不去，心有所失。教具掉下的那一时，授课老师怎么能不过问这位孩子是否受了惊吓，是否被教具擦伤……

执教老师正演示着，先在天平的一端托盘里放了六支粉笔，再在另一端托盘里放了支铅笔，天平达到平衡。老师由此引导学生构建出一个等式后，开始收拾讲台上的演示用具，不料天平上的铅笔竟骨碌地滚落地上，老师尴尬得脸一下子红了。这时一个机灵的小男孩赶紧离座捡起了铅笔，仰着头递给老师，老师带着泛红的脸低着头默默地接过铅笔，又继续讲课了。此刻华应龙多么期盼老师能注视着孩子的眼睛道声谢谢，即便不言语，也该用眼神、笑容传达他的感激之情呀，那该是一幅多美的景致啊。

为了课堂的精彩，师者煞费苦心地创设展示知识的情境；为了课堂的创新，师者良苦用心地设计传授知识的方法，为了讨论而讨论，为了探究而探究，却在不经意间遗失了课堂之本。阿拉伯艺术天才卡里·纪伯伦的一句诗歌写道：我们已经走

得太远，以至于忘记了为什么出发。因由华应龙老师的感慨，便知他的课堂追求。

教育之为"教""育"，当我们将眼光放在"育人"这个层面上时，教什么或怎么教也许都不是关键，而在教的行为里实现了什么样的育人目的，为孩子的成长提供了什么样的帮助，才是教育的根本。

著名数学家苏步青说过，数学不要学得那么深，讲得那么难。小朋友一二年级的时候，最好不要开数学课。即使要开也应该以培养兴趣为主，玩玩就好了。苏老进一步指出，学数学最关键的是培养一种数学的思维，这种思维不是用灌输的办法教出来的，时间没到逼死他也学不来，到了一定年龄不用怎么教，稍加点拨自然就会冒出来。像 1/2＋1/3＝？这种题目在小学教材上，要花整整几个礼拜去教，小孩还是似懂非懂，实际上，等他们上了初中一点就透了。

苏老担忧的现象而今似乎越演越烈，难得我们小学里有个华应龙，不急不躁，不愠不火，用文化去装点数学，把真爱融入课堂，让这急促促的教学放慢步子，让这硬生生的课堂多了稚真、有了挚爱。

（此文系作者应《中国教育报》之邀，为 2011 年度十大文化人物华应龙撰写的推荐词。）

二十五、文化，教育的"血脉"

中国教育报刊社　赖配根

没有文化，就没有教育。

有人感叹，我们学校培养出来的人，有能力没教养。

文化的缺位，已经危及教育的品质。

然而，在许多人眼里，教育改革最重要的不是"人"的转变，而是"物"的改变：投入增加了，大楼起来了，教育就"OK"了。而在另一些人看来，教育的改变只需做课堂技术层面的变革，他们热衷于教学方式的改善、课型的转变，以为一个好的教学模式就可以拯救一切。

文化成了学校教育中的奢侈品，或者只是装潢门面的"口号"。

苏霍姆林斯基说，学校应该成为人民的精神圣地。一所没有文化的学校，怎么为学生的精神成长提供养料？没有精神的健康成长，一个人怎么成为社会合格的公民？

文化精神之有无，决定一所学校教育品质之优劣。比如提到北大，人们就想起"思想自由，兼容并包"，提起南开，人们就想到"允公允能，日新月异"。易言之，一所学校没有流传久远的办学思想，也没有为学生所津津乐道的教育故事或轶事，那么它的教育必然是苍白的——至少在精神层面。同样，文化精神之厚薄，决定一个教师教育境界之高低。回忆一下，那些给您留下美好印象的教师，哪个不是有丰富的精神个性？那些对您的精神世界乃至人生走向发生积极深刻影响的教师，又有哪个不是具有独特的文化气质？华应龙是在以自己特有的文化方式，影响着学生的成长。

教师有文化气质，学校有文化精神，教育才会有伟大的未来。

文化是一种独立的寂寞坚守。教育是最需要"傻子"精神的。只有那些把教育当作人生最崇高的理想，把丰富学生精神生命当作毕生最重要使命的人，才可能具备纯粹的教育精神，在他们身上才会有文化精神的闪光。他们也许会名扬四海，但更多的是默默无闻；他们也许会获得丰厚的回报，但更多的是与常人一样度过一生。但他们一走进课堂、一接触年轻的生命，就立刻被一种崇高的使命所激发，把教育当作一项伟业去承担、去完成。有了他们，教育才有精神的魅力。

文化是对生命、心灵的点化或升华。一位学者回忆小学教育时，特别提到一个细节：每天晨跑结束后，语文老师把他们集合在学校大礼堂前。老师在礼堂外明柱上挂个小黑板，"上面写着一句、一段古圣先贤的话，有孔子的、孟子的、程朱的、文天祥的，等等"，比如"己欲立而立人，己欲达而达人。己所不欲，勿施于人"、"是非审之于己，毁誉听之于人，得失安之于数"等。老师一一给他们讲解，并让他们背下来。这些话语，"对我一生做人做事都有很大影响"。没有什么高妙的教育技巧，只是把学生引到深厚的文化传统中去，引导他们与伟大的心灵对话，教育的伟力就发生了。这就是文化对生命、心灵的点化或升华。有这样的点化，教育才会有内涵、有品位，有超越功利的精神力量。

希望有更多的教师去追慕理想，拥抱文化。

如华应龙一样，做一个"有文化自觉的教师"，让教育肌体流淌着"文化的血液"，让学校散发精神的光芒。

二十六、让学生心中有 "数"

——在华应龙教育思想研讨会开幕式上的讲话

江苏省教育厅副厅长　胡金波

在这春光明媚的美好季节，在这春色满园的美丽海安，我们汇聚一堂，共同参加由中国教育报刊社·人民教育家研究院、江苏省教学研究室联合主办的华应龙教育思想研讨会。我既感亲切，"一方水土养一方人"；又感振奋，"经师易得，人师难求"。江苏因有华应龙这样的英才而自豪，教育因有华应龙这样的名师而骄傲。

我是慕名参会，和在座的来自 16 个省、自治区、直辖市的 2000 多名与会者一样，怀揣 "沽酒欲来风已醉" 之感而来，将带着 "卖花人去路还香" 之获而归，这就是名师的魅力，这就是 "化错即教育" 思想的深层价值所在。因此，我发自内心地向本次研讨会的成功召开表示热烈的祝贺，向各位专家和来宾的光临表示热烈的欢迎，向华应龙老师表示崇高的敬意。

我与华应龙老师可谓素昧平生，既不相识，也非同行。偶然之中，我读到杨桂青等人撰写的长篇通讯《华应龙：做一位有文化自觉的教师》（《中国教育报》2011年 12 月 17 日第 4 版）后，对华应龙老师有所了解，以后又陆续读过他的一些文章，印象渐深。华应龙老师曾说 "上出一堂好课后的感觉，就像初恋般迷人"，同行则评价 "听华应龙老师的课，像看春晚赵本山的小品一样充满期待"。华应龙老师说 "我一直在思考，数学课怎么能上出文化的味道"，他认为 "要跳出小学数学看数学，要跳出数学看数学，要用哲学的眼光看数学。数学教师要跳出数学看数学，要上出具有文化味道的课，数学教师本身对数学专业要有一定基础，并且要有一定的文化素养"。他自觉地点化生命，坚信 "人皆可以为尧舜"。他自觉地以传统智慧解决数学教学问题，他把数学教学当作一种很好的礼品和大家分享。特别是他的 "直面错误，超越错误，培养学生创新型人格" 的思想给我启发，使我获益，我曾在多次讲话中引用过这个观点。

我因工作关系，昨天深夜才匆匆赶到海安，与华应龙老师首次相见，得以短时间地 "夜谈"，当我问到何为 "数学教学" 时，他对我说 "数学教学" 就是 "让学生心中有'数'",言简意赅,启我深思。由此,我想到法国数学家拉普拉斯的名言"数学是一个卓绝的工具",想到法国另一位数学家笛卡儿的进一步阐释"数学是知识的工具,亦是其他知识工具的泉源",它是"自然科学的皇后""思维艺术的体操""世界之美的原型"。我自分管基础教育工作三年来,常在反思《江苏义务教育课程设置实验方案》,为何在15门课程的9522个总课时中,安排数学1495课时(占15.7%)呢?换言之,在9年义务教育中为何用1.5年时间学习数学呢?这是因为数学教学就是"让学生心中有'数'",这"数"既是"有形"的,也是"无形"的;既是"可知"的,也是"可悟"的;既是"可亲"的,也是"苛刻"的。就人才培养而言,无论是着眼长远,还是立足当前,我可以肯定地说:获取数学知识是重要的,掌握数学方法是需要的,拥有数学智慧是必要的。

一、数学既是好玩的,又是有用的。2002年8月,在北京举行国际数学家大会期间,91岁高龄的数学大师陈省身先生为少年儿童题写了"数学好玩"4个字。我理解"数学好玩"在于"数"中有趣吸引人,"学"中有味启发人。世界上好玩的事物很多,只有亲身体验,才能知"精"识"髓"。我记得刚上小学时,老师教我们背"一去二三里,烟村四五家,亭台六七座,八九十枝花"等带有数字的诗词,把数学的启蒙教育融入文学的启蒙教育之中,真是"随风潜入夜,润物细无声"。儿时所听老师讲课时说的一些数学谜语,至今记忆犹新,如用"20与2比大小"打一"字":20与2之间相差18,18用文字表述为"十八",二者相加为"十+八=木",因为是相差十八,所以再加上"差"字,即为"槎"(chá)。又如用"不三不四"打一"数字":既不是三又不是四,既与三关联又与四不分,那这个数应介于3与4之间,那就是3.5。数学无所不在。伽利略认为"宇宙这本书是用数学语言写的"。古人曰"天不生仲尼,万古长如夜"。其实,我们也可以说"天不生数学,万古长如夜"。如果没有牛顿发明微积分,人们就难以计算曲线运动的轨道和速度,也就没有"神七"、"神九"的来去自由。数学并不神秘。马克思曾说"一门科学,只有当它成功地运用数学时,才能达到真正完善的地步"。数学在研究现实世界中的空间形式和数量关系时,把具体的物质属性抛弃了。从这个意义上来说,它具有抽象性。但对普通人来说,抽象易产生理解的障碍,对小学生来说更是如此。但学好数学,能让人更加聪明、更有智慧、更为精细、更具力量。就如 H·G·格拉斯曼所曰"数学除了锻炼敏锐的理解力和发现真理外,它还有另一个训练全面考查科学系统头脑的开发功能"，就如赫巴特所言"数学一般通过直接激发创造精神和活跃思维的方式来提供最佳服务"，就如培根所说"历史使人聪明，诗歌使人机智，数学使人精细"，就如布特所述"逻辑是不可战胜的，因为要反对逻辑还得要使用逻辑"。

　　二、数学教学既要激发兴趣，也要培育美感。数学教学"让学生心中有'数'"，首先，"数"在兴趣之中。数学是研究现实世界中数量关系和空间形式的科学。数量关系即"代数"，空间关系即"几何"。它是由基础和应用两部分组成的，前者重在求真臻美，后者重在求善。求真臻美需要兴趣和好奇心。托尔斯泰曾经说过"成功的教学，所需的不是强制，而是激发学生学习的兴趣"。就如同爱因斯坦曾说过的那样"在一切伟大的精神创造者身上都鲜明地存在着两种特质：一种就是神圣的好奇心，一种就是内在的自由"，这种内在的自由需要"外在的自由"来保证，这就是华应龙老师提出的"容错、融错、荣错"。"兴趣是最好的老师"，小学数学教学应善于通过创设情境、引发兴趣，游戏操作、激发兴趣，体验进步、增强兴趣，巧设练习、巩固兴趣。其次，"数"在审美之中。福楼拜说过"科学与艺术在山脚下分手，在山顶会合"。庞加莱认为"只有通过科学与艺术，文明才体现出价值"。而数学教学集科学与艺术于一身。维纳认为"数学是一门精美的艺术"，普洛克拉斯强调"哪里有数，哪里就有美"。这是因为数学与艺术有着共同的美学特征，几何之美、对称之美、黄金分割之美、透视之美、和谐之美无处不在，这些美学要素不仅成为数学领域最科学、最美的象征，也成为艺术领域感性的最高标准。华罗庚说过"就数学本身而言，是壮丽多彩、千姿百态、引人入胜的……认为数学枯燥乏味的人，只是看到了数学的严谨性，而没有体会出数学的内在美"。我们平时所说"匀称"就是指比例关系，正如古代宋玉所谓"增之一分则太长，减之一分则太短"。毕达哥拉斯就曾说过"一切平面图形中最美的是圆，在一切立体图形中最美的是球形"，这正是基于对称。罗丹告诉我们"美是到处都有的，对于我们的眼睛，不是缺少美，而是缺少发现"。数学教学的重要使命就是让学生发现数学之美。新的课程标准，强调要让学生领会数学的美学价值，使学生欣赏、感受数学美已是当前课改的重要目标之一。

　　三、数学教师既要具有大爱，又要富有大智。我们常说：一个民族的伟大源于个性的伟大，一个人的优秀源于个性的优秀。昨天深夜，我翻阅了会议提供的有关"华应龙教育数学思想"的全部资料，掩卷沉思，华应龙老师热爱学生、热爱数学、热爱数学教学的形象跃然纸上。数学家高斯曾把莎士比亚《李尔王》中的台词"大自然啊，我们的女神，我愿为你献身，终生不渝"作为座右铭，而华应龙老师把斯霞老师的"童心母爱"、李烈老师的"以爱喻爱"作为座右铭。"爱自己的孩子是本能，爱别人的孩子是神圣"。热爱学生是教师职业的底色，教师因爱而高尚，学生因爱而绽放。一切为了学生是"爱"，为了一切学生是"爱"，为了学生的一切也是"爱"；教好每一节课是爱，认真批改作业是爱，爱无时不在、无处不在。"爱是一种伟大的力量，没有爱就没有教育"。在课堂上，华应龙老师充满激情，富有亲和力，传递给孩子们的，不仅有他对数学的理解，还有他对数学的热情和深深的热爱。他说"从学科教学的角度来说，就是以教师对学科的爱，对课堂的爱，来培育学生对这个学科、对这个课堂的爱"。数学老师的每一个眼神，每一个动作，看似微不足道，却可能把数学的影响力深深地刻在学生的心目和行为中。"爱的教育"是无声的春雨，点滴渗透，沁人心脾，在不经意中践行着"让学生心中有'数'"的伟大使命。古希腊人将教师尊称为"智者"。教育的真谛在于启迪智慧，只有有智慧的人才能为人师。教师不是机械地重复者，而是智慧的行动者。如果说传统数学教学的内核是强调知识，那么现在和未来数学教学的重心则是提升智慧。因而，智慧型的教师不仅要"授人以鱼"，更要"授人以渔"。华应龙老师说"我就是数学"，这句话体现了他作为一个数学教师的底气和豪气，他努力将数学和自己融为一体。他用数学的"五官"关照生活，让数学以一种可以看得到、听得见、摸得着的生动有趣的面貌走进儿童们的认知世界，引领儿童们体会数学的好玩和有趣，逐步进入数学的神圣殿堂，引导他们借助数学这个通道去感悟世界的奥秘。

当前，我省小学数学教育已进入了一个新阶段。"让学生心中有'数'"，首先"数"应立于教师心中。唯有高质量的小学数学教师，才能有高水平的小学数学教育。我们殷切地期待江苏小学数学教育战线涌现出更多"华应龙式"的教学名师。

附　录

主要著作

文章：

1.《"出租车上的数学问题"教学实录及评析》刊 2003 年第 7－8 期 合刊《小学数学教师》

2.《教案设计应注意社会内容》刊 2003 年 2 月 13 日《光明日报》

3.《一盘没有下完的棋》刊 2003 年第 10 期《北京教育》

4.《〈平面图形的面积总复习〉教学实录与评析》刊 2003 年第 1 期《江苏教育》

5.《创造学习方式 享受课堂生活——〈百分比〉课堂实录与解读》刊 2003 年 15—16 期《人民教育》

6.《新课程理念下的数学课怎么上》刊 2002 年第 10 期《福建教育》

7.《蹲下来和孩子"对话"》刊 2004 年 2 月 10 日《中国教育报》

8.《解决问题：新世纪（版）数学教材的亮丽底色》刊 2004 年第 3 期《小学数学教师》

9.《评课文化的反思》刊 2004 年第 11 期《人民教育》

10.《神奇纸圈：从学生手中静悄悄地来》刊 2004 年第 5 期《小学数学教师》

11.《一树一菩提 一沙一世界》刊 2004 年 7 月 20 日《中国教育报》

12.《神奇的莫比乌斯带》刊 2004 年第 13—14 期《人民教育》"新课程特刊"

13.《遭遇"节外生枝"》刊 2004 年第 7 期《教育科学研究》

14.《有之以为利，无之以为用》刊 2004 年第 10 期《北京教育》

15.《记我的一次反思教学经历》刊 2004 年第 22 期《人民教育》

16.《那一声"谢谢"里》刊 2005 年第 1 期《北京教育研究》

17.《"华老师，您误导！"》刊 2005 年第 3 期《小学数学教师》

18.《调研课，"调"出教师成长》刊 2005 年 3 月 15 日《中国教育报》

19.《细节成就完美》刊 2005 年 3 月 22 日《中国教育报》

20.《篮球——我的导师》刊 2005 年第 11 期《人民教育》

21.《细节成就完美》刊 2005 年第 6 期《小学数学教师》

22.《妄说"在同一个圆里"》刊 2005 年第 7—8 期《小学数学教师》

23.《退步原来是向前》刊 2005 年第 7 期《小学青年教师》

24.《教是因为需要教》刊 2005 年第 19 期《人民教育》

25.《重在过程，还要结果吗?》刊 2005 年第 6 期《北京教研》

26.《课堂差错资源化》刊 2006 年第 1 期《福建教育》

27.《苏格拉底方法的现代演绎》刊 2006 年第 1 期《小学青年教师》

28.《精彩源于困惑》刊 2006 年 3 月 15 日《中国教师报》

29.《有一种阅读叫积极的"偷懒"》刊 2006 年 6 月 15 日《中国教育报》

30.《对话中生成"中括号"》刊 2006 年第 7—8 期《北京教育》

31.《对话中分享"孙子定理"》、《像农民种地那样教书》、《篮球教我做教师》
    刊 2006 年第 9 期《小学青年教师》

32.《课堂因差错而精彩》刊 2006 年第 7—8 期《小学数学教师》

33.《学生真实回答带给我的沉思》刊 2006 年 11 月 29 日《中国教育报》

34.《"老师，你耍我们……"》刊 2006 年 11 月 29 日《中国教师报》

35.《"所有的判断都是统计学"》刊 2006 年第 13—14 期《人民教育》（与施银
    燕老师合作）

36.《当学生投"师"所好时……》刊 2006 年第 3—4 期《人民教育》《让学习
    像呼吸一样自然》刊 2007 年第 2 期《人民教育》

37.《有无相生：课之佳境》刊 2007 年第 22 期《人民教育》

38.《大成若缺认识"圆"》刊 2008 年第 3—4 期《人民教育》

39.《开掘教学资源的五个着力点》刊 2008 年 3 月 4 日《中国教育报》

40.《追飞机》刊 2008 年第 9 期《人民教育》

41.《千金难买回头看》刊 2008 年第 2 期《新世纪小学数学教师》

42.《借橡皮的目的》刊 2008 年 7 月 23 日第 3 版《中国教育报》

43.《露在外面的面，藏在课里的心》刊 2008 年 7—8 月《小学教学》（与李雪
    峰老师合作）

44.《教学：从擦黑板开始》刊 2008 年第 9 期《小学教学》

45.《教师靠什么执掌教鞭》刊 2008 年 9 月 18 日《人民日报》

46.《思维决定视野》刊 2008 年第 10 期《江苏教育》

47.《敬畏童心——图上、图后及图?》刊 2008 年第 12 期《中国教育学刊》

48. 《学生叫我"华罗庚"》刊 2009 年第 2 期《人民教育》

49. 《"游戏公平"课堂实录》刊 2009 年第 1－2 期《小学数学教师》

50. 《教育要给学生留下什么》刊 2009 年第 5 期《人民教育》

51. 《学会感谢差错》刊 2009 年 3 月 6 日《中国教育报》

52. 《不抛弃，不放弃，要扬弃》刊 2009 年第 3 期《江苏教育》

53. 《"鸡兔同笼"教学实录与评析》刊 2009 年 1－2 期《小学数学教育》（与施银燕合作）

54. 《课堂因差错而精彩》被人大书报资料中心 2009 年第 2 期《小学各科教与学》全文复印。

55. 《"下课啦"》刊 2009 年第 6 期《人民教育》

56. 《好课，要舍得"浪费"时间》刊 2009 年第 7 期《人民教育》《从教师的精彩到学生的精彩》刊 2009 年第 1－2 期《基础教育课程》

57. 《我是怎么想到的——讲述公开课里新点子的来历》刊 2009 年第 10 期《人民教育》

58. 《有容乃大》刊 2009 年第 6 期《小学教学》

59. 《超越预期》刊 2009 年第 6 期《江苏教育》

60. 《教育要给学生留下什么》刊 2009 年第 5 期《人民教育》

61. 《华应龙：做自我观察者》刊 2009 年第 1 期《教师月刊》

62. 《现在的课堂会"飞"》刊 2009 年第 18 期《人民教育》

63. 《一节课·一碗米》刊 2009 年第 10 期《小学教学》

64. 《假如孟母活在当下》刊 2009 年 10 月 21 日《中国教育报》

65. 《享受课堂》刊 2009 年第 23 期《人民教育》

66. 《磨素材，为学生的发展服务》刊 2009 年第 11 期《福建教育》

67. 《人生不能缺少的"九类朋友"》刊 2010 年 1 月 19 日《中国教育报》

68. 《从惧怕生成到期待生成》刊 2010 年 1－2 期《基础教育课程》

69. 《师者若水》刊 2010 年第 3 期《北京教育》

70. 《爱，究竟为了谁》刊 2010 年第 6 期《人民教育》

71. 《笑声相随》刊 2010 年第 8 期《人民教育》

72. 《聆听儿童思维真实的声音——我的融错教学观》刊 2010 年第 12 期《人民教育》

73.《融错教学：成长的意义与教育的境界》刊 2010 年 7—8 期《江苏教育》

74.《教书第二》刊 2010 年 9 月 9 日《中国教育报》

75.《当阳光亲吻乌云……——融错教学以"解决（连乘）问题"为例》刊 2010 年第 20 期《人民教育》

76.《当阳光亲吻乌云……》刊 2011 年第 1 期人大复印报刊资料《小学数学教与学》

77.《分数：先分后数》刊 2011 年第 6 期《人民教育》

78.《华应龙：读书成就了今天的我》刊 2011 年 3 月 24 日《中国教育报》

79.《我为什么不讲"单位'1'"》刊 2011 年第 1 期《新世纪小学数学》

80.《单位，让分数更好玩》《"分数的再认识"课堂实录与反思》刊 2011 年第 4 期《小学数学教师》

81.《好课来自困惑，创新缘起问题》刊 2011 年第 8 期《小学教学研究》

82.《教育，怎样才快乐》刊 2011 年 9 月 26 日《光明日报》

83.《参悟校长的境界》刊 2011 年 8 月 23 日《中国教育报》

84.《江苏海安：力求"三个不掉队"》刊 2011 年 11 月 25 日《人民日报》（与赵婀娜合作）

85.《探究性教学：一段价值选择之旅》刊 2011 年第 23 期《人民教育》

86.《冬生春风》刊 2011 年第 12 期《小学教学》

87.《元旦巧遇》刊 2012 年 1 月 11 日《中国教育报》

88.《教之至善在唤醒》刊 2012 年第 6 期《小学教学》

89.《融"错"课堂，求真做人》刊 2012 年第 6 期《北京教育》

90.《我就是数学》刊 2012 年第 17 期《人民教育》

91.《我有一个梦》刊 2012 年第 10 期《小学教学设计》

92.《让规律多飞一会》和《"规律的规律"教学实践与思考》刊 2012 年第 10 期《小学数学教师》。

93.《求解"钱学森之问"的新思路》刊 2012 年 11 月 5 日《中国教育报》

94.《好课要舍得"浪费"时间》刊 2013 年 1 月 7 日《现代教育报》

95.《成长的姿态》刊 2012 年第 6 期《新世纪小学数学》

96.《化错课堂，求真育人》刊 2013 年第 1 期《基础教育参考》

97.《探索小学数学基本活动的经验》刊 2013 年 3 月 18 日《中国教育报》

98.《培养具有创新意识的未来人才》刊 2013 年 5 期《基础教育参考》

99.《丁香随风去，芬芳永留存》刊 2013 年 5 月 10 日《中国教育报》

100.《称呼里的学问》刊 2013 年第 11 期《人民教育》

101.《主题研究课：走进大课堂，拓展大视野》刊 2013 年第 6 期《中小学管理》（与李烈校长合作）

102.《发出中国教育"好声音"》刊 2013 年 7 月 8 日《中国教育报》

103.《教是为了学的开始》刊 2014 年第 1 期《小学数学教师》

104.《人韵润人》刊 2014 年第 1 期《江苏教育》

105.《南通教育：迷恋他人成长》刊 2014 年第 5 期《人民教育》

106.《"天圆地方"求超越》刊 2014 年第 7 期《人民教育》

107.《综合与实践：重在打开思维》刊 2014 年第 4 期《小学数学教师》

108.《阅读会使教学有另一种可能》刊 2014 年 6 月 26 日《中国教育报》

109.《派出所：骰子惹的祸?》刊 2014 年第 8 期《江苏教育》

110.《教小学数学从读〈小学数学教师〉开始》刊 2014 年第 10 期《小学数学教师》

111.《把真课上成像假的一样》刊 2014 年第 19 期《人民教育》

112.《尊重，请从长相开始》刊 2014 年第 21 期《人民教育》

113.《"大约"在二小》刊 2014 年 10 月 30 日《中国教育报》

114.《有化错，才有真正的学习》刊 2015 年 1 月 13 日《光明日报》

115.《错误往往是创造的开始》刊 2015 年 1 月 27 日《光明日报》

116.《妈妈走了》刊 2015 年 5 月 9 日《中国教育报》

著作：

1.《我就是数学》，上海，华东师范大学出版社，2009。

2.《我这样教数学》，上海，华东师范大学出版社，2009。

3.《个性化备课经验》，北京，教育科学出版社，2007。

4.《个性化作业设计经验》，北京，教育科学出版社，2007。

5.《做一个优秀的小学数学教师》，北京，教育科学出版社，2011。

后 记

妈妈走了

原计划正月初四，驾车返京。可是，南通的校友盛情相邀，我却之不恭，只好将回京的日程后推一天。万万没有想到，2015年的正月初四，竟成了我母亲的忌日。

下午一时许，当我在南通的聚餐快结束时，哥哥在 80 公里外的老家打来电话："弟弟，快回来。妈妈去世了！"我没有言声，和朋友们匆匆告别，上了车。

因为我喝酒了，校友请他的朋友帮我开车。奥迪 Q7 啊，80公里的路怎么那么长！副驾驶座上的我，无声地流泪……

"父母在，不远游……"

腊月二十八，我们开车从北京回到老家。我帮母亲整理床铺时，发现母亲的枕头旁，摆放着我儿时睡在妈妈身边的小枕头，里面装的是蚕沙子。我不知道，我哥哥和姐姐小时候是否用过这个小枕头。反正就拿我来说，这个枕头也快 50 岁了。妈妈什么时候从哪里拿来这个小枕头的？我当时没有问妈妈，只是想起央视那个公益广告：老年痴呆的爸爸用手抓起包子放进口袋，说要留给儿子吃。"他忘记了很多事情，但他从未忘记爱你！"小枕头唤醒了我：快过年了，该给妈妈换一个新的枕头。我立马开车去县城，买了枕头，买了一盆盛开的君子兰（我妈妈叫吉素兰）……

"子欲养而亲不待"。还好，还好，我没有拖拉。

……

正月初一午餐，和哥哥、姐姐、表哥四家团聚。我倒白酒时，问88岁的老母亲是否喝些白酒，母亲幸福地、爽快地答应道："喝!"席间，表嫂和我们几个不停地给妈妈布菜。席毕，妈妈坐在轮椅上（妈妈的腰早就驼了），到院子里晒太阳。我儿子井晨陪着奶奶，让奶奶看他和女朋友在泰国游玩的照片和录像。我妈妈还问井晨："你爸爸怎么还不帮你结婚，是不是你爸爸没有钱?"

……

正月初三晚上，在县城，几位好友聚会，我硬是没肯喝酒，因为我要开车回20公里外的乡下老家，把中午如师同学带来如皋特产蟹黄包子送给妈妈吃。晚宴结束的时候已经是9点多了。我开车回家，外面真黑！当我到家时，妈妈已经睡着了。我叫醒了妈妈，告诉她这蟹黄包子很好吃，我明天要去南通喝酒，下午会再回来看望她，初五一大早我们就回北京了。妈妈边听边点头，"好啊，好啊"，又幸福地睡了。哪知道，这就是我今生今世见妈妈的最后一面。难道冥冥之中，我知道妈妈要走了吗?

……

我回到老家，看到妈妈睡在了堂屋，就像睡着了一样，那样地慈祥，那样地和蔼，丝毫没有责怪我们的意思。我流着泪，摸着妈妈的脸，好凉，好凉……

我姨父说："你妈妈心疼你，没有让你来回奔波。并且，你妈妈算好了她的'六七'就在清明假期。"是啊，如果我不是推迟一天回京，如果妈妈是初五下午1点左右去世，我应该开车到天津了。那时接到电话，悲痛地开车返回，其景象不可想象。我妈妈知道，我每个清明都回老家上坟。真是"可怜天下父母心!"

李烈校长说："小华，你妈妈耄耋之年没让儿女操心，自己也没受罪，就这样突然间悄悄地驾鹤西去，应该是慈母前世修来的福气！你这个孝子可以在悲痛之时为此稍有安慰!"这让我想到弘一法师圆寂时留下的四个字"悲欣交集"。

......

2015年5月5日晚间,我和夫人一起看央视三套"母亲节特别节目",看到儿子朱用31年的爱唤醒了植物人妈妈,看到儿子齐九年如一日照料尿毒症妈妈,我数度落泪,哽咽愧疚:我没有很好地孝敬我的妈妈!

情不自禁,我想起前不久,我的初中同学在微信中分享的诗句:"妈妈给孩子再多/总感到还有很多亏欠/孩子给妈妈很少/都说是孝心一片",是啊,我就是这样的,我对不起我含辛茹苦的妈妈。

我小舅舅今年84岁了,专程从上海赶回来参加我母亲的葬礼。他告诉我,我外公是开酒坊的,属于小资本家,但我妈妈既读过书,也会划船,非常勤劳。

35年前,农历1980年3月26日是我父亲华展的忌日。我记得父亲去世之前还在开玩笑。我父亲告诉我们:"我不是在傍晚走,就是在第二天早晨走,你们不用一直在我身边等着。"就是在第二天早晨,我爸爸上路了。在念引路经之前,亲戚们搀着躺着父亲的席子转了一圈,我父亲说:"一转十八个车篷,发财啊!"我的父亲生病五年后去世的,当时的家境用成语"家徒四壁"来形容都不够,我觉得用"八面来风"更恰切。

2013年6月15日,上海,82岁的
小舅舅是我崇拜的"男神"

我母亲既要撑起这个家,还要到生产队挣工分。家里实在穷得揭不开锅了,我妈妈从屋后生产队的地盘上割了几棵蔬菜。哪知道被人家发现了:"要么报告生产队,要么把你家的八仙桌给我!"当时我家的成分是地主。我妈妈还没说话,那人就把我家精致的八仙桌驮走了。

我清晰地记得当年吃的胡萝卜叶子做的米饭中米很少,但我母亲常常会用筷子从熬好的猪油盆里挑起一块，插到我的碗里。一会儿猪油就融化了，香气扑鼻。再用筷子搅拌几下，一碗饭顿时油亮亮的，十分诱人。

我读师范时，母亲给的几元钱都是一毛、两毛凑成的。

我工作了，有了儿子，我妈妈来到我的身边，帮我们照看小孩，帮我们做家务。

听说我要调去北京，我妈妈流泪了。

到北京之后，我常常回家。回家时间最短的一次，我拉着妈妈的手，说了十分钟的话，就要赶飞机。我妈妈心疼地说："你比在县城时回来得还多，不要这么辛苦，放心吧，我身体挺好的。"

每年换季，我夫人都帮妈妈买衣换鞋。我妈妈心满意足地试着，"浪费啊，柜子里都是新衣服，都还没穿呢，别买啦！"我把85岁的妈妈接到北京，第二天，我妈妈就要我送她回老家。我想主要原因不是气候不适应，而是妈妈看到我们太忙了。

四年前，妈妈因血色素低住了院，我当天就飞回去了。坐在妈妈病床边，我拿着热水袋温暖着给妈妈输液的管子。妈妈舍不得我飞来飞去，我说："妈，儿子挣钱就是为了妈妈需要用钱的时候有得用啊。"当时的我感觉很幸福，妈妈让我尽孝了。那次回到北京，我又上了献血车。躺在献血椅上，40多岁的我看到身边献血的大多是20来岁的年轻人，我很自豪，我很幸福：如果我妈妈需要输血，那就可以当作是输的我的血！如果我妈妈不需要输血，那就"老吾老以及人之老"，给生病的妈妈输了。

现在，妈妈走了……

"苦日子过完了/妈妈却老了/好日子开始了/妈妈却走了/这就是我苦命的妈妈/妈妈健在时/我远游了/我回来时/妈妈却远走了/我是您不孝的儿子……"

"子欲养而亲不待"——

我把妈妈的相片摆在我的写字台前，这样我可以天天陪着妈妈读书，我在妈妈的关注下看书，在书的引领下发现母亲……

"烛光里的妈妈"看着我，依然那么慈祥……

谨以此书献给我亲爱的妈妈——

2015 年 9 月 9 日

于北京圆方斋